GUERRA SANTA

Publicações Pão Diário

GUERRA SANTA
SHADDAI CONTRA DIABOLUS

JOHN BUNYAN

Guerra Santa — Shaddai contra Diabolus
Por John Bunyan
Copyright © 2022 Publicações Pão Diário
Todos os direitos reservados.

Coordenação editorial: Adolfo A. Hickmann
Tradução: Dayse Fontoura
Revisão: Adolfo A. Hickmann, Dalila de Assis, Lozane Winter, Rita Rosário, Thaís Soler
Projeto gráfico e capa: Audrey Novac Ribeiro
Diagramação: Audrey Novac Ribeiro
Ilustrações: Gabriel Ruiz Araujo

Dados Internacionais de Catalogação na Publicação (CIP)

Bunyan, John (1628–88)
Guerra Santa — Shaddai contra Diabolus
Tradução: Dayse Fontoura — Curitiba/PR, Publicações Pão Diário
Título Original: *The Holy War*
1. Batalha espiritual   2. Vida cristã   3. Fé   4. Espiritualidade

Proibida a reprodução total ou parcial sem prévia autorização por escrito da editora. Todos os direitos reservados e protegidos pela Lei 9.610, de 19/02/1998. Permissão para reprodução: permissao@paodiario.org

Exceto quando indicado o contrário, os trechos bíblicos mencionados são da edição Almeida Revista e Atualizada © 1993 Sociedade Bíblica do Brasil.

Publicações Pão Diário
Caixa Postal 4190,
82501-970 Curitiba/PR, Brasil
publicacoes@paodiario.org
www.publicacoespaodiario.com.br
Telefone: (41) 3257-4028

Capa dura: BC651 • ISBN: 978-65-87506-77-7
Capa brochura: TL344 • ISBN: 978-65-87506-78-4

1.ª edição: 2022

Impresso na China

APRESENTAÇÃO

Como podemos definir o livro *Guerra Santa*? Certamente, ele se encaixa na categoria de alegoria, pois apresenta personagens fictícios para representar o mundo real e conceitos filosóficos. Mas seria apenas isso? Com certeza, não! Esta obra retrata, de forma didática, temas mais aprofundados da área de Teologia — por exemplo: hamartiologia (doutrina do pecado), soteriologia (doutrina da salvação), antropologia (estudo do homem) e escatologia (estudo dos tempos do fim) —, em formato de narração alegórica, de modo que esses termos se tornem compreensíveis até mesmo para quem não está familiarizado com eles.

A conexão que Bunyan faz entre a Aliança do Sinai (Lei) e a Nova Aliança (em Cristo) facilita o entendimento sobre como elas se conectam, complementam-se e, ao mesmo tempo, ajuda na compreensão do motivo pelo qual a primeira aliança não tinha condições de promover a salvação da alma. Você aprenderá esses conceitos, enquanto lê as histórias de batalhas épicas entre o bem e o mal, em um cenário muito próximo: a própria alma!

O leitor, provavelmente, se verá representado, mais de uma vez, nesta fascinante alegoria tão rica e arrebatadora. A cidade sob o ataque de Diabolus tem o nome de Alma Humana, e os personagens que a governam, logo após a criação de Shaddai, mostram a condição do homem em seu estado de inocência, antes da queda. Contudo, após isso, novos personagens se instalam na cidade, e os antigos são realocados em seus postos. A alma do homem pecador é descrita com detalhes que nos conduzem ao reconhecimento humilde do quanto nos afastamos do plano original de Deus para nós. Diante disso, percebem-se também as consequências desse afastamento e as doenças que ele provocou na alma, criada para ser plena e sadia.

Enquanto a narrativa se desenrola, pode-se constatar o empenho de Shaddai (Deus), por meio de Seu Filho Emanuel (Jesus), em trazer a remissão e a transformação à Alma Humana perdida, como forma de demonstrar o Seu infinito amor por Sua criatura singular (o homem). A partir dessas verdades bíblicas, a história da salvação é explicada com maestria pelo autor. Bunyan cobre o papel e os efeitos da Lei veterotestamentária sobre o homem e a conecta à Nova Aliança, em Cristo. Esta obra é um verdadeiro curso de doutrinas cristãs que usa um método particularmente envolvente para transmiti-las.

Esta edição de Publicações Pão Diário conta com notas de rodapé, que o ajudarão na interpretação do texto e trarão informações interessantes sobre os elementos históricos e culturais dos quais Bunyan se apropria para compor sua obra. Também apresenta belíssimas ilustrações elaboradas especialmente para este livro, fruto de estudo minucioso da época medieval, para representar os personagens e cenários que fazem parte deste enredo.

Nosso desejo é que você, caro leitor, usufrua de uma leitura agradável, que lhe proporcione significativas reflexões e o redirecione para mais perto do Deus que o criou em amor e que deseja se relacionar com você como seu Senhor!

Que Deus o abençoe nesta viagem desafiante de autoconhecimento!

Dos editores

AO LEITOR

Estranha-me que os amantes dos antigos relatos,
Aqueles que em muito ultrapassam seus correlatos,
Nos grandes registros históricos,
Não mencionem de Alma Humana os conflitos,
E que os tratem como fábulas ou vanidades,
Que ao leitor não trazem prosperidade.
Quando os homens, façam eles o que quiserem,
Até que disso saibam, desconhecidos a si mesmos permanecem.
Bem sei que de histórias há diversos tipos:
As estrangeiras, as domésticas e os mitos.
Tantos quantos a imaginação puder guiar os autores.
(Pelos livros, pode-se especular sobre seus compositores.)
Alguns do que nunca existiu de boa vontade falarão,
E nunca existirá, falsificando (e isso sem razão)
Muitas questões, erguendo montanhas, coisas inúteis
Sobre os homens, as leis, os países e os reis.
Em suas histórias, eles tão sábios parecem
E, cada página, com tal gravidade enobrecem,
Que, embora seu frontispício diga ser tudo em vão,
De discípulos eles fazem uma multidão.

    Contudo, leitores, tenho algo diferente a fazer,
    Do que com vás histórias os aborrecer.
    Daquilo que aqui falo, alguns sabem bem,
    Pois, com lágrimas e satisfação, esta história contam também.

A cidade de Alma Humana é por muitos conhecida,
E suas provações não passam despercebidas
Por quem com essas histórias está familiarizado,
E que a cidade e suas guerras tem analisado.
Assim, ao que lhes falarei, inclinem o ouvido
Sobre Alma Humana e o que ela tem vivido.
Como se perdeu, foi levada cativa e feita escrava,
E como se rebelou contra o Único que a salvava.
Sim, como em hostilidade ela ao seu Senhor contestou,
E como com o seu inimigo um acordo fechou.
Tudo isso é verdadeiro, e aquele que o negar
Precisará os melhores registros vilipendiar.
De minha parte, eu mesmo estava na cidade

Quando foi cercada e levada para a perversidade.
Vi-a por Diabolus ser possuída,
E sob sua opressão ser trazida.
Sim, eu a vi declará-lo seu senhor
E a ele se submeter sem temor,
Quando sobre as coisas divinas ela pisoteou,
E como porca que volta à lama chafurdou.
Como, depois, lançou mão de seus armamentos,
Combateu Emanuel e desprezou Seus ensinamentos.
Eu estava lá e regozijei-me em ver
Diabolus e Alma Humana assim aquiescer.

Que ninguém de criador de fábulas me chame,
Nem me contem ou me creditem entre essa classe infame.
De meu próprio conhecimento, ouso declarar verdadeiro
O escárnio, que nestas páginas nomeio.
Vi os soldados do Príncipe virem com agilidade,
Em tropas, aos milhares, para sitiarem a cidade.
Vi os capitães, ouvi as trombetas soarem,
E com seus exércitos os arredores ocuparem.
Como eles se formaram para guerrear,
Jamais esquecerei, até minha vida findar.

Vi seus estandartes esvoaçando ao vento,
E daqueles dentro das muralhas vi o mau intento
De arruinar Alma Humana, e dela afastar sem demora,
As preciosidades que eram suas outrora.

Testemunhei os montes armados contra cada cidadão,
E como se colocaram as catapultas para sua destruição.
Ouvi as pedras lançadas zunindo em meu ouvido,
(Como não guardar na memória esse som temido?)
Vi-as cair e o que elas conseguiram realizar,
E como o deus da morte cobria aquele lugar.
A amada Alma Humana, e ouvi-a clamando:
"Maldito seja esse dia! De morte vou expirando!".

Vi os poderosos aríetes e como eram usados
Para derrubar o Portão Audição, e fiquei atemorizado
De que não apenas esse portão, mas toda a cidade,
Seria, por esses aríetes, levada à nulidade.
Vi os combates e ouvi dos capitães os brados,
Em cada batalha, aqueles que eram derrubados.
Vi os feridos e os que iam sendo esmagados,
E aqueles que, depois de morrer, eram ressuscitados.
Ouvi os clamores daqueles que foram feridos
(enquanto outros lutavam como destemidos),
E, enquanto o grito: "Matai, matai!" eu ouvia,
Mais de lágrimas do que de sangue a sarjeta se cobria.
De fato, os capitães nem sempre batalhavam,
Mas, dia e noite, os habitantes molestavam.
O seu brado: "Vamos! A cidade possuamos!"
Impediam-nos de dormir e, assim, não descansamos.

Eu estava lá quando os portões abriram de rompante,
E vi como a esperança de Alma Humana se foi em um instante.
Avistei os capitães para dentro da cidade marchando,
Como lutavam, seus inimigos todos derrotando.
Ouvi o Príncipe a Boarnerges dizer

Para subir ao castelo a fim de o adversário perecer.
Trazendo o ignóbil, vi Boanerges e seus soldados.
Por toda a cidade, em algemas, o vil era arrastado.
Vi Emanuel quando Alma Humana retomou,
E quão abençoada a cidade se tornou.
Quão esplêndido se fez aquele Seu povoado,
Quando amou Suas leis e foi por Ele perdoado,
Quando os diabolinianos foram capturados
E levados à execução depois de julgados.

    Eu presenciei, sim, muito perto estava,
    Enquanto Alma Humana seus rebeldes crucificava.
    Vi-a de alvas vestimentas adornada,
    Enquanto de "o deleite do Príncipe" era chamada.
    Vi lindos colares de ouro Emanuel lhe dar,
    Bem como anéis e braceletes, excelsos de contemplar.
    "Que direi?", ouvi o povo clamar,
    E, de seus olhos, seu Senhor as lágrimas enxugar.
    Ouvi os gemidos e vi de muitos a alegria,
    Contar-lhes todos os detalhes eu não poderia.
    Porém, o que aqui lhes digo, vocês bem podem ver
    Que as incomparáveis guerras da cidade não podem fábulas ser.

Alma Humana por ambos os príncipes era desejada,
Para que uma força vencesse, a outra deveria ser derrotada.
Diabolus clamaria: "É meu este pleito!"
Enquanto Emanuel reivindicaria Seu divino direito.
Sobre a célebre cidade, o ataque então iniciava.
"Estas guerras me destruirão", Alma Humana lastimava.
As guerras pareciam intermináveis aos olhos do povo,
A perda de um tornava-se o prêmio do outro.
E aquele que a perdera por fim juraria
Que ela seria sua outra vez, ou ele totalmente a aniquilaria.

    Alma Humana era agora o epicentro da guerra,
    Por isso, suas provações se tornavam severas.

      Mais do que onde o alarido de guerra é apenas ouvido,
      Ou onde o mover da espada é por todos temido,
      Ou ainda onde pequenas escaramuças deflagradas são,
      Ou onde os sábios combatem com sua ponderação.
      Ela viu nas espadas dos soldados a cor carmesim,
      E ouviu dos feridos os clamores sem fim.
      Não devem então os temores dela serem muito maiores,
      Do que para aqueles que dessas coisas são desconhecedores?
      Ou daqueles que ouvem dos tambores o ribombar,
      Mas que não são levados a abandonarem seu lar?

Alma Humana não apenas ouviu o sonido das trombetas,
Mas viu seus valentes arfando nas sarjetas.
Portanto, não se deve concluir que ela pudesse descansar
Com aqueles cujo anseio profundo é apenas galhofar.
Ou onde a estrondosa ameaça de grandes combates
Termine em falatório, ou em infinitos debates.

      Alma Humana! Suas guerras fizeram-na pressentir
      Sua alegria ou aflição e o infinito mundo por vir.
      Por isso, deve ela preocupar-se mais do que o restante
      Cujo temor começa e finda antes que o dia seguinte se levante,
      Ou quando nenhum outro perigo ronda quem está na lida,
      Senão a perda de um membro ou da vida,
      Como todos os habitantes do Universo devem confessar
      E a muitos essa história verdadeira contar.

Portanto, não me incluam entre os que para impressionar
Levam as pessoas às estrelas contemplar,
Insinuando, em arguta inteligência,
Que de destemidas criaturas eles são residência.
Que em cada luzeiro um mundo terão,
Embora em muito ultrapasse a sua aptidão
De tornar manifesto a toda criatura
Que tenha razão, ou a contar seus dedos se aventura.

Contudo, há muito os tenho nesse pórtico detido,
E com minha tocha de ver o Sol os tenho impedido.
Bem, agora prossigam, adentrem essa porta,
Pois descobrir dez vezes mais é o que importa,
De todas aquelas raridades interiores,
Que aprazerão a mente e os olhos com alegrias superiores.
Riquezas que se virem nas mãos de um cristão,
Momentos de imensa alegria serão.

Tampouco sem minha chave para esse intento deverão ir.
(Nos mistérios, os homens podem vir a se consumir.)
Se conhecerem meu enigma, andarão no caminho certo
E com minha bezerra ararão o campo aberto.
Está ali naquela janela. A vocês meu adeus!
Meu próximo pode ser tocar os sinos Seus.

—John Bunyan

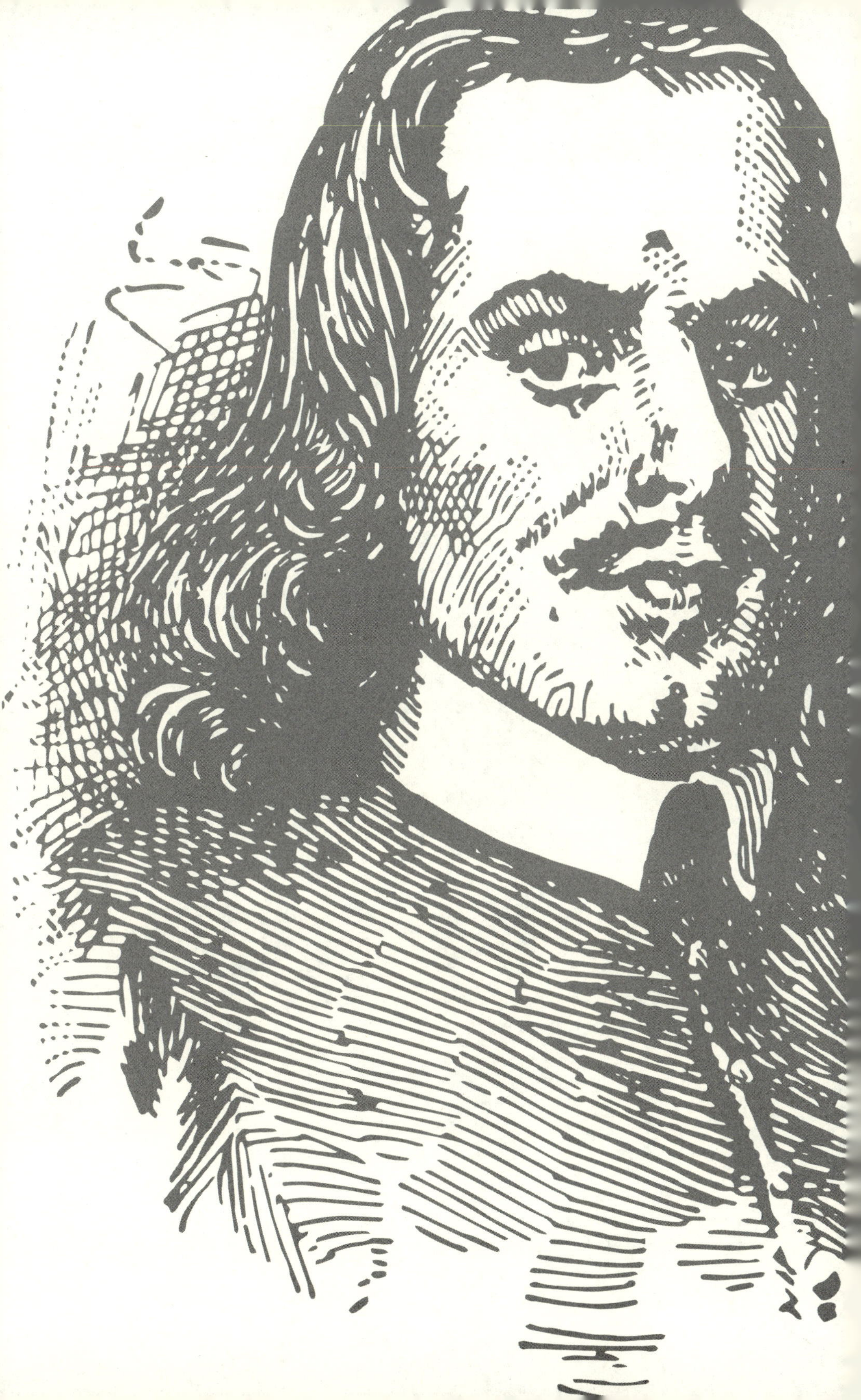

CAPÍTULO 1

RELAÇÃO COM A GUERRA SANTA

Em minhas viagens, à medida que caminhava por muitas regiões e países, tive a chance de me ver naquele famoso continente do Universo. É um país muito grande e espaçoso, que fica entre dois polos e exatamente no meio dos quatro cantos do Céu. É um local com muita água disponível, ricamente adornado com vales e montanhas esplendidamente situados e, em sua maior parte — pelo menos onde eu estava — era muito frutífero, bastante populoso e com um ar aprazível.

Ali, as pessoas não apresentam apenas um tipo de constituição física, nem têm apenas um idioma, modos ou religião, mas diferem — como se diz — tanto quanto os planetas. Alguns estão certos, outros, errados, mesmo que estivessem em regiões menos importantes.

Eu tinha de viajar por aquele país, como já disse. E lá fui eu. E o fiz por tanto tempo que aprendi muito da língua materna e dos costumes e maneiras daqueles entre os quais estava. E, para falar a verdade, regozijei-me ao ver e ouvir muitas coisas que presenciei entre eles. Sim, eu, com certeza, teria vivido e morrido como um nativo entre eles (de tão encantado que fiquei com as pessoas e suas práticas), caso meu mestre não tivesse me chamado de volta à sua casa, a fim de fazer negócios para ele e supervisionar as transações realizadas.

Há, naquele imponente país do Universo, uma bela e gentil cidade. E nela uma sociedade chamada de Alma Humana. A cidade tinha prédios tão curiosos, situação tão cômoda e era tão privilegiada (falo com relação à sua origem), que posso dizer acerca dela — da mesma forma como falei antes sobre o continente em que se encontra — que não há semelhante a ela debaixo de todo o céu.

Quanto à localização, ela fica entre os dois mundos. De acordo com os melhores e mais autênticos registros que pude reunir, seu primeiro fundador e construtor chama-se Shaddai, e Ele a edificou para o seu próprio deleite. Ele a fez o reflexo e a glória de tudo o que havia criado, até mesmo da mais bela criação, acima de tudo o que construíra naquele país. Sim, Alma Humana era tão vistosa logo que foi edificada, que alguns dizem que os deuses, que habitam no alto, vieram para admirá-la e cantaram de alegria. Na mesma medida em que Shaddai a fez agradável à própria vista, a fez poderosa para dominar sobre todo o país que a cercava. A todos foi ordenado que reconhecessem Alma Humana como sua metrópole, e alegravam-se em prestar-lhe homenagens. Seu Rei conferiu-lhe uma comissão positiva e poder para exigir o serviço de todos e para subjugar qualquer um que se recusasse a fazê-lo.

No meio da cidade, havia um eminente e imponente palácio que, por sua fortaleza, poderia ser chamado de castelo; por sua agradabilidade, um paraíso e, por sua grandeza, um local tão amplo de modo a conter o mundo todo. Era intenção do Rei Shaddai que esse lugar fosse reservado somente para si mesmo e nenhum outro. Em parte, por causa de Seu próprio deleite e, em parte, porque Ele não desejava que o terror dos estrangeiros recaísse sobre a cidade. Desse lugar, Shaddai também fez uma guarnição, confiando a sua guarda apenas aos homens da cidade.

As muralhas da cidade eram bem construídas. Tão forte e firmemente entretecidas e compactadas que, se não fosse pelos próprios cidadãos, jamais seriam abaladas ou derrubadas para sempre. Aqui está a maravilhosa sabedoria daquele que edificou Alma Humana: as muralhas nunca poderiam ser derrubadas ou danificadas pelo potentado mais valente e hostil, a menos que os cidadãos o consentissem.

A famosa Alma Humana possuía cinco portões pelos quais se poderia entrar e sair. E foram feitos semelhantemente às muralhas, ou seja, inexpugnáveis e de tal natureza que não poderiam ser abertos ou forçados, exceto pela vontade e disposição daqueles que ali habitavam. Os nomes dos portões eram: Portão da Audição, Portão da Visão, Portão do Paladar, Portão do Olfato e Portão do Tato.

Havia outras coisas na cidade de Alma Humana que, adicionadas a essas, davam mais demonstração de toda a glória e poder daquele lugar. Sempre havia provisão suficiente dentro de suas muralhas. Possuía o melhor, mais completo e excelente código legal do que o restante do mundo. Não havia ali qualquer malandro, desonesto ou traidor. Todos eram sinceros e se reuniam com rapidez (e você sabe que isso é muito importante). E, por tudo isso, ela sempre teria — desde que, em bondade, permanecesse fiel ao Rei Shaddai — Seu semblante, Sua proteção e seria Seu deleite.

Bem, aconteceu certa vez de Diabolus, um poderoso gigante, atacar essa célebre cidade para tomá-la e fazer dela sua habitação. Esse gigante era o rei dos perversos e um príncipe desvairado. Discorreremos inicialmente, com sua permissão, sobre a origem desse Diabolus e, depois, sobre sua tomada da famosa cidade de Alma Humana.

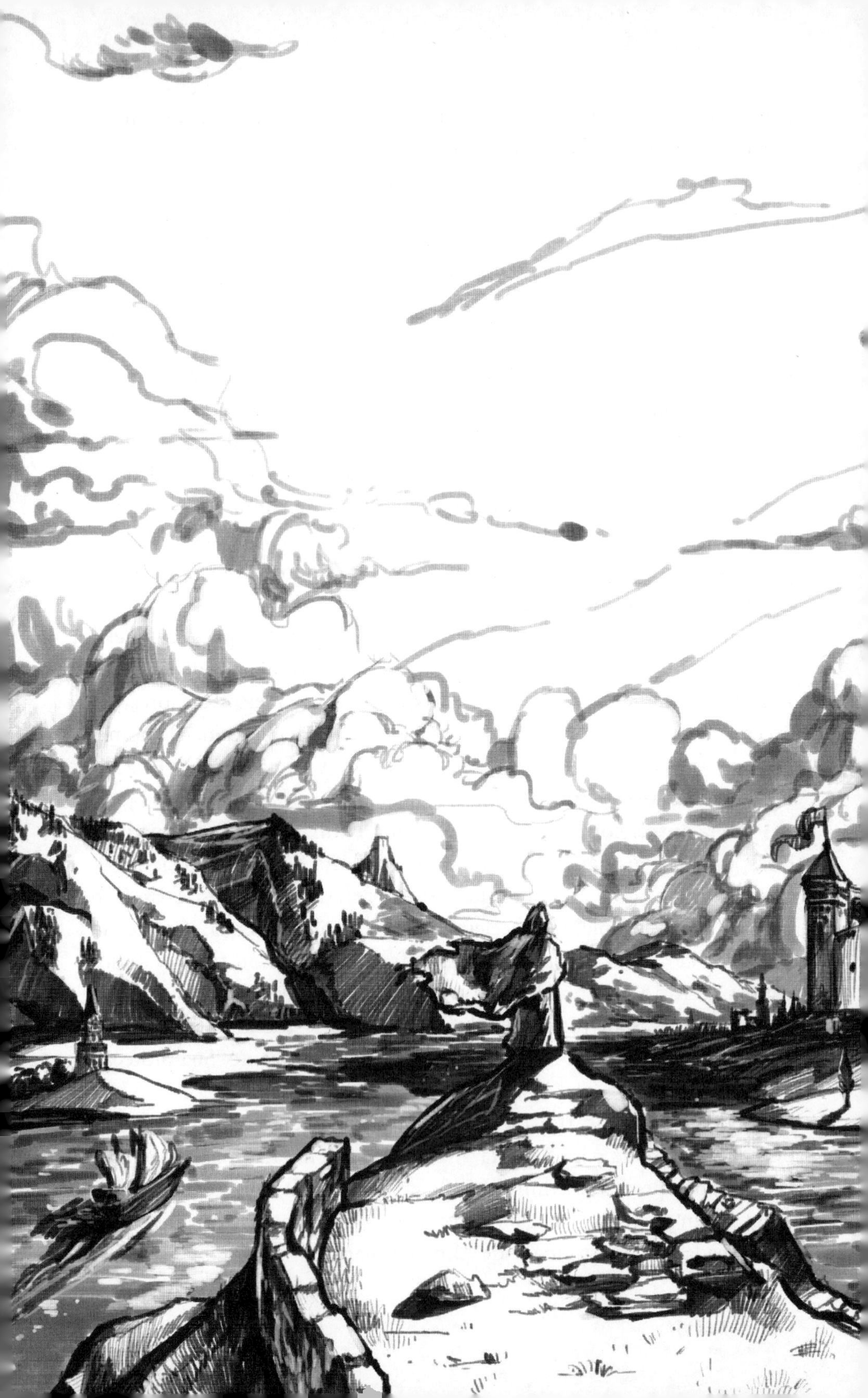

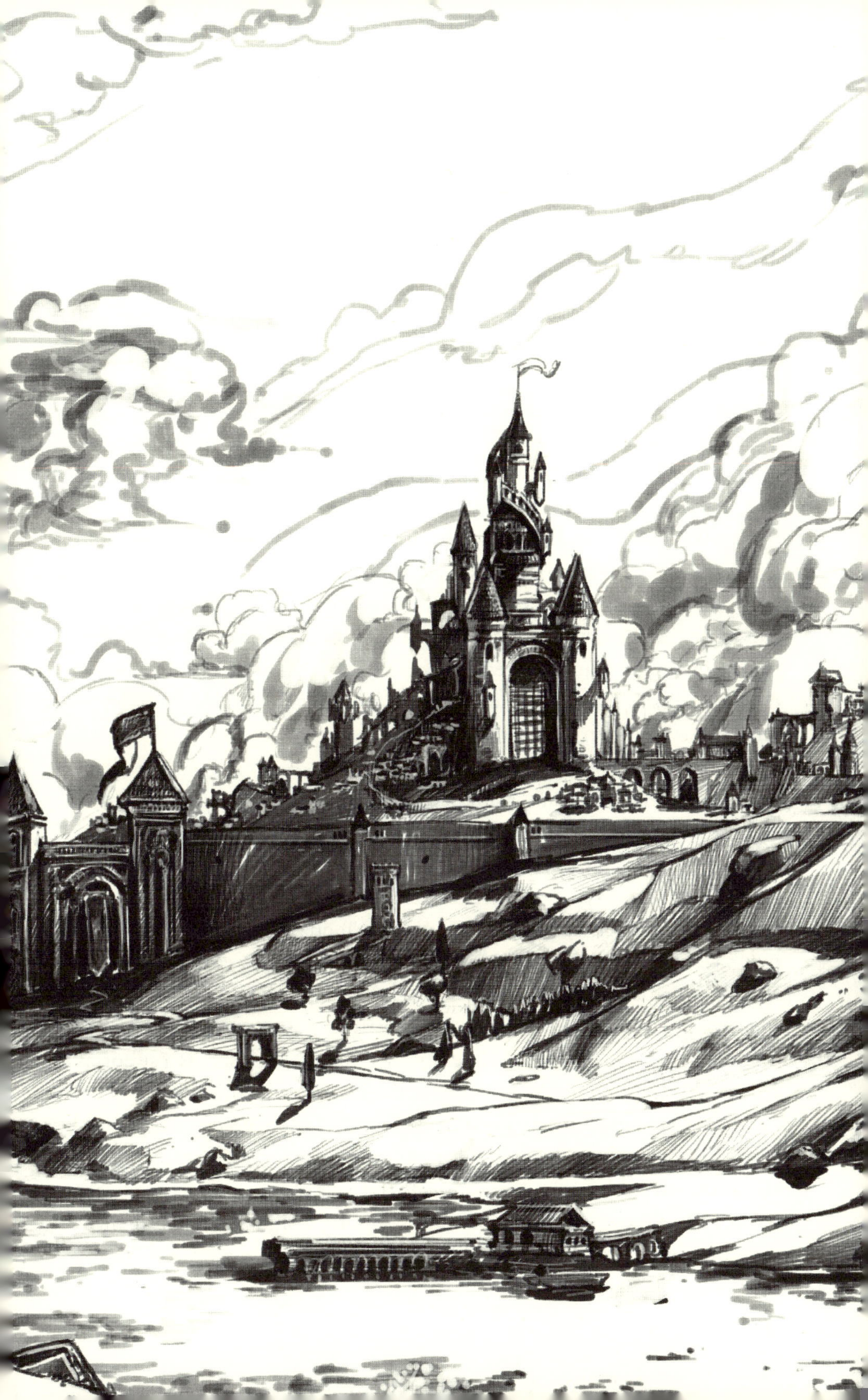

Sem dúvida, Diabolus era um notável e vigoroso príncipe, e, ao mesmo tempo, pobre e miserável. Quanto a sua origem, no início era um dos servos do Rei Shaddai, criado, escolhido e colocado pelo Rei no lugar mais elevado e poderoso. Sim, foi posto em principados que pertenciam ao melhor dos territórios e domínios de Shaddai. Esse Diabolus foi feito "estrela da manhã" e tinha um lugar de destaque. Isso lhe trouxe muita glória e lhe deu fulgor, um dividendo que deveria ter contentado seu coração lucífero, se esse não fosse insaciável e extenso como o próprio inferno.

Então, vendo-se assim exaltado à grandeza e honra e, exasperado em sua mente por obter um estado e nível mais elevado, ele começou a pensar consigo mesmo como poderia ser colocado como senhor sobre tudo e ter todo o poder abaixo de Shaddai (algo que o Rei reservara a Seu Filho e já lhe havia concedido). Por isso, ele primeiramente consultou a si mesmo sobre qual o melhor a fazer. Depois expôs seu pensamento a alguns de seus companheiros, que concordaram com ele. Enfim, chegaram à conclusão de que deveriam atentar contra o Filho do Rei para o destruir, a fim de que Sua herança pudesse ser deles. Bem, resumindo, a traição — como eu disse — concluiu-se; o tempo foi marcado; a palavra dada; os rebeldes se reuniram e o ataque fora iniciado.

O Rei e Seu Filho, sendo tudo e tendo olhos em todo lugar, podiam discernir todos os caminhos em Seu domínio. E Shaddai, tendo sempre amado Seu Filho como a si mesmo, não poderia senão se sentir grandemente provocado e ofendido diante do que viu. Então, emboscou Diabolus e sua corja, em um beco da jornada deles em direção ao seu objetivo, condenou-os por traição, pela horrenda rebelião e conspiração que haviam planejado e que tentavam colocar em ação, e os lançou para fora do lugar de confiança, benefícios, honra e preferência. Feito isso, o Rei os baniu da corte, colocou-os em terríveis abismos, agrilhoados, de modo a jamais esperarem ter o menor favor de Suas mãos, mas a suportarem o julgamento que Ele lhes designou, por toda a eternidade.

Após serem expulsos do lugar de confiança, benefícios e honra, e também sabendo que haviam perdido para sempre o favor de seu Príncipe (ao serem banidos da corte e lançados nos terríveis abismos), você pode ter certeza de que eles acrescentariam ao seu antigo orgulho toda a malícia e ira que pudessem contra Shaddai e Seu Filho. E, assim, perambulam e vagam de um lugar a outro, em grande fúria, para encontrar algo que pertença ao Rei e destruir isso, em um ato de vingança contra Ele.

Por fim, aconteceu de se encontrarem nesse espaçoso país do Universo e reorientaram seu curso em direção à cidade de Alma Humana. Considerando que a cidade era a obra-prima e o prazer do Rei Shaddai, fizeram, após aconselharem-se mutuamente, um ataque a ela. Digo que eles sabiam que Alma Humana pertencia a Shaddai, pois estavam lá quando Ele a construiu e a embelezou para si mesmo. Então, quando encontraram espaço para agir, bradaram de alegria e rugiram sobre ela como um leão sobre sua presa, dizendo: "Agora encontramos a recompensa e como nos vingar do Rei Shaddai pelo que Ele nos fez". Assim, assentaram-se e formaram um conselho de guerra para considerar quais os meios e as estratégias que deveriam empregar para conquistar para si mesmos essa célebre cidade. Então, estas quatro propostas foram discutidas:

Primeiro. Se seria melhor que todos eles se mostrassem nesse plano para a cidade de Alma Humana.

Segundo. Se seria conveniente que fossem e se apresentassem diante de Alma Humana em seus trajes esfarrapados e miseráveis.

Terceiro. Se seria bom que mostrassem a Alma Humana quais suas intenções e seus propósitos, ou se deveriam atacá-la com palavras e meios ardilosos.

Quarto. Se não deveriam ser dadas ordens particulares a alguns de seus companheiros para que aproveitassem e atirassem, caso vissem um ou mais dos principais da cidade, se entendessem que assim sua causa e propósito seriam mais bem levados a cabo.

1. A primeira dessas propostas foi respondida em negativa. A saber, que seria desastroso se todos se mostrassem diante da cidade, visto que a aparência de muitos deles poderia alarmar e amedrontar os cidadãos. Ao passo que poucos ou apenas um deles não despertariam tal reação. E, para reforçar esse conselho, foi acrescentado que se Alma Humana fosse assustada ou soasse o alarme: "É impossível" — disse Diabolus, que tomando a palavra — "que tomemos a cidade, pois ninguém pode adentrar nela sem seu consentimento. Portanto, que poucos ou apenas um ataque o local. Em minha opinião, deveria ser eu". Assim sendo, todos concordaram com ele.

2. Então, foram para a segunda proposta. Ou seja, se deveriam ir e assentar-se diante de Alma Humana em seu traje agora esfarrapado e miserável. A isso também foi respondido em negativa. De forma alguma, e isso porque, embora a Alma Humana fora dado a conhecer anteriormente sobre as coisas que são invisíveis e como lidar com elas, seus cidadãos jamais haviam visto qualquer de seus compatriotas em uma condição tão triste e vil quant o a desses adversários. Esse foi o conselho da feroz Alecto[1]. Disse então Apolião: "Esse conselho é pertinente, pois, se até mesmo apenas um de nós lhes aparecer como somos agora, provocará e multiplicará neles tais pensamentos que os colocarão em consternação de espírito e os levarão a colocar-se em alerta. E se for assim"— disse ele — "então, como acabou de dizer meu senhor Diabolus, será em vão pensar em tomar a cidade". Então, o poderoso gigante Belzebu falou: "Essa opinião apresentada é pertinente, pois, embora os homens de Alma Humana já tenham visto coisas com a aparência que tínhamos anteriormente, jamais contemplaram coisas que se assemelhassem ao nosso atual estado. Logo, penso que o melhor é chegar a eles em trajes como os que lhes são mais comuns e familiares".

Quando consentiram com isso, o próximo passo a considerar era de que maneira, tonalidade ou disfarce Diabolus melhor se mostraria quando fosse tomar para si Alma Humana. Uns diziam uma coisa, outros o contrário. Por fim, Lúcifer respondeu que, em sua opinião, seria melhor que seu senhorio deveria assumir o corpo de algumas daquelas criaturas que os cidadãos dominavam. "Pois, elas não lhes são apenas familiares, mas, estando sob seu domínio, eles jamais imaginarão que um atentado seja feito contra a cidade. E, a fim de cegar a todos, que ele assuma o corpo de um daqueles animais que Alma Humana considera mais sagaz do que os demais" — disse ele. Esse conselho foi aplaudido por todos. Dessa forma, ficou determinado que o gigante Diabolus deveria assumir a forma de dragão, visto que esse animal era, naqueles dias, tão familiar para a cidade de Alma Humana quanto um passarinho é para um garotinho, uma vez

---

[1] Uma das erínias (mitologia grega), ou fúrias (mitologia romana), que eram personificações da vingança. Também conhecida como "implacável", ela era encarregada de torturar os mortais por seus pecados de ira e soberba no submundo. John Bunyan se vale desses conceitos da mitologia grega para ilustrar a atuação demoníaca.

ALECTO

CAPITÃO RESISTÊNCIA

que nada que estivesse em seu estado primitivo surpreenderia um habitante de lá. Então, prosseguiram para a proposta seguinte...

3. Se seria melhor ou não revelar suas intenções ou o propósito dessa vinda a Alma Humana. Essa proposta também recebeu resposta negativa por causa dos agravantes que havia nas razões anteriores, a saber: que Alma Humana era um povo forte, um povo forte em uma cidade fortificada cujas muralhas e portões eram inexpugnáveis (sem mencionar seu castelo) e não poderia ser conquistada, por qualquer meio, sem o consentimento de seus cidadãos. "Além disso" — disse Legião, que respondeu a essa proposta — " a descoberta de nossas intenções pode levá-los a enviar um pedido de ajuda a seu Rei. Se isso for feito, sei, bem rápido, qual hora do dia será para nós. Portanto, que nós os ataquemos em toda beleza fingida, acobertando nossos intentos com todas as formas de mentira, bajulação e palavras astuciosas. Inventando coisas que nunca acontecerão e prometendo-lhes aquilo que jamais encontrarão. Essa é a maneira de conquistar Alma Humana e de fazer com que ela abra seus portões para nós, sim, e deseje que adentremos por eles. E o motivo pelo qual penso que esse projeto vingará é que o povo de Alma Humana é agora, em sua totalidade, inocente, honesto e verdadeiro. Ainda não sabe o que é ser atacado com fraudes, artimanhas e hipocrisia. Está alheio à mentira e aos lábios dissimulados. Desta forma, não poderemos, se estivermos assim disfarçados, ser discernidos por eles. Nossas mentiras vão se passar por ditos verdadeiros e nossas dissimulações por tratos justos. O que lhes prometermos, nisso eles crerão, especialmente se, em nossas mentiras e palavras falsas, fingirmos que os amamos grandemente e que nosso propósito é sua vantagem e honra." Não havia sequer a menor réplica a esse argumento. Ele fluiu como a correnteza de um rio numa íngreme cascata. Por isso, passaram a ponderar sobre a última proposta...

4. Se não deveriam dispensar ordens a alguns de seus companheiros para que atirassem em algum ou em mais de um dos principais cidadãos, caso julgassem que com isso promoveriam sua causa. Essa proposta foi aprovada, e o homem que designaram para ser destruído por esse estratagema foi o Lorde Resistência, também conhecido como Capitão Resistência. Esse era um grande homem em Alma Humana, alguém que

o gigante Diabolus e seu bando temiam mais do que a todo o restante da cidade. Agora, quem seria o agente a cometer tal assassinato? Eles indicaram Tisífone² — uma fúria do lago — para fazê-lo.

Tendo encerrado seu conselho de guerra, levantaram-se e ensaiaram fazer como haviam determinado. Assim, marcharam para Alma Humana, todos de maneira invisível, com exceção de um e apenas um. Porém, ele não se aproximou da cidade em sua própria aparência, mas sob a forma e no corpo de um dragão.

Desse modo, avançaram e se colocaram em frente ao Portão Audição, pois esse era o lugar de onde todos os forasteiros seriam ouvidos, da mesma forma que o Portão Visão era o local de prospectiva. Como eu disse, Diabolus achegou-se com seu séquito ao portão e armou sua emboscada para o Capitão Resistência a um tiro de flecha de distância da cidade. Feito isso, o gigante subiu para perto do portão e chamou a cidade de Alma Humana para uma audiência. Não levou nenhum de seus companheiros consigo, a não ser Hesitação, que era seu orador em todas as questões difíceis. Agora, como mencionado, tendo ele subido ao portão (conforme o costume daquele tempo) soou a trombeta para uma audiência, ao que o comando da cidade de Alma Humana — o Lorde Inocência, o Lorde Arbítrio, Lorde Alcaide³, Lorde Arquivista e o Capitão Resistência — veio até a muralha para ver quem estava ali e saber qual era o assunto. O Lorde Arbítrio, após examinar e ver quem estava ao portão, perguntou quem ele era, por que viera e por que despertara a cidade de Alma Humana com som tão incomum.

Então, Diabolus, como se fosse um cordeiro, começou seu discurso dizendo:

—Cavalheiros da célebre cidade de Alma Humana: como podem notar, não habito longe de vocês, mas perto, e sou alguém que está comprometido pelo Rei a lhes prestar homenagem e qualquer serviço que eu puder. Assim, para que eu possa ser fiel a mim mesmo e a vocês, tenho uma preocupação a lhes transmitir. Portanto, concedam-me uma audiência e

---

² Outra erínia, responsável por torturar os assassinos, especialmente os matricidas, patricidas e fraticidas cujas almas estavam presas no submundo.

³ Antigo governador de castelo, província ou comarca, com jurisdição civil e militar (Houaiss, 2009).

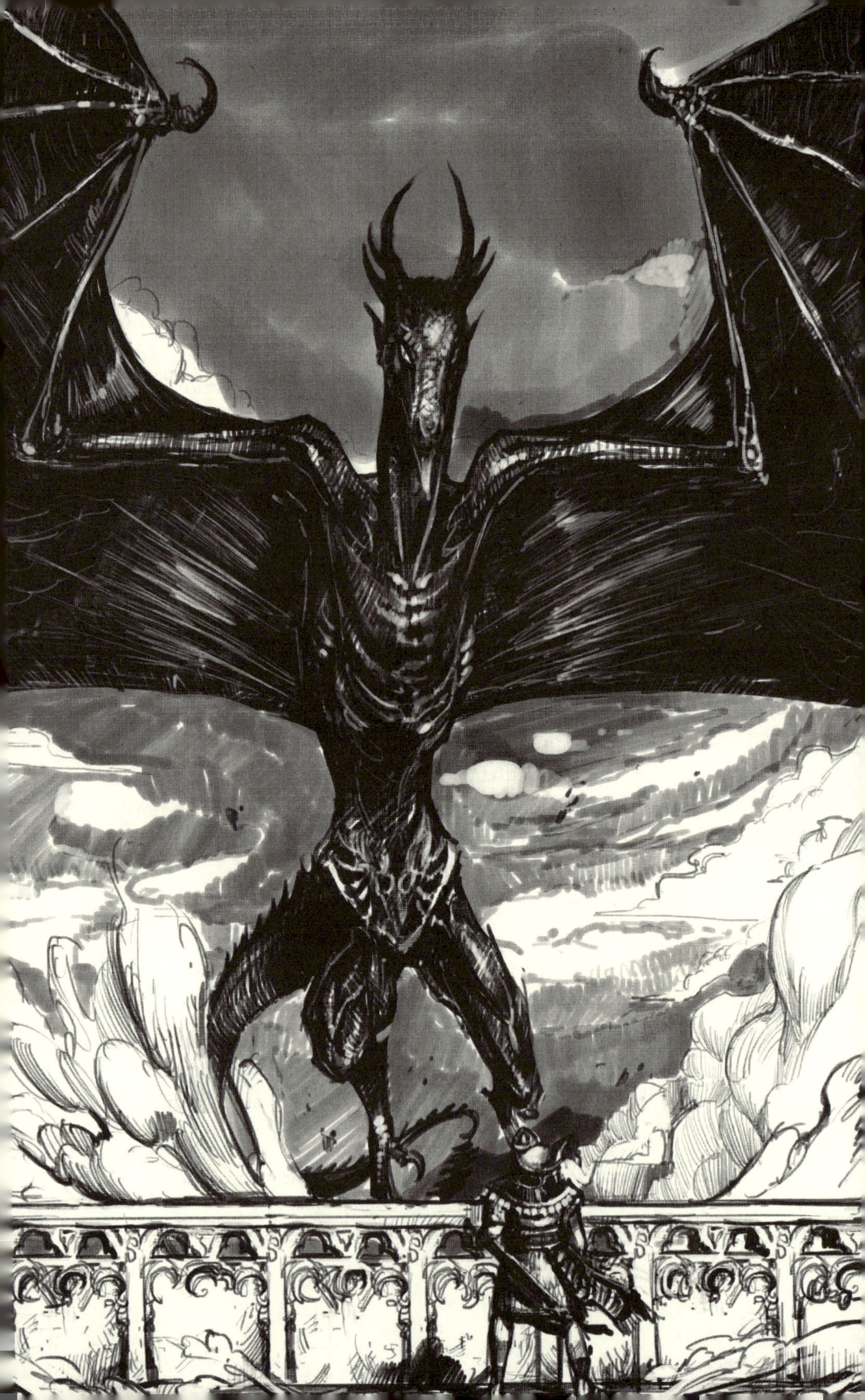

ouçam-me pacientemente. Primeiramente, asseguro-lhes de que não tem a ver comigo, mas com vocês, que não é para o meu, mas para o seu proveito que procuro fazer o que agora faço, como ficará bem evidente o motivo de eu ter aberto minha boca para vocês. Pois, cavalheiros, vim — para falar a verdade — para lhes mostrar como obter grandiosa libertação do jugo sob o qual, inconscientemente, vocês estão cativos e escravizados". À menção disso, a cidade de Alma Humana ergueu os ouvidos e começou a se questionar: "O que é isso? O que isso quer dizer?"

E Diabolus continuou:

—Tenho de dizer-lhes isto com relação ao Rei e Sua lei e relacionado a vocês: Acerca do Rei, sei que Ele é grande e poderoso, porém nem tudo o que Ele lhes disse é verdade, tampouco para o proveito de vocês. 1. Não é verdade, porque aquilo que Ele os tem levado a temer até agora não acontecerá nem se cumprirá, mesmo que vocês façam o que Ele proibiu. Mas, mesmo que houvesse o perigo, que escravidão é viver sempre em temor da maior das punições por fazer algo tão pequeno e trivial quanto comer esse pequeno fruto! 2. Com relação às Suas leis, digo ainda mais: elas são irracionais, intricadas e intoleráveis. Irracionais, conforme meu argumento anterior, visto que a pena não é proporcional à ofensa. Há uma enorme diferença e desproporção entre a vida e um fruto. Contudo, um se perde pelo outro de acordo com a lei do seu Shaddai. Porém, é também intricada naquilo que Ele disse: inicialmente, vocês podiam comer de tudo; depois Ele proibiu comer de uma árvore. E, por último, precisa ser intolerável, tendo em vista que esse fruto, do qual são proibidos de comer (se é que são proibidos) é aquele que, e apenas ele pode fazer isso, pode lhes ministrar, ao ser ingerido, tanto bem quanto lhes é ainda desconhecido. Isso é evidente pelo próprio nome da árvore, que é chamada de 'árvore do conhecimento do bem e do mal'[4]. Vocês já possuem esse conhecimento? Não, não! Nem ao menos podem conceber o quanto ele é bom, prazeroso e desejável para tornar alguém sábio enquanto cumprirem o mandamento de seu Rei. Por que vocês deveriam ser mantidos em ignorância e cegueira? Por que não podem ter seu conhecimento e seu entendimento ampliados?

---

[4] Gênesis 2:17

"Agora, ó habitantes da renomada cidade de Alma Humana, para lhes falar mais particularmente: vocês não são livres! São mantidos em opressão e escravidão por uma grave ameaça, sem qualquer razão sendo oferecida, a não ser: ' Assim eu disse, assim será'. E não é lamentável pensar que aquilo que lhes foi proibido fazer, caso o façam, lhes trará sabedoria e honra, uma vez que seus olhos se abrirão e vocês serão como deuses? Agora, já que é assim ," — disse Diabolus — "podem vocês ser mantidos, por qualquer outro príncipe, em maior escravidão e servidão do que estão no dia de hoje? São subordinados e envolvidos em inconveniências, como tenho lhes mostrado. Pois, que jugo é maior do que manter alguém em cegueira? A razão não lhes dirá que é melhor ter olhos do que ser privado deles? E estar em liberdade do que trancafiado em uma caverna escura e fétida?"

E, nesse momento em que Diabolus discursava a Alma Humana, Tisífone atirou no Capitão Resistência, no lugar em que ele estava ao portão, ferindo-o mortalmente na cabeça, de forma que ele, para espanto dos cidadãos e incentivo para Diabolus, caiu morto de cima da muralha. Agora que o Capitão Resistência fora eliminado (ele era o único homem de guerra na cidade), a pobre Alma Humana ficou totalmente despida de coragem. Nem pulso tinha para resistir. Foi exatamente como o adversário queria. Então, o Sr. Hesitação, aquele que Diabolus trouxe consigo, que era o orador, dirigiu-se à cidade de Alma Humana. O teor de seu discurso foi o seguinte:

— Senhores — disse ele — é para prazer de meu mestre que ele tem, no dia de hoje, um auditório silencioso e ensinável. E esperamos que ele prevaleça de maneira que vocês não desperdicem um bom conselho. Meu mestre lhes tem grande amor e, embora ele saiba muito bem que corre o perigo da ira do Rei Shaddai, seu apreço por vocês o levará a fazer mais que isso. Não há necessidade de qualquer palavra a mais para confirmar a verdade do que lhes falou. Palavras são desnecessárias, mas a evidência está em seu âmago. O próprio nome da árvore coloca fim em toda a controvérsia nessa questão. Portanto, eu, neste momento, acrescentarei apenas este conselho para vocês, sob autorização de meu senhor (e com isso fez uma longa reverência a Diabolus): ponderem em suas palavras, examinem a árvore e seu promissor fruto, lembrem-se de que vocês sabem pouquíssimo e que esse é o meio de saber mais. E, se sua razão não for convencida a aceitar tal proveitoso conselho, vocês não são os homens que esperávamos que fossem.

LORDE ALCAIDE

LORDE ARQUIVISTA

ABADOM

TISÍFONE

Portanto, quando os cidadãos viram que a árvore era boa para se comer, agradável aos olhos, e desejável para torná-los sábios[5], eles fizeram o que Hesitação sugeriu: tomaram do fruto e o comeram. Entretanto, eu deveria ter lhes dito antes, que até mesmo enquanto Hesitação fazia seu discurso ao povo da cidade, o Lorde Inocência (quer por uma flecha vinda do acampamento do gigante, ou uma profunda apreensão que, repentinamente, tomou conta dele, ou pelo fétido hálito do traiçoeiro vilão Hesitação, em que estou mais propenso a acreditar) afundou-se no lugar onde estava parado e não pôde ser trazido à vida novamente. Assim morreram esses homens corajosos — chamo-os de corajosos porque eram a beleza e a glória de Alma Humana enquanto nela viveram. Agora não restava qualquer espírito nobre na cidade: todos caíram e prestaram obediência a Diabolus, tornando-se seus escravos e vassalos, como vocês verão.

Estando eles mortos, o que fez o restante do povo da cidade, como homens que encontraram o paraíso dos tolos? De fato, como foi insinuado anteriormente, caíram para provar as palavras do gigante. Primeiro, fizeram como Hesitação lhes ensinou: olharam, consideraram, foram dominados pelo fruto proibido, tomaram-no e o comeram. Tendo-o comido, tornaram-se imediatamente inebriados por ele. Assim, abriram os portões da Visão e Audição e permitiram que Diabolus e todo seu bando entrassem, logo se esquecendo de seu bom Shaddai, Sua lei e do julgamento que Ele havia anexado com a solene ameaça quanto à violação do mesmo.

Agora que Diabolus obtivera a entrada aos portões da cidade, marchou ao seu centro para fazer sua conquista mais assegurada possível. Nesse momento, ao encontrar as afeições das pessoas calorosamente se inclinando para ele, pensando que seria melhor malhar o ferro enquanto este estivesse quente, ele fez mais este discurso:

—Ai, minha pobre Alma Humana! Certamente lhe fiz esse serviço para lhe promover à honra e para aumentar a sua liberdade. Contudo, ai, ai, pobre Alma Humana, você quer agora alguém para defendê-la? Tenha certeza de que, quando Shaddai souber o que foi feito, Ele virá, pois lamentará que você tenha rompido Suas amarras e sacudido de si as Suas algemas[6]. O que você fará? Depois de seu engrandecimento,

---

[5] Gênesis 3:6

[6] Salmo 2:3

permitirá que seus privilégios sejam invadidos e retirados? Ou o que resolverá fazer consigo mesma?

Todos, em unanimidade, disseram àquele depravado: "Reine você sobre nós!" Ele aceitou a moção e se tornou o rei da cidade de Alma Humana. Depois disso, o próximo passo seria lhe dar posse do castelo e, assim, de toda a fortaleza da cidade. Desse modo, ele se dirigiu ao castelo (aquele que Shaddai construíra em Alma Humana para Seu deleite e alegria). Este foi então transformado em covil e fortificação para o gigante Diabolus.

Após tomar posse desse majestoso palácio, ou castelo, ele o fez de quartel, fortalecendo-o e o fortificando com toda sorte de provisões contra o Rei Shaddai ou aqueles que poderiam tentar reconquistá-lo para Ele e para obedecer-lhe novamente.

Não se achando suficientemente seguro, a seguir, ele considerou remodelar a cidade. E assim o fez, edificando uma coisa e demolindo outra a seu bel-prazer. Também destituiu de suas posições e poder o Lorde Alcaide, cujo nome era Lorde Entendimento, e o Lorde Arquivista, de alcunha Lorde Consciência.

Com relação ao Lorde Alcaide, embora ele fosse um homem entendido e de também haver concordado com o restante da cidade em admitir o gigante em seus territórios, Diabolus não achou que fosse adequado deixar que ele permanecesse em seus antigos esplendor e glória por ser um homem de discernimento. Desse modo, obscureceu-o não apenas ao retirá-lo de seu ofício e poder, mas ao construir uma torre alta e fortificada exatamente entre o reflexo do Sol e as janelas do palácio desse lorde. Com isso, envolveu sua habitação e tudo mais que o cercava nas mais profundas trevas possíveis. Alienado da luz, Lorde Alcaide se tornou como alguém que houvesse nascido cego. Foi confinado a essa casa, como em uma prisão. Nem sob liberdade condicional poderia sair desses limites. E agora se tivesse condições de fazer algo por Alma Humana, o que faria? Ou como poderia lhe ser útil? Assim sendo, enquanto a cidade estivesse sob o poder e domínio de Diabolus (e por muito tempo esteve sob ele e lhe foi obediente, até que, por meio de guerra, foi resgatada e retirada de sua mão), o Lorde Alcaide lhe era um impedimento e um benefício para a célebre cidade de Alma Humana.

Quanto ao Lorde Arquivista, antes de a cidade ser tomada, ele era um homem bem versado nas leis de seu Rei e um homem de coragem e fidelidade para falar sempre a verdade . Sustentava bravamente a sua boca e tinha sua mente plena de juízo. Agora, a esse homem Diabolus não poderia suportar porque, embora ele tivesse consentido à entrada de Diabolus na cidade, este não conseguia lhe sujeitar complemente, não obstante a todos artifícios, artimanhas, provações e estratagemas que usasse. É verdade que Arquivista havia se degenerado muito daquilo que era a serviço de seu Rei e estava muito contente com muitas leis e amenidades do gigante. Porém isso não bastava, pois ele não pertencia totalmente ao novo senhor. Vez ou outra, Arquivista pensaria em Shaddai e temeria a Sua lei, então falaria contra Diabolus com voz tão alta quanto a de um leão rugindo. Sim, e, certas vezes, quando tinha seus rompantes (você precisa saber que, de vez em quando, ele tinha terríveis rompantes), ele fazia toda a cidade de Alma Humana tremer à sua voz. Por isso o novo rei da cidade não poderia suportá-lo.

Diabolus, portanto, temia o Arquivista mais do que qualquer outro sobrevivente de Alma Humana porque, como mencionara, suas palavras estremeciam a todos, pois eram como o estrondo de trovões e trovoadas. Uma vez que o gigante não conseguia submetê-lo completamente, o que mais poderia fazer senão perverter esse cavalheiro e assim entorpecer sua mente e endurecer-lhe o coração no caminho da vaidade? E quando fez essa tentativa, cumpriu seu objetivo: perverteu o homem e, pouco a pouco, atraiu-o ao pecado e à maldade a ponto de ele, por fim, não ser apenas um pervertido, como inicialmente, mas, em consequência disso, um devasso que quase abandonou (digo eu) completamente toda a consciência de pecado. Isso foi o máximo que Diabolus conseguiu fazer. Por conseguinte, refletiu sobre outro projeto: persuadir os habitantes da cidade de que o Lorde Arquivista estava louco e assim não poderia ser levado a sério. Para isso, usou os rompantes do homem e disse:

—Se ele está em perfeito juízo, por que não faz isso sempre? Mas, como todos os loucos que têm seus acessos de fúria e com eles vêm suas palavras encolerizadas, assim o é com esse velho e gentil cavalheiro.

Dessa forma, por um meio ou outro, ele logo conseguiu que Alma Humana negligenciasse e desprezasse qualquer coisa que o Arquivista pudesse falar. Além do que vocês já ouviram, Diabolus conseguiu um modo de fazer esse ancião, quando em estado de felicidade, desdizer e negar o que afirmava em seus ataques de ira. Por consequência, essa foi mais uma maneira de ridicularizá-lo e de fazer com que nenhum homem o considerasse. Agora também ele não falava mais voluntariamente em favor do Rei Shaddai, mas por força e constrangimento. Além disso, algumas vezes ele fervilhava exatamente pela mesma coisa que, no momento seguinte, se calaria, tão inconstante estava em sua prática. Algumas vezes, ficava como se dormente, outras, como morto, mesmo quando toda a cidade de Alma Humana seguia em seus passos pela vaidade e dançando sob a gaita do gigante.

Às vezes, quando Alma Humana ficava assustada com a estrondosa voz do Arquivista e quando contava a Diabolus sobre isso, ele respondia que o que o velho cavalheiro falara não era por amor a ele nem piedade aos cidadãos, mas um tolo desejo de tagarelar, que depois se acalmaria e ficaria em silêncio novamente. E, para que não deixasse qualquer argumento sem réplica que pudesse fazê-los sentir-se seguros, ele dizia com frequência:

—Ó, Alma Humana, pensem em como, a despeito da ira do velho cavalheiro e da tagarelice de suas palavras estrondosas, vocês não ouvem nada do próprio Shaddai!

Sendo Diabolus mentiroso e enganador, cada clamor do Arquivista contra o pecado de Alma Humana era a voz de Deus nele falando à cidade. Mas Diabolus prosseguia dizendo:

—Vejam que Ele não valoriza a perda ou rebelião da cidade de Alma Humana, nem se incomodará em chamar Sua cidade para a prestação de contas por terem se entregado a mim. Ele sabe que, embora vocês fossem dele, agora são meus por direito. Assim, deixando-nos uns com os outros, Ele se livra de nós.

"Ademais, ó, Alma Humana"— disse ele — "pensem em como eu os tenho servido, até ao máximo do que posso, e o melhor daquilo que possuo consigo adquirir ou arranjar para vocês em todo o mundo. Ouso dizer que as leis e costumes sob os quais vocês estão, e pelos quais me reverenciam, trazem-lhes mais refrigério e alegria do que o paraíso que vocês possuíam. Também a sua liberdade, vocês reconhecem ter sido grandemente ampliada e alargada por mim. Ao passo que, quando eu os conheci, vocês estavam encurralados. Não lhes impus quaisquer restrições, vocês não têm leis, estatutos ou juízos meus para os afligir. Não precisam prestar contas a ninguém, com exceção daquele louco (sabem a quem me refiro).

BELZEBU

LÚCIFER

Concedi-lhes viver cada um como seu próprio governante, até mesmo com pouco controle de minha parte sobre vocês quanto vocês têm sobre mim."

Assim, Diabolus silenciava e acalmava a cidade de Alma Humana quando o Arquivista, vez ou outra, molestava-os. E, com discursos malditos como esse, ele colocaria toda a cidade em fúria contra o velho cavalheiro. Sim, o bando de malandros por vezes desejava destruí-lo. Com frequência desejavam, conforme ouvi, que ele vivesse a centenas de quilômetros distante deles. Sua companhia, suas palavras, sua aparição e especialmente quando lembravam como, nos velhos tempos, ele costumava ameaçá-los e condená-los (por tudo que ele mesmo agora estava pervertido) aterrorizava-os e os afligia muito.

Porém, todos os desejos eram em vão, pois, não sei como, a menos que fosse pelo poder de Shaddai e Sua sabedoria, o Arquivista fora preservado e continuava entre eles. Além disso, a casa dele era tão sólida quanto um castelo e permanecia como uma fortaleza da cidade. Se alguém da horda ou da gentalha tentasse afastá-lo, ele poderia abrir as comportas do fosso[7] e deixar entrar uma inundação tal, que os afogaria completamente.

Partimos agora do Sr. Arquivista para o Lorde Arbítrio, outro membro da nobreza da famosa cidade de Alma Humana. Esse homem era bem-nascido, como muitos da cidade, e era um rico proprietário de bens alodiais[8], senão o maior de todos. Ademais, se lembro bem a história, ele possuía alguns privilégios peculiares na célebre cidade. Agora, além disso, ele era um homem de grande força, resolução e coragem, pois ninguém conseguiria afastá-lo mediante sua aparição. Contudo, quer ele fosse orgulhoso por conta de suas propriedades, privilégios, força, ou sabe-se lá o quê (porém, com certeza foi por meio do orgulho), naquele momento, vangloriava-se de ser um escravo em Alma Humana e, portanto, escolheu exercer seu ofício sob o domínio de Diabolus, a fim de poder permanecer (vejam como ele era!) um governante insignificante na cidade. Como era obstinado, esse homem logo cedeu, pois quanto Diabolus fez seu discurso diante do Portão Audição, ele foi um dos primeiros a consentir com as

---

[7] Escavação em torno de fortificação, castelo, entrincheiramento etc., para dificultar ou impedir ataques inimigos (Houaiss, 2009).

[8] Propriedades ou bens livres de vínculos, foros, pensões ou qualquer outro encargo (Houaiss, 2009).

palavras de Diabolus. E um dos primeiros também a aceitar seu conselho como genuíno, a ser a favor da abertura do portão e de sua entrada na cidade. Por isso, Diabolus era-lhe favorável, designando-lhe um posto. Percebendo a robustez do homem, o velhaco desejou tê-lo como um dos seus maiorais, a fim de que atuasse em questões de grande inquietação.

Enviou-lhe uma mensagem e lhe falou sobre um assunto secreto que trazia no peito, mas que não precisaria de muita persuasão no caso. Afinal, como ele, desde o início, desejara que Diabolus fosse admitido na cidade, agora estava disposto a servir-lhe. Portanto, quando o tirano percebeu a disposição desse lorde de servir-lhe, e que sua mente ainda se inclinava nessa direção, dali por diante transformou o homem em seu capitão do castelo, governador das muralhas e guardião dos portões de Alma Humana. Havia uma cláusula em sua licença de que nada deveria ser feito sem ele na cidade. Assim, junto ao próprio Diabolus, ninguém, com exceção do Lorde Arbítrio, em toda Alma Humana, poderia fazer qualquer coisa, senão somente conforme a sua vontade e prazer. Ele tinha a seu serviço o Sr. Mente, que deveria falar sempre de acordo com seu mestre, pois ele e seu senhor eram, em princípio, um só e, na prática, não muito distantes. Assim, Alma Humana foi levada ao propósito e a satisfazer as luxúrias da vontade e da mente.

Mas não me sai da memória como Arbítrio ficou desesperado quando o poder lhe foi entregue nas mãos. Inicialmente, ele negou, categoricamente, que devesse qualquer negócio e serviço a seu antigo Príncipe e senhor feudal. Feito isso, a seguir ele fez um juramento e prometeu fidelidade a seu grande mestre, Diabolus. Depois de dizer isso e de estabelecido em seu posto, ofício, promoção e lugares de destaque, você não conseguiria imaginar, a menos que testemunhasse, o trabalho bizarro que ele desenvolveu em Alma Humana!

Primeiro, ele planejou a morte do Sr. Arquivista. Não suportava vê-lo ou ouvir suas palavras. Cerrava os olhos quando o via e tampava os ouvidos quando o ouvia falar. Também não suportava que o mínimo fragmento da lei de Shaddai fosse visto em qualquer parte da cidade. Por exemplo, seu lacaio, o Sr. Mente, possuía alguns pergaminhos antigos e fragmentados da lei de Shaddai em sua casa, mas, quando Arbítrio os via, ele os lançava para trás. É verdade que o Sr. Arquivista possuía algumas dessas leis em sua biblioteca pessoal, mas esse lorde não conseguia, de modo algum, aproximar-se delas. Ele também afirmava que algumas janelas da residência do Lorde Alcaide eram claras demais para o bem de Alma Humana. Ele não conseguia suportar a mera luz de uma vela. Agora nada mais alegrava Arbítrio, a não ser agradar seu senhor, Diabolus.

Ninguém se comparava a ele na proclamação, em alta voz, pelas ruas da cidade, da bravura, conduta sagaz e grande glória do rei Diabolus. Ele percorria todas as ruas de Alma Humana para aclamar seu ilustre lorde e faria de si mesmo um abjeto entre a vil horda para louvar seu valente príncipe. E digo que, quando e onde ele encontrasse esses vassalos, faria de si mesmo um deles. Em todas as más condutas, ele agia sem convite e cometeria ofensas sem precisar de ordens.

O Lorde Arbítrio também tinha sob suas ordens um delegado cujo nome era Sr. Afeição. Alguém que era muito depravado em seus princípios e, dessa forma, responsável por sua vida. Um homem tão completamente entregue à carnalidade, que o chamavam de Afeição-Vil. Havia ele e outra conhecida por Luxúria Carnal, filha do Sr. Mente (eram parecidos), que se apaixonou, formou par e se casou. Até onde sei, tiveram vários filhos: Despudorado, Boca Suja e Ódio à Repreensão. Esses três eram meninos sombrios. Além deles, tiveram três filhas: Zombadora da Verdade, Desonra a Deus, e o nome da terceira era Vingança. Elas eram casadas. Também conceberam e geraram muitos moleques maldosos, tantos que não vale a pena inserir aqui. É melhor passar direto por isso.

CAPÍTULO 2

Depois de haver assim se encastelado na cidade de Alma Humana, de ter demolido e edificado o que bem queria, Diabolus procedeu à desfiguração da cidade. Havia na praça do mercado de Alma Humana, e nos portões do castelo, uma imagem do bendito Rei Shaddai. Era tão precisamente entalhada (e em ouro), que lembrava mais o próprio Shaddai do que qualquer coisa que houvesse no mundo. Diabolus ordenou que esse monumento fosse desfigurado, o que foi feito pelas mãos do Sr. Não à Verdade. Vocês precisam saber que, depois de o comando ter sido levado a cabo, Diabolus ordenou também que o mesmo senhor deveria esculpir uma horrenda e assustadora imagem de Diabolus, para trazer grande desonra ao antigo Rei e aviltar Sua cidade de Alma Humana.

Ademais, Diabolus destruiu todo o remanescente da lei e estatutos de Shaddai que pudessem ser encontrados na cidade, a saber, os que contivessem tanto as doutrinas quanto os valores morais, juntamente a todos os documentos civis e naturais. Também procurou extinguir suas relativas inflexibilidades. Resumindo: não restou qualquer reminiscência de bondade em Alma Humana que ele e Arbítrio não buscaram destruir, pois seu propósito era transformar a cidade em um covil de bárbaros e assemelhá-la a uma porca imoral pelas mãos do Sr. Não à Verdade.

Logo que destruiu toda a lei e ordenança que pudesse, para que alcançasse seu objetivo de alienar Alma Humana de Shaddai, seu Rei, Diabolus ordenou que eles fixassem seus vãos editos, estatutos e mandamentos em todos os parques e cruzamentos. Ou seja, com isso lhes deu liberdade para a concupiscência da carne, a concupiscência dos olhos e a soberba da vida[1], que não procedem de Shaddai, mas do mundo. Ele encorajou, incentivou e promoveu a lascívia e toda a impiedade na cidade. Muito mais fez Diabolus para estimular a maldade em Alma Humana. Prometeu-lhes paz, satisfação, alegria e felicidade no cumprimento aos seus mandamentos e que jamais seriam convocados a prestar contas se os infligissem. E isso serviria de degustação àqueles que amam saber o que se faz que está além de seu conhecimento em outros países distantes.

Agora que Alma Humana estava totalmente à sua disposição e completamente trazida à sua submissão, nada se ouvia ou via além daquilo que tendia a exaltá-lo.

---

[1] 1 João 2:16

No entanto, como havia desabilitado o Lorde Alcaide e o Lorde Arquivista de permanecerem em seu ofício em Alma Humana e vendo que a cidade era uma das mais antigas sociedades do mundo antes de sua vinda, temeu que se não mantivesse sua grandeza, eles objetariam de que ele lhes infligira injúria. Portanto, digo, para que vissem que ele não pretendia diminuir sua magnificência ou tirar-lhes qualquer vantagem, Diabolus escolheu, ele mesmo, um lorde alcaide e um arquivista que satisfizessem o coração deles. E isso o agradou maravilhosamente bem.

O nome do alcaide — que era obra de Diabolus — era Lorde Cobiça. Não possuía olhos ou ouvidos. Tudo o que fazia, como homem comum ou oficial, naturalmente o fazia como um animal qualquer. E o que o tornava ainda mais ignóbil, embora não para Alma Humana, mas para aqueles que contemplavam e lamentavam a sua ruína, era que ele nunca favorecia o bem, e sim o mal.

O novo arquivista — que tinha por nome Esqueça o Bem — era um sujeito muito pesaroso. Não se lembrava de nada, a não ser de perversidades e de praticá-las com prazer. Era naturalmente inclinado a fazer o que é pernicioso, até para a cidade de Alma Humana e para todos os seus habitantes. Esses dois, portanto, por seu poder, práticas, exemplos e cortejo com o mal, causaram muito mais estragos e acalmaram as pessoas comuns de maneira muito prejudicial. Pois quem não percebe que, quando aqueles que se assentam nas posições superiores são vis e corruptos, eles corrompem toda a região e o país onde estão?

Além desses, Diabolus constituiu vários burgueses[2] e duques em Alma Humana, dentre os quais poderia, quando necessário, escolher oficiais, governantes e magistrados. E estes são os nomes dos principais deles: Sr. Ceticismo, Sr. Pedantismo, Sr. Ultraje, Sr. Libertino, Sr. Coração Empedernido, Sr. Inclemente, Sr. Furor, Sr. Não à Verdade, Sr. Apoio à Mentira, Sr. Falsa Paz, Sr. Alcoolismo, Sr. Embuste, Sr. Ateísmo. Eram 13 ao todo, sendo Ceticismo o mais velho e o Sr. Ateísmo o mais jovem.

Também havia eleição para superintendentes comuns e outros cargos como: oficiais de justiça, sargentos, comandantes militares e assim por diante. Contudo, todos esses, cujos nomes omitirei aqui, para ser

---

[2] Na Idade Média, natural ou habitante livre de um burgo, que gozava de certos privilégios (Houaiss, 2009).

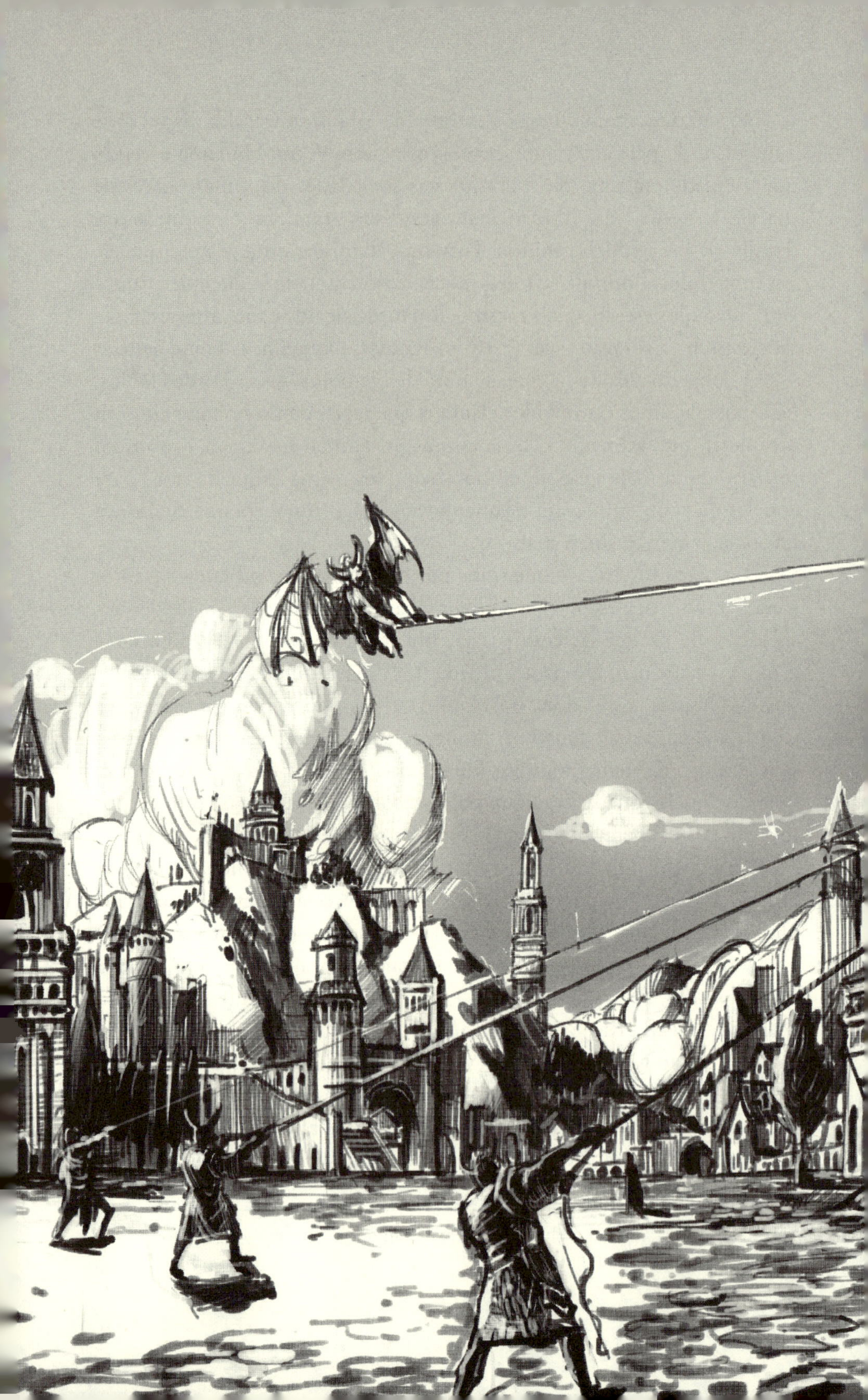

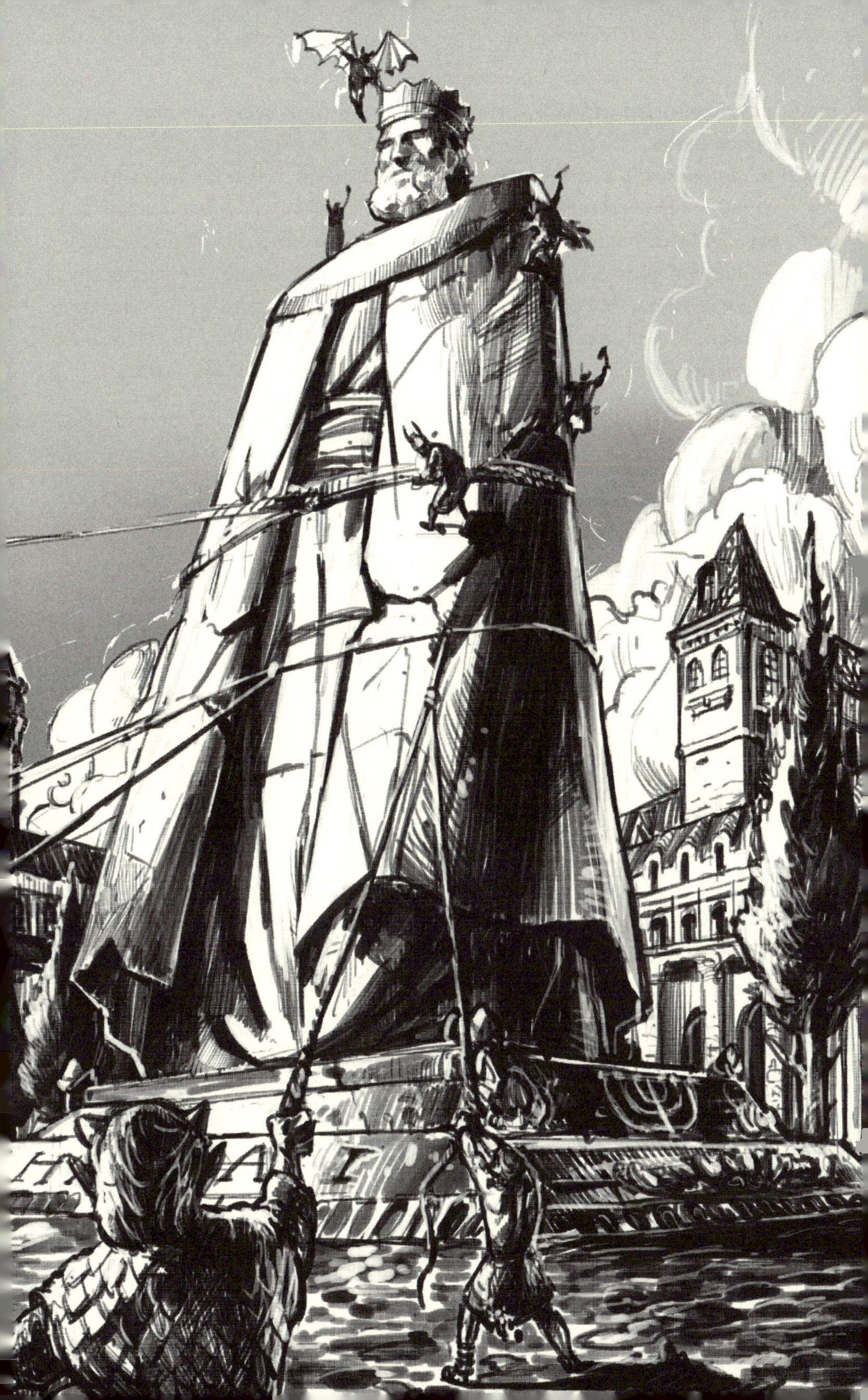

breve, eram pais, irmãos, primos ou sobrinhos daqueles anteriormente mencionados.

Quando o gigante havia assim procedido em seu trabalho, o passo seguinte foi construir algumas fortalezas na cidade. Edificou três que pareciam inexpugnáveis. À primeira chamou de Fortaleza Contestação, para liderar toda a cidade e distanciá-la do conhecimento de seu antigo Rei; à segunda, de Fortaleza Meia-Noite, construída com o propósito de manter Alma Humana longe do verdadeiro autoconhecimento; a terceira chamava-se Fortaleza Doce Pecado, pois por meio desta ele fortificaria a cidade contra todo o desejo de bem. A primeira delas ficava próxima ao Portão Visão, a fim de que, tanto quanto possível, a luz pudesse ser obscurecida ali. A segunda foi edificada nas cercanias do velho castelo, com o objetivo de ficar ainda mais às cegas, se possível. A última foi erguida na praça do mercado da cidade.

Aquele que fora constituído por Diabolus supervisor da primeira fortaleza tinha por nome Ódio a Deus e era um maldito blasfemo. Ele veio com aquela turba que marchou contra Alma Humana, no início, e era parte deles. Aquele que se tornou supervisor da Fortaleza Meia-Noite chamava-se Ódio à Luz e ele também estava entre os que vieram contra a cidade. E para a Fortaleza Doce Pecado, colocou-se Amor à Carnalidade como supervisor. Este era muito libidinoso, mas não era originário do mesmo local que os outros dois. Ele encontrava mais prazer quando se alimentava de alguma luxúria do que encontrara em todo o paraíso de Deus.

Agora Diabolus se sentia seguro. Havia tomado Alma Humana, encastelara-se nela, destituíra e estabelecera oficiais; desfigurara a imagem de Shaddai, estabelecendo a sua própria; destruíra os antigos livros da lei e promovera suas próprias vãs mentiras; constituíra para si magistrados e duques; construíra novas fortalezas e as guarnecera para seu serviço. Fizera tudo isso para sentir-se protegido, em caso de o bom Shaddai, ou Seu Filho, vir contra ele numa incursão.

Talvez vocês estejam pensando que, antes disso tudo, por um meio ou outro, seria inevitável que a notícia fosse levada ao bom Rei Shaddai, sobre como Sua Alma Humana, no continente do Universo, estava perdida. E aquele renegado gigante Diabolus, que antes era um dos servos de Sua Majestade, a havia assegurado para si próprio em rebelião contra o Rei. Sim, as notícias foram levadas ao Rei, e com muitos detalhes.

Primeiro, como Diabolus chegou a Alma Humana (sendo seus cidadãos pessoas simples e inocentes) com astúcia, sutileza, mentiras e malícia. Também como, traiçoeiramente, abateu o nobre e valente Capitão Resistência, que estava ao portão com o restante dos habitantes da cidade. Depois, como o corajoso Lorde Inocência caiu morto (alguns dizem que de pesar, outros, por ser envenenado pelo fétido hálito de Hesitação), ao ouvir seu justo Senhor e Príncipe por direito, Shaddai, sendo tão aviltado pela boca de alguém tão imundo, demoníaco e canalha quanto Hesitação.

Ademais, o mensageiro disse que esse Hesitação fizera um curto discurso aos cidadãos em nome de Diabolus, seu mestre, e que a ingênua cidade, crendo que o que lhe era dito era verdadeiro, consentiu unanimemente em abrir o Portão Audição, o principal daquela sociedade, e lhe permitiu entrar com seu bando para se apossar da ilustre cidade de Alma Humana. Depois relatou como Diabolus havia tratado o Sr. Alcaide e o Sr. Arquivista, a saber, que os tirara de todas as posições de poder e confiança. E como o Lorde Arbítrio se transformara em um rebelde e pervertido, o mesmo acontecendo com o Sr. Mente, seu lacaio. Contou-lhe como ambos percorreram toda a cidade, ensinando seus modos aos maldosos. Disse-lhe, mais ainda: que esse Arbítrio fora colocado em posição de muita confiança e que, particularmente, Diabolus colocara nas mãos dele todos os lugares fortificados de Alma Humana. Que o Sr. Afeição se tornou representante do Lorde Arbítrio em seus assuntos mais insubordinados.

— Sim — disse o mensageiro — esse monstro, o Lorde Arbítrio, renegou abertamente seu Rei Shaddai e entregou sua fé a Diabolus e lhe prometeu fidelidade.

"Além disso tudo — continuou o mensageiro — o novo rei, ou melhor o rebelde tirano, colocou sobre a antigamente famosa, mas agora fenecente cidade de Alma Humana, seu próprio lorde alcaide e outro arquivista. Para alcaide, colocou o Sr. Cobiça e para arquivista o Sr. Esqueça o Bem, dois dos mais vis de toda a cidade".

Esse fiel emissário procedeu contando sobre os novos burgueses que Diabolus instituíra e que havia construído vários fortes, torres e fortalezas em Alma Humana. Disse também aquilo que eu quase esqueci de mencionar: como Diabolus armara toda a cidade para melhor capacitá-los a oferecerem resistência, em seu nome, contra Shaddai, Rei deles, caso este viesse para convertê-los à antiga obediência.

Esse arauto não expôs seu relatório privativamente, mas para toda a corte ouvir. O Rei e Seu Filho, os altos lordes, capitães e os nobres estavam todos presentes à audiência. Quando ouviram toda história — pasmaria alguém que testemunhasse a cena se estivesse lá para presenciá-la — quanta tristeza, pesar e compunção de espírito havia em todos por saberem que a eminente Alma Humana estava tomada. Apenas o Rei e Seu Filho haviam previsto isso muito tempo antes, sim, e provido com suficiência para a libertação da cidade, embora não o tivessem falado a ninguém. No entanto, como Eles também se compadeciam da miséria de Alma Humana, igualmente lamentaram muito a perda dessa cidade. O Rei disse claramente que isso lhe entristecia o coração. E estejam certos de que o Seu Filho não ficava atrás dele nisso. Isso trouxe convicção a todos de que os dois tinham grande amor e compaixão pela célebre cidade.

Bem, quando o Rei e Seu Filho se retiraram para um cômodo privativo, conversaram sobre o que haviam designado anteriormente, isto é: como Alma Humana com o tempo seria perdida, da mesma forma que ela seria certamente recuperada. Digo-lhes que ela seria recuperada de uma maneira que tanto o Rei quanto Seu Filho receberiam fama e glória eterna por isso. Assim sendo, depois daquela conversa, o Filho de Shaddai (uma pessoa doce e agradável que sempre tem grande afeição pelos aflitos e inimizade mortal em seu coração contra Diabolus, visto que ele era responsável por isso e porque buscara sua própria coroa e dignidade), depois de se comprometer com Seu Pai e prometer que seria Seu servo para resgatar Alma Humana, firmou Sua decisão e jamais se arrependeu dela. O teor desse acordo era o seguinte: no tempo determinado, prefixado por ambos, o Filho do Rei faria uma viagem até aquele país do Universo e lá, de maneira justa e igualitária, lançaria o alicerce da perfeita libertação dos cidadãos das garras de Diabolus e de sua tirania ao fazer a retificação pela insensatez de Alma Humana.

Além disso, Emanuel decidiu fazer guerra contra o gigante Diabolus, no tempo conveniente, mesmo enquanto este tivesse a posse da cidade e que, com justiça, usaria a força para tirá-lo de sua fortaleza, seu ninho, e tomaria Alma Humana novamente para ser Sua habitação.

INCREDULIDADE

HESITAÇÃO

Tendo assim resolvido, foi dada a ordem ao Lorde Secretário Executivo para registrar claramente o que ficou determinado e para o publicar em todas as esquinas do reino do Universo. Se você quiser, poderá ler aqui um breve resumo do conteúdo daquela publicação.

Saibam todos os interessados que o Filho de Shaddai, o grande Rei, está comprometido por aliança a Seu Pai em trazer Sua Alma Humana de volta para Ele. Sim, também de colocar Alma Humana, pelo poder de Seu amor incomparável, em uma condição muito melhor e mais feliz do que aquela que tinha, antes de ser conquistada por Diabolus.

Esses documentos foram, portanto, publicados em vários locais, para desgosto do tirano Diabolus. "Pois agora", pensou ele, "serei importunado e minha habitação tirada de mim". Porém, quando essa questão — quero dizer — esse propósito do Rei e de Seu Filho, chegou à corte, quem poderia descrever como os lordes, capitães e nobres príncipes que lá estavam foram dominados por esse assunto? Primeiro, sussurravam uns com os outros, depois falavam em alta voz por todo o palácio do Rei, todos se perguntando sobre o glorioso desígnio entre o Rei e Seu Filho, que estava a caminho em favor da miserável cidade de Alma Humana. Todos os cortesãos poderiam fazer pouquíssimo pelo Rei ou pelo reino, mas agregariam a esse ato um estrépito do amor que o Rei e Seu Filho tinham por Alma Humana.

Esses lordes, capitães e príncipes não conseguiriam contentar-se em manter essa novidade na corte. Antes que os documentos estivessem finalizados, vieram eles mesmos e o anunciaram no Universo. Por fim, isso chegou aos ouvidos de Diabolus, para sua infelicidade. Você pode imaginar que ele ficou desorientado ao saber de tal intento contra si. Bem, após alguns cálculos mentais, ele concluiu estas quatro coisas:

Primeira. Que essa notícia, essa boa nova, deveria (se possível) ser mantida longe dos ouvidos da cidade de Alma Humana, "pois", disse ele, "se chegar ao conhecimento dos cidadãos de que Shaddai, seu antigo Rei, e Emanuel, Seu Filho, estão planejando o bem para a cidade, o que eu posso esperar a não ser que eles se revoltarão contra a minha mão e governo e retornarão para Ele?".

Para realizar esse intento, ele renovou sua lisonja ao Lorde Arbítrio e lhe deu o cargo de comando estrito, para que mantivesse vigilância, dia e noite, em todos os portões da cidade, especialmente os Portões Audição e Visão. Assim disse:

—Porque ouvi falar de um propósito de transformar todos nós em traidores e que Alma Humana seja reduzida novamente à sua antiga servidão. Espero que sejam apenas boatos. No entanto, não permita, de modo algum, que essas notícias consigam entrar na cidade, para que as pessoas não fiquem abaladas por elas. Meu lorde, creio que essa não deva ser uma boa notícia para você. Tenho certeza de que não o é para mim. Acho que, neste momento, seria sábio cortar todos os rumores pela raiz já que eles tendem a perturbar nosso povo. Por isso, desejo que você, meu lorde, trate desse assunto do modo como eu lhe direi. Coloque fortes vigias em cada portão da cidade. Impeça também e examine de onde vêm esses que chegam de longe para fazer negócios aqui. Não os deixe entrar em Alma Humana, a menos que você perceba claramente que eles são favoráveis ao nosso excelente governo. Ordeno, mais ainda — disse Diabolus — que haja espias continuamente percorrendo a cidade e que eles tenham poder de reprimir e destruir qualquer um que perceberem estar armando contra nós, ou que comece a falar sobre o que Shaddai e Emanuel pretendem.

E assim foi feito. O Lorde Arbítrio atentou ao seu senhor e mestre. Prontamente cumpriu os mandamentos e, com toda a diligência possível, preservou dentro das muralhas todo aquele que queria sair ou manteve fora todos os que quiseram trazer essas notícias para Alma Humana.

Segunda. Feito isso, a seguir, para que pudesse assegurar Alma Humana o melhor possível, Diabolus formulou e impôs um novo juramento e uma terrível aliança sobre os cidadãos: que eles jamais desertariam dele nem de seu governo, nem ainda o trairiam ou buscariam alterar suas leis. Mas que concordariam, confessariam, apoiariam e o reconheceriam como seu rei legítimo, e desafiariam qualquer um que reivindicasse, ou viesse a reivindicar dali por diante, por qualquer pretensão, lei ou título, a cidade de Alma Humana. Talvez com isso pensasse que Shaddai não teria o poder de absolvê-los dessa aliança com a morte e o inferno. Tampouco a tola Alma Humana se assombrou ou espantou com esse monstruoso compromisso, mas, como se fosse um arenque na boca de uma baleia, engoliram--no sem nem o mastigar. Ficaram sequer preocupados? Não. Ao contrário, vangloriavam-se de tão corajosa fidelidade ao tirano, seu falso rei, jurando que nunca seriam filhos falsos, nem abandonariam seu senhor por um novo. Foi assim que Diabolus maniatou Alma Humana.

Terceira. Mas a inveja, que jamais se vê como forte o suficiente, colocou-o a seguir em outra façanha para debochar ainda mais, se possível, da cidade. Por essa razão, ele levou o Sr. Obsceno — um execrável odioso, indecente e lascivo — a formalmente ser colocado nos portões do castelo da cidade, onde concederia licença para todos os seus filhos verdadeiros e confiáveis em Alma Humana para fazerem o que seus apetites sensuais os levassem a fazer. E homem algum poderia impedi-los ou controlá-los, sob pena de incorrer no desfavor de seu príncipe.

Estas foram as razões que levaram Diabolus a agir dessa maneira:

1. Para que a cidade de Alma Humana ficasse cada vez mais fraca e, assim, mais incapaz de crer, esperar ou consentir com a verdade, caso lhes viessem as boas novas de que sua redenção estava planejada. A razão diz que quanto maior o pecador, menos espaço para a esperança por misericórdia.
2. A segunda razão era que, talvez, Emanuel, o Filho de Shaddai, Rei deles, ao ver os atos horríveis e profanos da cidade de Alma Humana, pudesse se arrepender, mesmo depois de ter entrado em aliança para os redimir, de dar sequência a essa aliança para redenção deles. Diabolus sabia que Shaddai é santo e que Seu Filho Emanuel é santo. Sim, ele o sabia por lamentável experiência própria, pois, por causa de sua iniquidade e pecado, Diabolus foi expulso da orbes celestiais. Portanto, o que seria mais racional do que ele concluir que assim, pelo pecado, poderia ocorrer com Alma Humana? Contudo, temendo que esse nó pudesse ser desfeito, ele cogitou algo mais, isto é:

Quarta. Esforçou-se por encher o coração de todos em Alma Humana com a afirmação de que Shaddai estava suscitando um exército para vir derrubar a cidade destruindo-a completamente. Assim o fez para prevenir que qualquer notícia sobre sua libertação lhes chegasse aos ouvidos. "Pois", pensava ele, "se eu divulgar isso primeiro, as notícias que virão depois serão todas engolfadas por esta. Afinal, o que mais Alma Humana dirá quando ouvirem que precisam ser libertos, mas que o verdadeiro sentido é que Shaddai pretende destruí-los?" Desse modo, ele convocou toda a cidade à praça do mercado e lá, com sua língua enganadora, dirigiu-se a eles nos seguintes termos:

—Cavalheiros e bons amigos: todos vocês são, como sabem, meus súditos por direito e homens da célebre cidade de Alma Humana. Vocês sabem que, desde o primeiro dia em que vim morar entre vocês até hoje, tenho me comportado bem em seu meio e que liberdades e grandes privilégios vocês têm desfrutado sob meu governo. Espero que isso seja para a sua e a minha honra e para seu contentamento e prazer. Agora, minha renomada Alma Humana, há um barulho perturbador de aflição para esta cidade fora de nossos portões. Portanto, estou compungido por sua causa, pois recebi agora mesmo pelo correio de meu Lorde Lúcifer (e este é muito inteligente) que seu antigo Rei Shaddai está levantando um exército para vir contra vocês, a fim de destruí-los por completo. E esta, ó Alma Humana, é a causa da minha convocação neste momento: para aconselhá-los, diante dessa conjuntura, quanto ao melhor a ser feito. De minha parte, sou apenas um e posso facilmente me camuflar. Assim realmente considerei meu bem pessoal e cogitei em abandonar Alma Humana a todo esse perigo. No entanto, meu coração está tão disposto a permanecer ou cair com vocês, mesmo que o pior risco recaia sobre mim. O que me diz, ó minha Alma Humana? Abandonarão seu velho amigo ou considerarão ficar comigo?

Eles, então, unanimemente e a uma só voz disseram:

—Que Ele morra de forma desonrosa!

Diabolus replicou:

—É vão esperarmos por uma trégua, pois esse Rei não sabe como demonstrá-la. É verdade que Ele talvez, como já se assentou no trono antes de nós, falará e dissimulará misericórdia, para que possa reconquistar o senhorio de Alma Humana com mais facilidade e menos percalços. Portanto, independentemente do que Ele disser, não acreditem em sequer uma sílaba ou vírgula, pois tal linguagem é somente para nos subjugar e fazer de nós os troféus de Sua cruel vitória, enquanto chafurdamos em nosso sangue. Logo, penso que devemos decidir que lhe resistiremos até o último homem e não creremos nele de forma alguma, senão será por essa via que virá nosso perigo. Devemos ser atraídos para fora de nosso modo de vida por bajulação? Espero que vocês saibam mais dos rudimentos da política em vez de se permitirem ser tão lamentavelmente enganados.

"Porém suponham que o Rei venha a salvar a vida de alguns de nós, se quiser que nos dobremos a Ele, ou a vida de alguns subordinados em Alma Humana. Como isso poderá ter qualquer utilidade para vocês que são os principais da cidade, especialmente aqueles que eu fiz ascender e cuja grandeza foi obtida por intermédio de sua fiel devoção a mim? E suponham também que Ele conceda trégua para cada um de vocês. Estejam certos de que Ele os trará de volta àquela servidão em que se encontravam cativos anteriormente, ou a uma ainda pior. Como isso lhes fará bem? Vocês viverão em prazer sob o governo dele como vivem agora? Não, não, serão regidos por leis que os oprimirão e levados a fazer aquilo que presentemente lhes é odioso."

"Estou a favor de vocês — continuou —, se vocês estiverem comigo. É melhor morrer como valentes do que viver como escravos miseráveis. No entanto, digo a vocês que a vida de um escravo será considerada muito boa para Alma Humana. Sangue e mais sangue, nada senão sangue está em cada soar da trombeta de Shaddai contra a pobre Alma Humana. Imploro que vocês se preocupem. Ouço-o se aproximando. Levantem-se e tomem suas armas para que agora, enquanto ainda têm alguma folga, eu possa lhes ensinar algumas façanhas de guerra. Tenho uma armadura para vocês e fui eu quem a confeccionou. Ela é suficiente para cobri-los dos pés à cabeça, e vocês não poderão ser feridos pelo que o exército de Shaddai possa fazer, contanto que a mantenham bem cingida e presa a vocês. Portanto, venham para o meu castelo, acomodem-se e preparem-se para a guerra. Há o capacete, o peitoral, a espada, o escudo e tudo mais que os fará lutar com hombridade".

"1. Meu capacete, também chamado de proteção para a cabeça, é a esperança de se sair bem, ao final de tudo, qualquer que seja a vida que viveram. Isso é o que tinham aqueles que afirmavam ter paz, mesmo andando na maldade de seu coração, acrescentando à sua sede mais embriaguez. Essa é uma peça aprovada na armadura, e quem quer que a possua e a mantenha não poderá ser ferido por flechas, dardos, espadas ou escudos. Por conseguinte, mantenham-na firme e assim afastarão de si muitos golpes, minha Alma Humana.

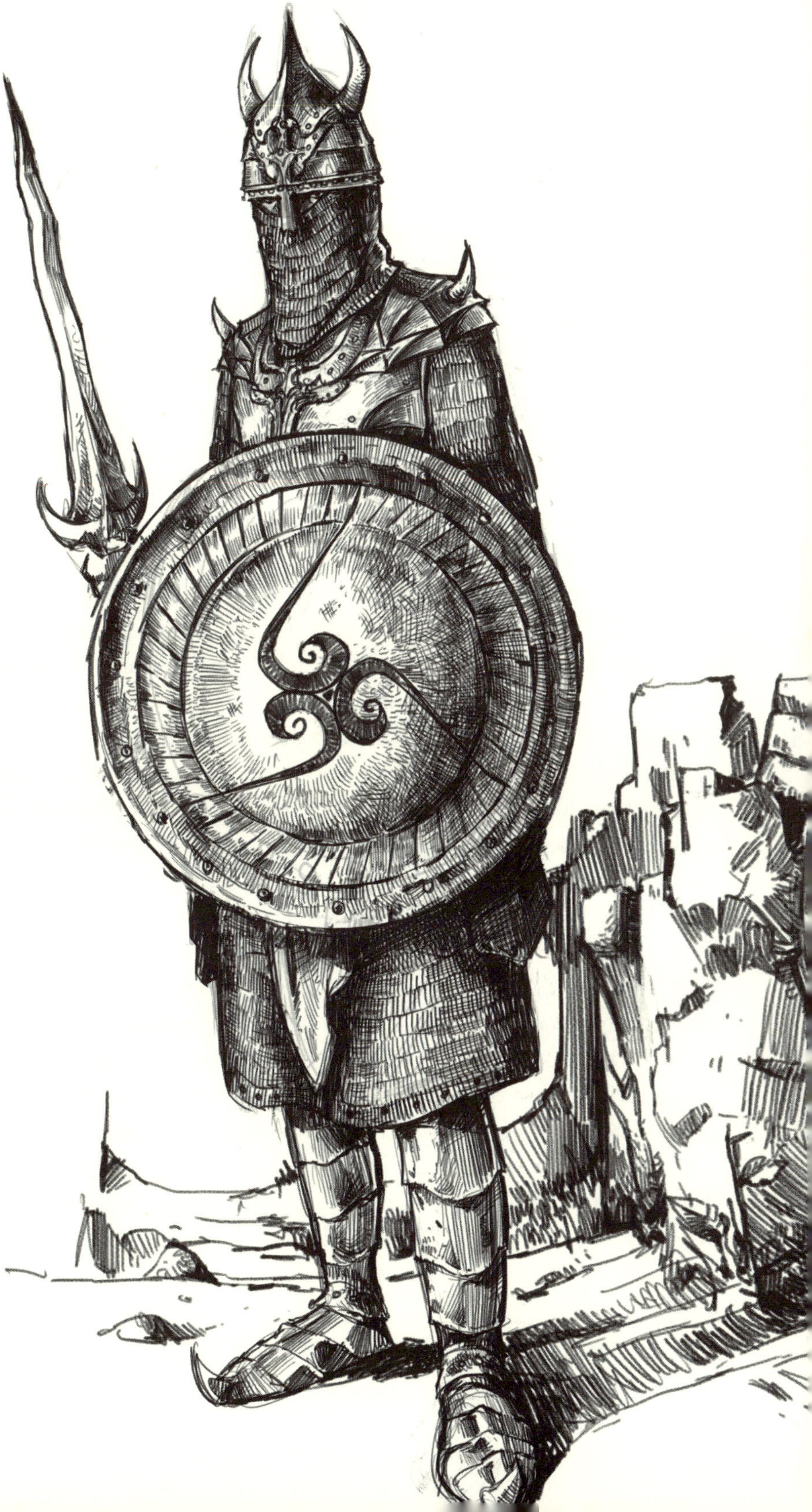

"2. Meu peitoral é feito de ferro. Forjei-o em meu próprio país, e todos os meus soldados estão revestidos por ele. Em linguagem simples, ele é o coração endurecido, tão rijo quanto o ferro e tão insensível quanto uma pedra, o qual, se possuírem e mantiverem, nem mesmo a misericórdia os vencerá, tampouco o julgamento os aterrorizará. Assim sendo, essa é uma peça fundamental na armadura para que todos se paramentem com aquele ódio a Shaddai e para que lutem contra Ele sob a minha bandeira.

"3. Minha espada é a língua inflamada com fogo do inferno e que se inclina a falar mal de Shaddai, Seu Filho, Seus caminhos e Seu povo. Usem-na! Ela já foi testada milhares de vezes. Aquele que a possui, conserva-a e a utiliza como eu sugiro jamais poderá ser conquistado por meu inimigo.

"4. Meu escudo é a incredulidade. Consiste em levantar questionamentos sobre a verdade da Palavra ou de todos os ditos que falam do julgamento que Shaddai designou para os perversos. Usem esse escudo! Shaddai já fez várias incursões contra ele e é verdade que, algumas vezes, o escudo foi avariado. No entanto, aqueles que registraram sobre as guerras de Emanuel contra os meus servos testificam que Ele não conseguiu 'fazer ali muitos milagres por causa da incredulidade deles'[3]. Para manejar adequadamente essa minha arma não se deve crer nas coisas porque elas são verdade de qualquer sorte, seja lá quem as tenha afirmado. Se Ele falar de julgamento, não se importe com isso; se falar de misericórdia, não se preocupe com ela; se prometer, se jurar que, caso Alma Humana se volte para Ele, não lhe fará mal, mas apenas o bem, não considere o que foi dito, questione a verdade em tudo, pois isso é dominar bem o escudo da incredulidade e fazê-lo como meus servos devem. E aquele que se trajar de outro modo não me ama, e eu o considero apenas como meu inimigo.

"5. Outra peça", disse Diabolus, "dessa minha excelente armadura é um espírito tolo e que não ora. Um espírito que zomba de clamar por misericórdia. Por isso, minha Alma Humana, certifiquem-se de usá-lo. O quê? Clamar por uma trégua? Jamais façam isso se são meus de verdade. Sei que vocês são intrépidos e tenho certeza de que os paramentei com uma armadura provada. Desse modo, longe de vocês clamar a Shaddai

---

[3] Mateus 13:58

por misericórdia. Além disso, tenho uma cota de malha[4], tições, flechas e a morte, todas boas armas forjadas para a execução."

Depois de tê-los assim paramentado com suas armadura e armas, ele se dirigiu a eles com estas palavras:

—Lembrem-se de que sou seu legítimo rei e que vocês fizeram um juramento e entraram em aliança de que seriam fiéis a mim e à minha causa. Digo-lhes que se lembrem disso e mostrem-se audazes e valentes homens de Alma Humana. Recordem-se também da bondade que sempre lhes demonstrei e que, sem que pedissem, concedi-lhes coisas externas. Assim sendo, os privilégios, concessões, imunidades, lucros e honras com que lhes dotei clamam de suas mãos um retorno em fidelidade, meus ferozes homens. E que momento melhor do que este, quando outro tenta tomar o domínio que tenho sobre vocês em Suas próprias mãos, para que vocês a demonstrem? Mais uma palavra e terminarei. Se permanecermos firmes e superarmos esse choque ou impacto, não duvido que, em pouco tempo, todo o mundo será nosso e que quando aquele dia chegar, meus fiéis, farei de vocês reis, príncipes, capitães e que dias maravilhosos teremos então!

Tendo assim Diabolus armado e precavido seus servos e vassalos contra seu bom e legítimo Rei Shaddai, em seguida ele dobrou o número de guardas nos portões da cidade e dirigiu-se ao castelo, que era uma fortaleza. Os seus vassalos, a fim de demonstrar sua disposição e suposta (mas ignóbil) valentia, exercitavam-se em suas armas todos os dias e ensinavam uns aos outros a arte da guerra. Também derrotaram seus inimigos e cantaram louvores a seu tirano. Além disso, prenunciaram que tipo de homens seriam caso as coisas se elevassem tanto a ponto de ocorrer uma guerra entre Shaddai e seu rei.

---

[4] Parte da armadura medieval constituída de pequenas argolas metálicas entrelaçadas, que formavam uma proteção para a parte de cima do corpo. Chegava a pesar entre 15 a 20 kg.

CAPÍTULO 3

Durante todo este tempo, o bom Rei Shaddai estava preparando um exército a fim de enviá-lo para recuperar a cidade de Alma Humana da tirania de seu pretenso rei Diabolus. Porém considerou ser melhor, inicialmente, não os enviar pelas mãos e direção do destemido Emanuel, Seu Filho, mas sob a liderança de alguns de Seus servos, a fim de verificar, por intermédio deles, a índole da cidade e se ela poderia ser conquistada por eles para a obediência a seu Rei. Esse exército era composto de mais de 40 mil homens, todos valorosos, pois procediam diretamente da corte do Rei e eram Seus escolhidos.

Vieram a Alma Humana sob a orientação de quatro valentes generais, cada um estando no comando de dez mil homens. Estes eram seus nomes e insígnias: o primeiro chamava-se Boanerges; o segundo, Capitão Convicção; o terceiro, Capitão Julgamento; o quarto, Capitão Execução.[1] Eram esses os comandantes que Shaddai enviou para reconquistar Alma Humana.

Esses quatro comandantes, como eu disse antes, foram considerados aptos, inicialmente, para serem enviados a Alma Humana para tentar uma investida contra ela. Sem dúvida, em geral, como em todas as Suas guerras, Ele costumava expedir esses quatro comandantes na vanguarda por serem intrépidos e robustos, hábeis para remover obstáculos e abrir caminho pela força da espada, como também o eram seus liderados.

O Rei deu uma insígnia a cada um desses comandantes, que deveria ser exibida por causa da virtude de Sua causa e do bem que reservara para Alma Humana.

Primeiramente, ao general Boanerges, pois era o líder de todos, foi-lhe dado 10 mil soldados. Sua insígnia chamava-se Sr. Trovão. A sua cor era a preta e o seu brasão três raios flamejantes.

Ao segundo comandante, Capitão Convicção, foi-lhe dado 10 mil soldados. O título de sua insígnia era Sr. Pesar. As cores que lhe foram atribuídas eram as mais claras e seu brasão era o livro da Lei aberto, de onde partia uma chama de fogo.

---

[1] Esses quatro capitães são representantes do papel da Lei na revelação divina da salvação. Os estandartes que representam as companhias que eles lideram lembram a cena da Lei sendo concedida no Sinai (Êx 19:16-25) e o papel de juízo que a Lei tem sobre os que vivem sob ela.

CAPITÃO BOANERGES

Ao Capitão Julgamento também lhe foram cedidos 10 mil soldados. O título de sua insígnia era Sr. Terror, sua cor era o escarlate e o brasão era uma fornalha ardente.

O Capitão Execução também recebeu 10 mil soldados, e o título de sua insígnia era Sr. Justiça. Também lhe foram designadas as cores escarlates, e seu brasão era uma árvore sem frutos com um machado à sua raiz.

Cada um desses quatro comandantes, como eu disse, tinha sob sua liderança 10 mil homens, todos muito fiéis ao Rei e valentes em suas ações militares. Bem, os comandantes e seus pelotões, seus soldados e suboficiais, sendo levados ao campo por um dia por Shaddai e lá chamados por seus nomes, receberam seu arnês[2] conforme suas patentes e o serviço que agora prestariam para seu Rei.

Após o Rei convocar Seus exércitos (pois é Ele quem deve reuni-los para a batalha), deu aos capitães suas várias comissões, com seus encargos e comandos na presença de todos os soldados para que atentassem em os cumprir e executá-los fiel e corajosamente. Suas comissões possuíam, em seu conteúdo, a mesma forma, embora com relação ao título, local e patente dos comandantes poderia haver alguma, mas bem pouca, variação. Aqui, permitam-me dar-lhes um registro do fato e um resumo do contido na missão deles.

> Uma comissão do grande Shaddai, Rei de Alma Humana, a seu leal e nobre Capitão, o Capitão Boanerges, para a guerra contra essa cidade.
>
> Ó tu, Boanerges, um de meus intrépidos e trovejantes comandantes sobre 10 mil de meus valentes e fiéis servos, vai em meu nome com essa tua força à miserável cidade de Alma Humana. E, quando lá chegares, oferece-lhe primeiramente condições para a paz. Ordena-lhes que, lançando de si o jugo e a tirania do perverso Diabolus, retornem para mim, seu legítimo Príncipe e Senhor. Também lhes ordena que se purifiquem de tudo que pertence àquele tirano na cidade. E cuida de ti mesmo para que tenhas boa convicção em mencionares a sinceridade da obediência deles. Portanto, quando assim lhes decretares (caso eles se submetam

---

[2] A armadura completa de um guerreiro.

verdadeiramente a essas condições), então, com todo o teu poder, estabelece para mim uma guarnição na afamada cidade de Alma Humana. Não firas o menor nativo que lá se move ou respira se eles se submeterem a mim, mas trata-os como se eles fossem teus amigos ou irmãos, pois amo todos eles e me serão estimados. Diz-lhes que tomarei tempo para vir a eles e lhes mostrarei que sou misericordioso.

Mas, se eles, a despeito de tua convocação e do exercício de tua autoridade, resistirem, levantarem-se contra ti e rebelarem-se, ordeno-te que faças uso de tua destreza, poder e pelotão para subordinar-lhes pela força. Adeus!

Assim, vocês puderam ver o resumo da comissão deles. Como eu disse anteriormente, quanto ao conteúdo delas, são as mesmas que os demais nobres capitães receberam.

Por conseguinte, após cada um deles ter recebido sua autoridade das mãos de seu Rei, sendo marcado o dia e prefixado o local do encontro, cada comandante compareceu em bravura proporcional à sua causa e vocação. Dessa forma, depois de uma nova refeição oferecida por Shaddai, partiram em marcha com suas flâmulas coloridas para a cidade de Alma Humana. O general Boanerges liderava na vanguarda, o Capitão Convicção e o Capitão Julgamento compunham a companhia principal, e o Capitão Execução liderava a retaguarda. Tendo eles um longo caminho à frente (pois a cidade de Alma Humana ficava distante da corte de Shaddai), marcharam por entre as regiões e países de muitos povos, sem ferir ou abusar de qualquer deles, mas abençoando-os por onde iam. Foram patrocinados pelo Rei durante todo o percurso.

Depois de viajar por muitos dias, por fim, avistaram Alma Humana, sobre a qual lamentaram sinceramente a condição em que se encontrava, pois logo perceberam como ela estava prostrada à vontade, modos e propósitos de Diabolus.

Bem, para ser breve, os comandantes aproximaram-se da cidade, marchando para o Portão Audição e estabeleceram-se lá (porque esse era o lugar para audiências). Após levantarem suas tendas e se entrincheirarem, voltaram-se a fazer seu ataque.

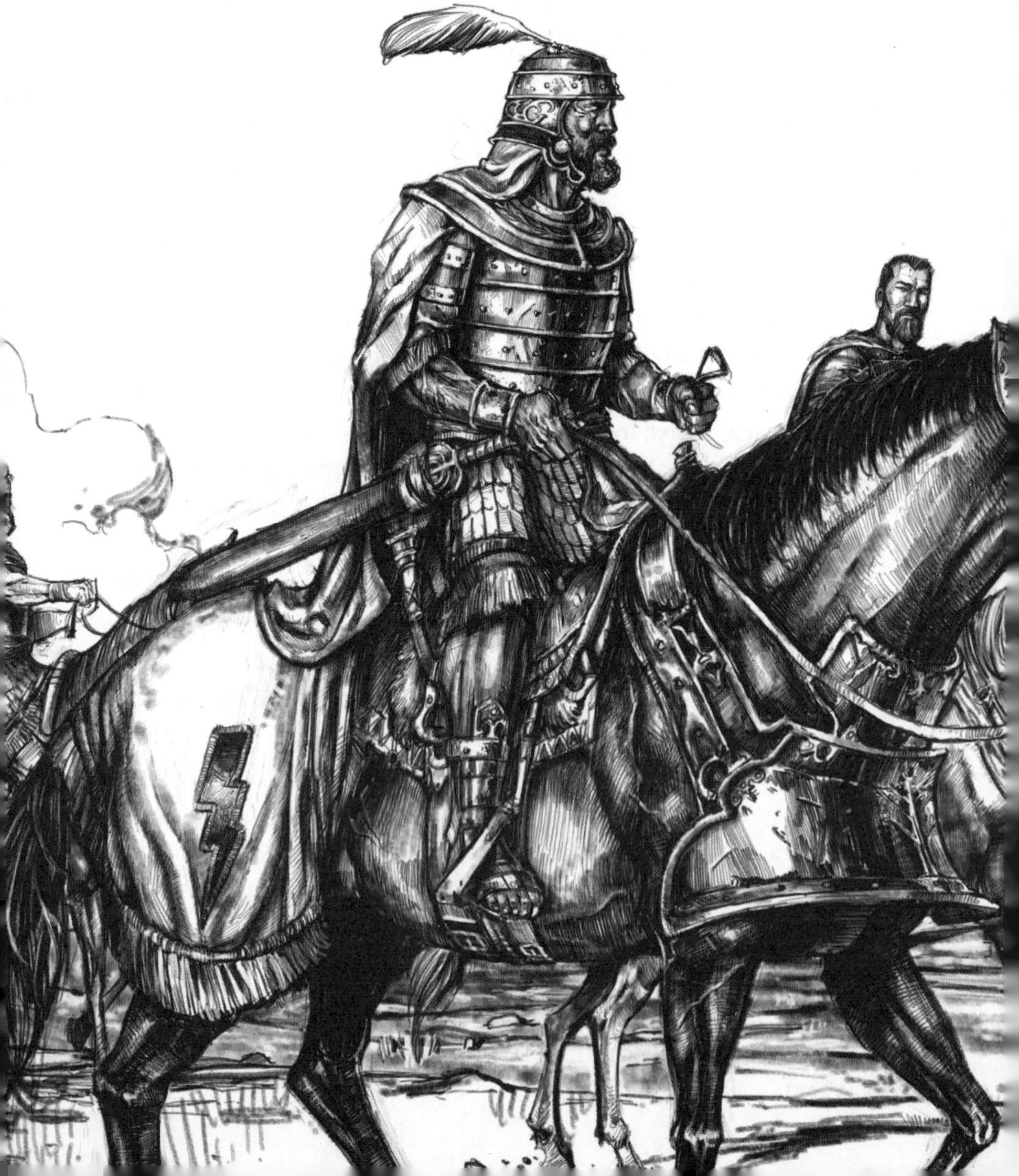

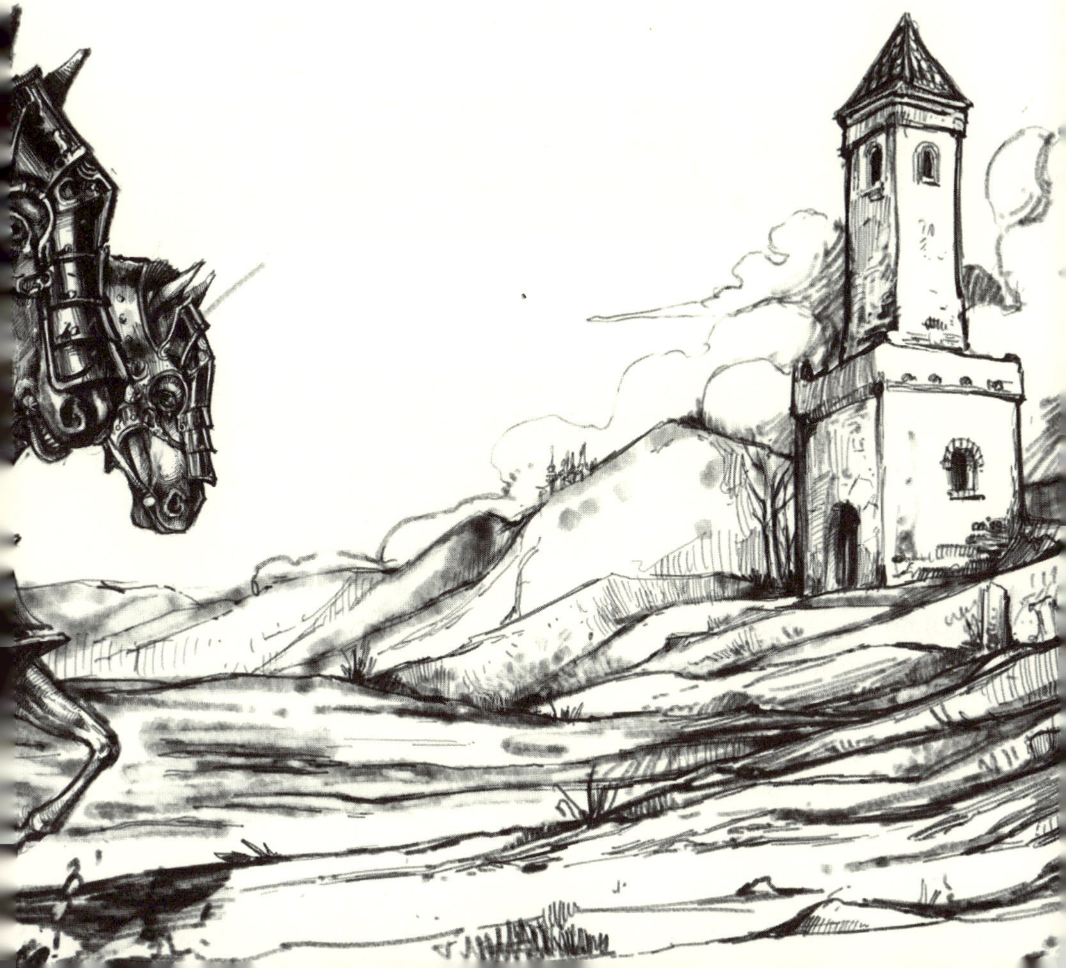

Os cidadãos, inicialmente, ao verem uma companhia tão valente, tão corajosamente equipada e disciplinada com tal excelência, trajando suas reluzentes armaduras e exibindo suas coloridas insígnias, não puderam evitar sair de suas casas para admirá-los. Mas aquela raposa sagaz, Diabolus, temendo que o povo, à vista disso e após uma convocação repentina, abrisse os portões aos comandantes, desceu de seu castelo com toda pressa e fez que eles retornassem ao centro da cidade. Quando estavam lá, ele lhes proferiu este discurso mentiroso e enganador:

—Cavalheiros — disse ele — embora vocês me sejam amigos fiéis e amados, ainda assim não posso deixar de repreendê-los por seu recente descuido ao sair para admirar o grande exército que se assentou diante de nós e agora se entrincheirou para manter o sítio contra a famosa Alma Humana. Vocês sabem quem eles são, de onde vêm e qual o objetivo ao se instalarem diante de nossa cidade? Estes são aqueles sobre quem lhes falei há muito tempo, aqueles que viriam para destruir esta cidade e contra quem empreendi em armar vocês, dos pés à cabeça, em seu corpo, além das grandes fortificações para a mente de cada um de vocês.

"Portanto, não deveriam vocês, diante da primeira aparição deles, ter clamado, acendido os faróis e soado o alarme a toda a cidade acerca deles, para que pudéssemos todos estar em postura de defesa e preparados para recebê-los com os maiores atos de resistência? Se tivessem feito assim, teriam se mostrado homens a quem aprecio; ao passo que, pelo que fizeram de fato, vocês me deixaram um tanto receoso, digo, de que, quando eles e nós entrarmos no tumulto, eu os encontrarei com falta de coragem para permanecer firmes um pouco mais de tempo.

"Foi por isso que eu ordenei vigias e que vocês dobrassem a quantidade de guardas aos portões? Ou que me esforcei para torná-los mais resistentes que o aço e seus corações como uma pedra de moinho? Foi para que vocês se mostrassem frouxos e saíssem como uma pequena companhia de inocentes para observar seus inimigos mortais? Que vergonha! Coloquem-se em posição de defesa, repiquem os tambores, reúnam-se como uma companhia de guerra, para que seus adversários saibam que, antes que possam conquistar esta sociedade, há homens valentes na cidade de Alma Humana.

"Vou deixar-lhes com essa censura agora e não mais os repreenderei. Porém, cobro de vocês que, daqui para frente, eu não veja mais esse tipo de ação. Não mais permitam que um homem, entre vocês, sem ter recebido primeiramente uma ordem minha, mostre sua cabeça por cima da muralha da cidade. Vocês me ouviram. Façam como lhes ordenei e me levarão a habitar seguro entre vocês, e que eu lhes cuide, tanto por mim quanto por sua segurança e honra. Adeus!"

Os cidadãos ficaram estranhamente alterados. Estavam como homens atingidos pelo pânico, correndo para lá e para cá pelas ruas de Alma Humana e clamando:

—Socorro! Socorro! Os homens que transtornaram o mundo chegaram também aqui![3]

Tampouco puderam aquietar-se depois, mas, como homens néscios, gritavam:

—Os destruidores de nossa paz e de nosso povo chegaram!

Isso chegou até Diabolus, que disse a si mesmo:

—Ah! Gosto muito disso! Agora está como planejei, agora demonstram obediência a seu príncipe. Fiquem aí, e que eles tomem a cidade se conseguirem.

Bem, antes de os exércitos do Rei estarem estabelecidos diante de Alma Humana por três dias, o Capitão Boanerges ordenou que seu corneteiro fosse ao Portão Audição e lá convocasse Alma Humana, em nome do grande Shaddai, a conceder uma audiência à mensagem que ele, em nome de seu Mestre, fora ordenado lhes entregar. Assim, o corneteiro, cujo nome era Atente ao que Ouve, foi, conforme ordenado, ao Portão Audição e soou a trombeta. Mas ninguém apareceu para dar resposta ou atenção, pois assim Diabolus havia ordenado. Desse modo, o corneteiro retornou ao seu capitão e lhe disse o que fizera e como se apressara, à vista do que o capitão ficou entristecido e mandou que o rapaz voltasse à sua tenda.

Novamente o Capitão Boanerges enviou o corneteiro para o Portão Audição para soar a trombeta, como antes, para uma audiência. No entanto, eles se mantiveram fechados. Não saíram ou lhe deram uma resposta, tal era a forma que estavam observando a ordem de Diabolus, seu rei.

---

[3] Atos 17:6

Então, os capitães e outros oficiais de campo convocaram um conselho de guerra, para deliberar o que mais seria feito para conquistar a cidade de Alma Humana. Depois de amplo debate, eles decidiram dar à cidade, por mãos do acima mencionado corneteiro, outra convocação para audiência. Contudo, se esta fosse recusada e a cidade os mantivesse do lado de fora, eles determinaram que se esforçariam, por qualquer meio que pudessem, a compeli-los pela força à obediência a seu Rei. Ordenaram ao corneteiro que lhes anunciasse isso.

Assim sendo, o Capitão Boanerges ordenou que seu corneteiro se dirigisse ao Portão Audição mais uma vez e, em nome do grande Rei Shaddai, desse uma convocação, em alto e bom som, de que eles viessem, sem demora, ao Portão para ouvir os mais nobres Capitães do Rei. O rapaz fez conforme mandado: foi ao Portão Audição, soou a trombeta e fez a terceira convocação a Alma Humana. Além disso, falou que, se eles continuassem a se recusar a comparecer, os capitães de seu Príncipe viriam contra eles com poder e buscariam reduzi-los à obediência pela força.

O Lorde Arbítrio, que era o governador da cidade e o guarda dos portões de Alma Humana (e o apóstata mencionado anteriormente), levantou-se e, com palavras exasperadas, exigiu que o corneteiro se identificasse, que dissesse de onde veio e qual era o motivo de estar fazendo ruídos tão horrorosos ao portão e falando palavras tão execráveis à cidade.

O corneteiro respondeu:

—Sou servo do mais honrado comandante — o General Boanerges — que lidera os exércitos do grande Rei Shaddai, contra quem tanto você como toda a cidade de Alma Humana se rebelaram e levantaram os punhos. Meu mestre, o capitão, tem uma mensagem especial para esta cidade e para você, como habitante dela, a qual, se os cidadãos de Alma Humana ouvirem pacificamente, será bom. Caso não, deverão assumir o que estará por vir.

Então, disse o Lorde Arbítrio:

—Comunicarei a meu senhor as suas palavras, e vocês saberão o que ele dirá.

No entanto, o corneteiro logo respondeu, dizendo:

—Nossa mensagem não é para esse gigante Diabolus, mas aos miseráveis da cidade de Alma Humana. Sequer consideraremos qualquer resposta que vocês deem por ele, nem ao menos qualquer resposta dele mesmo. Fomos enviados a esta cidade para recuperá-la de sua cruel tirania e para persuadi-la a submeter-se, como em tempos antigos, ao mais excelente Rei Shaddai.

Respondeu o Lorde Arbítrio:

— Levarei esse recado para a cidade.

O corneteiro replicou:

—Senhor, não nos engane, pois, ao fazê-lo, enganarão muito mais a si mesmos. — E acrescentou: — Estamos decididos que, se vocês não se submeterem pacificamente, declararemos guerra contra a cidade e os submeteremos à força. E como sinal de que o que lhes digo agora é verdadeiro, vocês verão uma flâmula negra, com seus raios abrasadores, colocada sobre o monte amanhã, como um lembrete de sua rebelião contra seu príncipe e de nossa decisão de convertê-los a seu Senhor e legítimo Rei.

Dessa maneira, o Lorde Arbítrio saiu da muralha, e o corneteiro voltou ao acampamento. Quando este se dirigia para lá, os capitães e oficiais do poderoso Rei Shaddai se reuniram para saber se ele conseguira a audiência e qual fora o resultado de sua mensagem. Disse-lhes o corneteiro:

—Quando soei alto a minha trombeta e convoquei a cidade para uma audiência, o Lorde Arbítrio, o governador da cidade e encarregado dos portões, aproximou-se ao me ouvir e, observando do alto da muralha, perguntou-me quem eu era, de onde vinha e qual o motivo de eu estar fazendo tal barulho. Entreguei-lhe minha mensagem e informei sob qual autoridade eu a trazia. "Então", ele respondeu, "vou contá-la ao governante e a toda a cidade". Assim eu retornei para meus senhores.

—Permaneçamos mais um pouco em nossas trincheiras e vejamos o que farão esses rebeldes — disse o destemido Boanerges.

Quando se aproximou o momento em que Alma Humana concederia uma audiência ao intrépido Boanerges e seus companheiros, foi ordenado que todos os homens de guerra, em todo o acampamento de Shaddai, deveriam assumir suas posições e ficar preparados, e, se a cidade lhes desse ouvidos, deveriam recebê-la sem demora e com misericórdia. Caso contrário, deveriam forçar a submissão.

Ao raiar do dia, os corneteiros soaram seus instrumentos por todo o acampamento, a fim de que os guerreiros estivessem a postos para aquela que seria a tarefa do dia. Todavia, quando os que estavam em Alma Humana ouviram o som das trombetas por todo o acampamento de

Shaddai, pensando que isso só poderia ser para investir contra a cidade, inicialmente ficaram profundamente consternados de espírito. Porém, pouco depois estavam recompostos e começaram a fazer a preparação que podiam para aquela guerra, caso os adversários os perturbassem, ou para garantir sua segurança.

Bem, quando o prazo limite chegou, Boanerges estava decidido a ouvir a resposta deles. Desse modo, enviou novamente seu corneteiro para convocar Alma Humana para ouvirem a mensagem que ele havia trazido de Shaddai. Assim, lá foi o rapaz e ressoou sua trombeta. Os cidadãos se aproximaram, mas garantiram que o Portão Audição estivesse o mais seguro possível. Quando chegaram ao alto da muralha, o Capitão Boanerges esperava ver o Lorde Alcaide, mas quem atuava nessa posição era o Sr. Ceticismo, que entrara na posição do Lorde Cobiça. Ceticismo aproximou-se e mostrou-se de cima da muralha, e quando o Capitão Boanerges colocou seus olhos nele, exclamou em alta voz:

—Este não é o homem! Onde está o Lorde Entendimento, o antigo Lorde Alcaide da cidade de Alma Humana? Somente a ele entregarei minha mensagem!

Replicou Diabolus, que também descera ao encontro, ao comandante:

—Sr. Comandante, por sua ousadia você entregou a Alma Humana pelo menos quatro convocações para que se submetesse a seu Rei, cuja autoridade eu desconheço e nem entrarei em discussão agora. Pergunto-lhe, portanto, qual o motivo de todo esse alvoroço? E o que estão fazendo, se é que sabem?

Então, o General Boanerges, que levava as cores pretas e cujo brasão eram os três raios flamejantes, ignorando o gigante e seu discurso, dirigiu-se nos seguintes termos à cidade:

—Seja-lhes conhecido, ó infeliz e rebelde Alma Humana, que o mais gracioso Rei, o grande Rei Shaddai, meu Mestre, enviou-me a vocês com esta comissão — e mostrou-lhes Seu grande selo — de convertê-los à obediência a Ele. E me ordenou que, caso vocês cedessem diante de minhas convocações, eu os tratasse como se fossem meus amigos e irmãos. No entanto, também nos deu o compromisso de que se, após submetidas as convocações, vocês ainda resistissem e se rebelassem, nós deveríamos nos esforçar para conquistá-los pela força.

Depois, o Capitão Convicção, cujas cores eram as claras e tinha como brasão um livro da Lei aberto, aproximou-se e disse:

—Ouça, Alma Humana! Você era famosa, por um tempo, por sua inocência, mas agora se degenerou em mentiras e embustes. Ouviram o que o meu irmão, o General Boanerges, falou. É sábio, e será para sua alegria, dobrar-se e aceitar as condições de paz e misericórdia quando lhes são oferecidas, especialmente quando ofertadas por Aquele contra quem vocês se rebelaram e Aquele que tem poder para reduzi-los aos pedaços, pois assim é Shaddai, nosso Rei. Tampouco diante de Sua ira poderá alguém resistir. Se disserem que não pecaram ou agirem em rebelião contra nosso Rei, todas as suas obras, desde o dia em que se separaram dele (e aí foi o começo de seu pecado) testificarão suficientemente contra vocês. O que mais significa sua atenção ao tirano e o recebê-lo como seu rei? O que mais quer dizer a sua rejeição das leis de Shaddai e sua obediência a Diabolus? Sim, o seu pegar em armas e o trancar de seus portões para nós, os fiéis servos do seu Rei? Contenham-se, aceitem o convite de meu irmão e não desprezem o tempo de misericórdia, mas concordem com seu adversário rapidamente. Ah, Alma Humana, não se disponham a serem afastados da misericórdia e levados a milhares de tormentos pelas bajuladoras astúcias de Diabolus! Talvez esse enganador possa tentá-los a crer que buscamos nossa vantagem nesse nosso serviço. Contudo, saibam que é a obediência a nosso Rei e o amor à sua felicidade que são a nossa motivação para fazê-lo.

"Digo-lhes novamente, ó Alma Humana, considerem se não é graça sem par que Shaddai se humilhe como está fazendo. Agora, por nosso intermédio, Ele arrazoa com vocês, em forma de súplicas e doces persuasões, para que se submetam a Ele. Tem Ele necessidade de vocês como temos certeza de que vocês têm dele? Não, não! Porém é misericordioso e não deseja que Alma Humana pereça, mas sim que se volte a Ele e viva!"

Foi a vez do Capitão Julgamento, que tinha a cor escarlate e o brasão de uma fornalha ardente, dizer:

—Ó, vocês, habitantes de Alma Humana, que têm vivido por tanto tempo em rebeldia e atos de traição contra o Rei Shaddai, saibam que não viemos hoje a este lugar, e desta maneira, com nossa mensagem fabricada por nossa mente ou para vingar-nos de sua contenda. É o Rei, meu Mestre, que nos enviou para convertê-los à obediência a Ele. À qual, se vocês se recusarem a ceder pacificamente, temos ordem de compeli-los a fazê-lo. E jamais pensem, e nem permitam que o tirano Diabolus os persuada a achar, que nosso Rei não é capaz de submetê-los e colocá-los sob Seus pés por Seu poder, pois Ele é o Criador de todas as coisas e, se tocar as montanhas, elas fumegarão. O portão da clemência do Rei não ficará sempre aberto, pois o Dia que tudo se inflamará como uma fornalha está diante dele. Ele se apressa e não retardará.

"Ó, Alma Humana, é pouco para vocês que nosso Rei lhes ofereça misericórdia e isso após muitas provocações? Sim, Ele ainda tem Seu cetro de ouro estendido em sua direção e não lhes fechará, ainda, Seu portão contra vocês. Vão provocá-lo a fazê-lo? Se sim, considerem o que lhes digo: ele não ficará aberto a vocês para sempre. Embora digam que não o veem, o julgamento está diante dele, portanto creiam em Shaddai. Sim, porque há a ira, e fiquem atentos para que Ele não lhes fira com Seu golpe, de forma que nem mesmo um grande resgate poderá livrá-los. Ele valorizará suas riquezas? Não, nem o ouro, tampouco todas as forças. Shaddai preparou Seu trono para julgamento porque virá com fogo e Suas carruagens como um redemoinho para trazer Sua ira com fúria e Sua repreensão com chamas de fogo. Portanto, ó Alma Humana, atentem para que, depois de haverem cumprido o julgamento dos perversos, a justiça e o julgamento os envolvam."

Enquanto o Capitão Julgamento fazia esse discurso à cidade, foi observado por alguns que Diabolus tremia. E o capitão prosseguia em sua parábola, dizendo:

—Ó, infausta cidade de Alma Humana, vocês ainda assim não abrirão seu portão para receber-nos, a nós, representantes do seu Rei, e a todos que se alegrariam em vê-la viver? Poderá seu coração resistir ou suas mãos serem fortes no dia em que Ele tratará com vocês em julgamento? Digo-lhes: poderão suportar ser forçados a beber o oceano da ira que seu Rei preparou para Diabolus e seus anjos[4] da mesma forma como alguém bebe um vinho doce? Ponderem, de uma vez; ponderem!

Por fim, o quarto capitão, o Capitão Execução, aproximou-se e disse:

—Ó, cidade de Alma Humana, que uma vez era célebre, mas hoje é um ramo infrutífero; que uma vez era a delícia dos seres elevados, mas

---

[4] Mateus 25:41

hoje um covil para Diabolus, ouçam a mim também e às palavras que lhes falarei em nome do grande Shaddai. Eis que o machado está lançado à raiz das árvores. Cada árvore que não produz fruto será cortada e lançada no fogo.[5]

"Vocês, ó Alma Humana, têm sido essa árvore infrutífera que não produz senão espinhos e abrolhos. Seu fruto ruim revela que não são uma árvore boa; suas uvas são uvas bravas, seus cachos, amargos. Rebelaram-se contra seu Rei e, infelizmente, nós, o poder e exército de Shaddai, somos o machado que está posto à sua raiz. O que dirão? Voltarão? Repito: digam-me, antes que o primeiro golpe seja dado, retornarão? Nosso machado precisa primeiramente ser colocado à sua raiz antes de ser lançado contra ela. À sua raiz, por meio dos alertas, antes de ser posto contra ela, por meio da execução e, entre esses dois, requer-se o seu arrependimento. E esse é todo o tempo de que vocês dispõem. Arrepender-se-ão? Voltarão ou deverei feri-los? Se eu os golpear, Alma Humana, vocês cairão, pois tenho a comissão de lançar meu machado à raiz. E nada, senão a submissão ao nosso Rei, me impedirá de consumar tal execução. Para que vocês servem, caso a misericórdia não o impeça, senão para serem cortados, lançados no fogo e queimados?[6]

"A paciência e a longanimidade não agirão para sempre: um, dois ou três anos, pode ser que sim. No entanto, se o provocarem, por meio de três anos de rebelião (e vocês já o fizeram por mais tempo que isso), o que poderá vir senão a ordem: 'Corte-a!'?, ou 'Depois disso, você deve cortá-la!'. E pensam vocês que essas são apenas ameaças, ou que nosso Rei não tem o poder de cumprir Suas palavras? Ó, Alma Humana, vocês descobrirão que nas palavras de nosso Rei, quando minimizadas ou menosprezadas pelos pecadores, não há apenas ameaças, mas ardentes carvões em brasa.

"Vocês têm sido solo ruim por muito tempo e continuarão assim? Seu pecado trouxe esse exército até suas muralhas, e o levará ao seu interior em julgamento para conduzir a execução de sua cidade? Ouviram o que disseram os comandantes, mas ainda permanecem com seus portões

---

[5] Lucas 3:9

[6] Mateus 7:19

trancados. Declarem, Alma Humana, continuarão a fazê-lo ou aceitarão as condições de paz?"

Alma Humana se recusou a ouvir esses valentes discursos dos quatro nobres comandantes, embora um desses sons tenha batido contra o Portão Audição, mas sua força não foi suficiente para abri-lo. Enfim, a cidade desejou ter um tempo para preparar sua resposta a essas demandas. Os comandantes lhes disseram que se eles lançassem para fora aquele Hesitação que estava na cidade, para que lhe fosse retribuído conforme suas palavras, eles poderiam lhes dar tempo para ponderarem. Contudo, se não o lançassem para eles por cima das muralhas de Alma Humana, então tempo algum lhes seria concedido. "Pois — diziam os comandantes — sabemos que, enquanto Hesitação continuar respirando em Alma Humana, toda a boa ponderação será perturbada e nada além de engano será produzido".

Então, Diabolus, que estava presente, sendo avesso a perder Hesitação, porque ele era seu orador (mas tenham certeza de que o perderia se os comandantes tivessem colocado sua mão nele), determinou-se, nesse instante, a dar-lhes resposta por si mesmo. Porém, mudou de ideia e ordenou ao seu alcaide, Lorde Ceticismo, que o fizesse, dizendo-lhe:

—Meu senhor, dê a esses renegados uma resposta. E fale bem alto para que Alma Humana possa entendê-lo.

Sob a ordem de Diabolus, Ceticismo começou a falar:

—Cavalheiros, como bem pudemos observar, vocês vieram perturbar nosso príncipe e molestar a cidade de Alma Humana, acampando contra ela. Porém não sabemos de onde vocês vêm e não cremos no que são. Na verdade, falam-nos em seu terrível discurso que têm autoridade concedida por Shaddai, mas ignoramos por qual direito Ele lhes dá tais ordens.

"Vocês também, por meio da autoridade mencionada, convocaram esta cidade para desertar seu senhor e se submeter ao grande Shaddai, seu Rei, em proteção própria. Adulam-na dizendo que se ela o fizer, Ele a perdoará e não a acusará por suas ofensas passadas.

"Além disso, também ameaçaram Alma Humana, para horror dela, com grandes e tenebrosas destruições para punir esta sociedade, caso ela não consinta à sua vontade, como vocês desejam.

"Agora, comandantes, seja lá de onde quer que tenham vindo e embora seus desígnios sejam corretos, saibam que nem meu senhor Diabolus,

CAPITÃO JULGAMENTO

nem eu, Ceticismo, servo dele, tampouco nossa intrépida Alma Humana consideramos sua pessoa, sua mensagem ou o Rei que vocês afirmam tê-los enviado. Não tememos Seu poder, Sua grandeza, Sua vingança e sequer cederemos às suas convocações.

"Quanto à guerra com a qual nos ameaçaram, deveremos nos defender tanto quanto pudermos. E saibam que não estamos desprovidos de recursos para desafiá-los. Resumindo (pois não desejo ser tedioso), digo-lhes que nós os consideramos um bando de renegados e patifes, que, tendo se livrado de toda a obediência a seu Rei, reuniram-se tumultuosamente e vagueiam, de um lugar a outro, para ver se, quer por meio de sua bajulação ou por suas ameaças, conseguem fazer com que algum vilarejo, ou cidade ou país tolos abandonem seu lugar e o deixem para vocês. Porém, Alma Humana não é nada disso.

"Concluindo: não temos pavor diante de vocês; não os tememos e não obedeceremos à suas convocações. Manteremos nossos portões trancados a vocês para que fiquem fora de nosso país. Nem suportaremos mais que fiquem assentados diante de nós. Nosso povo deve viver em paz, e sua aparição os perturba. Assim, peguem suas malas e cuias e partam daqui, ou os atacaremos por cima das muralhas."

O discurso do velho Ceticismo foi secundado pelo desesperado Arbítrio nas seguintes palavras:

—Cavalheiros, ouvimos suas demandas, o ruído de suas ameaças e o som de suas convocações. No entanto, não tememos seu exército; não levamos em consideração suas ameaças e permaneceremos como nos encontraram. Ordenamos-lhes que, em três dias, cessem de aparecer nessa parte do mundo ou saberão o que acontecerá, caso ousem despertar o leão Diabolus, que repousa nesta cidade de Alma Humana.

O arquivista, que se chamava Esqueça o Bem, também acrescentou:

—Cavalheiros, os meus senhores responderam com palavras moderadas e gentis aos seus discursos rudes e irados, como vocês podem ver. Ademais, pelo que ouvi, eles lhes concederam que partam silenciosamente como vieram. Portanto, considerem essa gentileza e saiam daqui. Poderíamos ter saído com nosso exército sobre vocês e lhes feito sentir a força de nossas espadas. No entanto, como amamos a tranquilidade e a calmaria, não apreciamos ferir ou molestar outros.

Assim, a cidade de Alma Humana gritou de alegria, como se Diabolus e seu bando tivessem conquistado alguma grande vantagem contra os comandantes. Tocaram também os sinos, alegraram-se e dançaram sobre as muralhas.

Diabolus retornou ao castelo e os lordes alcaide e arquivista aos seus lugares. Todavia, o Lorde Arbítrio tomou cuidado especial para que os portões estivessem seguros com o dobro de guardas e com ferrolhos, cadeados e barras duplos e que o Portão Audição fosse o mais vigiado, visto que foi por ele que os exércitos do Rei mais buscaram entrar. O Lorde Arbítrio nomeou o velho Sr. Preconceito, um sujeito raivoso e agressivo, capitão daquela ala do portão e colocou sob seu comando 60 soldados chamados surdos, homens que eram vantajosos para aquele serviço uma vez que não se importavam com as palavras dos comandantes de Shaddai ou de seus soldados.

Quando os comandantes viram a réplica dos poderosos da cidade, que não conseguiriam uma audiência com os antigos nativos da cidade e que Alma Humana estava decidida a batalhar contra o exército do Rei, eles se prepararam para recebê-los e para tentar demovê-los pela força das armas. Primeiramente fizeram mais formidável o seu poderio contra o Portão Audição, uma vez que sabiam que, a menos que pudessem penetrá-lo, não haveria bem algum que pudessem fazer à cidade. Feito isso, colocaram o restante de seus soldados em suas posições e deram o comando, que era: "IMPORTA-VOS NASCER DE NOVO"[7]. Depois soaram a trombeta, e a cidade deu sua resposta em forma de brados contra brados, acusações contra acusações, e a batalha começou.

Dentro da cidade, haviam colocado duas grandes armas na torre junto ao Portão Audição. Uma delas se chamava Moralismo; a outra, Inebriante. Eles confiavam muito nessas duas armas, que foram forjadas no castelo pelo fundidor de Diabolus, cujo nome era Orgulho. Essas armas eram perversas. Quando os comandantes as viram, sendo tão vigilantes e cuidados como eram, embora algumas vezes seu tiro passasse por seus ouvidos com um zunido, eles não lhes causaram mal. Por essas duas armas, os habitantes de Alma Humana não faziam questão senão somente de incomodar o acampamento de Shaddai e proteger o portão. Porém

---

[7] João 3:7

não tinham muito do que se vangloriar do que fizeram, como ficará claro a seguir. Eles também possuíam algumas pequenas armas, as quais usaram contra o acampamento de Shaddai.

Enquanto isso, os do acampamento agiram com a mesma firmeza e com igual medida daquilo que, com justeza, pode-se chamar de bravura. Aceleraram o mais rápido que puderam contra a cidade e o Portão Audição, pois viram que, a menos que rompessem esse portão, seria em vão lançar-se contra a muralha. Os comandantes do Rei haviam trazido consigo várias catapultas e dois ou três aríetes[8]. Com as catapultas, eles a arremessavam contra as casas e as pessoas da cidade e com os aríetes buscavam romper o Portão Audição.

Houve várias escaramuças e embates rápidos entre os dois lados, enquanto os comandantes com seus equipamentos fizeram várias corajosas incursões para tentar fragmentar ou derrotar a torre sobre o Portão Audição e por lá abrir caminho para sua entrada na cidade. Contudo, Alma Humana resistiu tão vigorosamente por meio da fúria de Diabolus, da valentia de Lorde Arbítrio e das condutas do velho Ceticismo, o alcaide, e do Sr. Esqueça o Bem, o arquivista, que a carga e os custos das guerras daquele verão pareciam quase perdidos para o lado do Rei, e a vantagem repousava sobre Alma Humana. Porém, quando os comandantes viram como estavam as coisas, eles fizeram uma justa recolhida e se entrincheiraram nos quartéis de inverno.

Agora, você precisa saber que naquela guerra houve muitas perdas para ambos os lados. Sobre estas, contente-se com o breve relato a seguir.

Quando os comandantes do Rei saíram da corte e marchavam cruzando o país para ir à guerra contra Alma Humana, depararam-se com três rapazes que tinham intenção de se unir aos soldados. Eram respeitáveis e pareciam ser corajosos e habilidosos. Seus nomes eram Sr. Tradicionalismo, Sr. Sabedoria Humana e Sr. Invenção Humana. Eles se aproximaram dos comandantes e ofereceram seus serviços a Shaddai. Os capitães lhes disseram qual seu propósito e que não fossem precipitados em seu oferecimento, ao que os rapazes responderam que haviam

---

[8] Máquinas de guerra compostas de um grande tronco, transportado por um carro, empurrado por homens, com o qual se golpeava contra os grandes portões para forçar sua abertura.

considerado a questão de antemão e que, ao ouvir que aquele exército estava em marcha para esse objetivo, foram até ali para os encontrar, a fim de que pudessem se alistar sob suas excelências. O general Boanerges os alistou em sua companhia, visto que eram valorosos, e assim prosseguiram para a guerra.

Agora que a guerra havia começado, durante uma das batalhas mais intensas, uma das companhias do Lorde Arbítrio saiu pelo porto de sally[9], ou posterna[10], da cidade e se lançaram sobre a retaguarda dos soldados do general Boanerges, onde estavam esses três rapazes. Assim, levaram-nos prisioneiros e os carregaram para dentro da cidade. Não decorrera muito tempo após seu aprisionamento e foi anunciado pelas ruas de Alma Humana sobre os três notáveis cativos que os soldados do Lorde Arbítrio haviam tomado e trazido do acampamento de Shaddai. Logo, as notícias foram levadas a Diabolus, em seu castelo, a saber: o que os soldados do Lorde Arbítrio fizeram e quem haviam tomado como prisioneiros.

Diabolus convocou Arbítrio para saber os detalhes dessa questão, ao que lhe foi devidamente reportado. O gigante chamou os prisioneiros e, quando estes chegaram, exigiu-lhes que dissessem quem eram, qual sua proveniência e o que faziam no acampamento de Shaddai. Após os rapazes lhe responderem, foram novamente enviados à custódia. Não muitos dias depois, Diabolus convocou-os mais uma vez e inquiriu-lhes se estariam dispostos a servi-lo em oposição aos seus antigos comandantes. Eles lhe disseram que não viviam tanto da religião como do destino e que, uma vez que este senhor estava desejoso de os acolher, eles estavam propensos a serem seus servos. Enquanto as coisas se encaminhavam desta maneira, havia, na cidade de Alma Humana, um Capitão Qualquer Coisa que era muito laborioso, e Diabolus enviou esses homens a ele com uma recomendação, escrita, de próprio punho, para que os recebesse em sua companhia. O conteúdo da carta era o seguinte:

---

[9] Uma passagem segura, normalmente proveniente de um túnel. Essa porta é normalmente protegida por uma parede que deve ser circundada para que se possa entrar ou sair por ela ou é uma composição de dois portões entre os quais existe um vão, o que dificulta uma invasão e o fogo inimigo. O termo *sally* vem do latim *salire* (saltar) e é um tipo de manobra militar usada em cercos.

[10] Uma porta disfarçada que permite entrar ou sair secretamente de uma fortificação (Houaiss, 2009).

"Meu querido Qualquer Coisa,
Esses três rapazes, portadores desta carta, têm o desejo de me servir na guerra. Não conheço ninguém de melhor conduta do que você para encaminhá-los. Receba-os, portanto, em meu nome e, quando houver necessidade, use-os contra Shaddai e seus soldados.
Atenciosamente"

Desse modo, eles foram recebidos. Qualquer Coisa fez dois deles sargentos, mas ao Sr. Invenção Humana fez Alferes.[11]

Agora, deixemos isso de lado e retornemos ao acampamento.

Aqueles que estavam no acampamento de Shaddai também tiveram algumas conquistas na cidade, pois derrubaram o telhado da residência de lorde alcaide e assim o deixaram mais exposto do que antes. Com uma pedra da catapulta, quase conseguiram executar o Lorde Arbítrio, mas este se desviou e se recuperou. No entanto, massacraram alguns dos duques, uma vez que com apenas um tiro eliminaram seis deles: Sr. Ultraje, Sr. Libertino, Sr. Furor, Sr. Apoio à Mentira, Sr. Alcoolismo e o Sr. Embuste.

Também destruíram as duas armas que estavam sobre a torre do Portão Audição e as derrubaram no solo. Eu lhes disse anteriormente que os nobres comandantes do Rei haviam se retirado para seus quartéis de inverno e lá entrincheirado a si mesmos e suas carruagens, visando a melhorar a vantagem de seu Rei e trazer grande perturbação ao adversário, para que soassem alarmes oportunos e veementes à cidade de Alma Humana. E alcançaram esse propósito, de maneira que posso dizer que quase conseguiram seu intento de trazer perturbação àquela sociedade, pois agora Alma Humana não conseguia dormir em segurança como antes, tampouco se entregar à devassidão em calma, como faziam anteriormente. Agora tinham alarmes tão frequentes, intensos e aterrorizantes provenientes do acampamento de Shaddai, primeiramente diante de um portão, depois de outro, e depois ainda diante de todos ao mesmo tempo, que estavam destituídos de sua antiga paz. Sim, esses alarmes eram tão

---

[11] Essa honrosa função militar, atualmente chamada de Porta-Bandeira ou Porta-Estandarte, é normalmente atribuída a um oficial ou aspirante a oficial escolhido entre os mais distintos e honráveis do batalhão.

insistentes durante o tempo em que as noites eram mais longas, o clima mais frio, consequentemente na pior das estações, que aquele inverno por si só foi um inverno para Alma Humana. Algumas vezes as trombetas soavam e outras as catapultas atiravam contra a cidade. Outras vezes ainda, dentre os soldados do Rei, 10 mil corriam ao redor das muralhas à meia-noite, bradando e conclamando à batalha. Havia vezes em que alguns da cidade ficavam feridos, e a voz de seu choro e lamento era ouvida, o que trazia tumulto a agora abatida cidade de Alma Humana. Sim, estavam tão aflitos com aqueles que estabeleceram o cerco contra eles, que ouso dizer que Diabolus, seu rei, teve seu repouso muito perturbado.

Naqueles dias, fui informado que novas ideias e pensamentos começaram a correr de um para o outro e a tomar conta da mente dos homens de Alma Humana. Alguns diziam:

—Não há como viver assim!

Outros replicavam:

—Isso logo acabará!

Um terceiro se levantava respondendo:

—Vamos nos render ao Rei Shaddai e assim colocar um fim nesses problemas.

E um quarto vinha com medo dizendo:

—Duvido que Ele não nos receberá.

Aquele Arquivista que atuava antes de Diabolus tomar a cidade também começou a bradar, e suas palavras eram como se fossem grandes estampidos de trovão. Não havia qualquer barulho mais terrível em Alma Humana do que o que ele produzia, com brados aos soldados e gritos para os capitães.

Também as provisões na cidade começaram a ficar escassas; aquilo que ela almejava começou a faltar. Sobre aquilo que ela achava prazeroso havia ardor e chamas em vez de beleza. Havia deformações e demonstrações da sombra da morte sobre os habitantes da cidade. E, naqueles momentos, como Alma Humana ficaria feliz em desfrutar de quietude e satisfação da mente, embora estivesse ligada à pior condição do mundo!

Os comandantes, no auge desse inverno, enviaram uma convocação para Alma Humana, por meio do corneteiro de Boanerges, a que se entregasse ao Rei, o grande Rei Shaddai. Enviaram-na uma, duas, três vezes, sem saber que algumas vezes havia na cidade alguma disposição de se render se houvesse qualquer aceno de convite para que o fizessem. Tanto quanto entendi, teriam se sujeitado a eles antes desse momento se não fosse a oposição do velho Ceticismo e a inconstância de pensamento do Lorde Arbítrio. Diabolus também começou a rugir. Portanto, quanto a essa questão de se render, Alma Humana ainda não estava unânime, por isso permanecia sob esses temores desconcertantes.

Já lhes falei que, até esse momento, os exércitos do Rei haviam enviado três convocações para que Alma Humana se rendesse a eles naquele inverno. Na primeira vez que o corneteiro os abordou, foi em palavras de paz, dizendo-lhes que os comandantes, os nobres capitães de Shaddai, tinham piedade e lamentavam a miséria da agora fenecente cidade e estavam perturbados por vê-los estagnados em seu caminho para a libertação. Além disso, ele disse que os comandantes lhes fizeram falar aos habitantes que, se a agora pobre Alma Humana se humilhasse e se convertesse, suas antigas rebeldias e mais notórias traições seriam perdoadas e esquecidas pelo seu Rei misericordioso. E, alertando-lhes para que não ficassem parados nesse caminho, que não se opusessem ou fizessem de si mesmos perdedores, ele se retirou para o acampamento.

A segunda vez, ele ameaçou um pouco mais rispidamente. Depois de soar a trombeta, disse-lhes que a contínua rebelião deles irritou e aqueceu o espírito dos comandantes e que estes estavam resolvidos a conquistar Alma Humana ou deixar seus ossos diante das muralhas da cidade.

Ele foi uma terceira vez e tratou com eles ainda mais severamente, proclamando que então — já que eram terrivelmente profanos — ele não sabia com certeza se os comandantes estavam inclinados à misericórdia ou ao juízo. Disse:

—Eles apenas me ordenaram que lhes dessem a convocação para abrir os portões a eles.

Assim retornou ao acampamento.

Essas três convocações, e especialmente as duas últimas, causaram tanta aflição na cidade que eles logo constituíram uma consulta pública e este foi o resultado da mesma: o Lorde Arbítrio deveria subir ao Portão Audição e de lá soar a trombeta chamando os comandantes para uma negociação. Bem, o Lorde Arbítrio o fez, e os capitães vieram em suas armaduras e com suas companhias de 10 mil soldados acompanhando-os. Os cidadãos lhes disseram que haviam ouvido e refletido sobre as convocações e que desejavam chegar a um acordo com eles e com seu Rei Shaddai, sob certos termos, artigos e proposições que, com as ordens de seu príncipe, eles foram designados a propor. E sob estas condições, eles concordariam em ser um povo com os comandantes:

1. Se alguns de sua própria sociedade, como o agora lorde alcaide, o Sr. Esqueça o Bem e o corajoso Lorde Arbítrio pudessem continuar sendo os governantes da cidade, do castelo e dos portões de Alma Humana, sob Shaddai.
2. Desde que nenhum dos homens que serviram sob seu grande gigante Diabolus fosse expulso por Shaddai de sua casa, porto ou da liberdade que eles agora desfrutavam na célebre cidade de Alma Humana.
3. Que lhes fosse concedido que os cidadãos de Alma Humana usufruíssem de alguns de seus direitos e privilégios, a saber, aqueles que antigamente lhes era conferido e que haviam desfrutado por muito tempo sob o reinado de seu rei Diabolus, que agora é, e tem sido, seu grande senhor e defensor.
4. Que nenhuma nova lei, oficial, executor da lei ou do ofício tivessem qualquer poder sobre eles, sem que eles assim o escolhessem e consentissem.

E acrescentaram:

—Essas são nossas propostas, ou condições de paz, e sob esses termos nos submeteremos a seu Rei.

Contudo, quando os comandantes ouviram essas frágeis e débeis ofertas da cidade de Alma Humana e suas altas e ousadas demandas, por meio de seu nobre comandante Boanerges lhes fizeram o seguinte discurso:

—Ó, vocês, habitantes de Alma Humana, quando ouvi sua trombeta soar para uma negociação conosco, posso dizer verdadeiramente que fiquei alegre. Quando disseram que estavam dispostos a se submeterem a nosso Rei e Senhor, fiquei ainda mais contente. Porém, quando por meio de suas tolas cláusulas e cavilações, vocês lançaram sua pedra de tropeço diante de si, minha alegria tornou-se em pesar e meus promissores começos de seu retorno, em lânguidos temores desfalecentes.

"Imagino que aquele Hesitação, o antigo inimigo de Alma Humana, delineou as propostas que agora nos apresentam como termos de um acordo. Todavia, elas não merecem repercutir aos ouvidos de qualquer diante de si, minha alegria tornou-se em pesar e meus promissores começos de seu retorno, em lânguidos temores desfalecentes.

"Imagino que aquele Hesitação, o antigo inimigo de Alma Humana, delineou as propostas que agora nos apresentam como termos de um acordo. Todavia, elas não merecem repercutir aos ouvidos de qualquer homem que pretende servir Shaddai. Portanto, unanimemente e com o máximo desdém, recusamos e rejeitamos tais propostas como grandes iniquidades.

"Porém, Alma Humana, se vocês se entregarem em nossas mãos, ou melhor, nas mãos de nosso Rei e confiarem nele para que estabeleça os termos com e para vocês que pareçam bons aos olhos dele (e ouso dizer que vocês os acharão mais vantajosos para si mesmos), então os receberemos e ficaremos em paz com vocês. No entanto, se não se lançarem nos braços de Shaddai, nosso Rei, então as coisas permanecerão como estão, e nós sabemos o que devemos fazer."

Então o velho Ceticismo e o lorde alcaide bradaram, dizendo:

—E quem, estando livre das mãos do inimigo, como veem que estamos agora, será tão inepto para colocar o cetro de suas mãos nas mãos de sabe-se quem? De minha parte, jamais me submeterei a uma proposta tão ilimitada. Nós conhecemos os modos e o temperamento do Rei deles? Diz-se por aí que Ele fica irritado com Seus súditos caso eles deem um passo, da largura de um fio de cabelo, fora do caminho. E por outros, ouve-se que Ele exige muito mais do que se é capaz de fazer. Assim sendo, ó Alma Humana, parece ser sábio cuidar que não façam dessa maneira. Uma vez que tenham se dobrado, terão se entregado a outro e, desse modo, não pertencerão mais a si mesmos. Por isso, entregar-se a um poder ilimitado é a maior tolice do mundo, uma vez que, de fato, vocês se arrependerão, mas jamais poderão reclamar com justiça. E vocês sabem com certeza, quando pertencerem a Ele, qual dentre vocês Ele matará e qual manterá vivo? Ou se não eliminará cada um de nós e enviará de Seu próprio país outro povo novo e os fará habitar nesta cidade?

Esse discurso do lorde alcaide desfez tudo e lançou ao chão suas esperanças de um acordo. Dessa forma, os comandantes retornaram às suas trincheiras, às suas tendas e aos seus soldados. E o alcaide ao castelo e a seu rei.

CAPÍTULO 4

Diabolus esperara pelo retorno do Lorde Alcaide, pois ouvira que eles estiveram debatendo. Quando ele entrou na câmara oficial, foi saudado:

—Bem-vindo, meu lorde. Como foram as negociações entre vocês hoje?

O Lorde Ceticismo, depois de uma leve reverência, contou-lhe sobre toda a questão. Ao ouvi-lo, Diabolus ficou muito feliz e disse:

—Meu lorde alcaide, meu fiel Ceticismo, já provei sua fidelidade muitas vezes e nunca o achei falso. Prometo-lhe que, se superarmos esse embate, eu o nomearei a um lugar de honra, uma posição muito melhor do que a de lorde alcaide de Alma Humana. Farei de você meu representante universal e você terá, juntamente comigo, todas as nações sob seu governo. Sim, você lhes imporá amarras para que não possam resistir-lhe, nem qualquer de nossos vassalos andarão mais em liberdade, mas se contentarão em andar sob seus grilhões.

O lorde alcaide saiu da presença de Diabolus como se tivesse obtido na realidade um favor. Dirigiu-se à sua residência em bom ânimo e pensou em se alimentar de esperança, até que chegasse o tempo em que sua grandeza fosse expandida.

Mas, embora o lorde alcaide e Diabolus tivessem assim concordado, o rechaço ao valorosos comandantes colocou Alma Humana em motim. Pois, enquanto o velho Ceticismo entrou no castelo para congratular seu senhor com o que havia acontecido, o antigo Lorde Alcaide que exercia sua função antes de Diabolus se estabelecer na cidade — a saber: o Sr. Entendimento — e o antigo Arquivista — o Sr. Consciência —, tomando conhecimento do que acontecera no Portão Audição (você precisa saber que eles não puderam ser admitidos naquele debate, para que não se amotinassem com os comandantes. Mas digo-lhes que eles souberam do que aconteceu lá e ficaram muito preocupados com isso), reuniram alguns da cidade e começaram a convencê-los da razoabilidade das demandas dos nobres capitães e das más consequências que viriam por causa do discurso do velho Ceticismo, o atual lorde alcaide: quão pouca reverência ele demonstrou na ocasião, quer aos capitães, quer ao Rei deles e como ele, implicitamente, investiu-os com infidelidade e traição. Disseram:

—Pois o que mais pode ser feito de suas palavras quando ele disse que não se dobraria à proposta deles? E acrescentou, além disso, uma

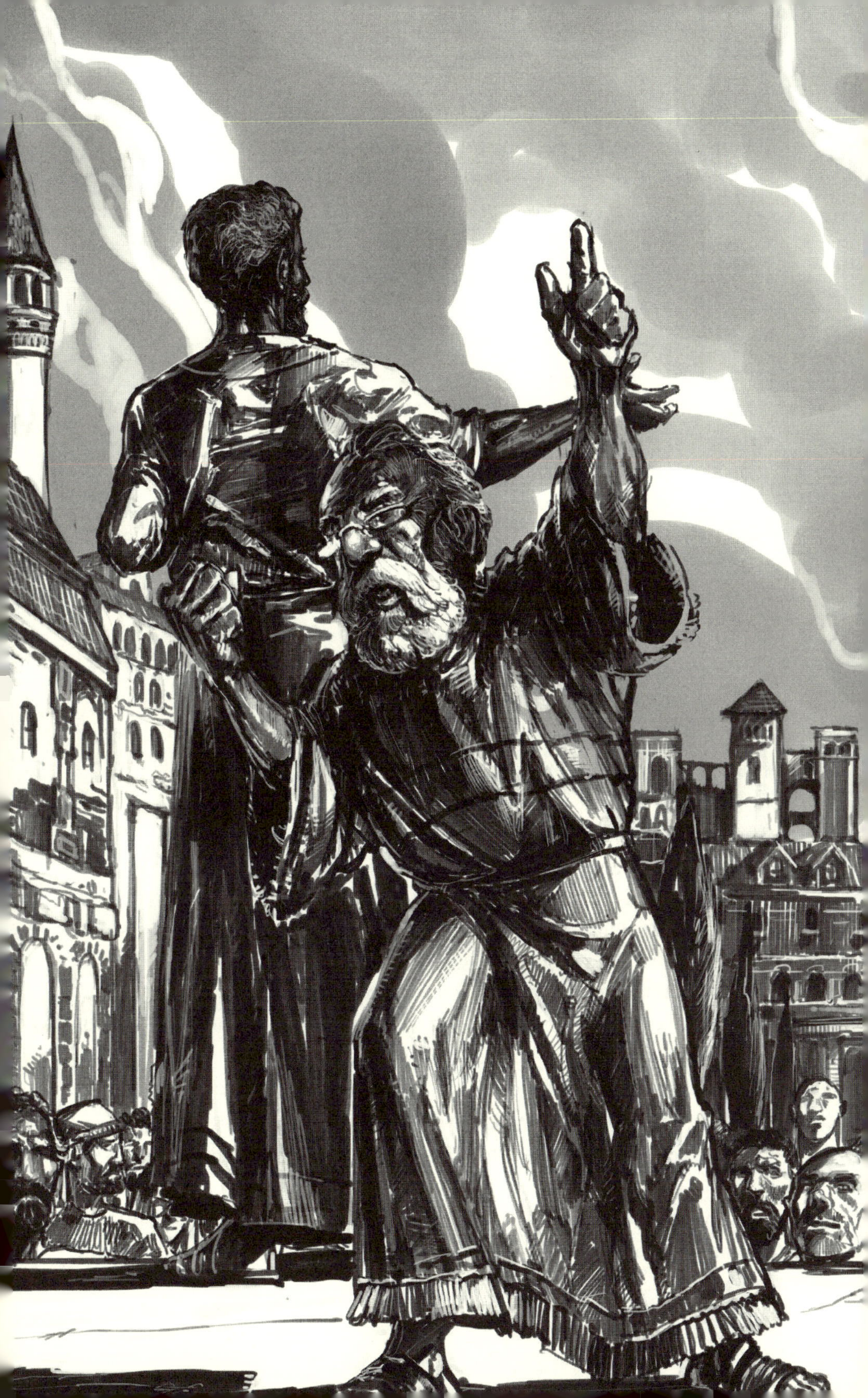

suposição de que Shaddai nos destruiria, ao passo que, na verdade, Ele nos enviou mensagem de que nos demonstraria misericórdia?

A multidão, agora possuída de convicção do mal que o velho Ceticismo fizera, começou a correr como em companhia por todos os lugares e em cada esquina de Alma Humana. Inicialmente cochichavam, depois falavam abertamente e iam de um lado para o outro clamando enquanto corriam:

—Ó bravos comandantes de Shaddai, gostaríamos de estar sob o seu governo e de Shaddai, seu Rei!

Quando o atual lorde alcaide soube que Alma Humana estava em tumulto, lá foi ele para apaziguar o povo. Ele pensava ter extinguido o calor da questão com a grandeza de sua aparição. No entanto, assim que o viram, correram em sua direção e lhe teriam causado dano se ele não tivesse se recolhido à sua casa. O povo atacou fortemente sua casa a fim de derrubá-la sobre ele. Porém o lugar era muito sólido, e eles não conseguiram o intento. Após tomar um pouco de coragem, Ceticismo dirigiu-se ao povo, por uma das janelas, nos seguintes termos:

—Cavalheiros, qual a razão de haver tal tumulto hoje?

Respondeu-lhe o Sr. Entendimento:

—É porque você e seu mestre não conduziram corretamente a questão, como deveriam, com os capitães de Shaddai, pois fracassaram em três coisas. Primeiro, em não permitir que o Sr. Consciência e eu estivéssemos presentes para ouvir os discursos de vocês. Segundo, em terem proposto termos de paz aos comandantes que não poderiam ser aceitos de modo algum, a menos que Shaddai quisesse ser apenas um príncipe titular, e que Alma Humana ainda detivesse o poder, pela lei, de viver em toda a sua lascívia e vaidade diante dele, e, por consequência, Diabolus ainda seria o rei com o domínio, enquanto o outro seria apenas rei nominalmente. Terceiro, pelo que vocês fizeram depois de os comandantes nos mostrarem as condições sob as quais seríamos recebidos à misericórdia, desfazendo tudo por meio de seu discurso repulsivo, inoportuno e ímpio.

Quando Ceticismo ouviu esse discurso, pôs-se a gritar:

—Traição! Traição! Às armas! Todos às suas armas, ó fiéis amigos de Diabolus em Alma Humana!

—Senhor — disse Entendimento —, você pode interpretar minhas palavras como quiser. Mas tenho certeza de que os comandantes de um Senhor tão notório como o deles mereciam melhor tratamento de suas mãos!

—Isso está um pouco melhor! Mas, senhor, — respondeu Ceticismo — o que eu disse, falei em nome de meu príncipe, em favor do governo dele e de acalmar o povo a quem vocês, por meio de atos ilegais, incitaram contra nós no dia de hoje.

Replicou, então, o antigo Arquivista cujo nome era Sr. Consciência:

—Senhor, você não deve responder dessa maneira ao que meu Lorde Entendimento falou. É muito evidente que ele falou a verdade e que você é um inimigo de Alma Humana. Convença-se do mal de sua linguagem depravada e petulante e do pesar que trouxe sobre os comandantes. Sim, dos prejuízos que fez a Alma Humana, consequentemente. Se tivesse aceitado as condições, o som da trombeta e o alarme de guerra já teriam cessado sobre nossa cidade. Todavia, esse aterrorizante som permanece, e sua falta de sabedoria em seu discurso é a causa desse mal.

—Senhor — disse Ceticismo —, se eu viver, levarei sua mensagem para Diabolus, e lá vocês terão a resposta às suas palavras. Enquanto isso, nós buscaremos o bem da cidade e não o conselho de vocês.

—Senhor — respondeu Entendimento —, seu príncipe e você são estrangeiros em Alma Humana e, portanto, não nativos. E quem pode negar que, quando vocês nos levarem a situações mais severas (quando vocês mesmos perceberem que não há outro meio de se manterem seguros a não ser fugindo), vocês nos abandonarão e se retirarão em prol de si mesmos, ou nos incendiarão e partirão em meio à fumaça, ou ainda logo que atearem o fogo e assim nos deixarão em ruínas?

—O senhor se esquece que está sob um governador e que deve se rebaixar como um súdito. E saber que, quando meu senhor, o rei, ouvir sobre sua obra neste dia, ele não lhes agradecerá por seus esforços — disse Ceticismo.

Enquanto esses homens trocavam palavras de censura, o Lorde Arbítrio, o Sr. Preconceito, o velho Hesitação e muitos outros recém-nomeados duques e burgueses desceram das muralhas e dos portões. e indagaram qual era a razão do rebuliço e do tumulto. Com isso, cada pessoa começou a contar a sua própria versão da história, de forma que não se ouvia nada claramente. Houve, então, uma ordem de silêncio, e aquela velha raposa, Ceticismo, começou a falar:

—Meu senhor, aqui estão dois cavalheiros impertinentes que têm, como fruto de suas más disposições e, temo, sob o conselho do Sr. Descontentamento, reunido tumultuosamente esta companhia contra mim no dia de hoje. Também tentaram incitar a cidade a atos de rebelião contra nosso príncipe.

Ao ouvi-lo, levantaram-se todos os diabolinianos presentes e confirmaram que essas palavras eram verdadeiras. Assim que isso ocorreu, meu Lorde Entendimento e o Sr. Consciência perceberam que o pior estava por acontecer, uma vez que aquele exército estava do lado oponente e viera para os ajudar e aliviar. Desse modo, havia muitas pessoas em ambos os lados. Aqueles que estavam do lado de Ceticismo desejavam levar os dois homens imediatamente à prisão, mas os que estavam ao lado deles disseram que isso não deveria ser feito.

Ambos os lados começaram a elogiar seu partido: os diabolinianos exaltaram o velho Ceticismo, Esqueça o Bem, os novos duques e seu grandioso Diabolus. O outro partido logo exaltou Shaddai, os comandantes, Suas leis, Sua misericórdia e aclamaram suas condições e modos. A discussão continuou por um pouco mais de tempo. Depois passaram das palavras para golpes e agora havia socos vindos de ambas as partes. O bom velho cavalheiro Sr. Consciência foi derrubado duas vezes por um dos diabolinianos, de nome Sr. Aturdido, e o Lorde Entendimento teria sido abatido por um arcabuz[1], se a pessoa que atirou houvesse mirado corretamente.

Tampouco o outro lado escapou de todo, visto que havia um Sr. Precipitado, um diaboliniano, que teve seu cérebro atingido pelo Sr. Mente, o servo do Lorde Arbítrio. Causou-me riso ver como o Sr. Preconceito foi chutado e desabou ao chão porque ele, por pouco tempo, foi feito capitão de uma das companhias dos diabolinianos, para assim ferir e causar dano à cidade, e agora eles o tinham sob seus pés. Asseguro-lhes que ele teve sua coroa quebrada pelas botas de um dos partidários do Lorde Entendimento. Igualmente o Sr. Qualquer Coisa era muito ativo no meio do tumulto, mas ambos os lados estavam contra ele, visto que ele não era fiel a qualquer deles. Embora, por sua insolência, ele teve uma das pernas quebrada, mas aquele que o feriu desejava

---

[1]Antiga arma de fogo medieval que precedeu o mosquete.

que fosse seu pescoço. Houve muito mais prejuízo para ambos os lados, mas algo não pode ser olvidado: era assustador observar como o Lorde Arbítrio estava tão indiferente. Ele não parecia tomar mais um lado do que outro. Percebeu-se somente que ele sorriu ao ver o velho Preconceito sendo derrubado e já caído no chão. De igual modo, quando o Capitão Qualquer Coisa veio mancando diante dele, parecia que Arbítrio não se importava muito.

Quando acabou o alvoroço, Diabolus mandou buscar o Lorde Entendimento e o Sr. Consciência e lançou ambos na prisão como líderes e organizadores dessa grande algazarra em Alma Humana. A cidade começou voltar novamente à calmaria, e os prisioneiros foram pesadamente explorados. Diabolus queria expulsá-los da cidade, contudo, na atual conjuntura, isso não seria aplicável, uma vez que a guerra estava diante de todos os seus portões.

Mas retornemos à nossa história. Os capitães, quando haviam voltado do portão e entraram em seu acampamento, instituíram um conselho de guerra para deliberar o que mais eles podiam fazer. Alguns disseram: "Subamos agora mesmo e nos lancemos contra a cidade", mas a maior parte achou melhor dar-lhes ainda mais uma convocação para que eles se submetessem. Pensaram que isso seria melhor porque, tanto quanto podiam perceber, a cidade estava agora mais inclinada a condescender do que anteriormente. Disseram:

—Se alguns deles estão no caminho de se inclinarem, pela rudeza nós podemos causar-lhes desgosto e assim os impediremos de aceitar nossa convocação, que tanto gostaríamos que eles aceitassem.

Eles concordaram sobre esse conselho e chamaram o corneteiro, instruíram-no quanto às palavras a usar, estabeleceram seu tempo e lhe desejaram boa sorte. Não se passaram muitas horas e o corneteiro iniciou a sua jornada. Chegando à muralha da cidade, dirigiu-se ao Portão Audição e lá soou seu instrumento, conforme orientado. Os que estavam dentro vieram ver do que se tratava, e o corneteiro começou seu discurso:

—Ó Alma Humana, cidade de coração duro e deplorável, até quando amarão sua tolice pecaminosa e, vocês, tolos, se deleitarão em zombarias? Ainda desprezam as ofertas de paz e libertação? Ainda recusarão as áureas ofertas de Shaddai e confiarão nas mentiras e falsidades de Diabolus? Vocês acham que, quando Shaddai houver lhes conquistado, as lembranças desse seu procedimento contra Ele lhes trarão paz e consolo, ou que, por meio de palavras ásperas, vocês o afugentarão como um gafanhoto? Ele lhes implora algo porque os teme? Acham que são mais fortes do que Ele? Olhem para o céu e contemplem e reflitam sobre as estrelas, quão altas elas estão? Conseguem fazer o Sol parar de correr seu percurso e esconder a Lua de trazer o brilho dela? Podem contar o número de estrelas ou despejar os odres dos céus?[2] Podem alçar sua voz às águas do mar para que cubram a face da terra? Conseguem olhar a todo o que é soberbo e abatê-lo, e encerrar-lhe o rosto no sepulcro?[3] Essas são apenas algumas das obras de seu Rei, em nome de quem hoje venho a vocês para que sejam trazidos para debaixo de Sua autoridade. Em Seu nome, portanto, conclamo-os novamente a se renderem a Seus comandantes.

Os habitantes de Alma Humana pareciam ter ficado estáticos diante dessa convocação e não sabiam que resposta dar. Portanto, Diabolus apareceu sem demora, assumiu a responsabilidade de fazê-lo e, começando, voltou seu discurso aos moradores da cidade:

—Cavalheiros e meus fiéis súditos, se é verdade o que esse corneteiro disse com relação à grandeza do Rei deles, vocês sempre serão mantidos cativos pelo Seu terror e, assim, levados a rastejar. Sim, como vocês conseguem agora, sendo que Ele ainda está distante, suportar estar em Sua presença? Eu, seu príncipe, sou familiar a vocês, de modo que podem brincar comigo como se eu fosse um gafanhoto. Pensem, portanto, naquilo que lhes traz proveito e lembrem-se das imunidades que eu lhes concedi.

"Ademais, se tudo o que esse homem disse agora é verdade, por que os súditos de Shaddai estão tão escravizados em todos os lugares de onde vêm? Ninguém no universo é tão infeliz quanto eles, ninguém é tão pisoteado quanto eles.

"Considerem, minha Alma Humana: vocês estão tão relutantes em me abandonar quanto eu em abandoná-los. Mas pensem, digo-lhes: a bola ainda está em seus pés. Têm liberdade se souberem como usá-la. Também possuem um rei se souberem como o amar e lhe obedecer."

Por causa desse discurso, a cidade endureceu ainda mais o coração contra os comandantes de Shaddai. A concepção de Sua grandeza os

---

[2] Conforme Jó 38:37

[3] Conforme Jó 40:11-13

afastou, e a ideia de Sua santidade os imergiu em desespero. Por isso, após uma breve consulta, eles (do partido dos diabolinianos) enviaram esta palavra ao corneteiro: da parte deles, estavam determinados a permanecer com seu rei e jamais se curvar a Shaddai.

Assim sendo, foi em vão levar-lhes mais conclamações, uma vez que prefeririam morrer naquele lugar a se render. As coisas pareciam ter retrocedido, e Alma Humana parecia fora de alcance ou da razão. Entretanto, os comandantes, que sabiam o que seu Senhor podia fazer, não se deixariam esmorecer. Enviaram novas convocações, mais incisivas e severas do que a última. Porém quanto mais frequentemente elas eram enviadas para que houvesse reconciliação com Shaddai, mais a cidade se afastava. À medida que eram conclamados, mais distantes se tornavam, embora fossem chamados ao Altíssimo.

Assim, os comandantes pararam de tratar com eles dessa maneira e se inclinaram a fazê-lo de outra forma. Reuniram-se para ter uma conferência entre si e saber o que ainda podia ser feito para conquistar a cidade e para libertá-la da tirania de Diabolus. Um falava de um jeito, o outro de outro, até que o nobre Capitão Convicção se levantou e disse:

—Meus irmãos, esta é minha opinião: primeiramente, que continuemos a lançar nossas catapultas contra a cidade e a mantenhamos em alarme incessante, molestando-os dia a noite. Ao fazê-lo, deveremos impedir o incremento de seu espírito desafiador, pois pode-se domar um leão por meio de contínua perturbação.

"Segundo, feito isso, aconselho que, a seguir, unanimemente enviemos uma petição a Shaddai, pela qual, depois de mostrar a nosso Rei a condição de Alma Humana e das negociações aqui e de lhe implorar perdão por não termos tido grande sucesso, sinceramente imploremos o auxílio de Sua Majestade, para que Ele se agrade de nos enviar mais poderio e algum comandante destemido e articulado liderando-os. Isso com o propósito de que Sua Majestade não perca o benefício desse bom começo e possa completar Sua conquista sobre a cidade de Alma Humana."

Todos consentiram a esse discurso do Capitão Convicção e concordaram que deveriam imediatamente delinear uma petição e enviá-la a Shaddai rapidamente por intermédio de um homem confiável. Este era o conteúdo do documento:

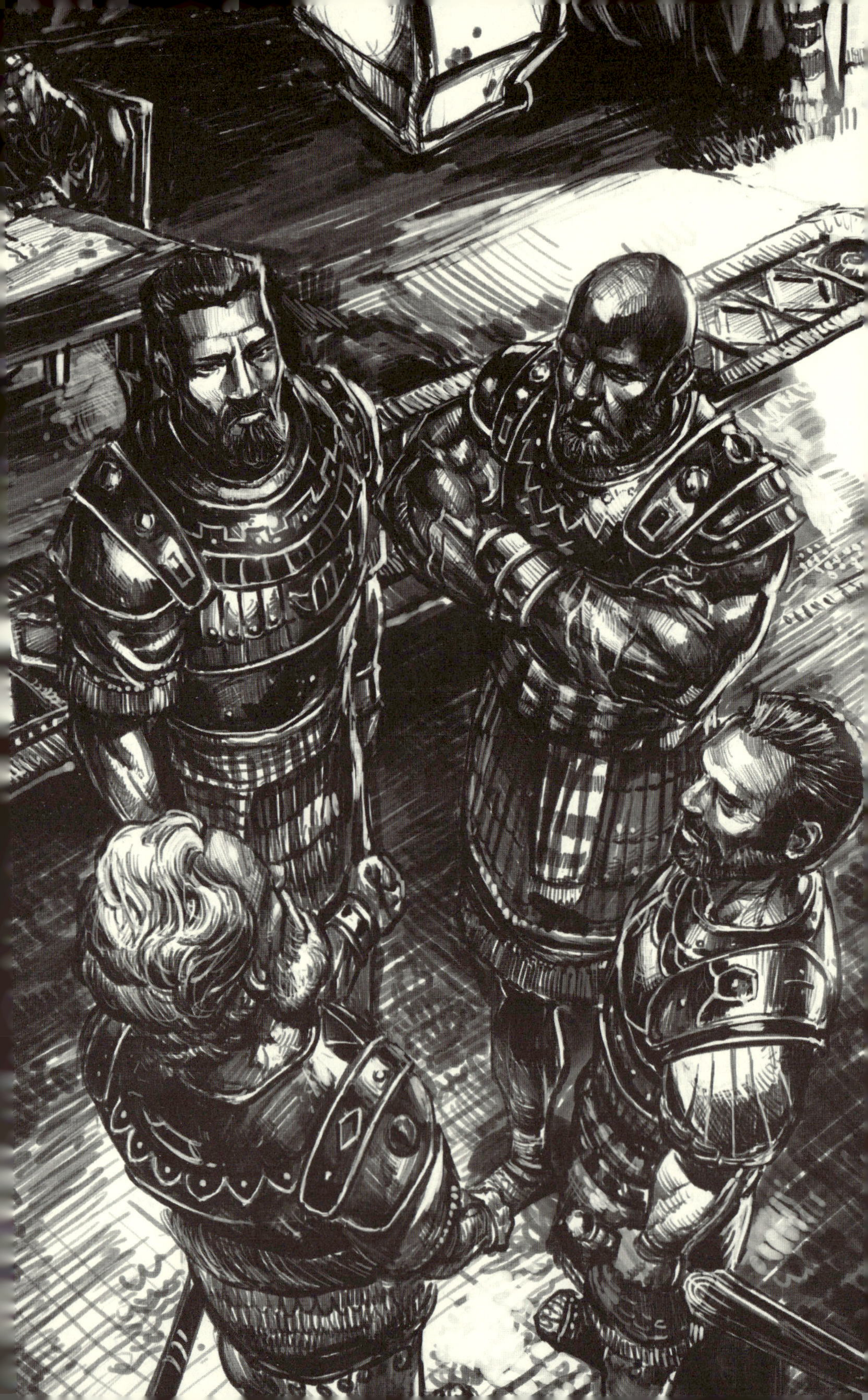

Grandioso e gracioso Rei, o Senhor do melhor dos mundos e o edificador da cidade de Alma Humana. Ó venerado Soberano, nós temos colocado nossa vida em perigo, sob Teu comando, e, por Tuas ordens, guerreado com a célebre cidade de Alma Humana. Quando subimos contra ela, inicialmente oferecemos as condições de paz, de acordo com a nossa comissão. No entanto eles, grande Rei, desconsideraram nosso conselho e não se importaram com nossas reprimendas. Estavam a favor de trancar os portões e manter-nos fora da cidade. Também montaram suas armas, saíram contra nós e nos causaram tanto prejuízo quanto conseguiram. Porém nós continuamos indo atrás deles com alarido após alarido, retribuindo-lhes conforme achamos adequado e executamos alguns deles.

Diabolus, Ceticismo e Arbítrio são as mentes por trás da oposição a nós. Atualmente estamos em nosso quartel de inverno, mas de forma que ainda podemos molestá-los com mão firme e trazer-lhes aflição.

Se tivéssemos, pensamos nós, um amigo notável na cidade, que apoiasse o som de nossas convocações como deveriam, o povo poderia ter se rendido. Porém não há senão inimigos lá, não há quem fale em nome do Senhor na cidade. Por conseguinte, embora tenhamos desempenhado nosso papel o melhor que pudemos, Alma Humana continua em um estado de rebelião contra ti.

Agora, Rei dos reis, que te agrades em perdoar o insucesso de Teus servos, que não têm tido mais vantagem em uma tarefa tão desejável quanto conquistar Alma Humana. E envia, Senhor, mais reforços, como desejamos, para que ela seja subjugada, e um homem que os lidere, a quem a cidade possa amar e temer.

Não falamos desse modo porque estejamos dispostos a abandonar a guerra (pois desejamos entregar nossa vida por esse lugar), mas para que a cidade de Alma Humana possa ser ganha para Vossa Majestade. Oramos também para que Vossa Majestade se apresse nessa questão, para que, após nós os conquistarmos, possamos estar livres para sermos enviados para outros de Teus desígnios. Amém!

A petição foi redigida e enviada com urgência ao Rei, por intermédio do Sr. Amor, a Alma Humana, um bom homem.

Quando ela chegou ao palácio do Rei, a quem mais poderia ser entregue senão ao Seu Filho? Ele a tomou, leu e, porque o conteúdo o agradou muito, Ele a corrigiu e acrescentou, por si mesmo, uma petição. Assim, depois de feitas essas alterações e acréscimos, conforme Ele achou conveniente, o Filho do Rei a levou em Suas mãos até o Rei, a quem, após entregá-la com uma reverência, Ele adicionou autoridade e falou Ele mesmo dela.

Ao ver tal petição, o Rei ficou feliz, porém muito mais ainda, vejam vocês, quando ela foi secundada por Seu Filho! Também agradou-o ouvir que Seus servos que acampavam contra Alma Humana estavam deveras diligentes em seu trabalho, firmes em suas decisões e que já haviam recuperado algum território na renomada cidade.

O Rei chamou Seu Filho, Emanuel, à Sua presença, que respondeu:

—Eis-me aqui, meu Pai.

—Tu sabes, como eu sei, a condição da cidade de Alma Humana — disse o Rei —, o que nos propusemos a fazer e o já fizeste para redimi-la. Vem agora, Filho meu, e prepara-te para a guerra, pois irás ao acampamento da cidade. Tu também prosperarás, prevalecerás e conquistarás Alma Humana.

Respondeu-lhe o Filho:

—Tua Lei está em meu coração, deleito-me em cumprir a Tua vontade. Este é o dia pelo qual anelei e a obra pela qual aguardei todo esse tempo. Concede-me, portanto, o exército que, em Tua sabedoria, achares mais adequado. Irei e libertarei Tua desvanecente cidade de Alma Humana de Diabolus e do seu poder. Dentro em mim, meu coração tem frequentemente gemido por essa sofrida cidade, mas agora ele está cheio de regozijo e de alegria.

E com isso Ele saltitou de alegria por sobre as montanhas, dizendo:

—Não considero, sinceramente, nada precioso demais para que entregue por Alma Humana. O dia da vingança está em meu coração, minha cidade! E deleito-me, meu Pai, de que tu tenhas me feito o Capitão da salvação dela. Agora começarei a atormentar todos aqueles que têm afligido a minha Alma Humana e a libertarei das mãos deles!

Quando o Filho do Rei falou dessa maneira a Seu Pai, logo a notícia percorreu toda a corte como um raio. Sim, ela tornou-se a única conversa: o que Emanuel deveria ir e fazer à célebre cidade de Alma Humana. Porém vocês não imaginam como os cortesãos também foram dominados por esse plano do Príncipe. Sim, todos ficaram tão afetados com essa obra e com a justiça da guerra, que o lorde mais eminente e o maior nobre do reino ambicionaram ter comissões sob Emanuel e ir auxiliá-lo a recuperar para Shaddai aquela miserável cidade.

Concluiu-se então que alguns deveriam ir e levar as novas ao acampamento, de que Emanuel viria para reaver Alma Humana e que traria consigo um exército tão poderoso e impenetrável, incapaz de ser resistido. Quão prontos estavam os nobres da corte para correr como lacaios e levar essas notícias ao acampamento defronte de Alma Humana. Quando os capitães perceberam que o Rei enviaria Emanuel, Seu Filho, e que também aprouve ao Filho ser enviado para essa missão pelo grande Shaddai, o Pai, eles também, a fim de demonstrar sua alegria diante da Sua vinda, deram um grito que fez a terra nas cercanias fender. As montanhas responderam ecoando, e o próprio Diabolus vacilou e estremeceu.

Vocês precisam saber que, embora a cidade de Alma Humana, em si, não estivesse muito preocupada com esse projeto (uma vez que, para infelicidade deles, estavam terrivelmente obcecados, pois primeiramente se importavam com seus prazeres e luxúrias), ainda assim Diabolus, seu governador, estava. Ele tinha seus espias continuamente fora das muralhas, que lhe traziam ao conhecimento tudo o que ocorria e lhe disseram o que se fazia na corte contra ele e que, por certo, Emanuel viria em pouco tempo com um exército para invadi-la. Não havia qualquer homem da corte ou nobre no reino que Diabolus temesse mais do que esse Príncipe. Se vocês se lembram, conforme lhes mostrei anteriormente, Diabolus já provara o peso de Sua mão. De forma que o fato de que seria Ele a vir deixou Diabolus mais temeroso.

Bem, já lhes contei como o Filho do Reis se comprometeu em vir da corte para salvar Alma Humana e que Seu Pai o tornou Capitão dos exércitos. Expirado o tempo de Seu anúncio, Ele se preparou para Sua marcha e levou consigo, em Seu exército, cinco nobres comandantes e suas tropas.

O primeiro era o renomado e nobre Capitão Confiança. Sua cor era o vermelho, e o Sr. Promessa a portava. Como brasão, tinha o cordeiro sagrado e o escudo de ouro. Possuía dez mil homens sob seu comando.

O segundo era o famoso Capitão Boa Esperança. Sua cor era o azul, seu alferes era o Sr. Expectação e seu brasão eram três âncoras de ouro. Também tinha dez mil soldados.

O terceiro era o valoroso Capitão Caridade. Seu alferes era o Sr. Compaixão, sua cor era o verde e seu brasão tinha três órfãos nus acalentados ao peito. Possuía igualmente dez mil soldados.

O quarto era um intrépido comandante, o Capitão Inculpável. E seu alferes era o Sr. Inofensivo. O branco era sua cor tema e, como brasão, possuía três pombas douradas.

O quinto era o verdadeiramente leal e amado Capitão Paciência. Seu alferes chamava-se Longanimidade e sua cor era o preto com o brasão de três flechas atravessando um coração dourado.

Esses eram os comandantes, os alferes, as cores e os brasões de Emanuel e aqueles os homens sob ordens desses generais. Assim, como dito antes, o audaz Príncipe iniciou Sua marcha em direção à cidade de Alma Humana. O Capitão Confiança conduzia a vanguarda e o Capitão Paciência trazia a retaguarda. Os três demais, com seus soldados, completavam o batalhão. O próprio Príncipe os liderava, conduzindo Sua biga.[4]

Quando eles se perfilaram para sua marcha, ó, como soaram as trombetas! Como reluziam suas armaduras e as suas cores dançavam ao vento! A armadura do Príncipe era toda de ouro e brilhava como o Sol no firmamento. As dos capitães eram invulneráveis e em aparência assemelhavam-se às estrelas resplandecentes. Também alguns soldados voluntários da corte partiram em montaria com eles pelo amor que tinham pelo Rei Shaddai e pela alegre libertação da cidade de Alma Humana.

Emanuel, assim que se preparou para partir e reaver essa cidade, levou consigo, sob ordens de Seu Pai, 54 aríetes e 12 catapultas para lançar pedras. Cada um desses era feito de ouro puro e foram levados por eles no centro do batalhão e espalhados por todo exército enquanto se dirigiam a Alma Humana.

---

[4] Carruagem de duas rodas usadas pelos romanos nas batalhas.

CAPITÃO BOA ESPERANÇA

CAPITÃO CONFIANÇA

Assim, marcharam até que chegaram a menos de uma légua[5] da cidade. Lá permaneceram até que os quatro comandantes viessem e lhes colocassem a par da questão. Depois, seguiram a jornada até que chegaram a Alma Humana. Todavia, quando os primeiros soldados, que estavam no acampamento, viram que tinham um novo batalhão para unir-se a eles, gritaram em comemoração novamente diante das muralhas da cidade, o que trouxe novo pavor a Diabolus. Então, estabeleceram-se diante da cidade, não como fizeram os quatro comandantes antes deles, a saber, apenas diante dos portões de Alma Humana, mas cercaram-na por todos os lados e rodearam-na por trás e por diante, de forma que, quando os habitantes olhassem para qualquer lado, veriam exércitos em cerco contra ela. Ademais, havia montes que se elevavam em oposição a ela: de um lado o Monte da Graça e do outro, o Monte Justiça. Também havia vários pequenos aterros e áreas de avanço, como a Colina Pura Verdade e os aterros Não ao Pecado, onde foram colocadas muitas das catapultas. Sobre o Monte da Graça, foram estabelecidas outras quatro delas e sobre o Monte Justiça muitas mais. As demais foram convenientemente postadas em muitas partes do cerco à cidade. Cinco dos aríetes, dos maiores deles, foram posicionados no Monte Ouvir Atentamente, que se elevava próximo ao Portão Audição, com o intento de abri-lo.

Quando os habitantes da cidade viram a multidão de soldados que vieram contra eles, os aríetes, as catapultas e os montes onde eles foram posicionados, além do fulgor das armaduras e das coloridas flâmulas tremulando ao vento, sentiram-se forçados a mudar, e mudar de novo seus pensamentos. Entretanto, esses raramente eram pensamentos de mais valentia, ao contrário, eram de mais desânimo, pois, embora antes achassem que estavam suficientemente protegidos, agora começaram a perceber que nenhum deles sabia qual seria seu destino.

Quando o bom Príncipe Emanuel havia sitiado Alma Humana, a primeira coisa que fez foi levantar a bandeira branca, que fixou entre as douradas catapultas colocadas sobre o Monte da Graça. Isso Ele fez por dois motivos: 1) para notificar a cidade de que Ele poderia e seria ainda gracioso caso os habitantes se voltassem para Ele; 2) para que pudesse

---

[5] Cerca de 5 km.

deixá-los ainda mais sem escusas, se tivesse que destruí-los por continuarem em sua rebelião.

Assim, a bandeira branca com as três pombas douradas ficou hasteada por dois dias, a fim de lhes dar tempo e espaço para ponderarem. Todavia eles, conforme sugerido anteriormente, como estivessem despreocupados, não responderam ao sinal favorável do Príncipe. Ele então deu ordem para que a bandeira vermelha fosse hasteada sobre o Monte Justiça. Esta era a bandeira do Capitão Julgamento, cujo brasão era a fornalha ardente, que também ficou oscilando ao vento diante deles por muitos dias seguidos. Mas vejam, da mesma forma que reagiram quando a bandeira branca foi hasteada, agora faziam com a vermelha. E mesmo assim Ele não tirava vantagem deles.

O Príncipe ordenou novamente que Seus servos erguessem a bandeira preta de desafio contra eles, que tinha os três raios reluzentes. Porém Alma Humana estava tão indiferente a esta quanto às outras anteriores. Mas, quando o Príncipe viu que nem a misericórdia, nem o julgamento, ou a execução do julgamento conseguiriam sensibilizar Alma Humana, sentiu-se compungido e disse:

—Certamente esse comportamento estranho da cidade é antes fruto da ignorância dos meios e ações de guerra do que de um desacato velado contra nós e desprezo pela própria vida. Ou, se conhecem os modos dos conflitos, ainda ignoram os ritos e cerimônias de guerra que estamos aplicando enquanto guerreio contra meu inimigo Diabolus.

Portanto, Ele enviou uma mensagem à cidade, a fim de informá-los sobre o que significavam aqueles sinais e cerimônias das bandeiras e para saber deles o que escolheriam, se a graça e a misericórdia ou o julgamento e a execução do julgamento. Todo esse tempo os portões eram mantidos tão trancafiados quanto possível com cadeados, ferrolhos e barras. Seus guardas também foram duplicados e reforçaram ao máximo a vigilância. Diabolus também buscava animá-los para encorajá-los a fazer resistência.

Os cidadãos responderam ao mensageiro do Príncipe, em resumo, conforme a seguir:

—Grande Senhor, com relação ao que explicaste, por meio de Teu mensageiro, querendo saber se aceitaremos Tua misericórdia ou cairemos sob Tua justiça, estamos comprometidos com as leis e os costumes deste

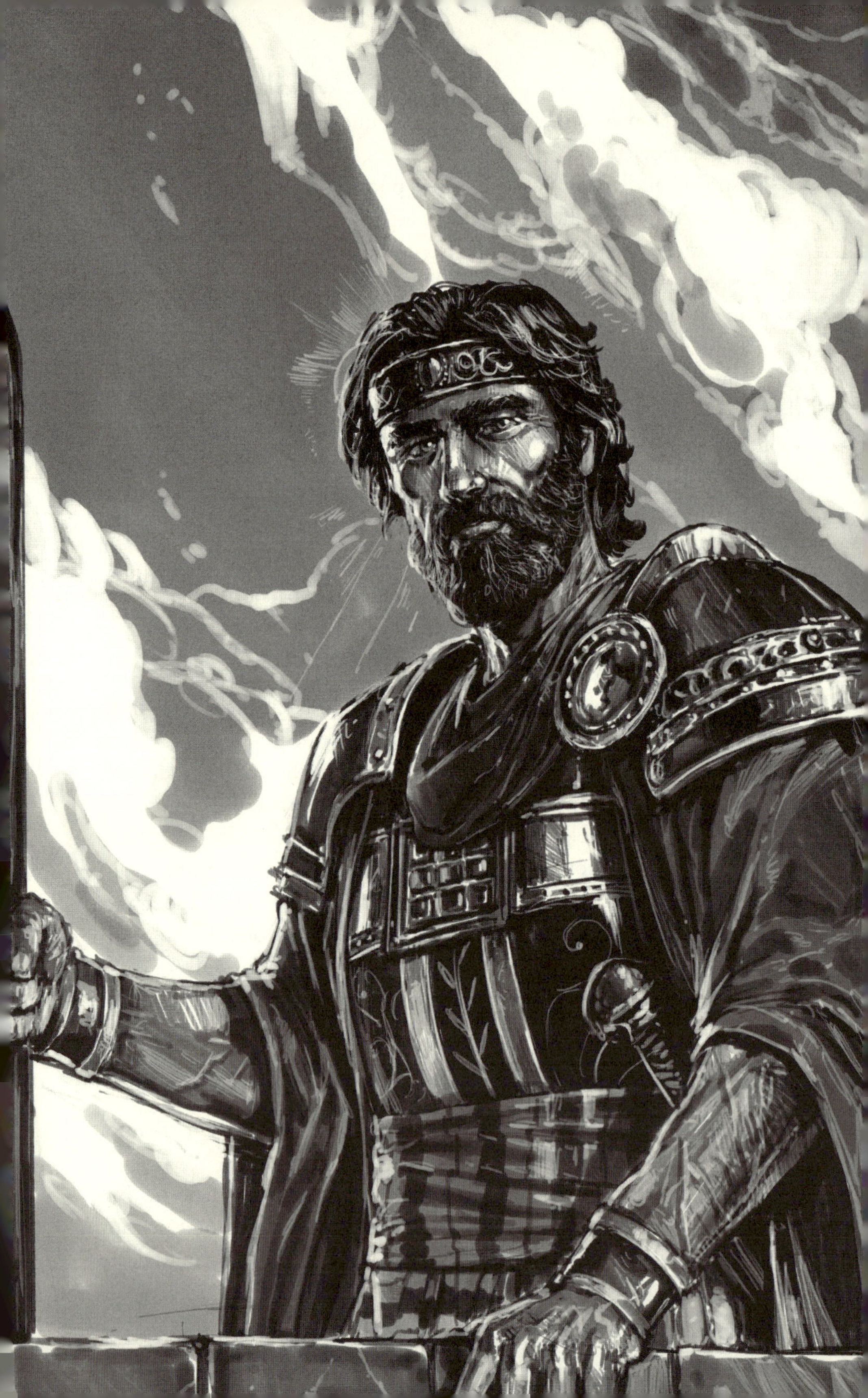

lugar e não poderemos te dar resposta positiva. É contra a lei, governo e prerrogativa real de nosso rei que façamos paz ou entremos em guerra sem ele. No entanto, isto faremos: solicitaremos que nosso príncipe venha à muralha e que lá te dê o tratamento que ele achar mais adequado e vantajoso para nós.

Tão logo o bom Príncipe Emanuel ouviu essa resposta e observou a escravidão e a sujeição do povo, e quão satisfeitos estavam em permanecer sob as cadeias do tirano Diabolus, sentiu pesar no Seu coração. De fato, sempre que percebia que alguém estava satisfeito com a servidão ao gigante, Ele se sentia comovido por isso.

Mas, voltando ao nosso propósito, depois que a cidade levou essa notícia a Diabolus e lhe disse, além disso, que o Príncipe, que estava no sítio fora das muralhas, aguardava pela resposta deles, ele negou e bufou tanto quanto pôde, mas, por dentro, estava atemorizado. Então disse:

—Vou até os portões e lhe darei a resposta que eu achar adequada.

Dirigiu-se ao Portão Paladar e de lá falou a Emanuel (mas em idioma que a cidade não conseguiu entender) o assunto a seguir:

—Ó tu, Emanuel, Senhor de todo o mundo, conheço-te e sei que és o Filho do grande Shaddai! Portanto, por que vens me atormentar e expulsar-me de minha propriedade? Esta cidade de Alma Humana, como sabes muito bem, é minha e isso por direito duplo: 1) É minha por direito de conquista. Venci em campo aberto e será a presa arrancada do poderoso ou o legítimo cativo ser libertado? 2) Esta cidade de Alma Humana é minha por sujeição. Eles abriram os portões de sua cidade a mim, juraram-me fidelidade e abertamente me escolheram como seu rei. Também entregaram em minhas mãos o castelo. Sim, colocaram toda a força de Alma Humana sob meu governo.

"Outrossim, a cidade de Alma Humana te repudiou, abandonou a Tua Lei, o Teu nome, a Tua imagem e tudo que é Teu, aceitando e colocando em seu lugar a minha lei, o meu nome, a minha imagem e tudo o que me pertence. Pergunta a Teus comandantes e eles te dirão que os habitantes daqui demonstraram amor e lealdade a mim como resposta às convocações deles. E sempre desdenharam, desprezaram, desonraram e zombaram de ti e dos Teus. Tu és o Justo e o Santo e não deves praticar a iniquidade. Vai-te embora, então, imploro-te, daqui e deixa pacificamente para mim a minha justa herança."

Esse discurso foi feito no idioma do próprio Diabolus, uma vez que, embora ele possa falar a qualquer homem na língua deles (do contrário não poderia tentá-los), ainda assim possui linguagem própria, o idioma do antro infernal ou poço negro.

Assim sendo, a cidade de Alma Humana (pobres almas!) não o entendeu, nem percebeu como ele se encolhia e se inclinava enquanto estava diante de Emanuel, seu Príncipe. Eles o tomavam, durante todo esse tempo, como sendo alguém cujo poder e força não poderiam ser resistidos por qualquer meio. Enquanto Diabolus estava assim rogando para que pudessem lá manter sua residência e para que Emanuel não a tomasse dele, os habitantes vangloriavam-se de seu valor, perguntando quem poderia lhe fazer guerra.

Bem, quando esse falso rei terminou o que dizia, Emanuel, o Príncipe dourado, levantou-se e falou:

—Você, enganador, tenho algo a lhe dizer em nome de meu Pai, em meu próprio nome e em nome e para o bem da desventurada cidade de Alma Humana. Você simula um direito, um direito legítimo a essa deplorável cidade, quando, na verdade, é nítido a toda a corte de meu Pai que o acesso que você obteve aos portões de Alma Humana foi por meio de mentiras e falsidades. Você mentiu sobre meu Pai, Sua Lei e assim enganou a cidade de Alma Humana. Reivindica que o povo o aceitou como rei, comandante e como legítimo senhor feudal, mas isso também foi por intermédio de fraudes e ciladas. Se a mentira, a astúcia, as artimanhas pecaminosas e toda forma de horrível hipocrisia passarem como justas e corretas na corte de meu Pai (na qual você será julgado), então confessarei que você fez uma conquista legítima. Porém, qual ladrão, tirano, demônio há que não vença por esses meios?

Eu posso evidenciar, ó Diabolus, que você, em toda as suas pretensões de conquista de Alma Humana, não tem nada de verdadeiro para afirmar. Acha que é certo inventar mentiras sobre meu Pai e torná-lo para Alma Humana como o maior enganador do mundo? E o que diz de sua perversão consciente dos corretos propósito e intento da Lei? É bom que você tenha feito de presa a inocência e a simplicidade da agora infeliz cidade? Sim, você os conquistou prometendo-lhes felicidade em suas transgressões contra a Lei de meu Pai, quando sabia e não podia ignorar, se consultasse apenas a sua própria experiência, que aquela era a forma de arruiná-los. Você também, mestre da inimizade, desfigurou a imagem de meu Pai por despeito e colocou a sua no lugar, para grande desonra de Shaddai, para acrescentar peso ao seu pecado e para prejuízo intolerável da cidade de Alma Humana que assim perece.

"Além disso você, como se isso não lhe fosse suficiente, não apenas iludiu e destruiu este lugar, mas, com suas mentiras e comportamento fraudulentos, colocou-os contrários à própria libertação deles. Você os incentivou grandemente contra os comandantes de meu Pai e os colocou para combater aqueles que foram enviados para livrá-los da servidão! Todas essas coisas e muitas outras você fez em oposição à luz e em desobediência a meu Pai e Sua Lei. Isso com o objetivo de levar a desditosa cidade de Alma Humana a ser eternamente reprovada por Ele. Portanto, vim para vingar a maldade que você fez a meu Pai e para puni-lo pelas blasfêmias com as quais você levou a pobre cidade a ultrajar Seu nome. Sim, de sua cabeça[6], príncipe do covil infernal, vou requerer tal coisa.

"Quanto a mim, ó Diabolus, voltarei contra você com o legítimo poder e tomarei à força essa cidade de Alma Humana de seus abrasados dedos, pois ela me pertence e isso por direito indiscutível, como observarão todos os que pesquisarem diligentemente os registros mais antigos e autênticos. Vou reivindicar minha titularidade a ela, para sua confusão.

"Primeiramente, pela cidade de Alma Humana, que meu Pai edificou e planejou com Suas mãos. O palácio também, que está no centro da cidade, Ele construiu para Seu deleite. Portanto, essa cidade pertence a meu Pai, e isso por meio dos melhores títulos de posse, e aquele que contradisser essa verdade mentirá contra sua própria alma.

"E por segundo, ó você, mestre da mentira, essa cidade de Alma Humana é minha propriedade.

1. Porque sou o herdeiro de meu Pai, Seu primogênito e o único em quem Seu coração se compraz. Assim, venho contra você no exercício de meu direito, para recuperar minha herança de suas mãos.
2. Além disso, do mesmo modo que tenho o direito e o título de propriedade de Alma Humana por ser o herdeiro de meu Pai, assim também o tenho por doação de meu Pai. Era dele, e Ele deu-a a mim. Tampouco ofendi meu Pai, para que Ele a tomasse de mim

---

[6] Gênesis 3:15

e lha desse a você. Nem estou forçado, por motivo de falência, a vender a você essa minha amada cidade. Alma Humana é meu desejo, meu deleite e a alegria de meu coração. Contudo,

3. Alma Humana é minha por direito de aquisição. Eu a adquiri, ó Diabolus, comprei-a para mim mesmo. Agora, uma vez que pertencia a meu Pai e agora é minha, como sou Seu herdeiro, e já que também a tornei minha em virtude de uma grande obtenção, segue-se que, por lei e direito, a cidade me pertence, e você é um usurpador, um tirano e um traidor por mantê-la em sua posse. O motivo por que a comprei é este: Alma Humana transgrediu contra meu Pai, e Ele havia dito que, no dia em que eles quebrassem a lei, morreriam. É mais fácil que céu e Terra passem do que meu Pai quebrar Sua palavra. Dessa forma, quando Alma Humana pecou de fato, atentando à sua mentira, intervim e tornei-me fiador a meu Pai, corpo por corpo e alma por alma, de que eu faria reparação pelas transgressões dessa cidade, e meu Pai o aceitou. Assim, quando chegou o tempo determinado, entreguei corpo em lugar de corpo e alma em lugar de alma, vida por vida e sangue por sangue e redimi minha amada Alma Humana.

4. Não o fiz pela metade: a Lei e a justiça de meu Pai, que eram ambas relacionadas à ameaça sob a transgressão, estão saciadas e bem satisfeitas de que Alma Humana possa ser liberta.

5. Tampouco venho, neste dia, contra você a não ser por ordens de meu Pai. Foi-me dito: 'Desce e liberta Alma Humana'.

"Desse modo, seja sabido por você, ó fonte de engano, e também pela tola cidade, que não venho contra você, no dia de hoje, sem meu Pai.

"E agora", disse o Príncipe de cabeça áurea, "tenho uma palavra para a cidade de Alma Humana".

Porém, tão logo se fez menção de que Ele tinha uma palavra a dizer à inebriada cidade de Alma Humana, os portões foram duplamente guardados e a todos os homens ordenou-se que não lhe dessem ouvidos. Mesmo assim, Ele procedeu e disse:

—Ó infeliz cidade de Alma Humana, não consigo evitar de me sentir tocado de piedade e compaixão por você. Aceitaram Diabolus como rei e se tornaram aios e ministros dos diabolinianos em oposição a seu soberano Senhor. Abriram seus portões a ele, mas os fecham firmemente contra mim. Deram-lhe ouvido, porém, ensurdeceram-no aos meus clamores. Ele lhes trouxe a sua destruição, e vocês receberam tanto a ele quanto a essa assolação. Venho trazendo-lhes salvação, contudo vocês não me consideram. Ademais, tomaram a si mesmos, com suas sacrílegas mãos, e tudo que me pertencia em vocês, e entregaram-se a meu adversário e ao maior inimigo de meu Pai. Inclinaram-se e se sujeitaram a ele, fizeram votos e juramentos de que seriam dele. Pobre Alma Humana! O que lhes farei? Salvá-los-ei ou deverei destruí-los? O que devo lhes fazer? Devo lançar-me contra vocês e reduzi-los a pó, ou fazê-los um monumento da mais preciosa graça? O que deverei lhes fazer? Atentem, portanto, cidade de Alma Humana, à minha palavra e viverão. Sou misericordioso, e vocês descobrirão que assim o sou. Não me cerrem para fora de seus portões.

"Ó Alma Humana, não é parte de minha comissão ou inclinação, de forma alguma, feri-los. Por que voam tão rapidamente de seu amigo e apegam-se tanto a seu inimigo? De fato, eu os receberia, porque lhes compete arrependerem-se de seu pecado. Mas não desesperem da própria vida. Este grande exército não está aqui para os ferir, mas para libertá-los da servidão e levá-los à obediência.

"Minha comissão, na realidade, é fazer guerra a Diabolus, seu rei, e sobre os diabolinianos dele, pois ele é o valente armado que guarda a casa, e eu o expulsarei. Dividirei seus espólios, tirarei sua armadura, tirá-lo-ei de sua fortaleza e farei dela uma habitação para mim. E disso, ó Alma Humana, Diabolus saberá quando for levado a me seguir em cadeias e quando Alma Humana se regozijar em vê-lo.

"Eu poderia, se usasse agora minha força, fazer com que Diabolus os deixasse e partisse imediatamente. Contudo, tenho em meu coração que devo lidar com ele; assim, a justiça da guerra que farei contra ele poderá ser vista e reconhecida por todos. Ele tomou Alma Humana por fraude e a mantém por meio de violência e engano, e eu o deixarei exposto e despido perante os olhos de todos.

"Todas as minhas palavras são verdadeiras. Sou poderoso para salvar e libertarei minha Alma Humana das mãos dele."

Esse discurso era endereçado principalmente a Alma Humana, mas a cidade não lhe deu ouvidos. Eles cerraram o Portão Audição, puseram-lhe barricadas, mantiveram-no trancado e aferrolhado. Colocaram guardas e ordenaram que os cidadãos não deveriam sair ao Seu encontro e que ninguém do acampamento deveria ser admitido ao interior da cidade. Tudo isso fizeram porque Diabolus os havia encantado de forma tão horrenda a buscar fazê-lo em favor dele e em oposição a seu legítimo Senhor e Príncipe. Dessa maneira, nenhuma voz ou som produzido pelos soldados que pertenciam à gloriosa hoste poderia entrar na cidade.

CAPÍTULO 5

Assim, quando Emanuel viu que a cidade estava dessa forma envolvida com o pecado, convocou Seu exército para se reunir (já que até mesmo Suas palavras foram menosprezadas) e deu o comando para todas as Suas tropas se prepararem para o tempo determinado. Uma vez que não havia meio legal de tomar a cidade de Alma Humana, a não ser entrando pelos portões, sendo o Portão Audição o principal, Ele ordenou que Seus capitães e comandantes trouxessem seus exércitos, suas catapultas e seus soldados para colocá-los nos Portões Audição e Visão, a fim de que Ele conquistasse a cidade.

Quando Emanuel havia colocado tudo em prontidão para declarar guerra a Diabolus, Ele enviou novamente mensagens a Alma Humana para saber se eles se renderiam de forma pacífica ou se ainda permaneceriam decididos a fazê-lo tentar o extremo. Desse modo, eles e seu rei Diabolus convocaram um conselho de guerra e resolveram certas propostas que deveriam ser apresentadas a Emanuel e, se Ele aceitasse, eles concordariam. Depois ficou a questão: quem seria enviado para essa tarefa? Havia em Alma Humana um senhor idoso, um diaboliniano, cujo nome era Contrário a Inclinar-se, um homem austero em seus modos e alguém que realizava muito para Diabolus. Enviaram o idoso depois de lhe instruírem quanto ao que dizer.

Ele, então, foi ao acampamento de Emanuel. E, quando lá chegou, foi-lhe estabelecido um horário para audiência. Chegada a hora marcada, após apresentar uma ou duas reverências diabolinianas, começou a falar:

—Grande Senhor, que seja conhecida de todos a boa natureza de meu príncipe e mestre. Ele me enviou para dizer a Vossa Alteza que está disposto a liberar para Tuas mãos metade da cidade, em vez de ir à guerra. Portanto, preciso saber se Vossa Alteza aceitará essa proposta.

—Toda a cidade me pertence por dote e aquisição. — disse Emanuel — Assim sendo, jamais perderei metade dela.

Ao que respondeu o Sr. Contrário a Inclinar-se:

—Senhor, meu mestre disse que se contentará que sejas conhecido como Senhor nominal e titular de tudo, caso ele possa obter apenas uma parte dela.

Disse então Emanuel:

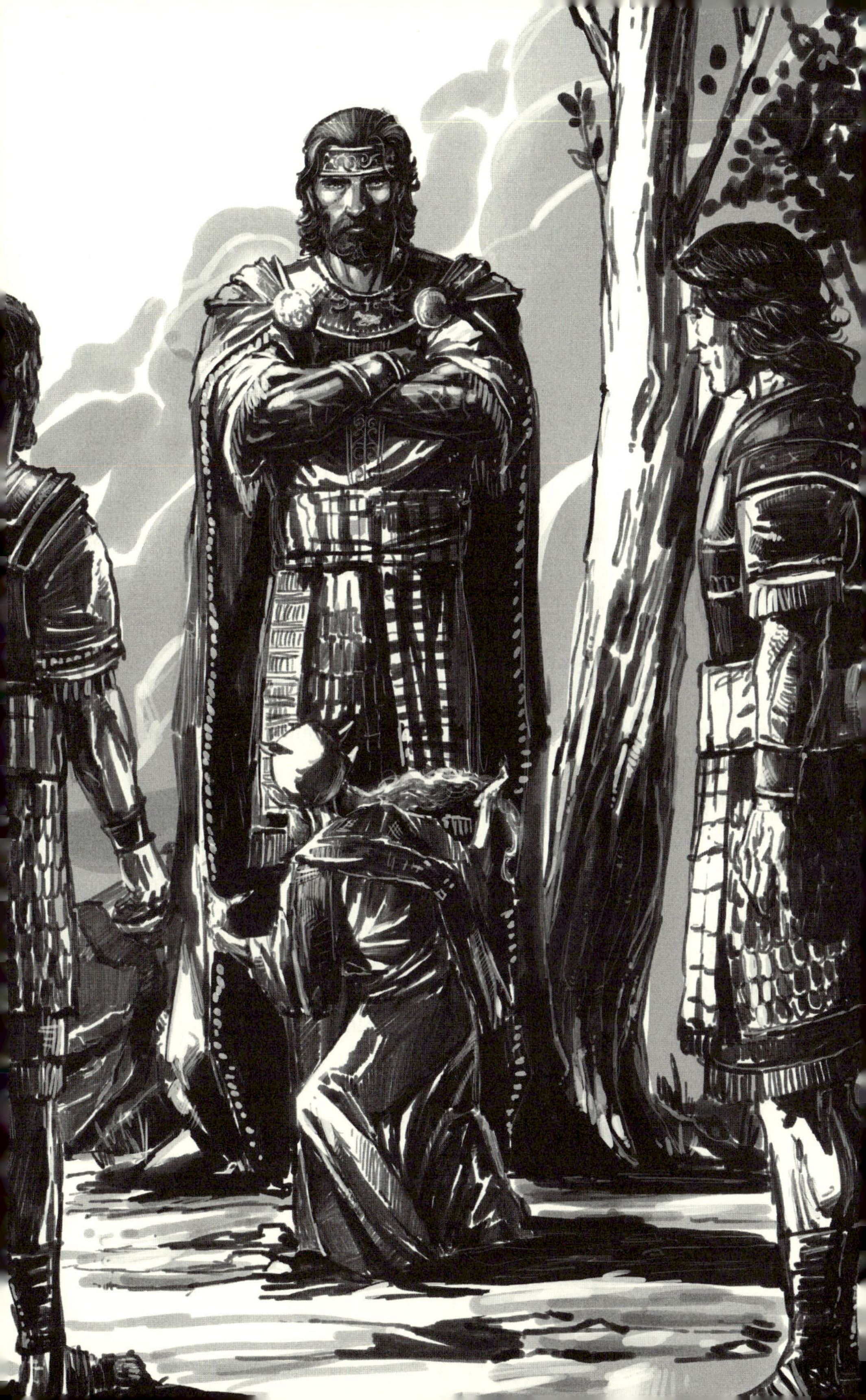

—A totalidade dela me pertence, não apenas no nome e em palavra. Dessa forma, serei o único Senhor e Possuidor de tudo ou de nada de Alma Humana.

—Senhor, vê a condescendência de meu mestre! — disse Contrário a Inclinar-se. —Ele disse que se satisfará se lhe for designado algum espaço na cidade, como um lugar em que possa viver privativamente, e tu serás o Senhor do restante.

Replicou o Príncipe dourado:

—Tudo o que o Pai me deu virá a mim; e do que me foi concedido não perderei absolutamente nada[1], o menor dos dedos ou um fio de cabelo. Portanto, não lhe concederei nem mesmo uma esquina de Alma Humana para que habite. Eu a tomarei totalmente para mim.

—Mas, Senhor, suponhamos que meu senhor renuncie a toda cidade para ti, com apenas esta condição: que ele, às vezes, quando vier a esse país, possa, por ser um velho conhecido, ser acolhido como um viajante por dois dias, ou dez, ou um mês mais ou menos. Não poderia isso lhe ser concedido?

—Não! — retrucou Emanuel. —Ele veio como um viajante a Davi e nem ficou por muito tempo com ele e, mesmo assim, quase custou ao bom homem a sua alma.[2] Não consentirei mais que Diabolus tenha qualquer refúgio aqui.

—Senhor, pareces-me muito implacável — respondeu o velhaco. — Suponhas que meu mestre ceda a tudo que Vossa Alteza afirmou, desde que seus amigos e parentes, que estão em Alma Humana, tenham liberdade de negociar dentro da cidade e desfrutar de suas atuais habitações. Não poderia isso lhes ser concedido?

—Absolutamente não! Isso é contrário à vontade de meu Pai. Todos eles e todas as maneiras dos diabolinianos que agora existem, ou que sejam encontrados a qualquer tempo em Alma Humana não apenas perderão suas terras e liberdades, mas também sua vida!

Então, disse novamente Contrário a Inclinar-se:

—Mas, Senhor, não pode meu mestre e grande senhor manter, por meio de cartas, de transeuntes ou oportunidades acidentais e coisas

---

[1] Conforme João 6:37

[2] Samuel 11:2-4

semelhantes a essas, algum tipo de velha amizade com Alma Humana se ele entregar tudo a ti?

—De maneira alguma! Pois comunhão, amizade, intimidade ou proximidade, de qualquer forma, tipo ou modo assim mantidos, tenderão a corromper Alma Humana, a alienar as afeições dela por mim e a colocar em perigo a paz de meu Pai que deve reinar nela.

O emissário de Diabolus acrescentou ainda:

—Mas, grande Senhor, uma vez que meu mestre tem muitos amigos em Alma Humana, e estes lhe são muito queridos, não poderia ele, se tiver de afastar-se deles, dar-lhes, por causa de sua natureza boa e generosa, conforme ele perceber ser adequado, algum penhor de seu amor e bondade, que tem por eles, para que a cidade possa olhar para essas lembranças recebidas de seu velho amigo, quando ele tiver partido, e lembrar-se daquele que uma vez foi seu rei e dos tempos de alegria que tiveram juntos enquanto viviam em paz conjuntamente?

—Não! Se Alma Humana vier a me pertencer, não admitirei nem consentirei que haja uma migalha, um fio ou poeira de Diabolus que permaneça como dote concedido a qualquer um na cidade, para assim avivar lembranças da horrenda comunhão que havia entre eles e esse ser infernal.

—Bem, Senhor — disse Contrário a Inclinar-se —, tenho mais uma coisa a te propor e assim terei chegado ao fim de minha comissão. Supõe que, quando meu mestre tiver partido de Alma Humana, alguma alma vivente na cidade tenha um negócio urgente a fazer que, se for negligenciado, permanecerá pendente. E supõe, Senhor, que ninguém possa ajudar tão bem nesse caso quanto meu mestre e senhor. Não poderia meu mestre ser chamado para uma ocasião urgente como essa? Ou, se ele não for admitido na cidade, não poderia ele e a pessoa envolvida se encontrarem em algum vilarejo próximo a Alma Humana e lá colocarem a cabeça para funcionar e deliberar sobre a questão?

Essa foi a última das ardilosas propostas que o Sr. Contrário a Inclinar-se apresentou a Emanuel em nome de seu mestre Diabolus. Contudo, Emanuel em nada consentiu. Respondeu-lhe o Príncipe:

—Não pode haver caso, coisa ou questão resultante em Alma Humana que, quando seu mestre tiver partido, não poderá ser resolvido por meu Pai. Além disso, seria um imenso descrédito para a sabedoria e habilidade de meu Pai admitir que alguém da cidade vá a Diabolus para buscar conselhos, quando eles são antes convidados a, em tudo, fazer suas petições conhecidas a meu Pai pela oração e pela súplica.[3] Também, se isso fosse concedido, seria uma grande passagem aberta para Diabolus e para os diabolinianos em Alma Humana, por onde tramariam, conspirariam e trariam propósitos traiçoeiros, para o pesar de meu Pai e meu e para destruição de Alma Humana.

Quando o Sr. Contrário a Inclinar-se ouviu essa resposta, saiu da presença de Emanuel dizendo que levaria a mensagem a seu senhor acerca de todo o assunto tratado. Voltou a Diabolus em Alma Humana e lhe contou toda a conversa. Relatou como Emanuel não admitira, sob hipótese alguma, que Diabolus, após ter partido, tivesse qualquer coisa para fazer na cidade com qualquer de seus habitantes. Quando Alma Humana e Diabolus ouviram esse relato, unanimemente concluíram que deveriam empregar seu maior esforço para manter Emanuel fora dos portões. Enviaram Hesitação — de quem vocês já ouviram falar, para se comunicar com os capitães do Príncipe. Assim, o velho homem subiu ao topo do Portão Audição e convocou o acampamento para uma audiência. Ao ser aceita, ele começou dizendo:

—Tenho ordens de meu excelso senhor para convidá-los a dizer a seu Príncipe Emanuel que Alma Humana e seu rei estão decididos a permanecer ou fracassar juntos e que é em vão que seu Príncipe sequer cogite ter Alma Humana em Seu poder, a menos que a tome pela força.

Alguns deles, então, foram dizer a Emanuel o que o velho Hesitação, um diaboliniano em Alma Humana, falara. O Príncipe respondeu:

—Devo usar o poder de minha espada, pois não levantarei o cerco e partirei, diante de todas as rebeliões e repulsas que a cidade fez contra mim. Certamente, eu a tomarei e a libertarei das mãos de seus inimigos.

E, com isso, deu ordens para que os capitães Boanerges, Convicção, Julgamento e Execução marchassem imediatamente para o Portão Audição soando suas trombetas, com seus esvoaçantes estandartes coloridos e com o grito de guerra. Também pediu que o Capitão Confiança se unisse a eles. Ademais, Emanuel ordenou que os capitães Boa Esperança e Caridade se dirigissem ao Portão Visão. Igualmente, mandou que o restante de Seus capitães e soldados se colocassem na melhor defesa contra

---

[3] Filipenses 4:6

o inimigo ao redor da cidade. E tudo foi feito como o Príncipe dourado ordenou.

Depois, ordenou que a palavra fosse emitida. E, naquele momento, a palavra era "EMANUEL". O alarme soou, os aríetes entraram em ação e as catapultas arremessaram violentamente pedras contra a cidade. A batalha, então, teve início. Diabolus, por sua vez, em cada portão, liderava os cidadãos na guerra. Desse modo, a resistência que ofereciam era mais enérgica, infernal e ofensiva a Emanuel. Assim, o bom Príncipe se ocupou com Diabolus e Alma Humana por muitos dias seguidos. Chamava a atenção a forma como os capitães de Shaddai se comportavam nessa guerra.

Primeiramente, o Capitão Boanerges (não subestime os demais) fez três investidas, uma após a outra, contra o Portão Audição até estremecer suas bases. O Capitão Convicção também entrou na formação tão rápido quanto possível com Boanerges. Ambos, discernindo que o portão começava a ceder, ordenaram que os aríetes continuassem a ser lançados contra ele. Como o Capitão Convicção se aproximara muito ao portão, foi levado a recuar por um grande exército e recebeu três ferimentos em sua boca. Os cavaleiros voluntários da corte circulavam entre o exército encorajando os capitães.

Por causa da bravura dos dois capitães mencionados anteriormente, o Príncipe mandou que fossem trazidos ao Seu pavilhão e ordenou que descansassem por um tempo e se refrescassem de alguma forma. Semelhantemente, cuidados foram tomados com o Capitão Convicção para que se curasse de seus ferimentos. O Príncipe também deu a cada um deles uma corrente de ouro e incentivou-os a manterem a coragem.

O Capitão Boa Esperança e o Capitão Caridade também não ficaram para trás nessa acirrada luta. Comportaram-se tão bem diante do Portão Visão que quase o romperam completamente. Eles também obtiveram uma recompensa do seu Príncipe e o repouso dos capitães, pois com valentia cercaram a cidade.

Nesse combate, vários oficiais de Diabolus foram mortos e alguns dos habitantes da cidade ficaram feridos. Entre os oficiais, houve a morte do Capitão Vanglória. Esse homem pensava que ninguém conseguiria abalar as colunas do Portão Audição, tampouco o coração de Diabolus. Próximo a esse capitão, também ocorreu a ruína do Capitão Segurança, que costumava afirmar que até os cegos e coxos em Alma Humana poderiam

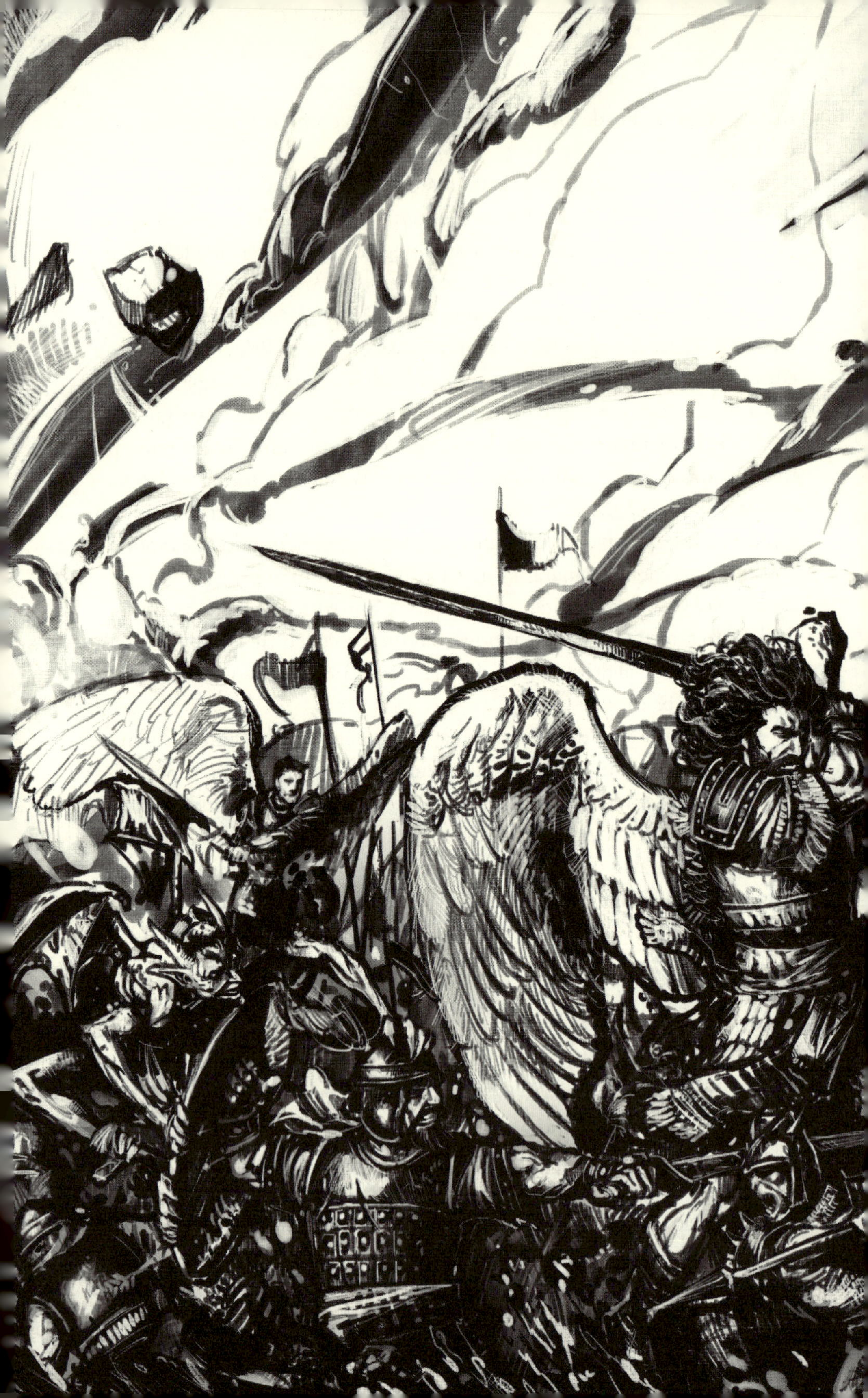

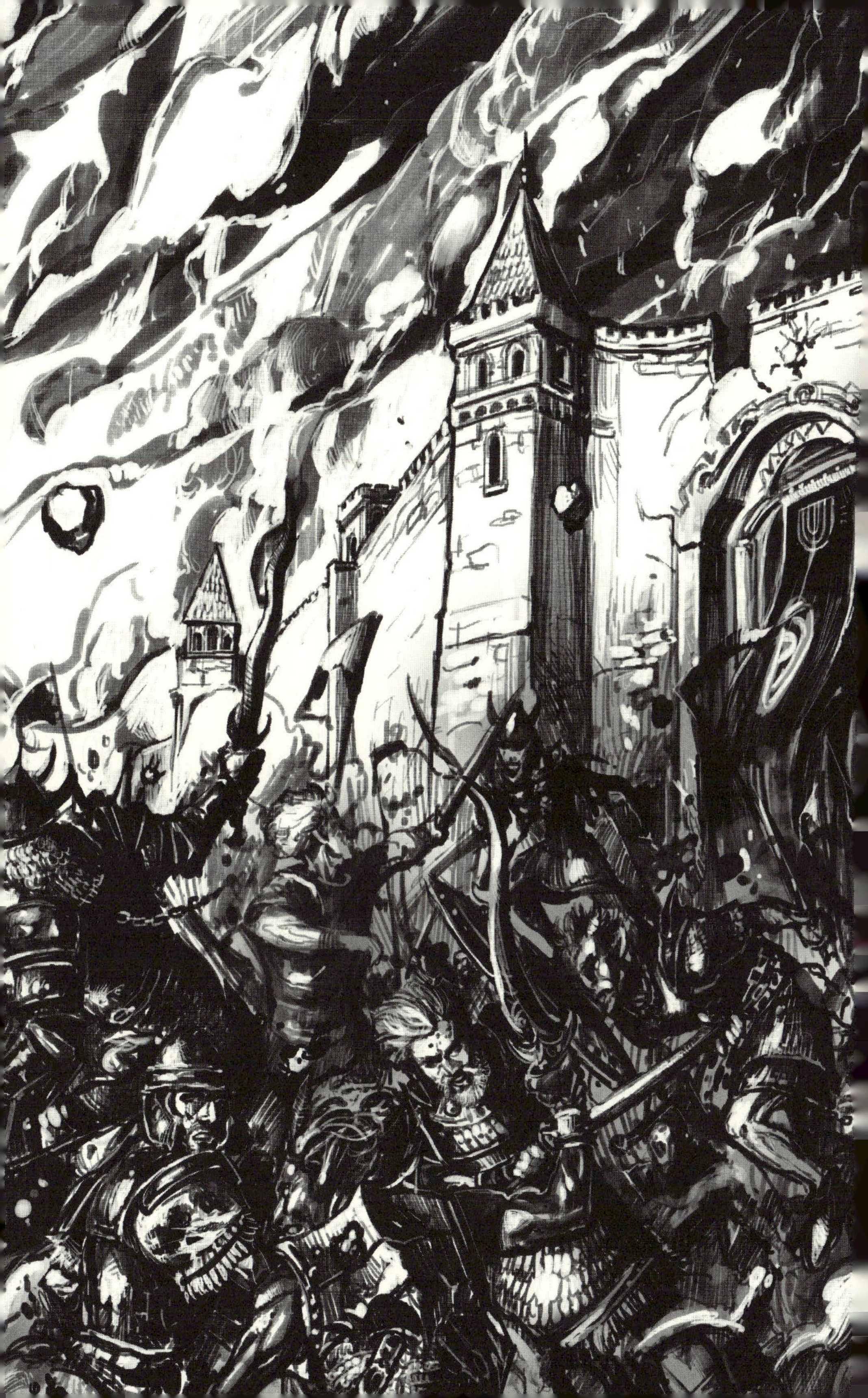

salvaguardar os portões da cidade contra o exército de Emanuel. O Capitão Convicção fendeu a cabeça desse Segurança com uma espada de dois gumes, na ocasião em que ele mesmo recebeu os três ferimentos em sua boca.

Além desses, havia o Capitão Fanfarrão, um indivíduo muito desesperado que era o comandante de um batalhão daqueles que lançavam os tições, as flechas e a morte. Ele também recebeu um ferimento mortal no peito pelas mãos do Capitão Boa Esperança no Portão Visão.

Havia, igualmente, o Sr. Sentimento. Todavia, não era um comandante, mas um grande ávido por encorajar Alma Humana à rebelião. Ele foi ferido em um dos olhos pelos soldados de Boanerges e teria sido executado pelas mãos do próprio capitão caso não tivesse recuado repentinamente.

Contudo, eu jamais havia visto Arbítrio tão assustado em toda a minha vida. Ele não conseguia agir como estava acostumado. Dizem que ele também foi ferido na perna. Alguns soldados do exército do Príncipe certamente o viram manquejar quando andava sobre a muralha.

Não lhes darei um relato especial dos nomes dos soldados que foram abatidos na cidade, visto que muitos foram mutilados, feridos e mortos, pois, quando viram as colunas do Portão Audição estremecendo, que o Portão Visão estava quase completamente aberto e que seus comandantes foram aniquilados, a coragem deixou muitos dos diabolinianos. Muitos caíram pela força dos tiros das catapultas douradas ao centro da cidade de Alma Humana.

Entre os cidadãos, havia um chamado Ódio ao Bem, um diaboliniano que foi gravemente ferido, mas não morreu de imediato.

O Sr. Hesitação, o homem que viera com Diabolus quando ele tentara tomar Alma Humana pela primeira vez, foi semelhantemente ferido gravemente na cabeça. Alguns afirmam que seu crânio foi partido. O que percebi é que ele nunca mais conseguiu trazer à cidade o prejuízo que causara em tempos passados. Os senhores Preconceito e Qualquer Coisa fugiram.

Agora que a batalha estava encerrada, o Príncipe ordenou que mais uma vez se hasteasse a bandeira branca sobre o Monte da Graça à vista de Alma Humana, a fim de mostrar-lhes que Emanuel ainda tinha graça para a desventurada cidade.

Quando Diabolus viu o símbolo da paz novamente hasteado, e sabendo que não era para ele, mas para Alma Humana, ele se determinou a fazer outra diabrura, a saber, ver se Emanuel levantaria o cerco e partiria depois de uma promessa de reforma. Desse modo, ele chegou-se ao portão, numa noite, bem depois do Sol se pôr, e pediu para falar com Emanuel, que rapidamente dirigiu-se ao local. Diabolus lhe disse:

—Como fazes parecer, por Tua bandeira branca, que estás totalmente inclinado à paz e calmaria, pensei em encontrar-te para dar-te a conhecer que estamos prontos a aceitá-la sob condições que deverás admitir.

"Sei que és dado à devoção e que a santidade te agrada. Sim, que Teu objetivo final em guerrear com Alma Humana é para que ela seja uma santa habitação. Bem, retira Teus exércitos das imediações da cidade e eu dobrarei a cidade a Teu arco.

"Primeiro, abandonarei todos os atos de hostilidade contra ti, estarei disposto a tornar-me Teu representante e te servirei, como anteriormente fui Teu oponente, na cidade de Alma Humana. E mais especificamente:

1. Persuadirei a cidade a te receber como seu Senhor. E sei que eles o farão mais rapidamente quando entenderem que eu sou Teu representante.
2. Mostrarei a eles onde erraram e que essa transgressão é um obstáculo no caminho à vida.
3. Revelarei a eles a santa lei à qual deverão se conformar, até aquela que infringiram.
4. Instarei com eles acerca da necessidade de uma reforma de acordo com a Tua lei.
5. E, acima de tudo, para que nada disso fracasse, eu mesmo, à minha própria custa e risco, estabelecerei e manterei ministrações suficientes, além de preleções em Alma Humana.
6. Tu receberás, como sinal de nossa sujeição a ti, anualmente, aquilo que achares adequado estabelecer e recolher de nós como evidência de nossa submissão a ti."

Então Emanuel respondeu a ele:

—Ó, repleto de engano, quão instáveis são os seus modos de agir! Com que frequência você muda e desmuda! Se assim for, você manterá a posse de minha Alma Humana, embora, conforme foi claramente afirmado anteriormente, eu seja o herdeiro legítimo dela! Já fez suas propostas com frequência até agora, e essa não é melhor do que qualquer das anteriores. E, depois de falhar em engodar, ao se mostrar em suas trevas, agora se transforma em anjo de luz e se faria passar, se pudesse, por um ministro da justiça a fim de enganar.

"Porém saiba, Diabolus, que nada do que você propõe pode ser considerado, uma vez que dissimular é tudo o que sabe fazer. Você não tem consciência de Deus, tampouco amor à cidade de Alma Humana. Portanto, de onde poderiam surgir essas suas palavras a não ser de sua astúcia pecaminosa e fraude? Aquele que propõe, a partir de sua inclinação e vontade, aquilo que lhe agrada, e com o qual pode destruir quem nele crê, deve ser abandonado com tudo o que afirma. Porém, se a retidão é tão bela a seus olhos agora, como aquela maldade era tão estritamente arraigada em você antes? Mas isso é de propósito.

"Agora você fala de reforma em Alma Humana, e que você mesmo, se eu permitir, será o líder do empreendimento. Enquanto isso, está plenamente ciente de que a maior competência do homem em cumprir a Lei e a justiça que provém disso não atingirá mais do que absolutamente nada para remover a maldição de Alma Humana. Pois, uma ordenança quebrada pela cidade, que tenha uma suposição de violação, trazendo uma maldição pronunciada por Deus contra quem a quebrou, jamais poderá, por meio da obediência à Lei, libertar-se dela (para não falar do que será uma reforma criada em Alma Humana que tenha o diabo como o corretor do vício). Você sabe que tudo o que disse até agora com relação a isso é somente embuste e engano, e que essa sua última carta que tem a jogar é igual à primeira. Muitos há que logo discernem sua presença quando você mostra seus pés fendidos. Mas, quando se mostra em alvura, luz e transfiguração, poucos serão os que o perceberão. No entanto, você não agirá assim com a minha Alma Humana, ó Diabolus, pois eu ainda a amo.

"Além disso, não vim para colocar Alma Humana sob obras das quais você deva praticar. Se eu o fizesse, seria como você. Porém venho para que, por meu intermédio e do que fiz e farei pela cidade, eles possam ser reconciliados com meu Pai, embora o tenham provocado a ira com seus pecados, e não possam obter misericórdia por meio da Lei.

"Você fala de submeter essa cidade ao bem, quando nenhum deles desejou isso de suas mãos. Sou enviado de meu Pai para possuí-la e guiá-la pela destreza de minhas mãos a tal conformidade com Ele que será satisfatória à Sua vista. Portanto, eu mesmo a tomarei e a disporei a expulsá-lo. Estabelecerei meu próprio estandarte no meio deles, governá-los-ei por meio de novas leis, novos ofícios, novos motivos e novos caminhos. Sim, destruirei essa cidade e a construirei novamente. Ela será como nunca e uma glória para todo o Universo."

Quando Diabolus ouviu isso e percebeu que fora exposto em todos os seus embustes, ficou confuso e extremamente perplexo. Todavia, como tem em si a fonte de iniquidade, ódio e rancor contra Shaddai e Seu Filho, e contra a cidade de Alma Humana, o que poderia fazer senão fortalecer-se tanto quanto possível para deflagrar nova batalha ao nobre Príncipe Emanuel?

Então, teremos outro combate antes que a cidade seja tomada. Venham, assim, para as montanhas, vocês que amam ver ações militares, e contemplem como o golpe final foi dado por ambos os lados. Enquanto um esperava manter a posse, o outro buscava fazer de si o Senhor da célebre Alma Humana.

Diabolus recuou das muralhas em direção ao seu exército, que estava no centro da cidade, ao passo que Emanuel retornou ao acampamento. Ambos, agindo de acordo com seus diferentes métodos, colocaram-se em posição adequada para combater um ao outro.

Diabolus, cheio de desespero para reter a famosa cidade em suas mãos, decidiu causar qualquer prejuízo possível (se de fato pudesse) ao exército do Príncipe e à famosa cidade de Alma Humana, uma vez que, infelizmente, a felicidade daquela gente tola não era o objetivo do maligno ser, mas sua completa ruína e derrota, como era agora visível. À vista disso, ordenou que seus oficiais, quando percebessem que não mais poderiam manter a cidade, causassem-lhe todo dano e desgraça que pudessem, despedaçando homens, mulheres e crianças. "Pois", disse ele, "é melhor demolir o lugar e deixá-lo como um monturo de ruínas do que permitir que ele seja uma habitação para Emanuel".

Emanuel, ciente de que a próxima batalha o levaria a ser o Senhor do lugar, expediu ordem real a todos os Seus oficiais, altos comandantes e homens de guerra, de que se assegurassem de se apresentar como homens de guerra contra Diabolus e todos os diabolinianos. Porém favoráveis, misericordiosos e mansos com os antigos habitantes de Alma Humana.

—Portanto, lancem o ataque mais furioso da batalha contra Diabolus e seus soldados — disse o Príncipe.

Chegado o dia, foi dado o comando, e os soldados do Príncipe valentemente tomaram suas armas e, como antes, atacaram com seu principal exército contra os portões Audição e Visão. A palavra era: "Alma Humana foi conquistada!", e assim lançaram sua investida contra a cidade. Diabolus também ofereceu resistência de dentro, tão rapidamente quanto pôde e com seu exército principal. Seus altos lordes e os melhores capitães lutaram por algum tempo com muita crueldade contra as hostes do Príncipe.

Porém após três ou quatro ofensivas pelo Príncipe e seus nobres capitães, o Portão Audição foi arrombado, e as barras e ferrolhos que eram usados para fechá-lo rapidamente contra o Príncipe foram quebrados em milhares de pedaços. Então, as trombetas de Emanuel soaram, os capitães gritaram, a cidade estremeceu e Diabolus recuou para sua fortaleza. Bem, quando os exércitos do Príncipe arrombaram o portão, Ele mesmo entrou e estabeleceu Seu trono nele. Também colocou Seu estandarte sobre um monte que, anteriormente, fora usado para colocar as poderosas catapultas. Esse monte foi chamado Monte Ouça com Atenção. Lá, o Príncipe habitou, a saber, próximo à entrada do Portão. Ele também ordenou que as catapultas douradas ainda fossem lançadas contra a cidade, especialmente contra o castelo, pois foi para lá que Diabolus retrocedeu para se abrigar.

A partir do Portão Audição, havia uma rua que ia diretamente à casa do Lorde Arquivista, o que atuava antes de Diabolus tomar a cidade. Perto de sua casa, ficava o castelo, o qual fora feito por Diabolus e, por muito tempo fora seu importuno covil. Assim sendo, os capitães rapidamente desobstruíram a rua usando suas catapultas, de forma que ela ligaria direto ao coração da cidade. O Príncipe ordenou que os Capitães Boanerges, Convicção e Julgamento marchassem pela cidade em direção ao portão desse cavalheiro. Esses comandantes entraram em Alma Humana em sua melhor formação de guerra e, avançando com suas flâmulas coloridas, chegaram à residência do Lorde Arquivista, que era quase tão fortificada quanto o castelo. Também levaram os aríetes para lançá-los contra os portões do castelo. Quando chegaram à casa do Sr. Consciência, bateram e exigiram entrada. No entanto, esse velho cavalheiro, sem saber plenamente da intenção deles, manteve seus portões cerrados todo o tempo do

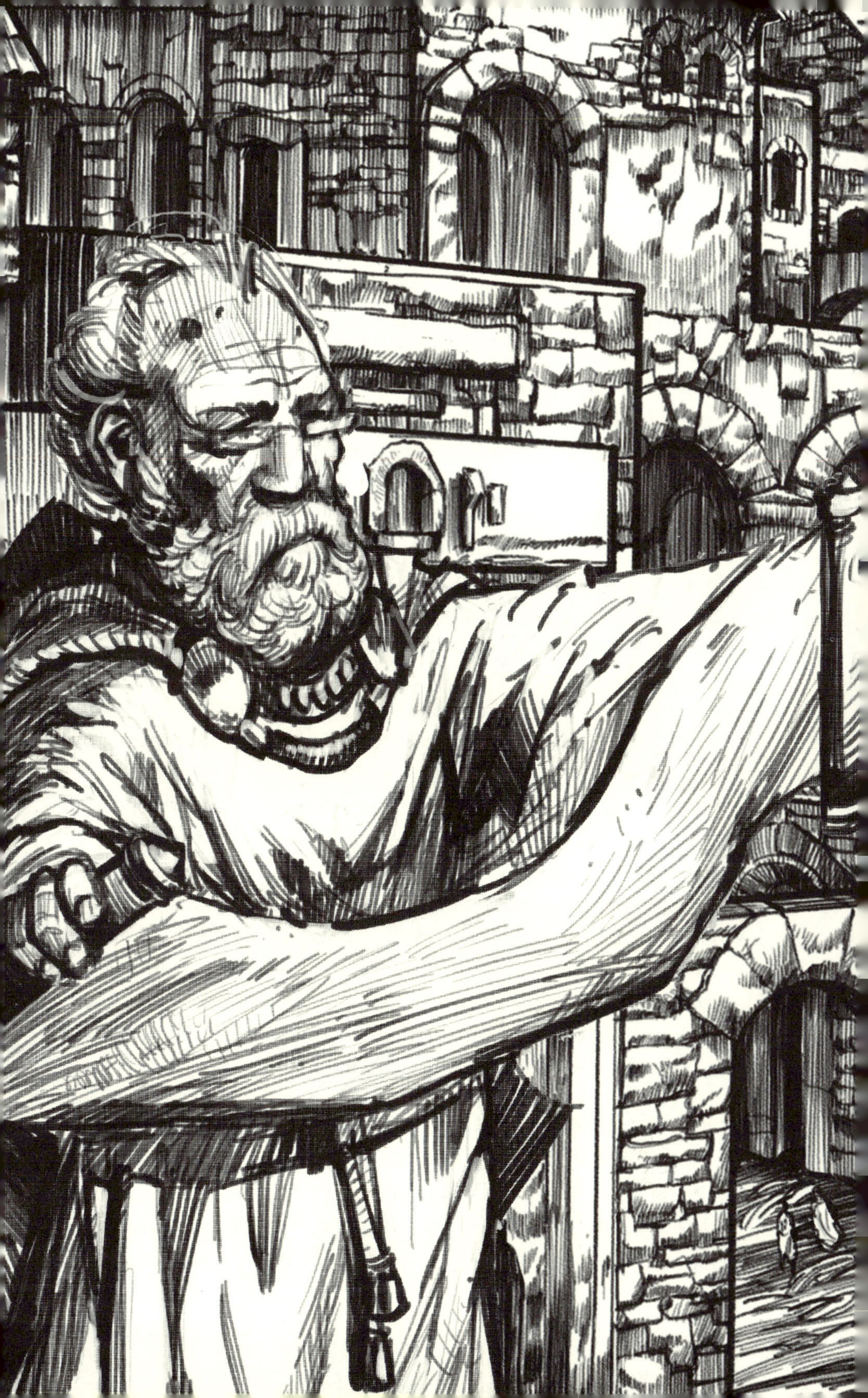

combate. Sendo assim, Boanerges reivindicou entrar e, como não houve resposta, golpeou o portão com a cabeça do aríete, o que fez o ancião estremecer e sua casa tremer e oscilar. O Sr. Arquivista se achegou ao portão e, conforme conseguia, com seus lábios trêmulos, perguntou quem estava lá. Boanerges respondeu:

—Somos os capitães e comandantes do grande Shaddai e de Seu Filho bendito, Emanuel. Exigimos a posse de sua casa para uso de nosso nobre Príncipe.

Com isso, os aríetes chacoalharam o portão novamente, o que fez esse cavalheiro estremecer ainda mais e não ousar se recusar a abri-lo. Os exércitos do Rei marcharam para seu interior, a saber, os três capitães mencionados anteriormente. A casa do Arquivista era um local que oferecia muita conveniência a Emanuel, não somente porque ficava perto do castelo e da fortaleza, mas também porque era espaçoso e defronte do castelo, o covil onde estava Diabolus, que temia abandonar seu forte. Os capitães mantiveram tratativas muito particulares com o Sr. Arquivista, visto que ele não conhecia os desígnios de Emanuel, portanto, não sabia qual julgamento formar a respeito e nem qual seria a conclusão de tais estrondosos começos. Também foi amplamente propalado na cidade como a casa do Arquivista fora dominada, seus cômodos tomados e seu palácio transformado em quartel general.

Tão logo isso foi anunciado, tal alarme foi recebido com inquietação e passado de um amigo a outro e, como vocês sabem, como nada escapa a uma bola de neve enquanto ela rola, em pouco tempo a cidade inteira foi tomada pelo sentimento de que não deveriam esperar nada do Príncipe senão destruição. E o argumento nessa situação era de que o Arquivista estava temeroso e tremia, e os capitães trataram com ele de forma estranha. Muitos então vieram para ver, e quando seus próprios olhos contemplaram os capitães no palácio e seus aríetes golpeando os portões do palácio para derrubá-los, seus temores foram confirmados e todos ficaram perplexos. Como eu disse anteriormente, o dono da casa fazia com que isso aumentasse, pois qualquer um que viesse a ele, ou com ele conversasse, ele não lhes falaria de qualquer outra coisa, ou lhes diria ou ouviria, a não ser de que a morte e a destruição haviam chegado a Alma Humana.

"Pois", citando o ancião, "vocês estão cientes de que todos temos sido traidores daquele que, inicialmente, desprezávamos e que agora é o ilustre vitorioso e glorioso Príncipe Emanuel. Ele agora, como vocês veem, não apenas está em austero cerco contra nós, mas forçou Sua entrada em nossos portões. Além disso, Diabolus foge diante dele, e Ele fez de minha residência uma guarnição contra o castelo onde Diabolus se esconde. De minha parte, eu transgredi imensamente, e para aquele que está puro tudo vai bem. Todavia, digo que transgredi grandemente, ao manter silêncio, quando deveria ter falado, e em perverter a justiça, quando eu a deveria ter praticado. É verdade que tenho sofrido nas mãos de Diabolus por ter tomado partido das leis do Rei Shaddai, porém de que isso me servirá? Compensará pelas rebeliões e traições que cometi e permiti que, sem contra-argumentar, fossem praticadas em Alma Humana? Ó, estremeço em pensar qual será o fim de tal terrível e tempestuoso começo!".

Enquanto os valentes capitães estavam ocupados na casa do velho Arquivista, o Capitão Execução estava igualmente atarefado em outras partes da cidade, fazendo a segurança das ruelas e das muralhas. Estava também em busca cerrada pelo Lorde Arbítrio. Não permitindo que ele ficasse em qualquer esquina, Execução perseguia-o tão intensamente que afastou dele os que o seguiam a ponto de causar prazer ao perseguido a ideia de meter sua cabeça em um buraco. O poderoso guerreiro exterminou três dos oficiais do Lorde Arbítrio: o velho Sr. Preconceito, que teve sua coroa quebrada no motim. Esse homem fora feito o guarda do Portão Audição pelo Lorde Arbítrio e caiu por obra do Capitão Execução. Similarmente, havia o Sr. Oposição a Tudo Exceto à Inutilidade, oficial do Lorde Arbítrio, que era o comandante das duas armas que anteriormente estavam postas em cima do Portão Audição. Esse também foi eliminado pelo Capitão Execução. Além desses dois, havia outro cujo nome era Capitão Pérfido, um homem vil em quem Arbítrio depositava muita confiança. Ele foi semelhantemente aniquilado com os demais.

O Capitão Execução também liquidou muitos entre os soldados do Lorde Arbítrio, aniquilando vários que eram fortes e tenazes e ferindo outros tantos que eram ágeis e ativos em favor de Diabolus. Porém todos esses eram diabolinianos. Nenhum dos nativos de Alma Humana ficaram feridos.

Outros feitos de guerra também foram realizados pelos demais capitães. No Portão Visão, onde os Capitães Boa Esperança e Caridade possuíam uma missão, grande execução foi realizada, pois o Capitão Boa

Esperança eliminou com suas próprias mãos o Capitão Olhos Vendados, o guarda daquele portão. Esse homem era comandante de mil soldados, que lutaram com marretas. Boa Esperança perseguiu esses homens, matou muitos deles, feriu mais ainda e levou o restante a se esconder.

Nesse portão, estava o Sr. Hesitação, de quem vocês já ouviram falar. Ele era um homem idoso que tinha uma barba até à altura de seu cinturão e era orador de Diabolus. Ele causara muito dano à cidade de Alma Humana e caiu por obra do Capitão Boa Esperança.

O que direi? Os diabolinianos jaziam mortos em cada esquina naqueles dias, embora muitos houvessem sobrevivido no interior da cidade.

Agora, o ancião Arquivista e o Lorde Entendimento, juntamente com outros entre os principais da cidade, a saber, aqueles que sabiam que deveriam permanecer ou cair com a célebre Alma Humana, reuniram-se certo dia e, após consulta, conjuntamente concordaram em esboçar uma petição e enviá-la a Emanuel, enquanto Ele permanecia diante do portão da cidade. Assim o fizeram, e o conteúdo do mesmo era o seguinte: Que eles, os antigos habitantes da agora deplorável cidade de Alma Humana, confessavam seu pecado e lamentavam que houvessem ofendido Sua Alteza, o Príncipe, e suplicavam que Ele poupasse a vida deles.

Emanuel não ofereceu qualquer resposta a essa petição e isso os perturbou ainda mais. Enquanto isso, os capitães que estavam na casa do Arquivista golpeavam os portões do palácio com os aríetes, a fim de destruí-los. Assim, depois de muito tempo, trabalho e labuta, o portão do castelo, que era chamado de Impregnável, foi derrubado e despedaçado em vários fragmentos, de forma que se abriu um caminho para que subissem à fortaleza na qual se encontrava Diabolus. Essas notícias foram enviadas ao Portão Audição, onde Emanuel permanecia, para levá-lo a saber que uma rota fora aberta nos portões do castelo de Alma Humana. Ó, como soaram as trombetas às boas novas por todo o acampamento do Príncipe, pois a guerra estava muito próxima de seu fim, e Alma Humana de ser libertada!

O Príncipe se levantou de onde estava e levou consigo alguns de seus homens de guerra que julgou adequados para aquela expedição. Marchavam na rua de Alma Humana que levava à casa do velho Arquivista — Ele trajando uma armadura de ouro e sendo precedido por Seu estandarte. Seu semblante era reservado durante todo o caminho, de maneira que as pessoas não conseguiam entender, somente por Sua aparência, se havia amor ou ódio. Enquanto marchava pela rua, os moradores da cidade vinham às suas portas e ficavam maravilhados com Sua pessoa e glória, mas faziam especulações por causa de Sua circunspecção, uma vez que, até aquele momento, Ele lhes falara mais por Suas ações e obras do que por palavras ou sorrisos.

Mas a pobre Alma Humana (como todos são aptos a fazer em tais casos) interpretou o procedimento de Emanuel com eles da mesma forma como os irmãos de José entenderam quando este tratava com eles: totalmente o oposto do que era na realidade. Pois pensavam: "Se Emanuel nos amasse, Ele o demonstraria por palavra ou por comportamento. Contudo, Ele não o faz de qualquer dessas formas. Portanto Emanuel nos odeia. E, se Ele nos odeia, Alma Humana será exterminada e se tornará um monturo". Eles reconheciam que haviam transgredido a lei de Seu Pai e que se associaram a Diabolus, Seu inimigo, em oposição a Ele. Também entendiam que o Príncipe Emanuel sabia de tudo isso, pois estavam convencidos de que Ele era um anjo de Deus, para conhecer sobre tudo o que é feito na Terra, e isso os levava a pensar que sua condição era miserável e que o bom Príncipe os deixaria desolados.

Pensavam ainda: "E que tempo é tão propício para isso do que agora, que Ele tem as rédeas de Alma Humana em Suas mãos?". Percebi, especialmente, que os habitantes da cidade, quando o viram marchando pelas ruas, não podiam evitar encolher-se, inclinar-se, prostrar-se e estavam prontos a lamber a poeira dos Seus pés. Também ansiavam mil vezes que Ele se tornasse seu Príncipe e Capitão e se tornasse sua proteção. Falavam, semelhantemente, da beleza de Sua pessoa e como Ele ultrapassava os maiorais do mundo em glória e bravura. Sim, revezando entre essas duas conversas, Alma Humana era como uma bola atirada de um lado a outro e como algo que rola diante de um redemoinho.

Quando Ele chegou aos portões do castelo, ordenou que Diabolus aparecesse e se rendesse. Contudo a besta era completamente contrária a se mostrar! Quanto hesitou, encolheu-se e contraiu-se. Mas, mesmo assim, veio para fora ao encontro do Príncipe. Emanuel emitiu uma ordem e Diabolus foi capturado e firmemente acorrentado, para melhor reservá-lo para o julgamento que lhe aguardava. No entanto, a vil criatura se levantou para garantir que Emanuel não o enviaria às profundezas, mas o deixaria partir de Alma Humana em paz.

Logo que Emanuel o havia prendido e acorrentado, levou-o à praça do mercado e lá, diante de Alma Humana, despiu-o de sua armadura na qual ele há muito se vangloriara. Esse foi um dos atos de triunfo de Emanuel sobre seu inimigo, e durante todo o tempo em que o gigante era despido, as trombetas do Príncipe dourado ressoavam vigorosamente; os capitães gritavam e os soldados cantavam de alegria.

A cidade foi convocada para contemplar o início do triunfo de Emanuel sobre aquele em quem eles tanto confiavam e de quem se jactavam nos dias em que ele os lisonjeava.

Estando Diabolus desnudo aos olhos de Alma Humana e diante dos comandantes do Príncipe, a seguir determinou que Diabolus deveria ser acorrentado às rodas da Sua biga. Então, deixando alguns de seus pelotões, a saber, o capitão Boanerges e o Capitão Convicção, como guardas dos portões do castelo, para que pudessem fazer resistência em Seu nome (caso alguém que anteriormente seguia Diabolus tentasse possuir essa fortaleza), Emanuel cavalgou em glória sobre ele por todo o interior da cidade e por fora diante do Portão Visão, até as planícies onde estava Seu acampamento.

Vocês não conseguiriam imaginar — a menos que lá estivessem, como eu estava — que aclamação houve no acampamento de Emanuel quando viram o tirano detido pelas mãos do nobre Príncipe deles e preso às rodas de Sua biga! E diziam:

—Ele levou cativo o cativeiro[4] e despojou os principados e potestades.[5] Diabolus está rendido ao poder de Sua espada e tornou-se objeto de escárnio.

Os cavaleiros voluntários, que vieram para ver a batalha, aclamavam com grande voz e cantavam notas tão melodiosas, que levaram aqueles que habitavam nas alturas da abóbada celestial a abrir suas janelas, colocar sua cabeça para fora e olhar para observar o motivo de tanta glória.

Também, todos os cidadãos de Alma Humana que tiveram essa visão foram levados, como se podia esperar, a ficar entre a Terra e o Céu enquanto admiravam a cena. É verdade que eles não poderiam imaginar como as coisas ficariam para eles. No entanto, tudo era feito de forma tão

---

[4] Efésios 4:8

[5] Colossenses 2:15

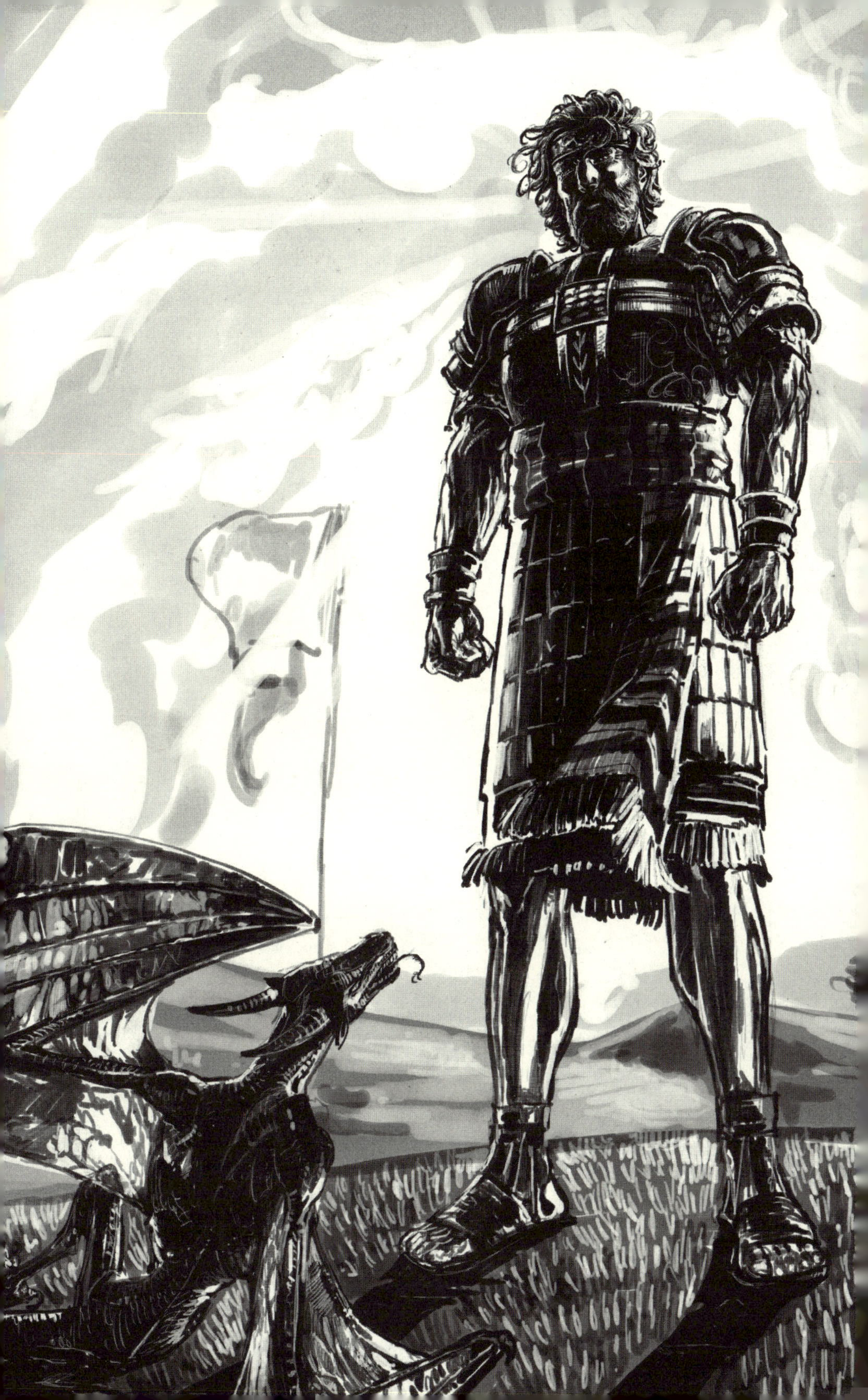

excelente, que não consigo descrever como, mas tudo, em sua administração, parecia lançar um sorriso em direção à cidade, de modo que os olhos, a cabeça, o coração, a mente e tudo o que tinham foram tomados enquanto observavam as ordens de Emanuel.

Assim, quando o valente Príncipe terminou essa parte de Seu triunfo sobre o inimigo Diabolus, Ele o denunciou, em meio a seu desdém e vergonha, dando-lhe a ordem de que não mais seria o possuidor de Alma Humana. Diabolus partiu então do meio de Seu acampamento para herdar os lugares desérticos em uma terra salgada, buscando descanso, sem, no entanto, encontrá-lo.

CAPÍTULO 6

Os Capitães Boanerges e Convicção eram homens de grande majestade. Suas faces eram como a de leões; suas palavras, como o mar bravio. Eles ainda estavam aquartelados na casa do Sr. Consciência, mencionado anteriormente. Portanto, quando o excelso e poderoso Príncipe havia concluído Seu triunfo sobre Diabolus, os homens da cidade tiveram tempo livre para ver e contemplar as ações desses nobres capitães. Porém, estes carregavam consigo o terror e o medo em tudo o que faziam (e vocês precisam saber que foram pessoalmente instruídos a agir assim), portanto, mantinham a cidade sob contínua miséria[1] e, com isso, faziam com que (na compreensão do povo) o futuro bem-estar de Alma Humana permanecesse incerto, de maneira que, por tempo considerável, eles não sabiam o que significava descansar, relaxar, ter paz ou esperança.

E o próprio Príncipe ainda não habitava na cidade, mas permanecia em Seu pavilhão real no acampamento, em meio ao exército de Seu Pai. Então, no tempo conveniente, Ele enviou ordens especiais ao capitão Boanerges para que convocasse Alma Humana, a totalidade de seus habitantes, para o jardim do castelo e lá, diante deles, levasse o Lorde Entendimento, o Sr. Consciência e o notável Lorde Arbítrio para colocá-los sob custódia e que houvesse uma forte vigilância sobre os três até que Sua vontade para eles fosse mais bem conhecida. Tais ordens, quando executadas pelos capitães, acrescentaram não pouco temor a Alma Humana, pois agora, conforme pensavam, seus antigos receios de ruína da cidade estavam confirmados.

O que mais confundia a mente e o coração dos cidadãos era que tipo de morte teriam e quanto tempo levariam para morrer. Sim, temiam que Emanuel os enviasse às profundezas, aquele lugar que Diabolus temia,

---

[1] Os capitães representam a primeira aliança, a Lei. Quando Deus concedeu os Seus mandamentos, Suas manifestações de poder foram tão grandiosas que trouxeram pavor ao povo (Êxodo 19). No monte Sinai, em virtude da santidade da presença divina, o povo foi ordenado a se manter distante. O papel da Lei era produzir a convicção de pecado, que traria pesar ao coração. O advento da salvação ocorreu pela obra salvífica de Cristo na cruz e do Espírito Santo no coração, que gerou a justificação do pecador (Gálatas 3:19-25). Essas passagens bíblicas explicam o sentimento de miséria que o povo experimentou na chegada de Emanuel a Alma Humana. Confrontados por seus pecados, temiam por sua vida quando ainda não conseguiam reconhecer a graça que Ele, em breve, demonstraria.

pois sabiam que eram merecedores disso. Algo que também os perturbava muito era morrer diante da cidade e em franca desgraça, pelas mãos de um Príncipe tão bom e santo. O povo também estava muito inquieto sobre os homens que foram levados em custódia, uma vez que eles eram seus esteio e guias. Por isso, criam que, se aqueles homens fossem eliminados, a execução deles seria apenas o começo da ruína de Alma Humana. Assim sendo, o que poderiam fazer senão delinear juntamente com os prisioneiros uma petição ao Príncipe e, por meio do Sr. Desejo Viver, enviá-la a Emanuel? Ele pôs-se a caminho e aproximou-se do quartel do Príncipe apresentando a petição, que se resumia em:

"Grandioso e maravilhoso Potentado, vitorioso sobre Diabolus e conquistador da cidade de Alma Humana,

Nós, os miseráveis habitantes dessa mais desventurada sociedade, humildemente suplicamos que possamos encontrar favor à Tua vista e que não te lembres de nós por nossas antigas transgressões, nem mesmo pelos pecados dos líderes de nossa cidade. Poupa-nos de acordo com a grandeza de Tua misericórdia e não permitas que morramos, mas que vivamos em Tua presença. Desse modo, desejamos ser Teus servos e, se achares adequado, que comamos nossa comida das sobras que caem de Tua mesa.[2] Amém!"

Então, como mencionado, o requerente foi com a petição até o Príncipe, que a recebeu de suas mãos e o dispensou em silêncio. Isso ainda afligia Alma Humana. Mas, considerando que agora deveriam ou suplicar, ou morrer, pois por ora não poderiam fazer nada mais, eles discutiram entre si e enviaram outra petição a qual foi elaborada de forma e método muito similares à anterior.

Contudo, quando os termos da petição estavam traçados, por intermédio de quem a enviariam? Esse era o próximo questionamento, visto que não a despachariam por meio daquele a quem enviaram a primeira vez, pois pensavam que o Príncipe se ofendera por seus modos diante dele. Dessa maneira, tentaram fazer do Capitão Convicção o seu mensageiro. Contudo, ele disse que não ousaria e não suplicaria a Emanuel em nome de traidores, tampouco seria um advogado de rebeldes diante do Príncipe.

---

[2] Conforme Mateus 15:21-28.

—No entanto, disse ele, nosso Príncipe é bom, e vocês podem arriscar enviá-la por qualquer pessoa de sua cidade, desde que ele vá com cordas ao redor de sua cabeça[3] e clame por nada mais do que misericórdia.

Eles protelaram o quanto conseguiram, em virtude de seus temores. E esse atraso foi bom. Todavia, temendo o perigo desses retardamentos, pensaram, mesmo com esmorecimento em sua mente, em enviar sua petição por meio do Sr. Desejo Avivamento. E assim o foi. Esse homem morava em um velho chalé em Alma Humana e veio por solicitação de seus vizinhos. Disseram-lhe o que haviam feito e o que fariam com relação à petição, e que gostariam que ele fosse ao Príncipe.

Disse, então, o Sr. Desejo Avivamento:

—Por que não faria eu o meu melhor para salvar uma cidade tão célebre quanto Alma Humana de sua destruição merecida?

A petição lhe foi entregue. Instruíram-lhe como deveria se dirigir ao Príncipe e lhe desejaram muito boa sorte. Assim, primeiramente, ele se dirigiu ao pavilhão do Príncipe e pediu para falar com Sua Alteza. A mensagem foi transmitida a Emanuel, e Ele veio ao encontro do homem. Quando o Sr. Desejo Avivamento viu o Príncipe, prostrou-se com seu rosto em terra e clamou:

—Ó, que viva Alma Humana diante de ti!

E apresentou a petição. O Príncipe, após lê-la, virou de costas por um momento e chorou. Mas, controlando-se, virou-se novamente para o homem, que durante todo esse tempo permanecia clamando a Seus pés, e lhe disse:

—Volte a seu lugar, e eu considerarei as suas súplicas.

Vocês devem imaginar que aqueles de Alma Humana que haviam enviado o nobre senhor, sentindo-se culpados e temerosos de que sua petição fosse rejeitada, não poderiam evitar aguardar ansiosamente, e isso acompanhado com palpitação de coração, para ver o que seria feito dela. Por fim, viram seu mensageiro retornando. Logo que chegou, perguntaram-lhe como ele se saíra, o que dissera Emanuel e o que acontecera com

---

[3] Conforme 1 Re 20:31. A maioria dos estudiosos entende que a melhor tradução desse texto bíblico seria "com cordas no pescoço", como algumas versões bíblicas em português já colocam. Era um sinal de total submissão, que afirmava que a vida da pessoa que tinha essa corda estava nas mãos de quem ela estava se submetendo.

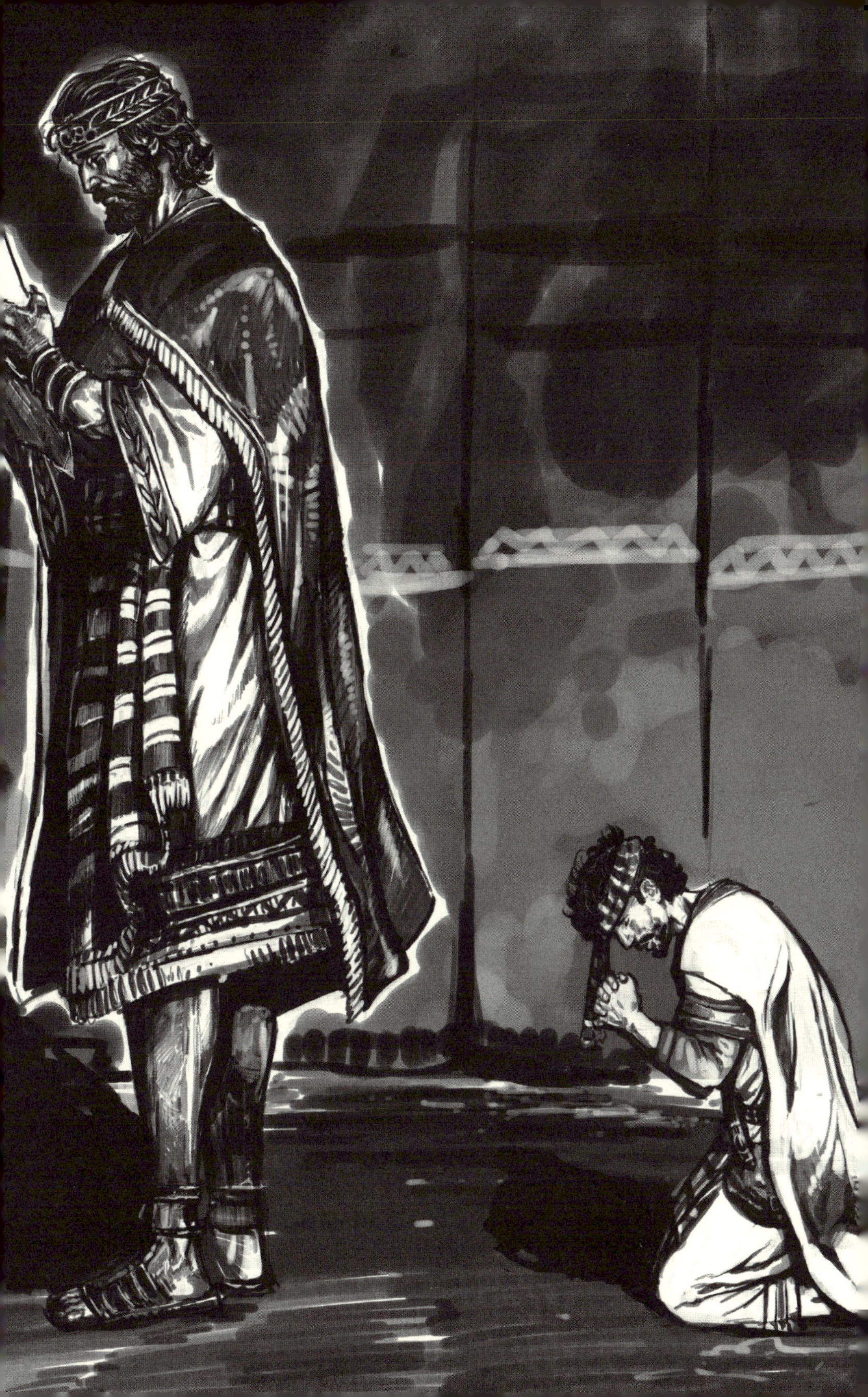

a petição. Mas ele lhes disse que permaneceria em silêncio até que fosse à prisão para os Lordes Alcaide, Arbítrio e Arquivista. Dirigiu-se então ao cárcere onde os líderes de Alma Humana estavam presos. No entanto, era grande a multidão que o seguia a fim de ouvir a mensagem entregue. Logo que chegou ao portão do presídio, o Lorde Alcaide parecia tão pálido quanto um pedaço de tecido branco; o Arquivista tremia. Porém perguntaram-lhe:

—Venha, bom senhor, o que lhe disse o grande Príncipe?

Ao que respondeu o Sr. Desejo Avivamento:

—Quando cheguei ao pavilhão de meu Senhor, chamei-o, e Ele veio. Caí prostrado a Seus pés e entreguei-lhe a minha mensagem. Eu não conseguia ficar de pé diante da grandeza de Sua pessoa e da glória de Seu semblante. E clamei: "Ó, que viva Alma Humana diante de ti!". Ele, então, virou-se de costas por um momento e depois de novo para mim dizendo que eu voltasse ao meu lugar, que Ele consideraria sua súplica.

E acrescentou ainda:

—O Príncipe, a quem vocês me enviaram, possui tal beleza e glória, que aquele que o vê deve amá-lo e temê-lo ao mesmo tempo. De minha parte, não há mais que possa fazer, mas não sei qual fim essa negociação terá.

Todos ficaram paralisados diante dessa resposta, tanto os prisioneiros quanto aqueles que seguiram o mensageiro para ouvir a notícia. Não sabiam o que isso queria dizer tampouco como interpretar o que o Príncipe dissera. Quando a prisão estava sendo esvaziada da multidão, os prisioneiros começaram a comentar entre si as palavras de Emanuel. O Lorde Alcaide disse que a resposta não parecia áspera, mas Arbítrio falou que denotava mal, e o Arquivista, que era mensagem de morte. Todos os que estavam saindo dali e que ficaram atrás do mensageiro não conseguiram ouvir corretamente o que os encarcerados disseram. Alguns entenderam um pedaço aqui; uns, outro ali. Alguns entenderam o que o mensageiro dissera, e outros ouviram o julgamento dos prisioneiros a respeito. Desse modo, ninguém tinha o correto entendimento da coisa toda. Mas vocês não imaginam o que essas pessoas fizeram e a confusão que causaram na cidade de Alma Humana!

Aqueles que ouviram o que fora dito correram pela cidade, um lamentando uma coisa; outro, o oposto. E todos tinham certeza de estar dizendo a verdade, pois, como diziam, ouviram com seus ouvidos e, portanto, não podiam estar enganados. Alguém dizia: "Seremos mortos!" e outro, "Seremos salvos!". Um terceiro falava que o Príncipe não se preocupava com Alma Humana; um quarto, que os encarcerados logo seriam executados. Como eu disse, todos afirmavam com certeza que seu relato era o mais correto e que todos os demais estavam errados. Agora, Alma Humana estava completamente perturbada; tampouco sabiam onde colocar a planta de seus pés. Alguém poderia estar de passagem e, se ouvisse o relato do seu vizinho, diria totalmente o contrário, e ambos afirmariam estar dizendo a verdade. Alguns pegaram somente o fim da história que afirmava que o Príncipe pretendia passar Alma Humana à espada. Escurecera, e Alma Humana ficou em triste perplexidade por toda aquela noite até o dia raiar.

Contudo, até onde consegui reunir as melhores informações, todo esse tumulto veio a partir das palavras do Arquivista, quando ele lhes disse que, de acordo com sua avaliação, a resposta do Príncipe seria um decreto de morte. Foi isso que "incendiou" a cidade e deu início ao pavor em Alma Humana, pois ela, em tempos passados, contava com o fato de que o Sr. Arquivista era um vidente, e que sua sentença era igual à dos melhores oradores. Isso, em si, era um terror para a cidade.

Começavam a sentir os efeitos da obstinada rebelião e da ilícita resistência contra seu Príncipe. Digo que agora começavam a sentir os efeitos, portanto, da culpa e do medo, que os engolfara. E quem estava mais envolvido com o primeiro senão aqueles que mais sentiam o último, a saber, os principais da cidade de Alma Humana?

Para ser breve: quando o conhecimento do pavor tomou a cidade, e os prisioneiros mal haviam se recuperado, reuniram um pouco de coragem e pensaram em suplicar mais uma vez ao Príncipe por sua vida. Dessa forma, delinearam uma terceira petição cujo conteúdo era:

"Príncipe Emanuel, o Grande, Senhor de todos os mundos e Mestre de misericórdia,

Nós, Tua pobre, desventurada, miserável e desfalecente cidade de Alma Humana, confessamos a Tua grande e gloriosa Majestade que pecamos contra Teu Pai e contra ti, e não mais somos dignos de sermos chamados de Tua Alma Humana, mas de sermos lançados no abismo. Se nos matares, nós o fizemos por merecer. Se nos condenares às profundezas, só podemos dizer

DESEJO AVIVAMENTO

que és justo. Não podemos queixar-nos de seja lá o que fizeres, ou sobre como nos tratarás. Porém, que reine a misericórdia e que ela seja estendida a nós. Ó, que a misericórdia nos tome e nos liberte de nossas transgressões. Assim cantaremos Tua compaixão e Teu julgamento. Amém!"

Depois de esboçada, essa petição deveria ser enviada ao Príncipe, como a primeira. Mas permanecia a indagação: quem a levaria? Alguns disseram que deveria ser o mesmo que levou a anterior. Outros acharam que não seria bom agir assim, porque ele não fora bem-sucedido. Porém havia na cidade um senhor idoso, conhecido como Sr. Boas Obras, um cidadão que tinha apenas esse nome, mas cuja natureza era completamente oposta a isso. Alguns eram favoráveis a enviá-lo. No entanto, o Arquivista era totalmente contrário a isso. Disse ele:

—Agora temos necessidade de misericórdia e estamos clamando por ela. Assim sendo, enviar nossa petição por um homem com esse nome pareceria que estamos contestando a própria petição. Deveríamos enviar o Sr. Boas Obras como nosso mensageiro quando nossa petição clama por misericórdia?

"Além disso, se o Príncipe, quando receber o documento, perguntar-lhe por seu nome — uma vez que ninguém sabe se o fará, mas Ele o fará — e o mensageiro responder: 'Sou o velho Boas Obras', o que vocês acham que Emanuel diria disso? 'O quê? Está esse velho ainda vivo em Alma Humana? Então que ele os salve de sua angústia'. E, se o Príncipe disser isso, tenho certeza de que estaremos perdidos! Nem mil Boas Obras poderão salvar Alma Humana!".

Depois que o Arquivista apresentara seus argumentos do porquê o velho Boas Obras não deveria levar a petição a Emanuel, os demais prisioneiros e governadores de Alma Humana também se opuseram a esse intento. Dessa forma, esse velho senhor foi colocado de lado, e concordaram em enviar novamente o Sr. Desejo Avivamento. Eles mandaram buscá-lo e disseram que desejavam que ele fosse uma segunda vez ao Príncipe, levando a petição. Ele prontamente assentiu em fazer. Contudo, eles lhe ordenaram que atentasse, de todas as formas, para que não ofendesse o Príncipe com qualquer palavra ou atitude porque, diziam, se ele o fizesse, traria destruição cabal a Alma Humana.

Quando percebeu que teria de cumprir essa tarefa, o Sr. Desejo Avivamento solicitou que eles lhe concedessem que o Sr. Olhos Marejados fosse com ele. Esse senhor era vizinho próximo de Avivamento e um pobre homem de espírito quebrantado que, mesmo assim, poderia discursar bem em uma petição. Todos concordaram que ele acompanhasse Avivamento. Dessa forma, ambos foram a essa incumbência: Sr. Desejo Avivamento, com cordas em torno da cabeça, e seu companheiro retorcendo suas mãos, dirigiram-se ao pavilhão do Príncipe.

Enquanto iam suplicar essa terceira vez, não podiam evitar pensar que, por suas frequentes idas, poderiam se tornar um fardo para o Príncipe. Portanto, assim que chegaram à porta de Seu pavilhão, primeiramente desculparam-se por si mesmos e por incomodar Emanuel com tanta frequência. Disseram que foram naquele dia não porque sentissem prazer em aborrecer ou porque gostassem de falar, mas porque a necessidade os forçara a achegar-se a Sua Alteza. Afirmaram que não conseguiam descansar, dia e noite, por causa de suas transgressões contra Shaddai e contra Emanuel, Seu Filho. Também pensavam que algum mau comportamento do Sr. Desejo Avivamento, na primeira vez que se apresentara ao Príncipe, pudesse ter causado algum desagrado a Sua Alteza. Por isso, ele havia retornado à cidade vazio e sem aprovação da presença de um Príncipe tão misericordioso. Após esse pedido de perdão, o Sr. Desejo Avivamento lançou-se prostrado em terra, como da primeira vez, aos pés do Príncipe, dizendo:

—Ó, que viva Alma Humana diante de ti!

E entregou a petição. Depois de lê-la, o Príncipe virou-se de costas, como antes, e voltando ao local onde o peticionário permanecia no chão, perguntou qual era o seu nome e qual a estima que Alma Humana lhe tinha já que ele, dentre toda a população da cidade, fora enviado para tal tarefa. O homem então replicou:

—Ó, não se ire o meu Senhor! Por que inquires o nome de um cão morto como eu? Despreza-me, peço-te, e não notes quem sou porque há, como bem sabes, enorme desproporção entre mim e ti. O porquê de os cidadãos de Alma Humana me escolherem é conhecido apenas por eles, mas não poderia ser por pensaram que eu encontraria favor diante de meu Senhor. De minha parte, não tenho apreço por mim mesmo, quem então poderia me amar? No entanto, que viva eu, e desejo que meus concidadãos vivam também. E pelo fato de tanto eles quanto eu sermos culpados de grandes transgressões, eles me enviaram, e vim em nome deles para implorar ao meu Senhor por misericórdia. Que te agrade, portanto, inclinar-te à misericórdia. Contudo, não perguntes quem estes Teus servos são."

Disse, então, o Príncipe:

—E quem é este que vem em sua companhia para uma questão tão crucial?

O Sr. Desejo Avivamento respondeu que se tratava de seu pobre vizinho e um de seus relacionamentos mais próximos.

—Seu nome é, e que isso agrade à Sua excelsa Majestade, Olhos Marejados, da cidade de Alma Humana. Sei que há muitos que têm esse nome e são perversos, mas espero que não seja ofensa a meu Senhor que eu tenha trazido meu pobre vizinho comigo.

O Sr. Olhos Marejados caiu com o rosto em terra e pediu desculpas por sua vinda na companhia de seu vizinho até seu Senhor:

—Ó, meu Senhor, não sei o que eu sou, sequer sei se meu nome é dissimulação ou verdade, especialmente quando considero o que alguns dizem. A saber, que esse nome me foi dado porque o Sr. Arrependimento é meu pai. Bons homens podem ter filhos maus, e muitas vezes o sincero gera o hipócrita. Minha mãe também me chamava por esse nome desde o berço, porém não sei se por causa da simplicidade de minha mente ou da suavidade de meu coração. Vejo impurezas em minhas próprias lágrimas e imundície na base de minhas orações. Mas suplico a ti — ele chorava todo o tempo enquanto falava — que não te lembres de nossas transgressões contra nós, nem te ofendas com a falta de qualificação destes Teus servos, mas, por Tua misericórdia, ignora o pecado de Alma Humana e refreia-te de deixar de glorificar Tua graça.

Ao Seu comando, ambos se levantaram e tremiam diante dele. Ele falou-lhes então a este propósito:

—A cidade de Alma Humana pecou gravemente contra meu Pai, quando o rejeitaram como seu Rei e escolheram para seu comandante um mentiroso, assassino e escravo renegado. Esse Diabolus, seu ilegítimo príncipe, embora outrora considerado em tão alta conta por vocês, rebelou-se contra meu Pai e até mesmo contra mim, em nosso próprio palácio e na corte excelsa, desejando se tornar um príncipe e rei. Porém, sendo oportunamente descoberto, capturado e, por sua perversidade, preso em cadeias e separado para o abismo com aqueles que o acompanharam, ofereceu-se a vocês, e vocês o receberam.

"Isso é, e tem sido há muito tempo, uma alta afronta a meu Pai. Por isso, Ele enviou a vocês um exército poderoso para submetê-los à obediência. Todavia vocês sabem como esses homens, seus capitães e seus conselhos, foram considerados por vocês e o que eles receberam de suas mãos. Vocês se rebelaram contra eles, trancaram seus portões diante deles, forçaram-lhes à batalha, combateram-lhes e lutaram a favor de Diabolus. Eles solicitaram mais exércitos a meu Pai. Então eu e meus soldados viemos para subjugar vocês. Contudo, trataram a mim, Senhor deles, da mesma maneira que fizeram com meus servos. Levantaram-se de maneira hostil contra mim, trancaram-me seus portões, fizeram seus ouvidos surdos a mim e resistiram tanto quanto puderam. Mas eu os conquistei.

"Vocês clamaram por minha misericórdia enquanto tinham esperança de me vencer? Porém agora que tomei a cidade, clamam. Suplicaram antes, quando a bandeira branca da misericórdia, a vermelha da justiça e a preta, que ameaçava a execução, estavam hasteadas para convocá-los a isso? Agora que venci seu Diabolus, vocês vêm a mim pedir-me por favor. No entanto, por que não me ajudaram contra aquele valente? Mas vou considerar sua petição e a responderei de forma que será para a minha glória.[4]

"Vão agora, e digam aos Capitães Boanerges e Convicção que tragam os prisioneiros para minha presença no acampamento amanhã. E digam aos Capitães Julgamento e Execução que permaneçam no castelo e cuidem de manter tudo calmo em Alma Humana até que ouçam minhas instruções."

Com isso, Ele retirou-se de diante deles e recolheu-se a Seu pavilhão real novamente.

Os peticionários, depois de receberem essa resposta do Príncipe, retornaram, como da primeira vez, para seus companheiros. Mas não estavam longe ainda, e pensamentos começaram a ocorrer à mente deles de que não havia ainda intenção de misericórdia pelo Príncipe em relação a Alma Humana. Assim, dirigiam-se ao local onde os prisioneiros estavam acorrentados. Contudo, essas considerações sobre o que seria de Alma

---

[4] Embora a forma como Emanuel trata os peticionários aqui possa parecer fria e distante, ela encontra base bíblica por causa da profanação causada ao nome de Deus por causa da multidão de pecados acumulados. Veja Ezequiel 36.

Humana tinham tal poder sobre eles, que logo que chegaram àqueles que os haviam enviado, mal conseguiam entregar sua mensagem.

Finalmente chegaram aos portões da cidade, onde encontraram o povo, que aguardava ansiosamente por seu retorno para saber qual resposta a petição recebera. Falaram em alta voz aos enviados:

—Quais são as notícias vindas do Príncipe? O que Ele disse?

No entanto, eles responderam que, como antes, deveriam ir à prisão e entregar sua mensagem. E lá foram eles, seguidos de perto por uma grande multidão. Ao chegar aos portões do cárcere, contaram aos prisioneiros a primeira parte do discurso de Emanuel, isto é, o que Ele exprimiu sobre a deslealdade deles a Seu Pai e a Ele mesmo e como eles haviam escolhido Diabolus, permanecido com ele, lutado por ele, dado ouvidos a ele e sido governados por ele, enquanto desprezavam Emanuel e Seus soldados. Isso empalideceu os prisioneiros. Mas os mensageiros continuaram e contaram que o Príncipe dissera, além disso, que consideraria a petição deles e lhes responderia de forma que seria para a Sua glória. Quando essas palavras foram proferidas, o Sr. Olhos Marejados deu um grande suspiro. Com isso todos ficaram grandemente abatidos e não sabiam o que dizer. O temor tomou conta de todos de forma espantosa, e a morte parecia estampada na fronte de alguns deles. Havia na multidão um camarada notável e astuto, um proprietário mediano de terras cujo nome era Inquiridor. Esse homem perguntou aos peticionários se eles haviam contado todos os detalhes do que Emanuel dissera, e eles responderam que, na verdade, não haviam dito tudo. Então disse o senhor Inquiridor:

—Eu achei que não haviam dito tudo. Imploro que nos digam o que mais Ele lhes falou.

O Sr. Desejo Avivamento e o Sr. Olhos Marejados pausaram por um momento e, por fim, revelaram tudo dizendo:

—O Príncipe nos ordenou que disséssemos aos Capitães Boanerges e Convicção para levarem os prisioneiros a Ele amanhã e que os Capitães Julgamento e Execução cuidassem de guardar o castelo e a cidade até que ouçam outras instruções dele. Depois de nos ordenar essas coisas, Ele imediatamente nos deu as costas e entrou em Seu pavilhão real.

Esse relatório, especialmente a última cláusula, que afirmava que os prisioneiros deveriam ir ao encontro do Príncipe no acampamento, deixou-os completamente arrasados! Assim, todos levantaram um clamor que chegou até os Céus. Feito isso, cada um dos três prisioneiros se preparou para morrer. O Arquivista lhes disse que era isso que ele temia, pois concluíram que no dia seguinte, ao pôr do Sol, eles não mais estariam neste mundo. Toda a cidade também não tinha outra expectativa, senão esta: a seu tempo, eles também beberiam do mesmo cálice. Alma Humana passou aquela noite em pranto. Vestiram-se de panos de saco e se cobriram com cinzas[5]. Os prisioneiros, chegada a hora de comparecerem diante do Príncipe, trajaram-se de luto e com cordas ao redor da cabeça. Os habitantes foram todos à muralha vestidos de luto, a fim de que, diante de tal visão, talvez o Príncipe se comovesse em compaixão.

Contudo, como se preocupavam consigo mesmos os intrusos que estavam em Alma Humana! Corriam em grupos de lá para cá pelas ruas da cidade, gritando enquanto corriam, em sagaz tumulto, alguns de uma maneira e outros de forma totalmente avessa, para gerar a maior distração em seus habitantes.

Chegou o momento de os prisioneiros irem ao acampamento e comparecerem diante do Príncipe. E aconteceu assim: Capitão Boanerges seguia adiante deles com sua guarda, e o Capitão Convicção vinha logo atrás. Os prisioneiros, acorrentados, seguiam entre eles. As escoltas da vanguarda e da retaguarda seguiam com suas flâmulas coloridas, mas os prisioneiros, que marchavam em meio a elas, estavam com espírito abatido.

Seu estado, mais especificamente, era este: caminhavam em pesar, com cordas em torno da cabeça, batendo no peito, mas não ousando levantar os olhos ao céu. Saíram do portão de Alma Humana até chegarem ao meio do exército do Príncipe, cuja visão e glória acrescentaram mais peso à sua aflição. Não conseguiram mais reprimir seu clamor e diziam: "Ó infelizes que somos! Ó miseráveis habitantes de Alma Humana!". O som de suas correntes se misturava às suas dolorosas notas, tornando o ruído ainda mais lamentável.

---

[5] A expressão "pano de saco e cinza" aparece diversas vezes na Bíblia (Ester 4:1; Salmo 35:13,14; Isaías 15:1-3; 32:9-12; Ezequiel 27:29-32; Joel 1:8,13; Amós 8:10). O pano de saco ou "cilício" geralmente feito de pelos de cabra ou de camelo, utilizado para conter cereais, objetos e alimentos em geral. A cinza era o pó resultante da queima de alguma coisa, significava ruína ou desolação. O uso desses elementos significava tristeza e lamento por morte ou calamidades; humildade de um suplicante, ou ainda demonstração de arrependimento.

Quando chegaram à porta do pavilhão do Príncipe, lançaram-se prostrados ao chão. Alguém, então, avisou ao Príncipe que os prisioneiros haviam chegado. Ele assentou-se no trono do Estado e ordenou que trouxessem os cativos para dentro. Ao ver-se diante dele, tremiam e cobriam sua face envergonhados. E quando se aproximaram do lugar onde o Príncipe estava assentado, lançaram-se a Seus pés. Disse Emanuel ao Capitão Boanerges:

—Ordene que os prisioneiros fiquem em pé!

Eles se levantaram tremendo diante da Sua presença:

—São vocês os homens que outrora eram servos de Shaddai? — perguntou o Príncipe.

—Sim, Senhor. Somos nós — confirmaram.

—São vocês os homens que se permitiram ser corrompidos e contaminados por aquele abominável Diabolus?

Responderam então:

—Fizemos mais do que nos permitir, Senhor, pois o escolhemos em plena consciência.

Indagou o Príncipe:

—Vocês estavam satisfeitos em continuar sob a tirania dele por toda a vida?

Ao que responderam:

—Sim, Senhor. Porque os modos dele eram agradáveis à nossa carne e ficávamos cada vez mais alienados a um estado melhor.

Então o Príncipe questionou:

—E quando eu vim contra a cidade de Alma Humana, desejaram de coração que eu não os vencesse?

Responderam:

—Sim, Senhor.

E o Príncipe continuou:

—E qual punição vocês acham que merecem de minha mão por esses e outros de seus maiores e extremos pecados?

Os prisioneiros responderam:

—A morte e o abismo, Senhor, pois não merecemos menos do que isso.

O Príncipe lhes perguntou se eles mesmos teriam algo a dizer para que a sentença, que eles confessaram merecer, não lhes deveria ser aplicada, ao que responderam:

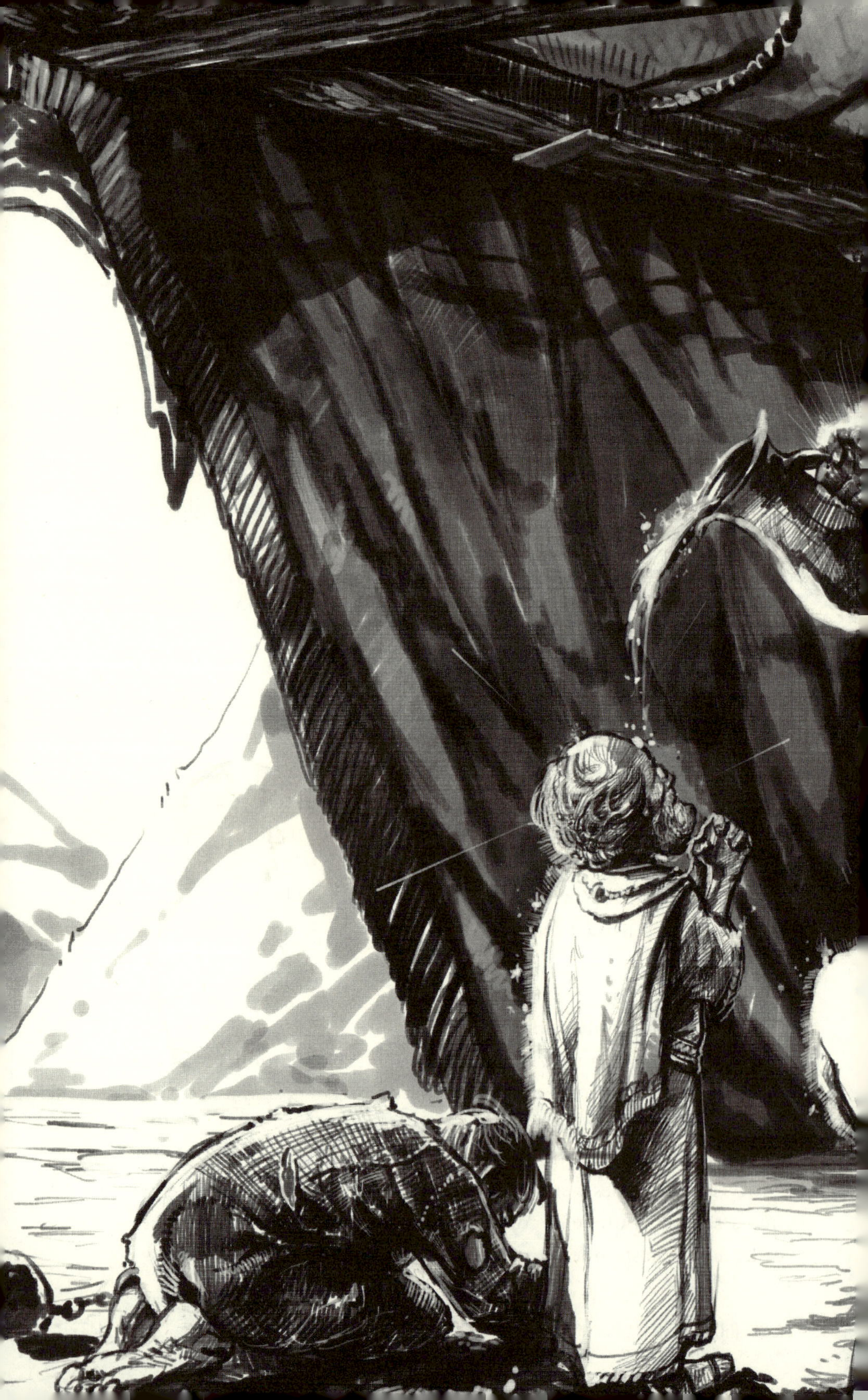

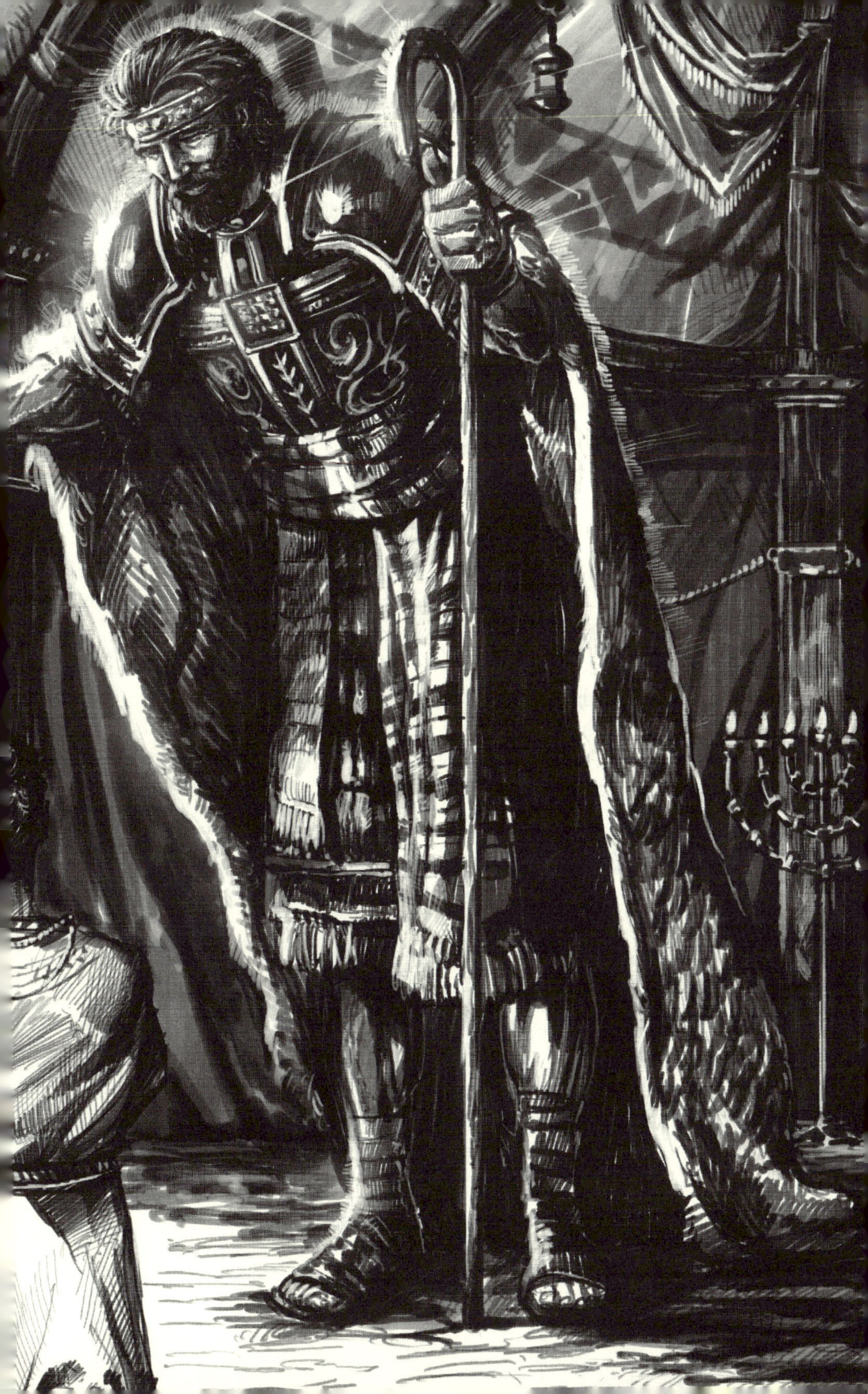

—Não temos nada a declarar, Senhor. Tu és justo, e nós pecamos.

—E para que são essas cordas ao redor da cabeça de vocês? — perguntou o Príncipe.

—Elas servem para nos amarrar ao local de execução, caso a misericórdia não seja agradável a Teus olhos. — responderam eles.

Emanuel perguntou-lhes se todos os habitantes da cidade de Alma Humana concordavam com eles nessa confissão.

—Todos os nativos, Senhor — responderam. — Mas não podemos dizer nada quanto aos diabolinianos que entraram na cidade quando o tirano tomou posse de nós.

O Príncipe ordenou que se chamasse um arauto e que ele proclamasse, com o soar da trombeta, no meio e toda a volta do acampamento de Emanuel, que o Príncipe, Filho de Shaddai, havia, em nome de Seu Pai e para a glória dele, obtido uma vitória perfeita sobre Alma Humana. Os prisioneiros deveriam seguir esse arauto proclamando "Amém!". A ordem foi cumprida como Ele dissera. Então houve música melodiosa nas regiões elevadas. Os capitães que estavam no acampamento bradavam, e os soldados entoavam canções de triunfo ao Príncipe. As flâmulas balançavam ao vento, e havia alegria em toda a parte, com exceção ainda no coração dos homens da cidade.

Emanuel convocou os prisioneiros para comparecer diante dele, e eles vieram e permaneceram em pé tremendo. Ele lhes disse:

—Os pecados, as transgressões e as iniquidades que vocês e toda a cidade de Alma Humana cometeram, seguidamente, contra meu Pai e contra mim, tenho o poder e o mandamento de meu Pai de perdoá-los; e eu os perdoo!

Tendo dito isso, deu-lhes um pergaminho selado com sete selos que declarava perdão amplo e geral, ordenando que os Lordes Alcaide, Arbítrio e Arquivista o proclamassem e o fizessem conhecido no dia seguinte, ao nascer do Sol, por toda a cidade de Alma Humana.

Além disso, o Príncipe os despiu de suas vestes de luto e lhes deu "uma coroa em vez de cinzas, óleo de alegria em vez de pranto e veste de louvor em vez de espírito angustiado".[6]

---

[6] Isaías 61:1-3.

Depois, deu a cada um deles, joias de ouro e pedras preciosas, lançou fora suas cordas, colocando colares de ouro em torno de seus pescoços e brincos em suas orelhas. Quando os prisioneiros ouviram as palavras cheias de graça do Príncipe Emanuel, e tendo contemplado tudo o que lhes fora feito, quase desmaiaram, porque a graça, os privilégios e o perdão foram súbitos, gloriosos e tão extensos que eles não conseguiam permanecer em pé, sem cambalear, sob eles. O Lorde Arbítrio desfaleceu completamente, mas o Príncipe dirigiu-se a ele, colocou Seus braços eternos sob ele e, abraçando-o e beijando-o, ordenou que ele tivesse bom ânimo, pois tudo seria feito conforme a Sua palavra. Ele também beijou, abraçou e sorriu para os outros dois homens que estavam na companhia de Arbítrio, dizendo:

—Levem essas coisas como sinais de meu amor, favor e compaixão por vocês. Incumbo você, Sr. Arquivista, de dizer à cidade de Alma Humana tudo o que viu e ouviu.

Os grilhões que estavam neles foram despedaçados diante deles e lançados ao ar; seus passos foram assim ampliados debaixo de seus pés. Eles então caíram aos pés do Príncipe e, beijando-os, molhavam-no com suas lágrimas. Também clamaram em forte e poderosa voz:

—Bendita seja a glória do Senhor que parte deste lugar!

Emanuel ordenou que eles se levantassem, fossem à cidade e lhes contassem tudo o que Ele fizera. Também ordenou que fossem precedidos em todo o caminho pelo som de uma gaita e tamborim. Então, cumpriu-se o que eles jamais haviam buscado e foram levados a possuir o que nunca haviam sonhado.

O Príncipe também mandou chamar o Capitão Confiança e ordenou que ele e alguns de seus oficiais marchassem adiante dos nobres homens de Alma Humana com seus estandartes coloridos esvoaçantes para o interior da cidade. Também incumbiu esse capitão de que, no momento em que o Arquivista lesse o perdão geral para os habitantes de Alma Humana, ele marchasse para dentro pelo Portão Visão com seus dez mil soldados seguindo-o. Que procedesse pela rua elevada até os portões do castelo e tomasse posse dele até que seu Senhor lá chegasse. Além disso, ordenou que deveria dizer aos Capitães Julgamento e Execução para entregar o forte em suas mãos, que recuassem da cidade e retornassem rapidamente ao acampamento para o Príncipe.

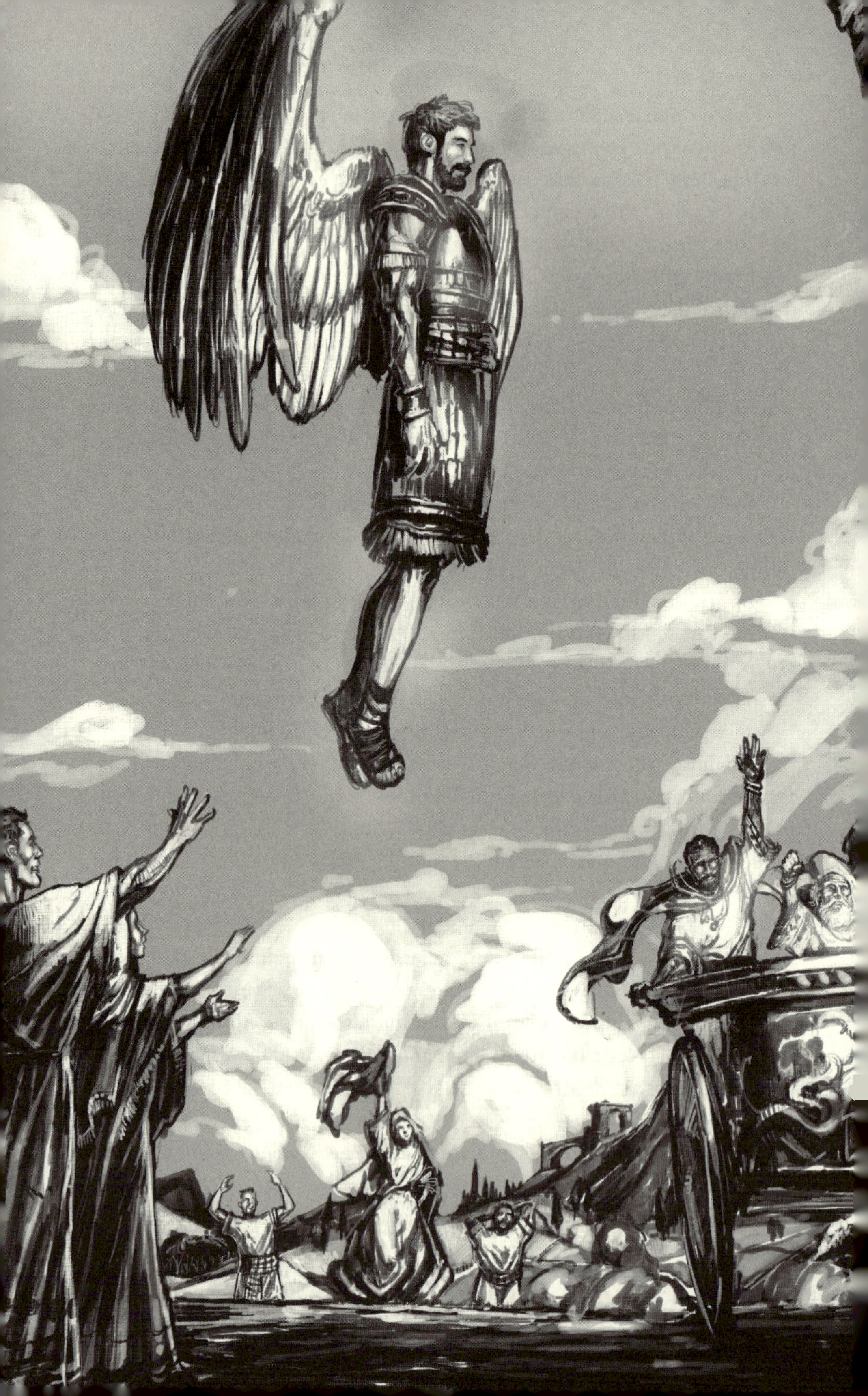

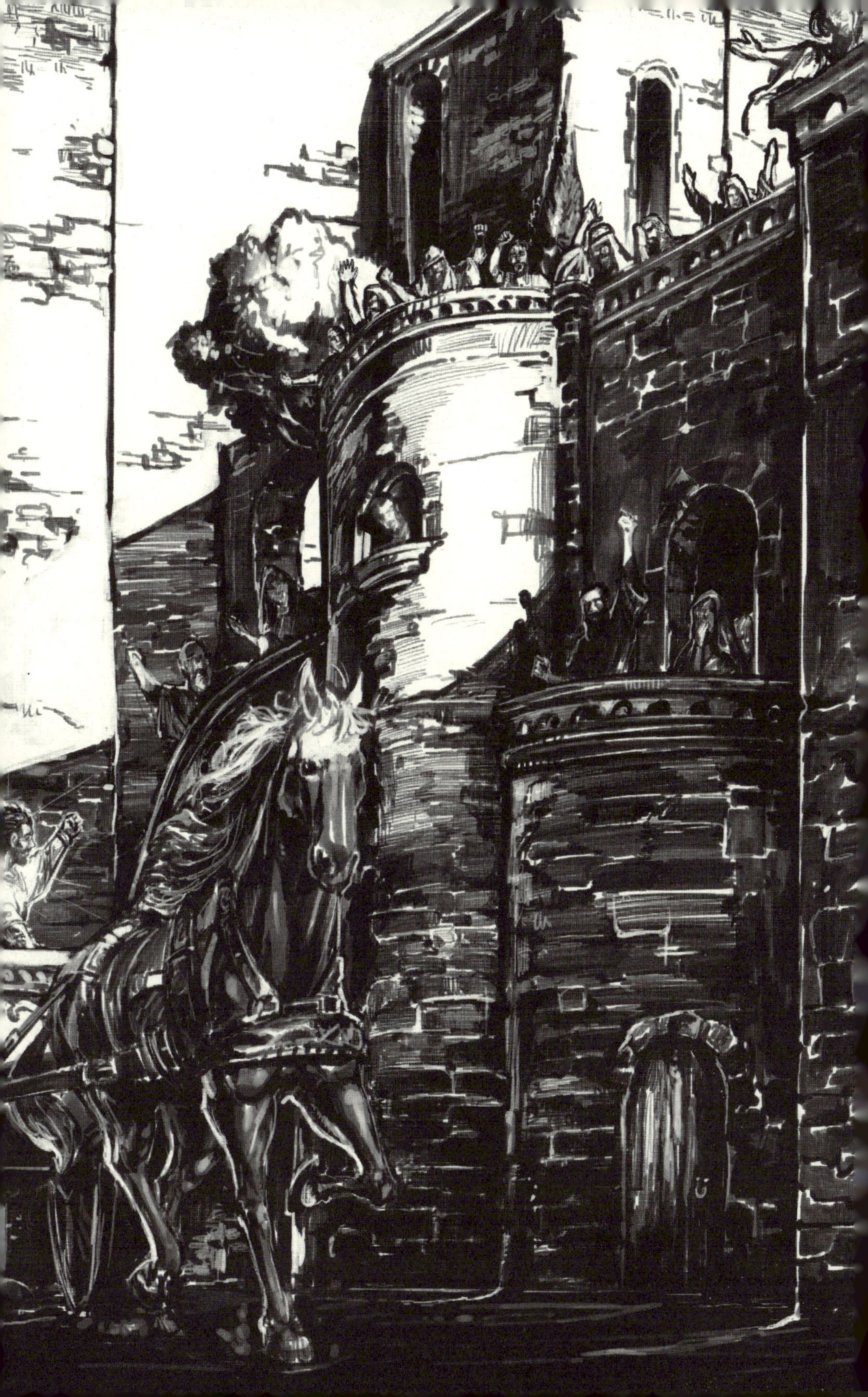

E, assim, a cidade de Alma Humana ficou livre do terror dos primeiros quatro capitães e seus pelotões.

CAPÍTULO 7

Bem, já lhes contei anteriormente como os prisioneiros foram tratados pelo nobre Príncipe Emanuel, como eles se comportaram diante dele e como Ele os enviou de volta à cidade precedidos por gaitas e tamborins. E agora vocês devem imaginar que todos os habitantes da cidade, que durante todo esse tempo aguardavam ouvir sobre a própria morte, não poderiam ter outro tipo de pensamento senão de tristeza mental com reflexões que os feriam como espinhos. Tampouco poderiam manter seus pensamentos estáveis. Como o vento, estavam inquietos com grandes incertezas. Sim, o coração deles era como um balanço que saíra do descanso por meio de mãos que o agitaram. Por fim, com um olhar ansioso, miraram por cima das muralhas e pensaram ter visto pessoas voltando à cidade. Mas quem seriam esses? Conseguiram, então, discernir que eram os prisioneiros. Vocês conseguem imaginar como o povo ficou surpreso com admiração, especialmente quando perceberam em que carruagens e honra eles haviam sido enviados para casa? Quando foram ao acampamento, vestiam luto; porém, voltaram à cidade trajados de branco. Foram enviados com cordas, e retornaram com colares de ouro. Tinham seus pés agrilhoados, e agora seus passos estavam alargados. Haviam partido esperando a morte, mas retornaram com a vida assegurada. Desceram ao acampamento com coração pesado, e retornaram com gaitas e tamborins sendo tocados diante deles. Desse modo, logo que chegaram diante do Portão Visão, a pobre e titubeante cidade de Alma Humana se aventurou a gritar de alegria. E seu brado foi de tal intensidade que seu som fez saltar os capitães do exército do Príncipe. Pobres daqueles corações! Quem poderia culpá-los, uma vez que seus amigos condenados à morte voltaram à vida? Para eles, foi como ver a vida brotando da morte quando avistaram os anciãos da cidade brilhando em tal esplendor. Não esperavam nada senão o bloco de madeira e o machado, mas contemplaram regozijo e alegria, conforto e consolo e notas tão melódicas vindo com eles que foram suficientes para curar os enfermos.

Quando os Lordes chegaram, foram saudados com as boas-vindas e ouviram ainda:

—Bendito Aquele que os poupou! Vemos que está tudo bem com vocês, mas quanto disso virá para a cidade de Alma Humana?

Responderam-lhes o Arquivista e o Lorde Alcaide:

—Ó notícias! Boas notícias! Boas-novas de grande alegria à pobre Alma Humana!

Então o povo deu outro brado que fez a terra estremecer novamente. Depois disso, indagaram mais particularmente como as coisas haviam acontecido no acampamento e que mensagem traziam de Emanuel para a cidade. Os três Lordes contaram tudo o que lhes ocorrera no acampamento e tudo o que o Príncipe lhes fizera. Esse relato levou Alma Humana a se maravilhar com a sabedoria e a graça do Príncipe Emanuel. Depois, contaram-lhes o que receberam de Suas mãos para toda a cidade, e o Arquivista o entregou nestas palavras:

—PERDÃO, PERDÃO, PERDÃO para Alma Humana! E isso a cidade saberá amanhã.

Ele então deu uma ordem, e os que ali estavam partiram e convocaram toda a cidade para se reunir na praça do mercado, no dia seguinte, para ouvir a leitura do perdão geral.

Quem poderia antever a virada e a mudança que esse anúncio causou no semblante da cidade? Nenhum de seus habitantes conseguiu dormir naquela noite por causa da alegria; em cada casa, havia regozijo, danças, cantorias e divertimento. Tudo o que conseguiam fazer era contar e ouvir da felicidade de Alma Humana. Este era o refrão de sua canção: "Ó, mais disso ao despontar do Sol! Mais disso amanhã de manhã!".

Dizia alguém:

—Quem diria, ontem, que este dia seria tal dia para nós? E quem imaginaria, ao ver nossos prisioneiros partindo acorrentados, que eles voltariam com colares de ouro? Sim, aqueles que se autojulgavam, à medida que se dirigiam à corte de seu Juiz, foram absolvidos por Sua boca, não porque fossem inocentes, mas por causa da misericórdia do Príncipe, e foram enviados de volta para casa entre gaitas e tamborins. Esse é o costume dos príncipes? Costumam eles demonstrar tais favores a seus traidores? Não, isso é peculiar a Shaddai e a Emanuel, Seu Filho!

A manhã se aproximava rapidamente. Os Lordes Alcaide e Arbítrio e o Sr. Arquivista foram à praça do mercado na hora que o Príncipe havia marcado, onde seus concidadãos os aguardavam. Esses três estavam trajados com a glória que o Príncipe lhes revestira no dia anterior, e a rua ficou iluminada com a glória deles. Assim, o Alcaide, o Arquivista e o Lorde Arbítrio baixaram o Portão Paladar, que ficava no fim da praça do mercado, pois era lá que, em tempos antigos, os documentos públicos eram lidos. Lá chegaram com suas vestimentas precedidos pelos tamborins. Havia grande ansiedade nas pessoas conhecerem o documento por completo.

O Arquivista então se colocou de pé e, acenando com uma de suas mãos pedindo silêncio, procedeu à leitura do perdão em voz alta. No entanto, quando ele chegou às palavras "O Senhor, o Senhor Deus, misericordioso e cheio de graça, perdoa a iniquidade, transgressões e pecados e lhes serão perdoadas todas as formas de pecado e blasfêmia..."[1], eles não conseguiram se conter e saltaram de alegria. Vocês precisam saber que no documento continha o nome de cada pessoa de Alma Humana, e, igualmente os selos de perdão eram belamente evidentes.

Quando o Arquivista terminou de ler o perdão, os habitantes da cidade se apressaram para o alto das muralhas da cidade e lá saltavam de alegria. Também se inclinavam sete vezes com seu rosto voltado ao pavilhão de Emanuel, gritando a toda voz de alegria e dizendo:

—Que Emanuel viva para sempre!

Aos jovens da cidade foi ordenado que tocassem os sinos em celebração. Enquanto eles soavam, as pessoas cantavam, e a música preenchia cada lar em Alma Humana.

Logo que o Príncipe enviara os três prisioneiros de Alma Humana de volta à casa, com júbilo, acompanhados de gaitas e tamborins, ordenara aos Seus capitães, aos oficiais de campo e a todos os soldados do exército que se preparassem para a manhã em que o Arquivista leria o perdão a Alma Humana, a fim de que o louvassem uma vez mais. Assim que a manhã chegou, como já relatei, e o Arquivista terminara de ler o perdão, Emanuel ordenou que todas as trombetas do acampamento soassem e que os estandartes fossem exibidos, metade deles no Monte da Graça e a outra metade no Monte Justiça. Semelhantemente, deu ordens para que os capitães se mostrassem em sua armadura completa e que os soldados bradassem de júbilo. O Capitão Confiança, embora estando no castelo, não permaneceu em silêncio em tal dia: do topo da fortaleza, expressou-se com som de trombeta para Alma Humana e para o acampamento do Príncipe.

---

[1] Êxodo 34.

Assim, descrevi a vocês a forma e o modo que Emanuel adotou para recuperar a cidade de Alma Humana das mãos do tirano Diabolus.

Quando o Príncipe havia completado essa parte, as cerimônias externas de Sua alegria, Ele novamente ordenou a Seus capitães e soldados que mostrassem a Alma Humana algumas proezas de guerra, e eles imediatamente se puseram em ação. Ó, com que agilidade, habilidade, destreza e bravura aqueles militares exibiam seu talento nas proezas de guerra à maravilhada cidade!

Eles marchavam e contramarchavam, abriam o lado direito e o esquerdo, dividiam-se e se subdividiam ainda, depois fecharam e giraram, reagruparam a vanguarda e a retaguarda e os flancos direito e esquerdo. Executaram com exatidão essas e 20 outras manobras. Por fim, quando se ajuntaram novamente, conquistaram, arrebataram o coração daqueles de Alma Humana que os contemplavam! Acrescente a isso o manejo de suas armas e as manobras com os armamentos de guerra, que maravilhosamente extasiavam os cidadãos e a mim!

Quando o desfile terminou, toda Alma Humana foi unida ao acampamento do Príncipe para agradecer-lhe e louvá-lo por Seu abundante favor e para implorar que Vossa Alteza se agradasse de ir à cidade com Seus soldados e que assumissem seus quartéis para sempre. Fizeram-no da forma mais humilde, inclinando-se sete vezes em terra diante dele. Ele, então, lhes disse:

—Toda a paz seja com vocês!

O povo se aproximou e tocou a ponta do cetro de ouro de Emanuel e disse:

—Que o Príncipe Emanuel, com Seus capitães e soldados, habitem em Alma Humana para sempre! Que Seus aríetes e catapultas sejam alocados no interior da cidade para uso e serviço do Príncipe e para auxílio e força da cidade, pois temos espaço para ti e Teus soldados. Também temos espaço para Teus armamentos e lugar para fazer um depósito para Tuas carruagens. Faze isso, Emanuel, e serás eternamente o Rei e Comandante em Alma Humana. Sim, governa também de acordo com todo o desejo de Tua alma e estabelece Teus governantes e príncipes sob ti e Teus capitães e homens de guerra. Nós nos tornaremos Teus servos, e Tuas leis serão nossa direção.

Depois acrescentaram, suplicando que Sua Alteza o considerasse:

—Pois, se agora, depois de toda essa graça concedida a nós, Tua deplorável cidade de Alma Humana, tu te retirares de nosso meio, tu e Teus capitães, a cidade morrerá. Sim — disseram ainda—, nosso bendito Emanuel, se partires de nós, agora que nos fizeste tanto bem e nos mostraste tanta misericórdia, o que se seguirá será como se nossa alegria nunca tivesse existido. Nossos inimigos virão uma segunda vez sobre nós e com mais ódio do que da primeira vez! Portanto, imploramos a ti, ó anelo de nossos olhos, força e vida de nossa miserável cidade, aceita esta moção que agora fazemos a nosso Senhor: vem habitar em nosso meio e permite que sejamos Teu povo. Além disso, Senhor, não temos certeza, mas, até o dia de hoje, muitos diabolinianos podem estar espreitando em Alma Humana e eles nos trairão, se nos deixares, entregando-nos nas mãos de Diabolus novamente. E quem sabe quais planos, tramas e artifícios já estão se passando entre eles? Somos contrários a cair nessas horrendas mãos novamente. Assim, por favor, que te agrade aceitar nosso palácio como local de Tua residência e as casas de nossos melhores homens para receber Teus soldados e a mobília deles.

O Príncipe então lhes respondeu:

—Se eu entrar em sua cidade, vocês me permitirão levar a cabo o que tenho em meu coração contra os meus inimigos e seus inimigos? Sim, vocês me ajudarão nesse empreendimento?

Responderam ao Príncipe:

—Não sabemos o que deveremos fazer. Antes não pensávamos que poderíamos ser os traidores de Shaddai, como ficou provado que somos. O que, então, diremos a nosso Senhor? Que Ele não confie em Seus santos; que o Príncipe habite em nosso castelo e faça de nossa cidade uma guarnição, que Ele estabeleça Seus nobres capitães e Seu soldados sobre nós. Sim, que Ele nos conquiste com Seu amor e nos vença com Sua graça. Assim Ele será conosco e nos ajudará, do mesmo modo como fez naquela manhã que nosso perdão nos foi lido. Aquiesceremos a nosso Senhor e a Seus caminhos e sairemos com Sua palavra contra o valente.

"Apenas mais uma palavra, e Teus servos terão terminado. Assim, não mais te incomodaremos. Não conhecemos a profundidade de Tua sabedoria, nosso Príncipe. Quem poderia imaginar, sendo governados pela razão, que tanta doçura, como a que agora desfrutamos, viria daquelas amargas provações com que fomos testados inicialmente? Mas, Senhor, que a luz preceda o amor. Que sejamos levados pela mão e conduzidos por Teus conselhos. E que isto sempre permaneça conosco: que todas as coisas serão para o bem de Teus servos, e que elas venham sobre Alma Humana e façam conosco conforme te aprouver. Ó, Senhor, vem a nossa Alma Humana, faze conforme queres, para que nos preserves de pecar e nos tornes úteis para Tua Majestade."

— Vão e retornem às suas casas em paz —, disse-lhes o Príncipe. — De boa vontade atenderei seus desejos. Desmontarei meu pavilhão real e amanhã levarei meus exércitos diante do Portão Visão. Depois marcharemos para o interior da cidade de Alma Humana; tomarei posse de seu castelo e colocarei meus soldados sobre vocês. Farei na cidade coisas que não poderão ser igualadas em qualquer nação, país ou reino sob o Céu.

Os habitantes da cidade deram um brado e retornaram para suas casas em paz. Também contaram à parentela deles e aos amigos sobre todo o bem que Emanuel prometera a Alma Humana.

— Amanhã — disseram —, Ele marchará para dentro de nossa cidade e Ele e Seus soldados passarão a habitar entre nós.

Todos, então, se apressaram às árvores verdejantes e aos prados para recolher ramos e flores a fim de espalhar nas ruas para a vinda de seu Príncipe, o Filho de Shaddai. Também fizeram guirlandas e outros belos arranjos para demonstrar quão jubilosos estavam — e deveriam estar — por receber seu Emanuel em Alma Humana. Sim, decoraram a rua desde o Portão Visão até o portão do castelo, o local onde o Príncipe se estabeleceria. Igualmente preparam para a Sua chegada a melhor música que podiam oferecer, para que fosse tocada diante dele no palácio, Sua habitação.

Assim sendo, no momento designado, Ele se aproximou de Alma Humana e os portões lhe foram abertos. Lá também os patriarcas e anciãos da cidade o encontraram e o saudaram com milhares de boas-vindas. Emanuel se levantou e adentrou pelo portão, Ele e Seus servos. Os anciãos da cidade o precediam com danças até que Ele chegou ao portão do castelo. E assim foi como Ele se dirigiu àquele local: vestia uma armadura de ouro e dirigia Sua carruagem real. As trombetas tocavam à Sua presença, Suas flâmulas eram exibidas e Seus dez mil soldados o seguiam de perto enquanto os anciãos da cidade dançavam diante dele. As muralhas da célebre Alma Humana estavam repletas de habitantes que

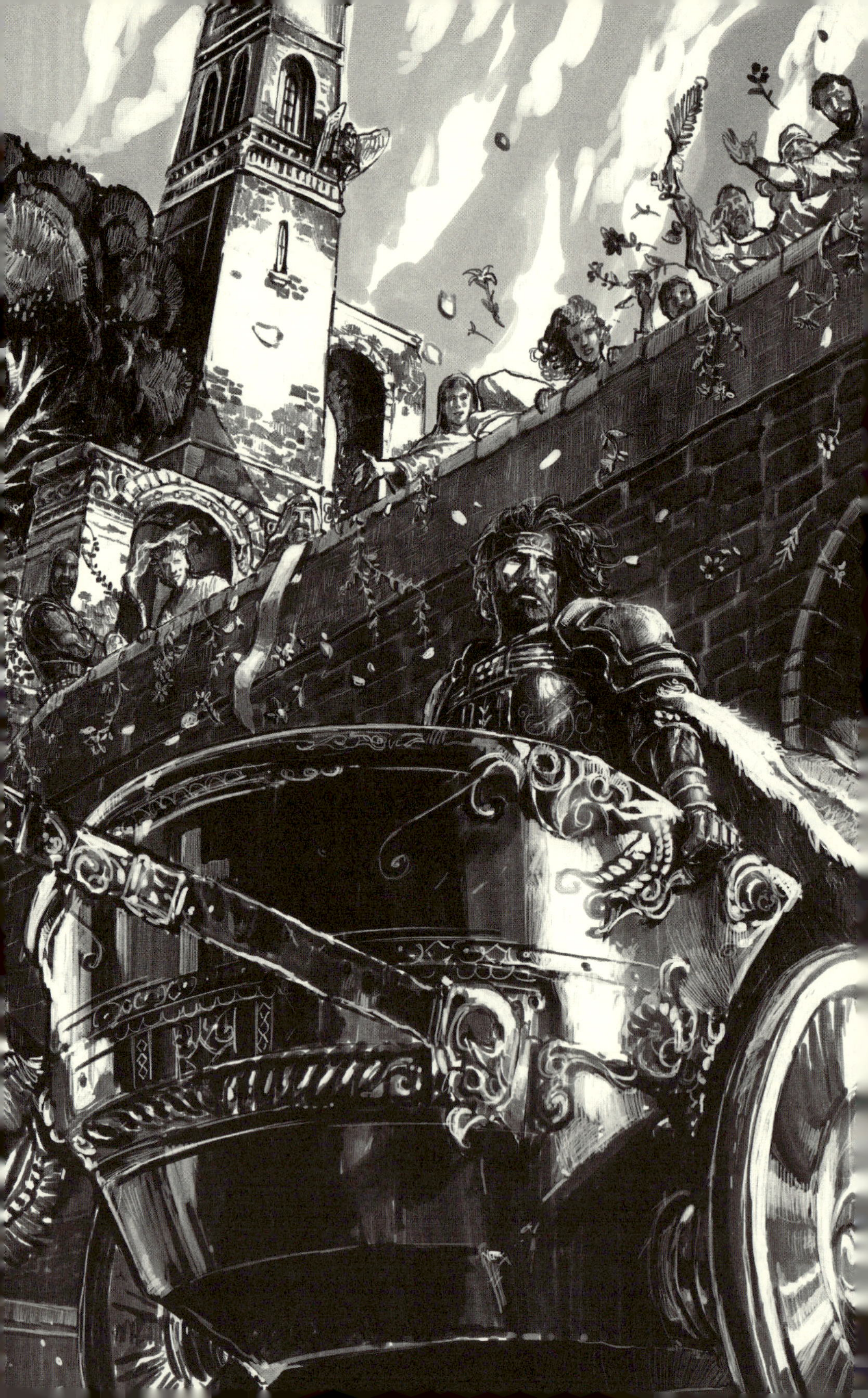

se atropelavam para ver a aproximação de seu bendito Príncipe e Seu exército real. Semelhantemente, todas as varandas, janelas, sacadas e telhados das casas estavam repletas de pessoas de todos os tipos para testemunhar como a cidade era preenchida pelo bem.

Quando o Príncipe chegou à altura da casa do Arquivista, ordenou que alguém fosse até o Capitão Confiança, para conferir se o castelo de Alma Humana estava preparado para receber Sua presença real (pois essa preparação fora deixada a encargo desse capitão). Foi confirmado que tudo estava pronto. A seguir, o Capitão Confiança ordenou que seu exército fosse ao encontro do Príncipe, o que foi feito como ele dissera. Ele, então, conduziu o Príncipe ao interior do castelo. Naquela noite, Emanuel se alojou no castelo com Seus corajosos capitães e homens de guerra, para a alegria de Alma Humana.

A próxima preocupação dos habitantes era sobre como aquartelar os capitães e os soldados do exército do Príncipe entre eles. E o cuidado não era sobre como deveriam fechar as mãos a eles, mas como poderiam abrir-lhes suas casas e enchê-las com eles, pois cada pessoa em Alma Humana agora estimava Emanuel e Seus soldados e não queriam que eles se entristecessem porque o povo não havia sido generoso o suficiente, cada um deles, ao receber todo o exército do Príncipe. Consideravam como sua glória estar à espera desse exército e naqueles dias os serviriam voluntariamente como seus lacaios. Por fim, chegaram a este resultado:

1. O Capitão Inculpável ficaria na casa do Sr. Razão.
2. O Capitão Paciência deveria ser aquartelado na casa do Sr. Mente. Este era o ex-serviçal do Lorde Arbítrio durante o tempo da rebelião.
3. Ficou estabelecido que o Capitão Caridade deveria ficar na casa do Sr. Afeição.
4. O Capitão Boa Esperança ficaria com o Lorde Alcaide. Agora, quanto à casa do Arquivista, este mesmo desejava — por ser ela próxima ao castelo e porque a ele fora ordenado pelo Príncipe que, se necessário, deveria soar o alarme a Alma Humana — que o Capitão Boanerges e o Capitão Convicção deveriam alojar-se com ele junto com todos os seus soldados.
5. Quanto aos capitães Julgamento e Execução, meu Lorde Arbítrio levou ambos e seus soldados à sua casa, uma vez que esse Lorde

deveria governar abaixo do Príncipe para o bem da cidade de Alma Humana, da mesma forma que fizera antes sob o tirano Diabolus, o que trouxe sofrimento e prejuízo.
6. Todo o restante dos exércitos de Emanuel ficou aquartelado por toda a cidade. Mas o Capitão Confiança e seus soldados permaneceram no castelo. Assim, o Príncipe, Seus capitães e Seus soldados foram alojados na cidade de Alma Humana.

Os patriarcas e anciãos da cidade pensavam que nunca tinham demais do Príncipe Emanuel: Sua pessoa, Suas ações, Suas palavras e comportamento eram abundantemente aprazíveis, seletos e muito desejáveis para eles. Por conseguinte, pediram-lhe que, embora o castelo de Alma Humana fosse o local de Sua residência (e eles desejassem que Ele vivesse lá para sempre), que Ele visitasse com frequência as ruas, casas e o povo da cidade. Diziam-lhe:

—Notável Soberano, Tua presença, Tua aparência, Teus sorrisos e Tuas palavras são vida, força e o sustentáculo da cidade de Alma Humana!

Além disso, ansiavam por ter acesso contínuo a Ele, sem dificuldade ou interrupção (por esse propósito, Ele ordenou que os portões deveriam permanecer abertos), para que pudessem ver a maneira de Suas obras, as fortificações do palácio e a mansão real do Príncipe. Quando Ele falava, todos se calavam e lhe davam atenção; quando Ele andava, eles tinham prazer em imitar-lhe os passos.

Depois de algum tempo, Emanuel promoveu um festejo para a cidade de Alma Humana. No dia marcado, os cidadãos deveriam ir ao castelo para tomar parte em Seu banquete. O Príncipe celebrou com eles com todos os tipos de iguarias estrangeiras — comidas que não eram cultivadas nos campos de Alma Humana, nem em todo o reino do Universo, pois provinham da corte de Seu Pai. Assim, prato após prato foram colocados diante deles e lhes era dito que comessem livremente. Ainda assim, quando um prato novo lhes era apresentado, eles sussurravam uns aos outros perguntando do que se tratava, uma vez que não sabiam como chamá-los. Semelhantemente, bebiam da água que fora transformada em vinho e alegraram-se muito com Ele. Havia música todo o tempo em que estavam à mesa alimentando-se da comida dos anjos e do mel retirado da rocha. Desse modo, Alma Humana ingeria alimentos peculiares à corte até ficarem satisfeitos.

Não posso me esquecer de lhes contar que os músicos que estavam à mesa não eram daquele país, tampouco da cidade de Alma Humana, mas eram mestres de música das canções que eram entoadas na corte de Shaddai.

Logo que o banquete terminou, Emanuel entreteve a cidade com alguns enigmas curiosos[2] sobre segredos elaborados pelo secretário de Seu Pai, por meio da habilidade e sabedoria de Shaddai, os quais não têm semelhança em qualquer outro reino. Esses enigmas eram formulados sobre o próprio Rei Shaddai e Emanuel, Seu Filho, e sobre Suas guerras e feitos em Alma Humana.

O próprio Emanuel também expôs alguns desses enigmas.[3] E como o povo de Alma Humana foi iluminado! Viram o que jamais haviam visto; jamais podiam imaginar que tais preciosidades pudessem estar ocultas em tão poucas e comuns palavras. Eu já lhes contei sobre quem esses mistérios tratavam; à medida em que iam sendo revelados, o povo percebia que assim era. Entenderam que aquelas coisas eram como uma figura do próprio Emanuel[4], pois, quando leram na forma em que os enigmas foram escritos e olharam na face do Príncipe, tudo pareceu muito semelhante, de modo que Alma Humana não poderia deixar de dizer:

—Ele é o Cordeiro! Ele é o sacrifício! Ele é a rocha! Ele é a novilha vermelha! Ele é a porta! E Ele é o caminho! — além de muitas outras coisas.

Depois disso, Emanuel dispensou a cidade de Alma Humana da celebração. Mas vocês conseguem imaginar como aquela sociedade ficou extasiada com aquele acolhimento? Ficaram tomados de júbilo e mergulhados em maravilhamento enquanto contemplavam, compreendiam e ponderavam sobre como Emanuel os recebeu e sobre os mistérios que Ele lhes revelou. Quando estavam em casa e em seu lugar de repouso, não podiam se conter em cantar sobre Ele e Suas ações. Sim, tão admirados estavam agora com seu Príncipe que cantavam sobre Ele até enquanto dormiam.

---

[2] Paulo chama de "mistério" em Efésios 2 e 3, que ficou oculto na primeira Aliança e foi revelado em Cristo.

[3] Uma alusão ao encontro de Jesus com os discípulos a caminho de Emaús (Lucas 24:13-35).

[4] Para entender melhor a relação entre as histórias e leis do Antigo Testamento com Cristo, recomenda-se a leitura de Hebreus 9 e 10.

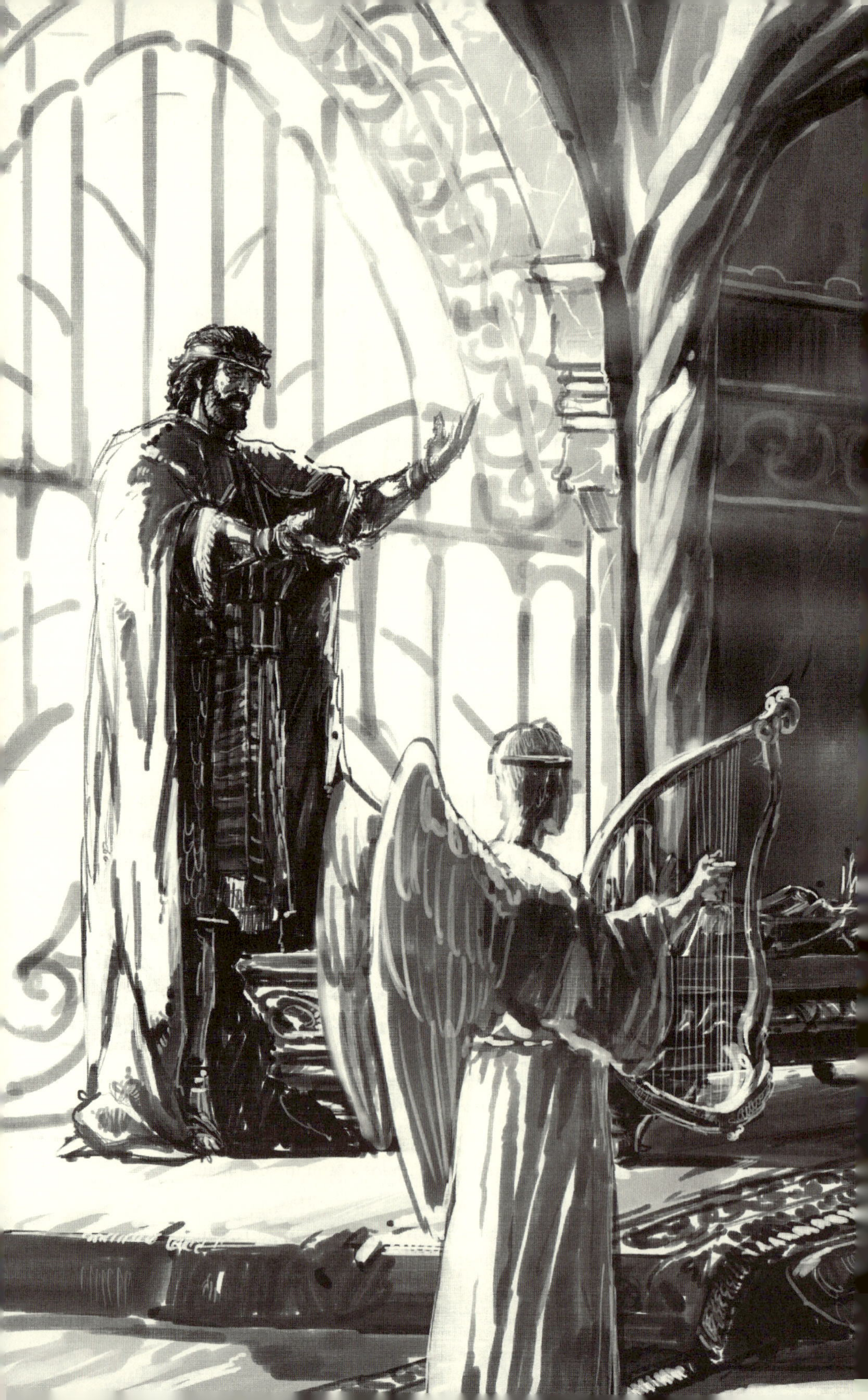

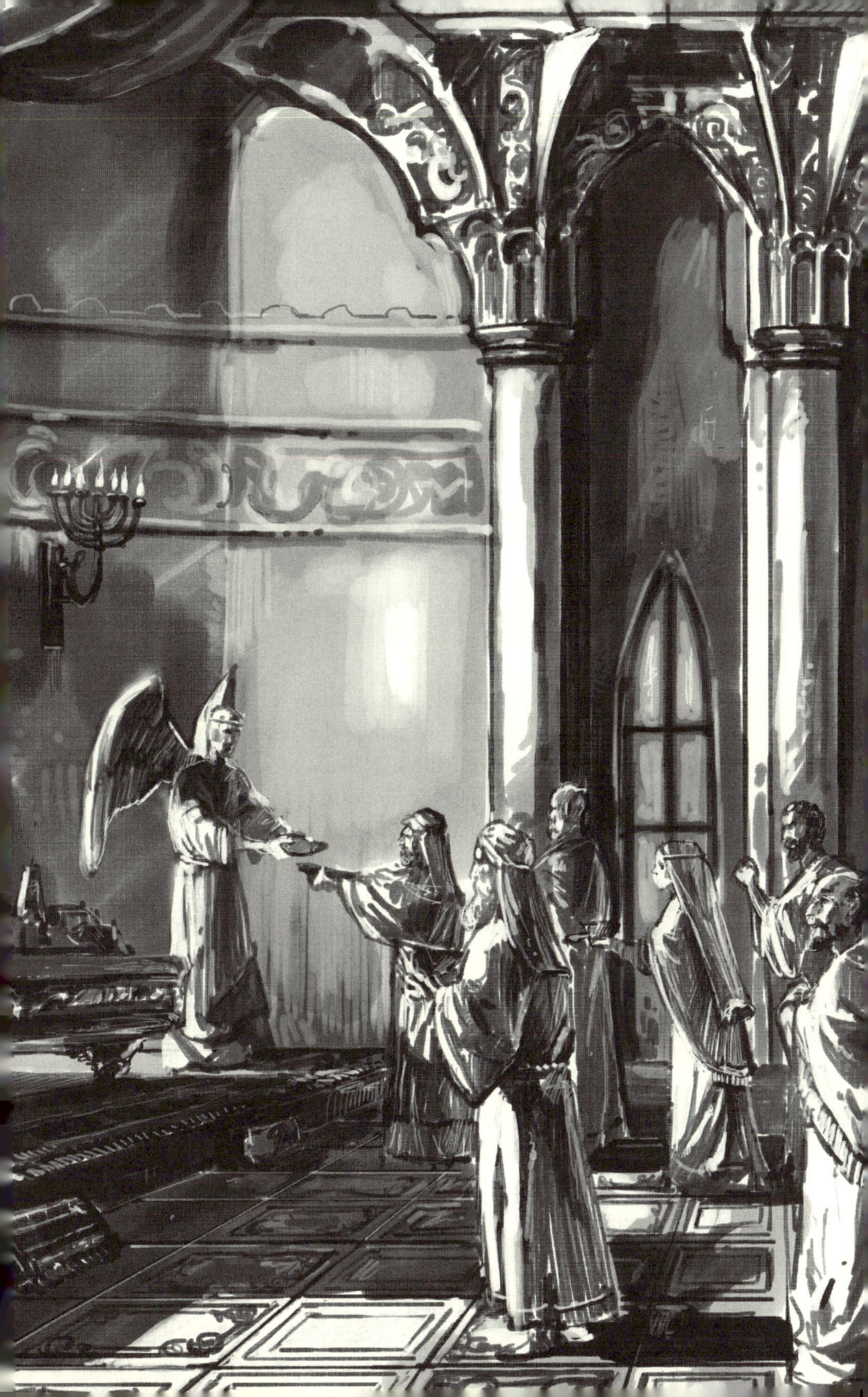

Agora era desejo do Príncipe remodelar a cidade de Alma Humana e colocá-la em condições que o agradassem mais e que fossem mais adequadas para o benefício e segurança da próspera cidade. Também tomou medidas contra insurreições internas e invasões externas como resultado de Seu grande amor pela célebre Alma Humana.

Dessa forma, primeiramente ordenou que as grandes catapultas, que haviam sido trazidas da corte de Seu Pai quando Ele veio à guerra contra a cidade, deveriam ser montadas, algumas sobre as ameias[5] do castelo; outras, sobre as torres, pois havia torres que foram recém-construídas por Emanuel em Alma Humana desde que Ele viera nela morar. Havia também um armamento, inventado por Emanuel, que atirava pedras a partir do castelo de Alma Humana, em direção ao Portão Paladar. Este não poderia ser resistido — não que ele pudesse falhar em sua execução. Portanto por causa das maravilhosas façanhas que esse instrumento realizava quando usado, ele permaneceu sem ter um nome. E foi delegado aos cuidados e à administração do valente Capitão Confiança em caso de guerra.

Feito isso, Emanuel chamou o Lorde Arbítrio à Sua presença e lhe deu ordens de cuidar dos portões, da muralha e das torres de Alma Humana. Também entregou o exército a seu cuidado, com a responsabilidade de deter todas as insurreições e tumultos que poderiam acontecer em Alma Humana contra a paz de nosso Senhor, o Rei, e a paz e a tranquilidade da cidade. Semelhantemente, deu-lhe a comissão de que se encontrasse qualquer dos diabolinianos espreitando pelas esquinas da afamada cidade, deveria capturá-los imediatamente e prendê-los, ou colocá-los sob custódia segura, para que fossem processados de acordo com a lei.

Depois, chamou a si o Lorde Entendimento, o antigo Lorde Alcaide que fora deposto quando Diabolus tomou a cidade, e devolveu-lhe o cargo, tornando-se essa a sua posição por toda a sua vida. Emanuel também lhe ordenou que construísse para si um palácio perto do Portão Visão e que fosse construído nos moldes de uma torre de defesa. Igualmente, estipulou que ele lesse a Revelação dos Mistérios todos os dias de sua vida, para que soubesse como desempenhar suas funções corretamente.

---

[5] Cada um dos parapeitos separados regularmente por merlões na parte superior das muralhas de fortalezas e castelos; recorte no cimo de muralha ou torre (Houaiss, 2009).

Nomeou o Sr. Conhecimento como o Arquivista, não porque desprezasse o Sr. Consciência, antigo Arquivista, mas porque Ele tinha em Sua mente principesca conferir ao Sr. Consciência outra função, sobre a qual Ele avisou ao velho cavalheiro que lhe falaria mais tarde.

Ordenou que a imagem de Diabolus fosse retirada do lugar em que fora colocada e que a destruíssem completamente, transformando-a em poeira e jogando-a ao vento do lado de fora das muralhas. E que a imagem de Shaddai, Seu Pai, fosse erigida juntamente com a Sua própria sobre os muros do castelo, devendo esculpi-la ainda mais formosa do que antes, uma vez que Seu Pai e Ele próprio vieram a Alma Humana em graça e misericórdia ainda maior do que no princípio. Também disse que Seu nome deveria ser gravado com belas letras sobre o frontal da cidade, fazendo-o com ouro da melhor qualidade, para a honra da cidade.

Após tudo isso, Emanuel emitiu um comando para que os três grandes diabolinianos fossem capturados, a saber: os dois últimos lordes alcaides — o Sr. Incredulidade e o Sr. Cobiça — e o Sr. Esqueça o Bem, que fora arquivista. Além desses, havia outros dentre aqueles que Diabolus fizera burgueses e duques em Alma Humana, que foram levados sob a custódia do agora valente e nobre Lorde Arbítrio, o intrépido.

Estes eram os seus nomes: Duque Ateísmo, Duque Coração Empedernido e Duque Falsa Paz. Os burgueses eram: Sr. Não à Verdade, Sr. Inclemente e Sr. Pedantismo, com os seus comparsas. Esses foram conduzidos em custódia fechada, e o nome de seu carcereiro era Sr. Fiel. Esse homem era um daqueles que Emanuel trouxe consigo da corte do Pai quando ele inicialmente declarou guerra contra Diabolus na cidade de Alma Humana.

Terminado isso, o Príncipe ordenou que as três fortalezas construídas em Alma Humana por ordem de Diabolus fossem totalmente demolidas. Essas são aquelas fortalezas e seus nomes, sobre as quais vocês leram em capítulos anteriores. No entanto, isso levou tempo para ser feito por causa da amplitude desses lugares e porque as pedras, as madeiras, o ferro e todo o entulho deveriam ser carregados para fora da cidade.

Quando essas coisas foram concluídas, o Príncipe mandou que o Lorde Alcaide e os duques de Alma Humana convocassem a corte judicial para o julgamento e execução dos diabolinianos que restavam na cidade e que estavam sob a responsabilidade do Sr. Fiel, o carcereiro.

CAPÍTULO 8

Chegado o momento certo e a preparada corte judicial, foi enviada uma ordem ao Sr. Fiel, o carcereiro, para trazer os prisioneiros para o tribunal. Eles foram então manietados e acorrentados juntos, conforme o costume de Alma Humana. Quando se apresentaram diante do Lorde Alcaide, do Arquivista e dos demais honráveis magistrados, o júri foi escolhido e as testemunhas fizeram seu juramento. O painel de jurados era composto por: Sr. Credulidade, Sr. Sinceridade, Sr. Justo, Sr. Ódio ao Mal, Sr. Amor a Deus, Sr. Ver a Verdade, Sr. Mente Celestial, Sr. Moderação, Sr. Gratidão, Sr. Trabalho Honesto, Sr. Zelo por Deus, Sr. Humildade.

Os nomes das testemunhas eram: Sr. Vasto Conhecimento, Sr. Dizer a Verdade, Sr. Ódio à Mentira, além do Lorde Arbítrio e seu assistente, caso fosse necessário.

O Sr. Fazer o Certo (que era o escrivão da cidade) disse:

—Leve o Ateísmo ao banco dos réus, carcereiro.

Quando o prisioneiro lá chegou, o escriturário continuou:

—Ateísmo, levante sua mão. Você é indiciado pelo nome de Ateísmo (um intruso na cidade de Alma Humana) porque tem ensinado e sustentado, de forma perniciosa e tola, que não há Deus e que não se deve dar atenção à religião. Isso você tem feito em contraposição ao ser, honra e glória do Rei e contra a paz e segurança da cidade de Alma Humana. O que tem a dizer? É culpado ou não dessas acusações?

—Inocente! — disse Ateísmo.

—Convoquem os senhores Vasto Conhecimento, Dizer a Verdade e Ódio à Mentira à corte —, disse o meirinho.

Estes vieram assim que chamados. Então disse-lhes o escrivão:

—Vocês, testemunhas do Rei, olhem o prisioneiro no banco dos réus. Reconhecem-no?

—Sim, meu senhor, nós o conhecemos —, falou Vasto Conhecimento. —Seu nome é Ateísmo e ele foi uma pessoa muito nociva por muitos anos na deplorável cidade de Alma Humana.

—Você tem certeza de que o conhece? — indagou o escrivão.

—Sim, meu senhor, eu o conheço. Estive na companhia dele até há pouco tempo, para que agora pudesse ignorar sua existência. Ele é um diaboliniano, filho de um diaboliniano. Conheci seu avô e seu pai.

—Muito bem! — disse o escrivão. —Ele está aqui indiciado pelo nome de Ateísmo e é acusado por ter sustentado e ensinado que não há Deus e, consequentemente, não ser necessário que se atente à religião. O que vocês têm a dizer, testemunhas do Rei, sobre isso? Ele é culpado ou não?

—Meu senhor, ele e eu já estivemos juntos na rua Vilania. Naquela ocasião, ele ativamente conversava sobre diversos assuntos, e lá eu o ouvi falar que, de sua parte, ele acreditava não haver Deus. Mas disse que ele até poderia professar um Deus e ser religioso também se as pessoas em cuja companhia estivesse e as circunstâncias exigissem.

—Você tem certeza de que o ouviu dizer isso?

—Juro que o ouvi dizer exatamente isso.

Disse, então, o escrivão:

—Sr. Dizer a Verdade, o que você tem a dizer aos juízes do Rei com relação ao prisioneiro no banco dos réus?

—Meu senhor, antigamente eu era um dos grandes companheiros dele, algo de que me arrependo. Frequentemente o ouvi dizer, com grande obstinação, que não cria que há Deus, anjos ou espíritos.

—Onde você o ouviu falar assim?

—Na avenida do Difamador, na rua do Blasfemador e em muitos outros lugares naqueles arredores.

—Você tem mais algum conhecimento acerca dele?

—Sei que ele é um diaboliniano, filho de um diaboliniano e um homem terrível por negar a Divindade. O nome do pai dele era Nunca Ser Bom, e ele teve mais filhos além de Ateísmo. Não tenho mais o que acrescentar.

—Sr. Ódio à Mentira, olhe para o prisioneiro que está sendo interrogado. Você o conhece?

—Meu senhor, esse Ateísmo é um dos mais vis miseráveis dos quais já estive por perto, ou com quem tive que tratar em toda a minha vida. Já o ouvi dizer que Deus não existe. Também que não há mundo porvir, nem pecado ou punição futura. Acima de tudo, eu o ouvi dizer que ir a um bordel era tão proveitoso quanto ouvir um sermão.

—Onde você o ouviu dizer essas coisas?

—Na rua Embriaguez, no final da avenida Malandragem, na casa onde vivia o Sr. Impiedade.

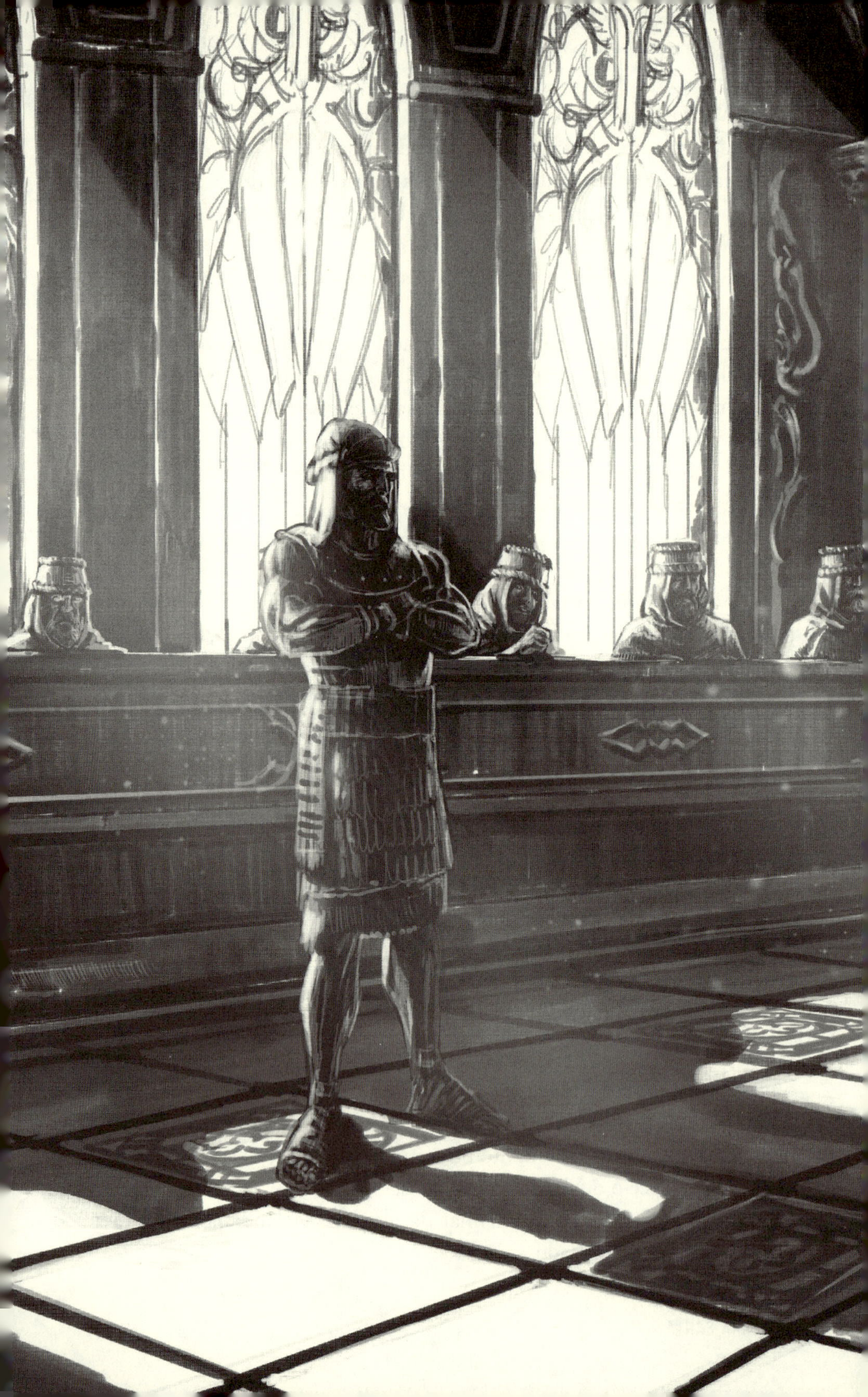

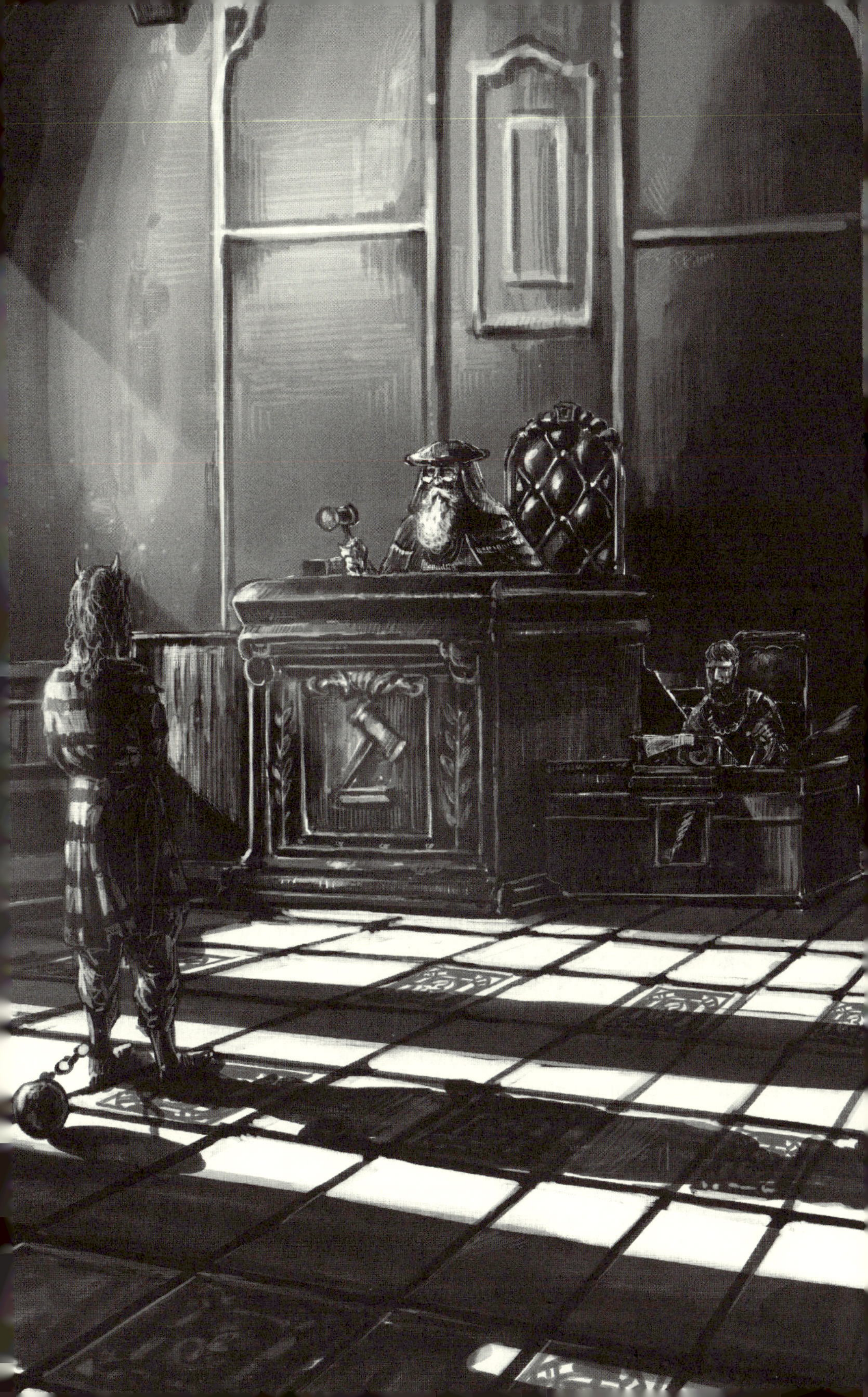

—Pode levá-lo, carcereiro, e traga o Sr. Cobiça. Sr. Cobiça, você está sendo indiciado sob o nome Cobiça (um intruso na cidade de Alma Humana) porque, de forma demoníaca e traiçoeira, afirma, por prática e palavras imundas, que é legítimo que o homem dê vazão aos seus desejos carnais. E que você, de sua parte, não se nega e nem jamais se negará a qualquer prazer pecaminoso enquanto seu nome for Cobiça. O que você tem a dizer? É ou não culpado dessas acusações?

—Meu senhor, sou um homem de alta estirpe e estou acostumado a prazeres e passatempos de grandeza. Não me censuro, tampouco admitirei ser censurado por meus feitos, mas fui permitido seguir meus desejos como estava naquela lei. Parece-me estranho que eu, neste dia, deva ser questionado a respeito daquilo que não apenas eu, mas quase todos os homens, quer secreta ou abertamente, amam e aprovam.

—Senhor, não estamos tratando de sua grandeza (embora quanto mais alta sua posição, melhor você deveria ter sido), mas estamos lidando, e você, de igual modo, com seu indiciamento. O que você diz? É ou não culpado?

—Não sou culpado!

—Meirinho, convoque as testemunhas para se apresentarem e trazerem suas evidências.

—Senhor Vasto Conhecimento, — disse o meirinho —olhe para o prisioneiro no interrogatório. Você o conhece?

—Sim, meu senhor, eu o conheço.

—Qual o nome dele? — perguntou o escrivão.

—O nome dele é Cobiça. Ele é filho de um tal Bestial, e a sua mãe o gerou na Rua Carnalidade. Ela era filha de uma tal Concupiscência Maligna. Conheço toda a família deles.

—Bem colocado! Você ouviu o indiciamento, o que diz a respeito? Ele é culpado das coisas que lhe são apresentadas como acusação, ou não?

—Meu senhor, como ele mesmo disse, ele é um homem de grandeza, sem dúvida, e mil vezes maior em maldade do que em linhagem.

—Mas o que você sabe acerca de suas ações específicas e especialmente com referências ao indiciamento dele?

—Sei que ele é um praguejador, mentiroso e que infringe a lei do *Shabbat*. Sei que é fornicador e uma pessoa impura. Tenho certeza de que é culpado de uma abundância de males. Até onde sei, é um homem imundo.

—Mas onde ele costumava cometer suas perversidades? Em alguma esquina secreta ou mais aberta e desavergonhadamente?

—Por toda a cidade, meu senhor.

—Aproxime-se, senhor Dizer a Verdade. O que você tem a dizer em prol de nosso Senhor, o Rei, contra o prisioneiro no banco dos réus?

—Meu senhor, sei ser verdadeiro tudo o que a primeira testemunha disse, e muito mais além disso.

—Sr. Cobiça, você ouviu o que disseram esses cavalheiros?

Respondeu o Sr. Cobiça:

—Eu sempre tive a opinião de que a vida mais feliz que alguém pode ter neste mundo é não se refrear de qualquer coisa que deseje. Em nenhum momento fui inconsistente com essa minha opinião, mas todos os meus dias vivi amando essa minha forma de pensar. Tampouco fui rude em não a recomendar para outros, depois de ter encontrado nela tanta doçura.

Ao ouvi-lo, disseram os da corte:

—Da boca deste homem já procedeu o suficiente para que o condenemos sumariamente. Portanto, leve-o, senhor carcereiro, e traga o Sr. Incredulidade ao interrogatório.

O Sr. Incredulidade foi trazido ao tribunal.

—Sr. Incredulidade, você é indiciado sob o nome de Incredulidade (um intruso em Alma Humana) porque, no tempo em que você era um oficial na cidade, atacou, de maneira criminosa e perversa, os capitães do grande Rei Shaddai quando eles vieram e exigiram a posse de Alma Humana. Sim, você desafiou o nome, o exército e a causa do Rei e, como Diabolus, seu capitão, você incitou e encorajou a cidade de Alma Humana a se opor e a resistir ao mencionado exército do Rei. O que você diz acerca de seu indiciamento? Declara-se culpado ou não?

—Não conheço Shaddai. Eu amo o meu antigo príncipe —, disse Incredulidade. —Achei que era meu dever ser fiel às minhas crenças e fazer o que pudesse para possuir a mente da população de Alma Humana para que fizessem o máximo, a fim de resistir aos estrangeiros e forasteiros e de lutar com empenho contra eles. Não mudei e não mudarei a minha opinião por receio de sofrimento, embora, presentemente, vocês estejam na posição de poder.

À vista disso, declararam os membros da corte:

—Esse homem, como vocês veem, é incorrigível. Ele é a favor de manter sua vilania pela intrepidez da palavra e sua rebelião, com impudente[1] confiança. Assim sendo, pode levá-lo, carcereiro, e traga o Sr. Esqueça o Bem ao interrogatório.

Sendo trazido o acusado, o escrivão se dirigiu a ele:

—Sr. Esqueça o Bem, você está sendo indiciado sob o nome de Esqueça o Bem (um intruso em Alma Humana), pois, quando tinha em suas mãos os assuntos de Alma Humana, você esqueceu de servir-lhes no que era bom e se aliou ao tirano Diabolus contra Shaddai, o Rei, contra Seus capitães e todo o Seu exército, para a desonra de Shaddai, a quebra de Sua lei, trazendo o perigo de destruição da célebre cidade de Alma Humana. O que você diz desse indiciamento? Declara-se culpado ou inocente?

—Cavalheiros, e, neste momento, meus juízes, — falou Esqueça o Bem — com relação ao indiciamento pelo qual sou acusado de vários crimes diante de vocês, atribuo-os ao esquecimento, característico de minha idade, e não à minha disposição; à loucura do meu cérebro, e não à imprudência de minha mente. Assim, espero ser perdoado, por sua caridade, da grande punição, embora eu seja culpado.

—Esqueça o Bem, Esqueça o Bem — declarou a corte —, seu esquecimento do bem não foi simplesmente por alguma fragilidade, mas proposital, e porque você detestava manter pensamentos virtuosos em sua mente. Você conseguia reter o que era mal, porém não suportava pensar no bem. Você está usando sua idade e sua pretensa loucura para ludibriar esta corte, e como uma capa para cobrir sua desonestidade. Contudo, ouçamos o que têm a dizer as testemunhas em favor do Rei e contra o prisioneiro no banco dos réus. Ele é ou não culpado dessa acusação?

—Meu senhor, eu já ouvi esse Esqueça o Bem dizer que ele jamais poderia suportar pensar no bem, nem mesmo por 15 minutos — disse o Sr. Ódio à Mentira.

—Onde você o ouviu dizer essas coisas? — perguntou o escrivão.

---

[1] Despudorado (sem pudor), degenerado, descarado, desvergonhado, imoral, indecoroso, libidinoso, obsceno, sem-vergonha. (*Dicionário Houaiss de sinônimos e Antônimos*, 2003, p. 370).

JUIZ

—Na avenida De Todo o Modo, numa casa que ficava próxima à placa Consciência Cauterizada.

—Sr. Vasto Conhecimento, o que você pode dizer em favor de nosso Rei e contra o prisioneiro no interrogatório?

—Meu senhor, conheço bem esse homem. Ele é um diaboliniano, filho de um diaboliniano. O nome do pai dele era Sem Amor. Conforme muitas vezes o ouvi dizer, para ele, o simples considerar a bondade era a coisa mais tediosa do mundo.

—Onde você o ouviu dizer essas coisas?

—Na avenida Carnalidade, logo em frente à igreja.

—Senhor Dizer a Verdade, aproxime-se e traga suas evidências com relação ao prisioneiro no banco dos réus sobre o porquê de ele estar aqui sendo indiciado nesta honrável corte, como o senhor o vê — disse o escrivão.

—Meu senhor, muitas vezes ouvi esse homem dizer que ele preferiria a coisa mais vil do que aquilo que está nas Escrituras Sagradas.

—Onde você o ouviu fazer essas repugnantes afirmações?

—Onde? Em muitos lugares, especialmente na rua Nauseante, na casa de um tal Sem Vergonha e na avenida Imundície, perto do letreiro Réprobo, ao lado de Descida ao Abismo.

—Cavalheiros, — disseram os membros da corte — vocês ouviram as acusações, as alegações dele e o depoimento das testemunhas. Carcereiro, traga o Sr. Coração Empedernido ao tribunal.

Após trazerem-no para dentro do tribunal, o escrivão procedeu:

—Sr. Coração Empedernido, você é indiciado sob o nome de Coração Empedernido (um intruso em Alma Humana), pois, de modo acirrado e perverso, contaminou a cidade com impenitência e obstinação. E assim, impediu-os de sentir remorso e arrependimento por seus males durante todo o tempo da apostasia deles e de rebelião contra o bendito Rei Shaddai. Como você se declara em relação a essas acusações? Culpado ou inocente?

—Meu senhor, em toda a minha vida, eu nunca soube o que é remorso ou arrependimento. Sou inexpugnável. Não me preocupo com homem algum, nem posso ser atingido com o pesar dos homens. Os gemidos deles não chegam ao meu coração. Prejudicar ou fazer o mal a quem quer que seja é música para mim, ao passo que para os outros é razão de lamento.

—Vocês podem ver que esse homem é um verdadeiro diaboliniano, — disse a corte — e acabou de se condenar. Leve-o, carcereiro, e traga o Sr. Falsa Paz para este lugar.

Quando o prisioneiro se assentou no banco dos réus, o escrivão lhe disse:

—Sr. Falsa Paz, você é indiciado pelo nome de Falsa Paz (um intruso na cidade de Alma Humana). Você, de forma extremamente perversa e satânica, levou a cidade à apostasia e à rebelião infernal, e assim a manteve, ao oferecer-lhe uma paz enganosa, sem fundamento e temerária e uma segurança prejudicial. Tudo isso para a desonra do Rei, para a transgressão de Sua lei e para grande ruína de Alma Humana. Você se declara culpado ou inocente?

—Cavalheiros e todos que agora são nomeados meus juízes, eu reconheço meu nome como Sr. Paz, mas nego veementemente que seja Sr. Falsa Paz. Se Vossas Excelências, por gentileza, convocarem qualquer um que me conheça intimamente, ou à parteira que ajudou minha mãe a me dar à luz, ou investigar os meus padrinhos de batismo, qualquer um deles ou todos eles provarão que meu nome não é Falsa Paz, mas Paz. Portanto, não posso contestar esse indiciamento, uma vez que meu nome não foi incluído nele. E quem eu sou de fato é semelhante ao meu nome verdadeiro. Sempre fui um homem que aprecia viver em calmaria, e isso que eu mesmo amo achei que os outros também pudessem amar. Assim sendo, sempre que vi um de meus vizinhos lutando com a inquietude mental, propus-me a ajudá-los da forma como eu pudesse. E muitos poderiam dar exemplos dessa minha boa disposição, pois,

"1. quando de início nossa cidade de Alma Humana renegou os caminhos de Shaddai, alguns deles, em seguida, começaram a ter reflexões inquietantes sobre si mesmos por causa do que haviam feito. Portanto eu, como alguém que se perturbava em vê-los tão agitados, logo busquei meios de seraná-los novamente.

"2. Quando os modos do antigo mundo e de Sodoma estavam em voga, se acontecesse qualquer coisa para molestar aqueles que eram favoráveis aos tais modos, eu me esforçava para trazer-lhes a paz de novo e para fazê-los agir sem inquietação.

LORDE ARBÍTRIO

"3. Para falar do que me é mais próximo: quando as guerras entre Shaddai e Diabolus sobrevieram, em qualquer momento que eu visse a cidade de Alma Humana temerosa da destruição, eu costumava me empenhar, por algum meio, artifício, invenção ou qualquer outra coisa, para lhes trazer a paz de novo. Logo, já que eu sempre fui um homem de temperamento tão virtuoso, como alguns definem o pacificador, e se o pacificador é alguém tão digno quanto alguns ousam dizer, que eu seja considerado por vocês, que têm a grande fama de justiça e equidade em Alma Humana, como alguém não merecedor desse tratamento desumano, mas de liberdade e autorizado para buscar vingança contra os que me acusam."

Disse, então, o escrivão ao meirinho:

—Meirinho, faça uma declaração pública.

—Ah, sim! — disse o meirinho — Pelo fato de o prisioneiro, no interrogatório, negar que seu nome seja o que foi mencionado no indiciamento, a corte requer que, se houver qualquer pessoa nesse tribunal que possa informar a corte sobre o nome original e correto do prisioneiro, que venha à frente e apresente sua evidência, uma vez que o prisioneiro afirma inocência.

Vieram duas pessoas ao tribunal e desejaram poder falar o que sabiam em relação ao acusado assentado no banco dos réus. O nome de um deles era Buscar a Verdade e o do outro, Atestar a Verdade. Assim, a corte questionou esses homens se eles conheciam o prisioneiro e o que poderiam dizer com relação a ele, pois ele afirmava a sua própria defesa.

—Meu senhor, eu... — começou o Sr. Buscar a Verdade, mas foi logo interrompido.

—Um momento! Ele precisa fazer o juramento — disseram os membros da corte.

Cumprida essa formalidade, o Sr. Buscar a Verdade procedeu:

—Meu senhor, conheço esse homem desde a infância e posso atestar que seu nome é Falsa Paz. Conheço seu pai cujo nome era Sr. Bajulação, e o nome de sua mãe, antes de se casar, era Sra. Atenuação. Não havia passado muito tempo depois que esses dois se uniram e tiveram seu filho. Quando ele nasceu, eles lhe deram o nome de Falsa Paz. Eu costumava brincar com ele, mesmo que eu fosse um pouco mais velho. Quando a mãe dele o chamava para dentro, ela costumava dizer: "Falsa Paz, Falsa Paz, venha para dentro agora ou eu vou te pegar". Eu o conheci enquanto ele ainda mamava e, embora eu fosse novinho ainda, posso lembrar que, quando a mãe dele se assentava à porta tendo-o em seus braços, ou brincava com ele, dizia 20 vezes: "Meu pequeno Falsa Paz! Meu lindo Falsa Paz!" e "Meu doce moleque Falsa Paz" e, de novo: "Ó meu bonequinho Falsa Paz!" e, também: "Como amo meu filho!". Os padrinhos dele também sabem que isso é verdade, embora ele tenha a insolência de o negar nesta corte aberta.

Após esse testemunho, o Sr. Atestar a Verdade foi convocado para prestar depoimento sobre se o conhecia. Após seu juramento, ele iniciou seu discurso:

—Meu senhor, tudo o que a testemunha anterior afirmou é verdade. O nome dele é Falsa Paz, filho do Sr. Bajulação e da Sra. Atenuação. Em tempos passados, eu o vi irritado com qualquer um que o chamasse de outra coisa que não Falsa Paz, pois dizia que todos que o faziam zombavam dele e o apelidavam. Porém isso era quando o Sr. Falsa Paz era importante e quando os diabolinianos eram os valentes em Alma Humana.

A corte se pronunciou, então:

—Cavalheiros, vocês ouviram o que esses dois homens juraram contra o prisioneiro no banco dos réus. E agora, Sr. Falsa Paz, nós lhe dizemos: você negou que seu nome fosse Falsa Paz, e vê esses dois homens honestos que juraram que esse é seu nome. Quanto à sua contestação, no sentido de que está ileso do motivo de seu indiciamento, você não é, através deste, acusado de fazer o errado por ser um homem de paz ou um pacificador entre seus irmãos. Mas porque, de forma perversa e satânica, conduziu e manteve Alma Humana em apostasia e rebelião contra o Rei, por meio de uma paz falsa, mentirosa e prejudicial, contrária à Lei de Shaddai e para o perigo da destruição da então miserável cidade. Toda sua contestação baseia-se em ter negado seu nome etc., contudo, veja bem, nós pudemos testemunhar a prova de que você é a pessoa acusada. Saiba que a paz, da qual você se jacta ter trazido sobre seus vizinhos, não é acompanhada pela verdade e pela santidade e é fraudulenta e danosa, como o próprio Shaddai afirma. Portanto, sua contestação não o livrará daquilo que, por meio desse indiciamento, você é acusado. Antes, apressará contra você o que de direito. Porém, seremos justos. Convocaremos as testemunhas que atestarão o fato e veremos o que dirão em favor de nosso Senhor Rei e contra o prisioneiro no banco dos réus.

—Senhor Vasto Conhecimento, o que você tem a dizer em prol de nosso Senhor e Rei contra esse prisioneiro no banco dos réus? — indagou o escrivão.

—Meu senhor, esse homem há muito tempo, de acordo com o que sei, assumiu para si a função de manter a cidade de Alma Humana em uma pecaminosa calma em meio à sua lascívia, imundície e perturbação. Ouvi-o dizer: "Vamos, vamos fugir de todos os problemas, independentemente de qual for a sua origem, e vivamos uma vida calma e pacífica", embora lhe faltasse um bom embasamento para isso.

—Venha, Sr. Ódio à Mentira, o que você tem a dizer?

—Meu senhor, eu o ouvi dizer que a paz, mesmo que no caminho da iniquidade, é melhor do que os problemas que a verdade traz.

—Onde você o ouviu dizer isso?

—Ouvi-o dizer isso no Jardim da Insensatez, na casa de um tal Sr. Simplório, ao lado letreiro do Autoengano. Sim, que eu o saiba, ele o disse umas 20 vezes naquele lugar.

—Podemos poupar as demais testemunhas. Essa evidência é direta e completa. Leve-o consigo, carcereiro, e traga o Sr. Inverdade ao interrogatório — disse o escrivão que prosseguiu:

—Senhor Inverdade, você é indiciado pelo nome de Inverdade (um intruso em Alma Humana), pois você sempre se propôs a desfigurar e sumariamente destruir todo o remanescente da lei e da imagem de Shaddai que se encontrava em Alma Humana depois de ela apostatar de seu Rei para Diabolus, aquele tirano invejoso, e isso para a desonra de Shaddai e para o perigo da destruição cabal da cidade. O que você tem a dizer sobre isso? Você é culpado neste indiciamento ou não?

—Inocente, meu senhor!

Foram, então, convocadas as testemunhas, e o primeiro a oferecer evidências contra ele foi o Sr. Vasto Conhecimento.

—Meu senhor, este homem estava presente na demolição da imagem de Shaddai. Sim, ele o fez com as próprias mãos. Eu mesmo estava próximo e o vi fazê-lo. E isso foi feito sob ordens de Diabolus. Sim, esse Sr. Inverdade fez ainda mais que isso: ele também levantou a imagem chifruda da besta Diabolus em seu lugar. Ele também é aquele que, sob comando de Diabolus, rasgou, despedaçou e queimou todo o remanescente da lei do Rei, em tudo o que podia colocar suas mãos na cidade.

—Quem, além de você, viu o Sr. Inverdade fazendo essas coisas?

O Sr. Ódio à Mentira então declarou:

—Eu o vi. E, além de mim, muitos outros também o testemunharam, pois isso não foi praticado furtivamente ou em um canto, mas à vista de todos. Sim, ele escolheu fazê-lo publicamente, uma vez que se deleitava nessa destruição.

—Sr. Inverdade, como tem a coragem de negar sua culpa, quando é, de forma tão manifesta, o realizador de toda essa perversidade? — indagou o escrivão.

—Não! Senhor, achei que devia falar algo e falei em conformidade com o meu nome. Levei a vantagem com isso antes deste momento, e não sabia que ao não dizer a verdade eu não colheria o mesmo benefício agora.

—Pode levá-lo, carcereiro, e traga o Sr. Inclemente ao interrogatório — disse o escrivão.

—Senhor Inclemente, você é indiciado pelo nome de Inclemente (um intruso em Alma Humana) porque você, de modo traiçoeiro e perverso, impediu todas as entranhas de misericórdia[2] e não permitiu que a pobre Alma Humana sentisse pesar pela própria miséria quando ela apostatou de seu legítimo Rei. Ao contrário, evadiu e sempre desviou a mente deles dos pensamentos que tendiam a levá-los ao arrependimento. O que você diz sobre esse indiciamento? Você é culpado ou inocente?

—Sou inocente de inclemência. Tudo o que fiz foi para animar, de acordo com meu nome, que não é Inclemente, mas Animador. E eu não podia suportar ver Alma Humana inclinada à melancolia.

—Como assim? Você nega seu nome dizendo que não é Inclemente, mas Animador? Testemunhas, o que vocês têm a dizer com relação a essa alegação?

Vasto Conhecimento tomou a palavra:

—Meu senhor, o nome dele é Inclemente e foi assim que ele o escreveu em todos os documentos oficiais que lhe cabiam. Contudo, esses diabolinianos amam falsificar os nomes deles: o Sr. Avareza se encobre com a alcunha de Bom Administrador, ou coisas semelhantes. O Sr. Vaidade

---

[2] Conforme Colossenses 3:12 (ARC).

consegue, quando necessário, chamar-se de Sr. Esmerado, Sr. Elegante e coisas do tipo. E todos os demais fazem o mesmo.

—Sr. Dizer a Verdade, o que você tem a dizer?

—O nome dele é Inclemente, meu senhor. Eu o conheço desde a infância, e ele praticou todas as iniquidades pelas quais é acusado nesse indiciamento. No entanto, o grupo de diabolianos não está familiarizado com o perigo de condenação, por isso convencem todos aqueles melancólicos que pensam acerca disso de como esse estado deve ser repelido.

—Carcereiro, traga o Sr. Pedantismo para o interrogatório — disse o escrivão.

—Senhor Pedantismo, você é indiciado sob o nome Pedantismo (um intruso em Alma Humana), por ter ensinado a Alma Humana, de modo traiçoeiro e diabólico, a se portar altiva e resolutamente contra as convocações que lhes foram entregues pelos capitães do Rei Shaddai. Você também lhes ensinou a falar contenciosa e aviltantemente do grande Rei deles e, além disso, encorajou-os, por palavras e exemplo, a armar-se contra o Rei e Seu Filho, Emanuel. O que você tem a dizer? Você se declara culpado ou inocente dessas acusações?

—Cavalheiros, sempre fui um homem de bravura e valor e não costumo, quando sob as maiores nuvens, fugir furtivamente ou abaixar a cabeça como uma tabúa-larga[3]. Tampouco me agrada ver homens escondendo as insígnias de qual exército pertencem [com medo] daqueles que são seus oponentes, mesmo que os adversários deles pareçam ser dez vezes mais fortes. Nunca ponderei sobre quem era o meu inimigo, nem acerca de qual a causa em que eu estava envolvido. Para mim, era suficiente cumprir minha missão corajosamente, lutar como um homem e sair vitorioso.

—Sr. Pedantismo, aqui você não está sendo acusado de ter sido valente ou por sua bravura e intrepidez em tempos de perigo, mas por ter feito uso desse seu pretenso valor para atrair a cidade de Alma Humana a atos de rebelião contra o grande Rei e Seu Filho, Emanuel. Esse é o seu crime e aquilo pelo qual está sendo incriminado nesse indiciamento.

Pedantismo não respondeu a essas acusações.

---

[3] Planta típica de pântanos, de caule fino e que produz duas espigas sobrepostas. A maior delas tem sementes cor de chocolate.

Quando a corte havia dessa forma procedido no interrogatório com os prisioneiros, colocaram-nos para o veredito do júri, a quem se dirigiram nos seguintes termos:

—Cavalheiros do júri, vocês estão aqui presentes e viram esses homens. Ouviram as acusações contra eles, as contestações que fizeram e o que as testemunhas testificaram contra eles. O que falta agora é que os senhores se retirem imediatamente a algum lugar, para que, livres de qualquer confusão, possam deliberar sobre qual veredito devem trazer, em favor do Rei e contra eles, de maneira verdadeira e justa, e assim possam comunicá-lo a nós.

O Sr. Credulidade, que era o presidente dos jurados, começou:

—Cavalheiros, de minha parte creio que esses homens, os prisioneiros no banco dos réus, merecem todos a morte.

—Muito justo — concordou o Sr. Sinceridade. —Tenho exatamente a mesma opinião que a sua.

—E que misericórdia é que tais vilões tivessem sido apreendidos — disse o Sr. Ódio ao mal.

—Sim, sim! — manifestou-se o Sr. Amor a Deus. — Este é um dos dias mais alegres de minha vida!

—Sei que, se os sentenciarmos à morte, nosso veredito permanecerá diante do próprio Shaddai — falou o Sr. Ver a Verdade.

—Nem questiono isso de forma alguma! — asseverou o Sr. Mente Celestial. —Quando todos esses bárbaros forem eliminados de Alma Humana, ela se tornará uma cidade santificada!

—Não é de minha natureza declarar meu julgamento com aspereza — respondeu o Sr. Moderação. — Contudo, esses crimes são tão notórios e os testemunhos, tão palpáveis, que alguém precisaria se fazer deliberadamente de cego para dizer que os prisioneiros não merecem morrer.

—Bendito seja Deus, que esses traidores estão sob custódia segura! — respondeu o Sr. Gratidão.

—E eu, de joelhos, uno-me a vocês — concordou o Sr. Humildade.

—Eu também me alegro muito! — anunciou o Sr. Trabalho Honesto.

Por último, declarou o Sr. Zelo por Deus, um homem de coração caloroso e fiel:

—Que eles sejam exterminados! Eles têm sido uma praga e buscam a destruição de Alma Humana.

Assim, após todos terem concordado com o veredito, voltaram, sem demora, novamente à corte. Perguntou-lhes o escrivão:

—Cavalheiros do júri, respondam à menção de seus nomes: Sr. Credulidade, número um; Sr. Sinceridade, dois; Sr. Justo, três; Sr. Ódio ao Mal, quatro; Sr. Amor a Deus, cinco; Sr. Ver a Verdade, seis; Sr. Mente Celestial, sete; Sr. Moderação, oito; Sr. Gratidão, nove; Sr. Humildade, dez; Sr. Trabalho Honesto, onze; e Sr. Zelo por Deus, doze. Bons e fiéis homens, levantem-se todos para seu veredito: todos concordaram?

—Sim, meu senhor! — replicou o júri.

—Quem falará em nome de vocês?

—Nosso presidente.

—Vocês, senhores do júri, sendo selecionados em favor de nosso Senhor, o Rei, para servir aqui em uma questão de vida e morte, ouviram o julgamento de cada um desses homens, os prisioneiros no banco dos réus. O que têm a dizer? Eles são culpados dos crimes pelos quais estão sendo aqui indiciados, ou são inocentes? — questionou o escrivão.

—Culpados, meu senhor — respondeu o presidente.

—Leve seus prisioneiros, carcereiro — falou o escrivão.

Tudo isso aconteceu pela manhã. À tarde, todos receberam sua sentença de morte, de acordo com a lei. Quando o carcereiro recebeu tal incumbência, colocou-os no porão da prisão, a fim de preservá-los para o dia da execução, que seria na manhã do dia seguinte.

No entanto, para que vocês saibam: um dos prisioneiros, a saber, o Sr. Incredulidade, no ínterim entre a sentença e o horário da execução, quebrou a prisão e conseguiu escapar fugindo para bem longe da cidade de Alma Humana, onde permanece espreitando escondendo-se em grutas, conforme possível. Com isso, busca ter uma nova oportunidade de fazer maldades à cidade em retaliação por terem-no tratado como fizeram.

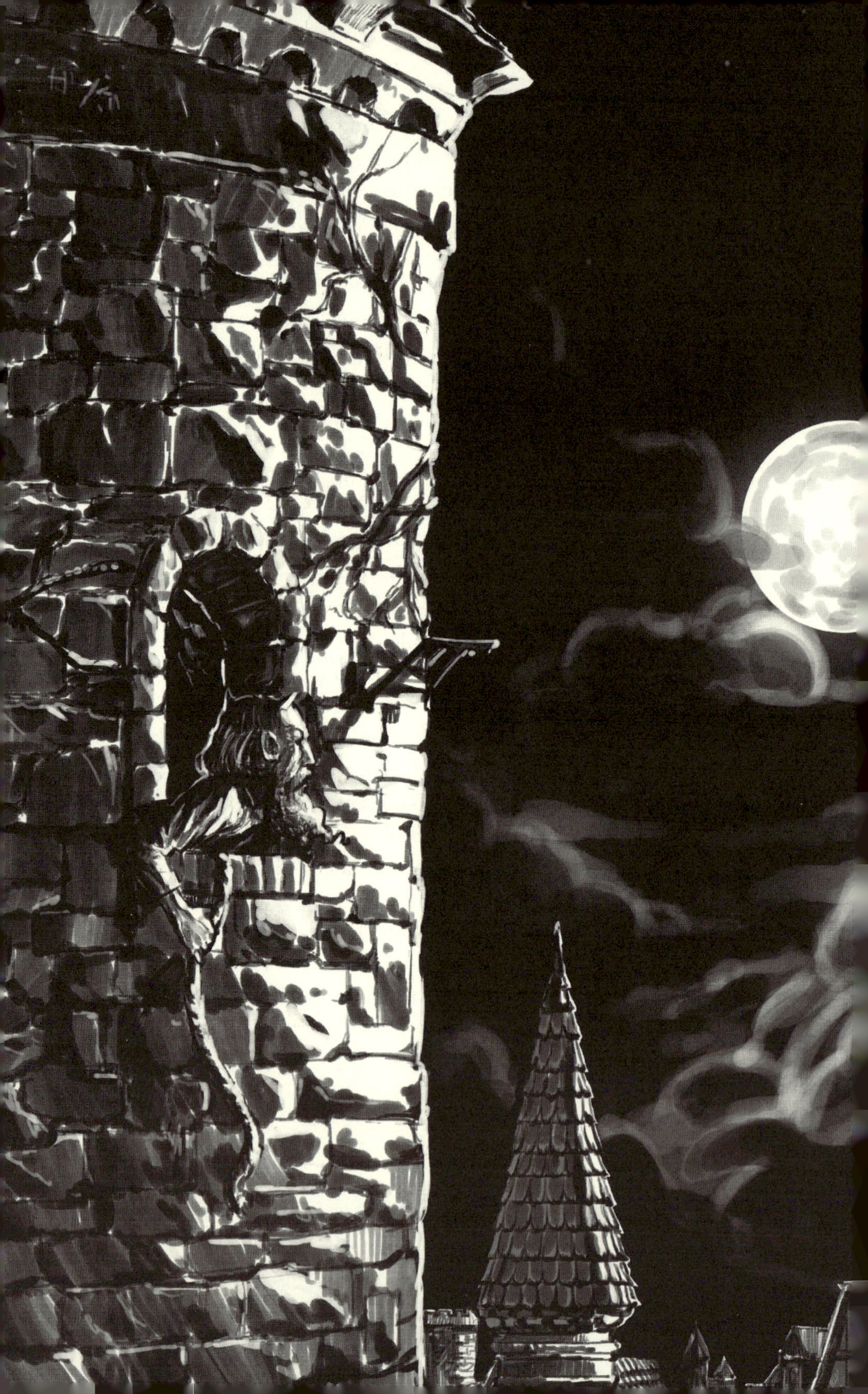

CAPÍTULO 9

Quando o Sr. Fiel, o carcereiro, percebeu que havia perdido o seu prisioneiro, ficou muito pesaroso porque aquele homem era, por assim dizer, o pior de toda aquela gangue. Assim sendo, ele foi primeiramente reportar o fato ao Lorde Alcaide, ao Sr. Arquivista e ao Lorde Arbítrio e receber deles a ordem de fazer uma busca por Incredulidade em toda a Alma Humana. Dado o comando e realizada a busca, não o encontraram no interior da cidade.

Tudo o que se conseguiu foi a informação de que ele espreitara por um tempo do lado de fora dos muros e que alguém o avistara, aqui e ali, de relance, quando ele escapou de Alma Humana. Uma ou duas pessoas afirmaram terem-no visto fora da cidade dirigindo-se rapidamente à campina. Quando já estava longe, conforme afirmou um tal Sr. Visão Certeira, ele vagou por todos os lugares áridos até encontrar Diabolus, seu amigo. Esses dois não poderiam ter se encontrado em outra paragem senão sobre a colina chamada Portões do Inferno.

Que lamentável foi a história que o velho Incredulidade contou para Diabolus sobre a "triste transformação" — segundo a opinião maligna dele — que Emanuel fizera em Alma Humana! Como inicialmente, após algumas delongas, a cidade recebera o perdão geral das mãos de Emanuel e como eles o convidaram para morar na cidade, dando-lhe o castelo como Sua posse. Além disso, falou que o povo chamara os soldados para viverem na cidade, disputando quem deveria abrigar a maioria deles, e que entretivera o Príncipe com danças ao som de canções e tamborins. Seu relato continuou:

—Mas o que é ainda mais vexatório para mim é que eles demoliram, ó pai, a sua imagem e colocaram a de Emanuel. Também demitiram seus oficiais e colocaram os dele. Sim, e Arbítrio, aquele rebelde que, conforme se pensaria, jamais deveria ter se afastado de nós, agora está totalmente favorável ao Príncipe, como anteriormente era para com você. Além disso tudo, esse Arbítrio recebeu uma comissão especial do Mestre dele de buscar, apreender e sentenciar à morte todos os diabolinianos e os maneirismos deles que forem encontrados em Alma Humana. E esse Arbítrio já capturou e aprisionou oito dos mais confiáveis amigos seus, meu senhor, naquela cidade. Também, meu senhor, e digo isso com pesar, todos eles foram acusados, condenados. Não duvido que já tenham sido executados. Contei-lhe sobre os oito porque eu era o nono e, certamente,

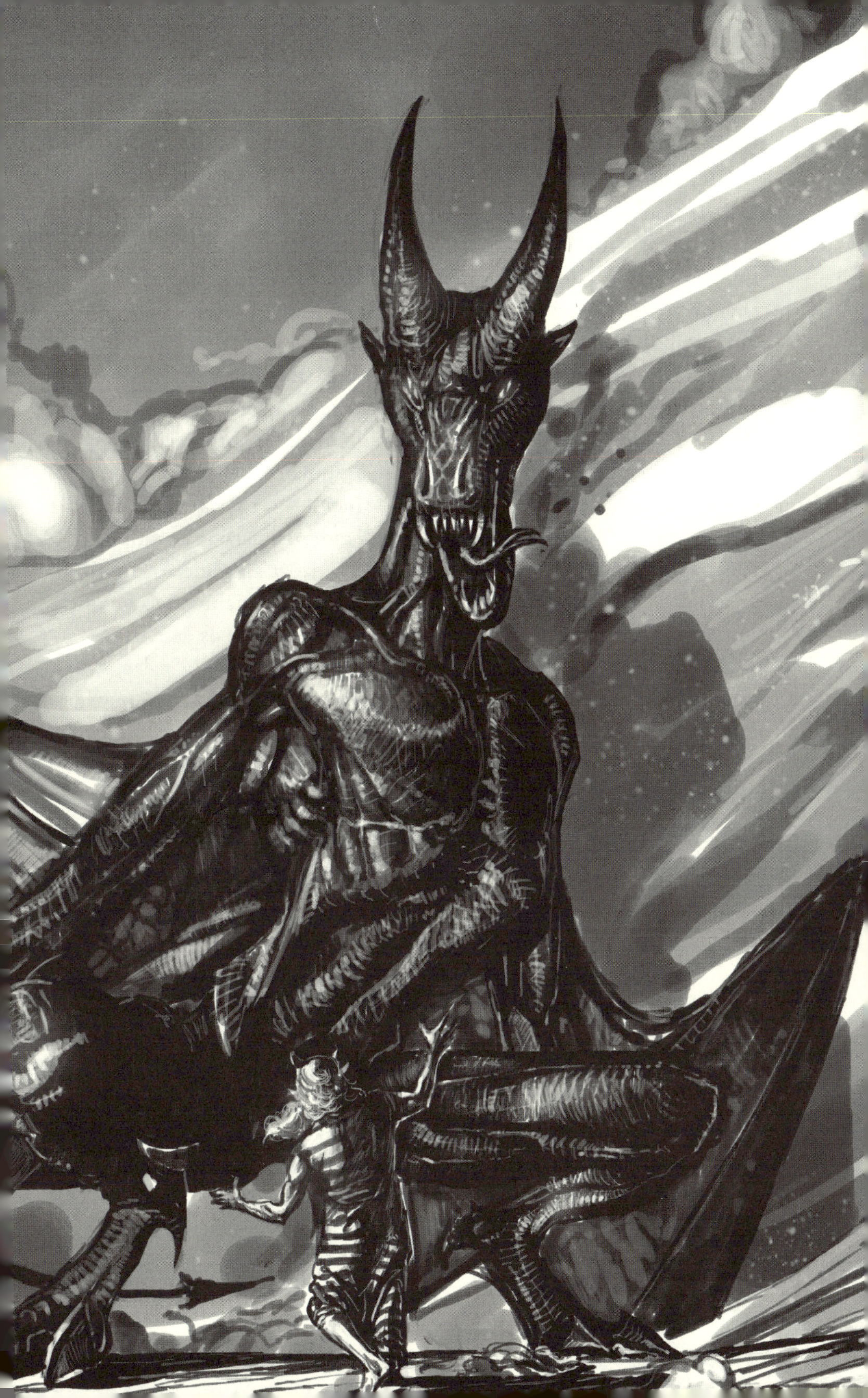

eu teria bebido do mesmo cálice. Mas, com destreza, consegui escapar deles, como o senhor pode ver.

No momento em que Diabolus ouviu essa história lamentável [para eles], ele bradou, agitou suas asas como um dragão e fez o céu se tornar turvo com seu rugido. Ademais, jurou que tentaria vingar-se de Alma Humana por esse trato. Assim ambos, Diabolus e seu amigo Incredulidade, concluíram que deveriam fazer uma consulta pública sobre como poderiam retomar a cidade.

Porém, antes disso tudo ter acontecido, era chegado o dia no qual os prisioneiros de Alma Humana seriam executados. Foram trazidos pelos cidadãos à cruz de forma mais solene, pois o Príncipe afirmara que a execução deveria ser feita pelas mãos de Alma Humana.

—Para que eu possa ver — disse o Príncipe — a presteza de minha agora redimida Alma Humana em guardar a minha palavra e cumprir os meus mandamentos. E para que eu possa abençoar a cidade ao cumprir esse ato. Provas de sinceridade muito me agradam. Portanto, deixem que Alma Humana tome em suas mãos esses diabolinianos e os destrua.

Desse modo, a cidade os massacrou, de acordo com a palavra do Príncipe. Contudo, quando os prisioneiros foram trazidos à cruz para morrer, vocês dificilmente creriam no afanoso trabalho que Alma Humana teve para matá-los. Uma vez que sabiam que deveriam morrer e tendo cada um deles uma implacável inimizade em seu coração contra a cidade, o que poderiam fazer senão tomar coragem quando estavam pregados à cruz e de lá resistirem aos cidadãos? Sendo assim, os habitantes de Alma Humana foram forçados a clamar pela ajuda dos capitães e seus soldados. Shaddai possuía um Secretário[1] na cidade, o qual muito amava os cidadãos e que também estava no local da execução. Quando Ele ouviu os clamores de Alma Humana contra a resistência e a indisciplina dos prisioneiros, levantou-se de Seu lugar, chegou-se a eles e colocou Sua mão sobre as mãos dos habitantes de Alma Humana. Assim eles crucificaram os diabolinianos que foram uma praga, uma aflição e uma ofensa à cidade.

Quando essa boa obra estava finalizada, o Príncipe desceu para contemplar, visitar, falar amavelmente com Alma Humana e para fortalecê-los

---

[1] Esse Secretário é o Espírito Santo em Seu papel de santificar os filhos de Deus e ajudá-los nas fraquezas deles.

pelo que fizeram. Disse-lhes que, por aquele ato, Ele os provara e encontrara neles pessoas que o amavam, observadoras de Suas leis e que demonstravam respeito à Sua honra. Ademais, falou — para mostrar-lhes que não haviam sido derrotados e que a cidade não enfraquecera pela perda daqueles homens — que lhes constituiria um novo capitão, escolhido dentre eles, que seria o líder de uma companhia de mil soldados, pelo bem e benefício da agora próspera cidade de Alma Humana.

Assim, Ele chamou a si um homem cujo nome era Expectativa e ordenou-lhe:

—Vá rapidamente ao portão do castelo e lá pergunte pelo Sr. Experiência, que atende ao nobre Capitão Confiança, e traga-o aqui para mim.

O mensageiro que atendia ao bom Príncipe Emanuel foi e falou conforme lhe fora ordenado. Esse jovem agora esperava para ver o capitão treinar e reunir seus soldados no pátio do castelo. Disse Expectativa ao capitão:

—Senhor, o Príncipe deseja que compareça à presença de Sua Alteza imediatamente.

Ambos se dirigiram até onde Emanuel estava, e o Sr. Experiência fez-lhe uma reverência. Os habitantes da cidade conheciam bem esse cidadão, pois ele fora forjado em Alma Humana. Também sabiam que ele era um homem de boa conduta, valor e uma pessoa prudente em seus modos. Era agradável, bem articulado em palavras e muito bem-sucedido naquilo que se propunha a fazer. O coração dos habitantes de Alma Humana foi tomado de alegria quando viu que o próprio Príncipe ficara tão impressionado com o Sr. Experiência que decidiu fazer dele o capitão de uma companhia de soldados.

Todos, unanimemente, dobraram seus joelhos diante de Emanuel e com um brado proclamaram:

—Que Emanuel viva para sempre!

Disse o Príncipe ao jovem cavalheiro cujo nome era Sr. Experiência:

—Achei por bem conferir a você uma posição de confiança e honra nesta minha cidade de Alma Humana.

O rapaz reclinou sua cabeça e o adorou.

—Você será — continuou Emanuel — o capitão sobre mil soldados em minha amada cidade de Alma Humana.

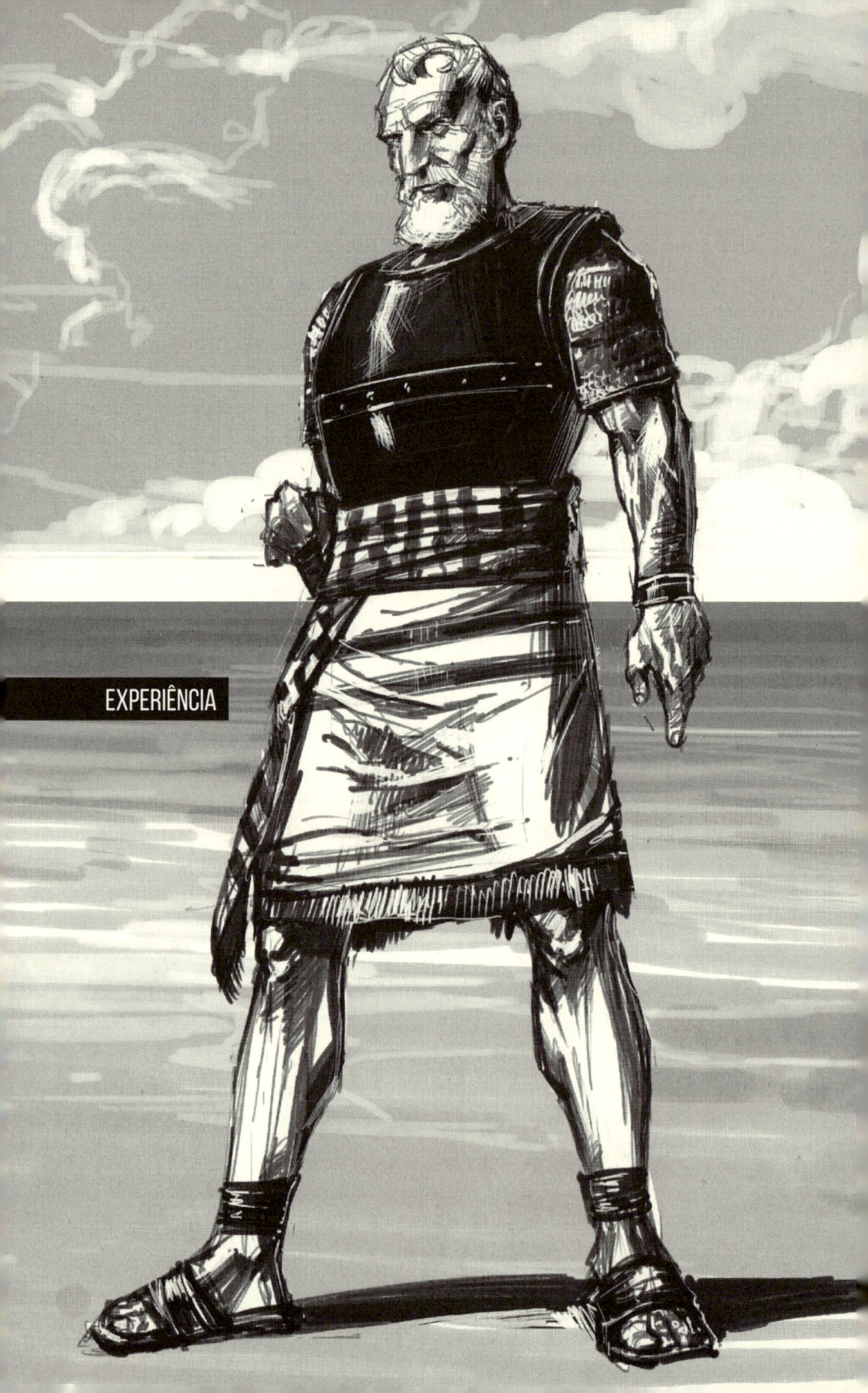

EXPERIÊNCIA

—Vida longa ao Rei! — exclamou o capitão.

O Príncipe ordenou ao Secretário que redigisse um decreto para nomear o Sr. Experiência como capitão sobre mil soldados.

—E que esse decreto seja trazido a mim, para que eu coloque sobre ele o meu selo — ordenou o Príncipe.

Tudo foi feito conforme Ele ordenara: o documento foi redigido, levado a Emanuel e por Ele selado. Depois disso, foi enviado ao capitão por meio do Sr. Expectativa.

Tão logo o capitão recebeu sua nomeação, ele soou sua trombeta convocando voluntários, ao que imediatamente responderam muitos jovens. Os maiorais e líderes da cidade enviaram seus filhos para se alistarem sob seu comando. Assim, o Capitão Experiência ficou sob as ordens de Emanuel para o bem da cidade de Alma Humana. Seu tenente era um homem chamado Sr. Habilidoso e como corneteiro tinha o Sr. Memória. Não preciso citar os nomes de seus suboficiais. A cor de sua flâmula era branca, representando a cidade de Alma Humana.[2] Seu brasão era um leão e um urso mortos.[3] E o Príncipe retornou ao Seu palácio.

Quando lá chegou, os anciãos de Alma Humana, a saber, o Lorde Alcaide, o Arquivista e o Lorde Arbítrio, foram congratulá-lo e agradecer-lhe de forma especial por Seu amor, cuidado e terna compaixão, que demonstrara a Sua eternamente agradecida cidade. Após algum tempo de doce comunhão entre eles, os oficiais da cidade encerraram solenemente sua cerimônia e se dirigiram aos seus postos novamente.

Por essa ocasião, Emanuel também lhes indicou um dia em que renovaria o acordo entre eles. Sim, em que o renovaria e ampliaria, reparando várias falhas que nele havia, para que o jugo de Alma Humana fosse mais suave. Emanuel o fez sem que houvesse qualquer desejo expresso, nesse sentido, pela cidade; foi completamente iniciativa dele, partindo de Sua mente nobre. Assim quando mandou buscar o antigo acordo e o leu, colocou-o de lado e disse:

---

[2] Conforme Isaías 1:18, depois de ter os pecados lavados por Cristo, o pecador se torna branco como a neve.

[3] No relato encontrado em 1 Samuel 17:34-37, o leão e o urso representavam predadores para as ovelhas de Jessé, pai de Davi, e foram mortos pelo jovem pastor quando ameaçaram a vida do rebanho. Aqui os inimigos espirituais do povo de Deus são representados como mortos pelo Bom Pastor, o próprio Emanuel.

—Aquilo que se torna antiquado e envelhecido está prestes a desaparecer.[4] — E acrescentou: —A cidade de Alma Humana terá um acordo novo e melhor, muito mais estável e firme.

O epítome de tal pacto está como se lê abaixo:

"Eu, Emanuel, o Príncipe da Paz, aquele que ama profundamente Alma Humana, ofereço, concedo e transmito, em nome de meu Pai e por minha própria clemência, à minha amada cidade:

"Primeiro. Perdão livre, completo e eterno de todos os males, feridas e ofensas feitas por eles a meu Pai, a mim, a seus próximos ou a si próprios.

"Segundo. Concedo-lhes a lei sagrada e meu testamento, com tudo o que ele contém, para o conforto e consolo eterno deles.

"Terceiro. Também lhes concedo uma porção da mesma graça e bondade que habitam no coração de meu Pai e no meu.

"Quarto. Ofereço-lhes, concedo-lhes e lhes transmito, de forma gratuita, o mundo e o que nele há, para o bem da cidade. E eles dominarão sobre tudo e permanecerão com a honra de meu Pai, minha glória e o consolo deles. Sim, concedo-lhes os benefícios da vida, da morte, das coisas presentes e das futuras. Esse privilégio não será de qualquer outra cidade, vilarejo ou sociedade, senão apenas de minha Alma Humana.

"Quinto. Eu lhes ofereço e concedo permissão e livre acesso a mim, em meu palácio, em todo o tempo, e ao meu palácio lá no alto ou aqui embaixo, para fazerem conhecidos a mim os desejos deles. E concedo-lhes, ademais, uma promessa de que ouvirei e aliviarei todas as suas queixas.

"Sexto. Ofereço, concedo e invisto a cidade de Alma Humana com todo o poder e autoridade para buscar, apreender, escravizar e destruir todos os diabolinianos e os modos deles, que, a qualquer momento daqui para frente, sejam encontrados vagando no interior ou ao redor da cidade.

"Sétimo. Também concedo à minha amada Alma Humana que tenha autoridade para não permitir que qualquer forasteiro ou estrangeiro, ou descendentes deles, seja livre dentro dessa abençoada cidade. Tampouco que compartilhem dos excelentes privilégios dela. Mas que todas as concessões, privilégios e imunidades que confiro sobre a célebre cidade de

---

[4] Hebreus 8:13. Nesse capítulo da carta aos Hebreus, o autor faz o comparativo entre a Antiga e a Nova Aliança e como esta última veio substituir a Aliança Mosaica. Exatamente o que Bunyan descreve nesta parte da restauração de Alma Humana.

Alma Humana sejam apenas para seus antigos nativos e verdadeiros habitantes; para eles e para seus descendentes.

"Contudo, que todos os diabolinianos, de qualquer tipo, origem, país, reino, ou o que for, sejam excluídos e sequer tenham parte neste lugar."

Quando a cidade de Alma Humana recebeu das mãos de Emanuel o seu gracioso acordo — que é em si muito mais amplo do que o que foi exposto a vocês por esse epítome —, levaram-no para uma audiência, isto é, à praça do mercado, e lá o Sr. Arquivista o leu na presença de todo o povo. Feito isso, o acordo foi levado de volta aos portões do castelo e lá belamente entalhado nas portas com letras douradas, para que Alma Humana e toda a sua população pudessem tê-lo sempre à vista ou pudessem ir para contemplar a abençoada liberdade que o Príncipe deles lhes havia concedido, a fim de que a alegria deles fosse aumentada e seu amor ao grandioso e bondoso Emanuel, renovado.

Você consegue imaginar a felicidade, conforto e consolo que inundavam então o coração dos homens de Alma Humana? Os sinos retiniam, os menestréis tocavam músicas, as pessoas dançavam, os capitães bradavam, as flâmulas coloridas se agitavam ao vento e as trombetas de prata ressoavam. Neste momento, os diabolinianos satisfaziam-se em esconder sua cabeça, pois a aparência deles era como daqueles que há muito estavam mortos.

Quando isso terminou, o Príncipe convocou novamente os anciãos da cidade e conversou com eles sobre um ministério que Ele desejava iniciar entre esse grupo. Um ministério que lhes descortinaria e os instruiria nas coisas que se relacionam com o estado presente e futuro deles. Disse o Príncipe:

—Pois, vocês mesmos, a menos que tenham bons mestres e guias, não conhecerão a vontade de meu Pai, e caso não a conheçam, não terão certeza de como poderão cumpri-la.

Quando os anciãos da cidade ouviram essa notícia e a levaram ao povo de Alma Humana, todos vieram juntos correndo, pois isso os agradara — tudo o que o Príncipe fazia agora os agradava. Unanimemente, imploraram a Sua Majestade que Ele estabelecesse rapidamente tal ministério entre o povo também, para lhes ensinar a Lei e o juízo, os estatutos e os mandamentos. Com isso, buscavam que eles tivessem documentadas as coisas boas e saudáveis. O Príncipe lhes disse que lhes concederia seu

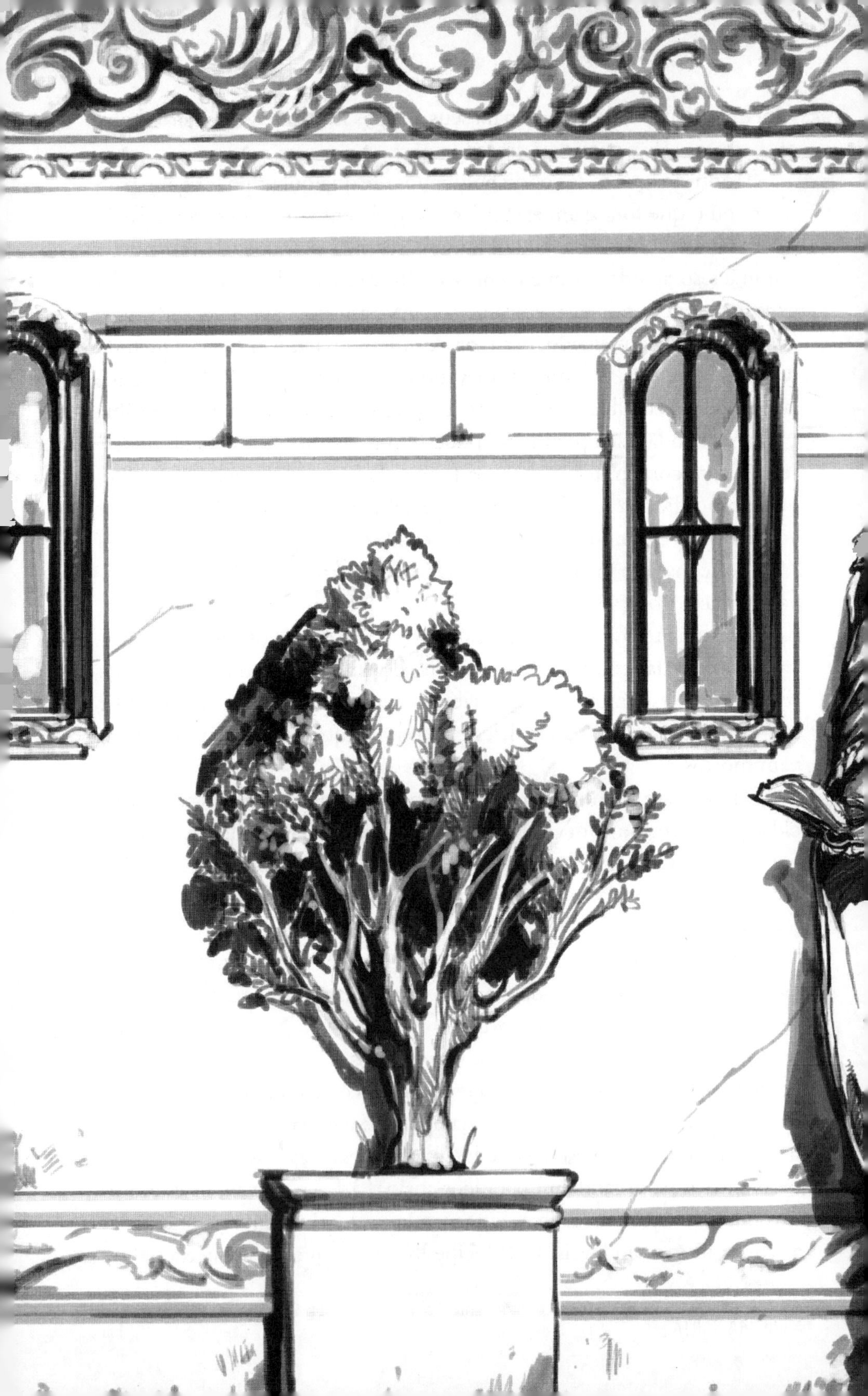

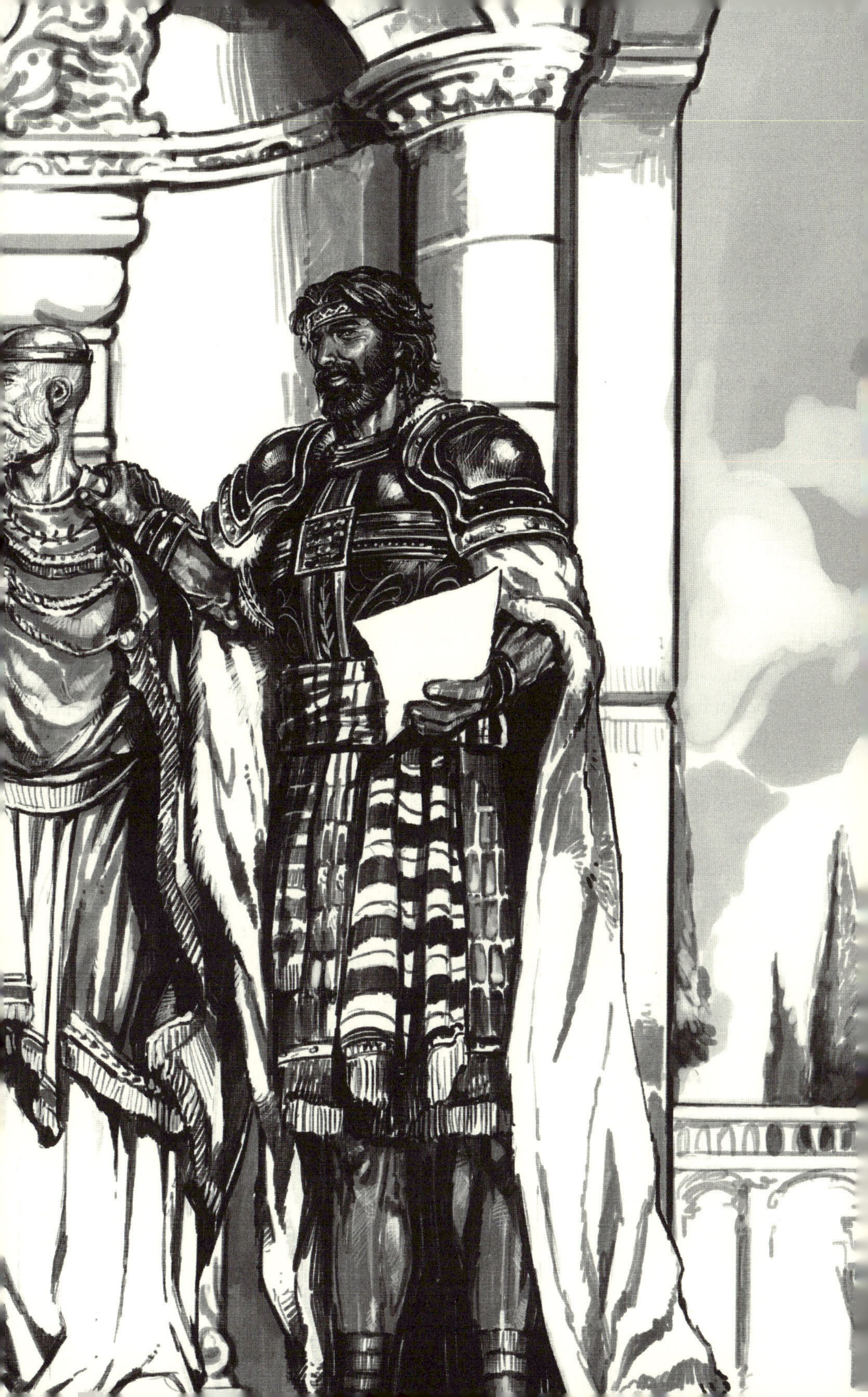

pedido e estabeleceria os dois mestres: um proveniente da corte do Pai e o outro de entre os nativos de Alma Humana.

—Aquele que provém da corte — disse Emanuel — é uma pessoa com não menos qualidades que meu Pai e eu. Ele é o Lorde Secretário Executivo da casa de meu Pai, pois é Ele quem dita todas as leis de meu Pai. É alguém completamente versado em todos os mistérios e no conhecimento desses mistérios, do mesmo modo que meu Pai e eu. Na verdade, Ele é da mesma natureza que nós dois e ama, é fiel e se preocupa com Alma Humana tanto quanto o Pai e eu.

"Ele será o principal mestre de vocês, uma vez que Ele, e somente Ele, pode ensinar-lhes claramente em todas as coisas elevadas e sobrenaturais. Ele, e apenas Ele, conhece os meios e os métodos de meu Pai na corte, ninguém consegue, como Ele, mostrar como é o coração de meu Pai em todo o tempo, em todas as coisas e ocasiões com relação à cidade de Alma Humana. Porque nenhum homem sabe as coisas do homem, senão o espírito do homem que nele está. Da mesma forma, as coisas de meu Pai nenhum homem conhece, senão Seu exaltado e poderoso Secretário.[5] Tampouco ninguém, senão Ele, pode dizer a Alma Humana como eles poderão fazer para se manter no amor do Pai. Também é Ele que pode lhes trazer à memória muitas coisas esquecidas,[6] e pode contar-lhes sobre aquilo que está por vir.[7] Portanto, esse Mestre deve, necessariamente, ter a proeminência em suas afeições e julgamentos, antes mesmo de seu outro professor. A dignidade pessoal desse Mestre, a excelência de Seus ensinamentos, também a grande destreza que possui para auxiliá-los a fazer e escrever petições a meu Pai por socorro e por Seu agrado[8], devem constrangê-los a amá-lo, temê-lo e a cuidarem de não o entristecer.[9]

"Essa pessoa pode imprimir vida e vigor em tudo o que diz. Sim, e colocá-los no coração de vocês. Ele pode fazer com que vocês tenham visões e digam o que acontecerá no futuro.[10] Por intermédio dele, vocês

---

[5] Conforme 1 Coríntios 2:11.
[6] João 14:25-26
[7] João 16:13
[8] Romanos 8:26-27
[9] Efésios 4:30
[10] Joel 2:28

devem apresentar suas súplicas a meu Pai e a mim. E não permitam que qualquer coisa entre na cidade ou no castelo de Alma Humana sem que obtenham primeiramente o Seu conselho, pois isso pode desagradar e contristar esse nobre.

"Acautelem-se de não entristecer esse Ministro porque se o fizerem, Ele poderá lutar contra vocês. E, caso alguma vez Ele seja levado por vocês a se voltar contra vocês mesmos em modo de batalha, isso os afligirá mais do que 12 legiões da corte de meu Pai, que pudessem ser enviadas para guerrear contra sua cidade.

"Porém, como eu disse, se vocês o ouvirem e o amarem; se forem devotados a Seus ensinamentos e buscarem conversar e manter comunhão com Ele, descobrirão que Ele é dez vezes melhor do que qualquer coisa em todo o mundo. Sim, Ele derramará sobre o coração de vocês o amor de meu Pai, e Alma Humana será o povo mais sábio e abençoado de todos."

O Príncipe, então, chamou a si o antigo cavalheiro que anteriormente atuava como o Arquivista de Alma Humana, o Sr. Consciência, e lhe disse que, pelo fato de ele ser versado na lei e no governo da cidade, como também bem articulado e habilitado para lhes ensinar a vontade de seu Mestre em todos os assuntos terrenos e domésticos, ele seria colocado como ministro para a santificada cidade de Alma Humana em todas as leis, estatutos e juízos.

—E você deverá — afirmou o Príncipe — restringir-se ao ensinamento das virtudes morais e aos deveres civis e naturais. No entanto, não deve se atrever a presumir ser aquele que revela os mistérios excelsos e sobrenaturais que estão reservados no peito de Shaddai, meu Pai. Dessas coisas o homem não entende nem nenhum outro pode lhe revelar, senão apenas o Secretário de meu Pai.

"Você é um nativo da cidade de Alma Humana, mas o Lorde Secretário é um nativo com meu Pai. Do mesmo modo que você possui o conhecimento das leis e dos costumes dessa sociedade, Ele possui das coisas e da vontade de meu Pai.

"Sendo assim, ó Sr. Consciência, embora eu lhe tenha constituído como um ministro e pregador à cidade de Alma Humana, sobre as coisas que o Lorde Secretário conhece e vier a ensinar a esse povo, nisso você deverá ser um aluno e aprendiz, como todo o restante da cidade.

"Portanto, você deve ir a Ele buscar informação e conhecimento em todas as coisas excelsas e sobrenaturais porque, embora haja um espírito no homem, a inspiração desse Secretário deve dar entendimento ao homem. Assim, você, Sr. Arquivista, mantenha-se humilde e lembre-se de que os diabolinianos, que não obedeceram a primeira incumbência, mas abandonaram seus postos, estão agora aprisionados na cova. Contente-se com a sua posição.

"Faço de você o vice-regente de meu Pai sobre a Terra, em todas as coisas que eu mencionei anteriormente. Use seu poder para ensiná-las a Alma Humana e para impô-las por meio de açoites e punições caso não ouçam voluntariamente aos seus mandamentos.

"E, Sr. Arquivista, pelo fato de você ser tão idoso e estar fragilizado por causa dos muitos abusos sofridos, dou-lhe licença para ir, sempre que quiser, à minha fonte, meu duto, e de lá beber gratuitamente do suco de minhas uvas, pois de meu duto sempre flui vinho. Fazendo assim, você afastará de seu coração e estômago todos os humores desagradáveis, repugnantes e dolorosos. Ele também iluminará seus olhos e fortalecerá a sua memória para a recepção e retenção de tudo o que o mais nobre Secretário do Rei ensinar."

Tão logo o Príncipe colocara o Sr. Arquivista (o que ocupava essa posição anteriormente) na posição e ofício de ministro de Alma Humana, e o povo o aceitara agradecido, Emanuel se dirigiu aos habitantes da cidade em um discurso especial:

—Contemplem meu amor e cuidado por vocês. Acrescentei esta misericórdia a tudo que passou a fim de indicar-lhes pregadores. O mais nobre Secretário, para lhes ensinar em todos os excelsos e sublimes mistérios e este cavalheiro — apontando para o Sr. Consciência — para lhes ensinar em todos os assuntos humanos e domésticos, pois esse é seu espectro de ação. Ele não está impedido de dizer a Alma Humana tudo o que ouviu e recebeu da boca do Lorde Alto Secretário. Porém, ele mesmo não tentará presumir ser aquele que revela os excelsos mistérios, cuja revelação e descoberta a Alma Humana está apenas sob o poder, autoridade e competência do próprio Lorde Alto Secretário. O Sr. Consciência pode falar sobre esses mistérios, bem como todo o restante da cidade. Sim, e, em ocasião oportuna, compeli-los uns aos outros para o benefício de todos. Desejo que vocês observem e cumpram essas coisas, visto que será para o bem de sua vida e para o prolongamento de seus dias.

"Uma vez mais digo ao meu amado Sr. Arquivista e a toda a cidade de Alma Humana: Vocês não devem se basear ou permanecer em qualquer coisa que ele tenha a comissão de lhes ensinar sobre sua expectativa do mundo vindouro (digo mundo vindouro porque tenho o propósito de dar a Alma Humana um novo mundo, tendo em vista que este no qual habitam está desgastado). Nessas coisas vocês devem recorrer e permanecer única e totalmente na doutrina daquele que é seu Mestre da ordem mais proeminente. Até mesmo o Sr. Arquivista não deve buscar pela vida que ele mesmo revela, sua dependência para isso precisa estar alicerçada na doutrina do outro Pregador. Que o Sr. Arquivista também se acautele de não receber qualquer outra doutrina, ou ponto doutrinário, que não lhe seja comunicado pelo seu Mestre superior. Nem ao menos dentro do escopo de seu próprio conhecimento formal."

Depois que o Príncipe estabeleceu deste modo as coisas na célebre Alma Humana, ele procedeu por dar aos anciãos da sociedade um alerta necessário, a saber, a maneira como deveriam tratar com os elevados e nobres capitães que ele havia enviado ou trazido consigo, da corte de Seu Pai, para a cidade.

—Esses capitães — disse Ele —amam a cidade de Alma Humana e são homens selecionados, escolhidos entre muitos, como aqueles que mais se adequam e que servirão mais fielmente nas guerras entre Shaddai e os diabolinianos em favor da preservação da cidade. Assim sendo, eu os encarrego, habitantes da agora próspera Alma Humana, de não tratarem áspera ou desfavoravelmente com meus capitães ou os soldados deles. Uma vez que, como eu disse, eles são homens de excelência, escolhidos dentre muitos para o bem da cidade. Digo que os encarrego de não serem desfavoráveis a eles, pois estes têm o coração e face como a de um leão, quando, em tempo oportuno, forem convocados para lutar contra os inimigos do Rei e da cidade de Alma Humana. O menor desprezo que seja lançado contra eles por parte de vocês desanimarão e abaterão esses soldados e os enfraquecerão suprimindo a coragem deles. Portanto, meus amados, não sejam rudes com meus valentes capitães e homens de guerra. Ao contrário, amem-nos, cuidem deles, socorram-nos e acolham-nos em seu peito. Desse modo, eles não apenas lutarão em favor de vocês, mas colocarão em fuga todos os diabolinianos que buscam, e conseguirão se possível, trazer destruição cabal a cidade.

"Se, portanto, qualquer um deles, a qualquer tempo, adoecer ou enfraquecer, e assim não estiver apto para realizar seu ofício de amor, que, com todo o seu coração, eles desejam ofertar (e o farão caso estejam bem e saudáveis), não os desrespeitem ou desprezem. Em vez disso, fortaleçam-nos e os encorajem, embora estejam fracos e a ponto de morrer, pois eles são a sebe ao seu redor e seus guardas, seus muros, portões, trancas e ferrolhos. E, embora, quando eles estão fracos consigam realizar apenas pouco e precisem ser socorridos por vocês, de modo que não devem esperar muito deles, contudo, quando eles estão bem, vocês sabem quais façanhas, proezas e realizações militares são capazes de realizar e realizarão em seu favor.

"Ademais, se eles estiverem fracos, a cidade de Alma Humana não pode estar forte. Estando eles fortalecidos, a cidade não pode estar enfraquecida. Portanto, a segurança de vocês está na saúde deles e no apoio que vocês lhes oferecem. Lembrem-se também de que, caso eles estejam enfermos, foi da própria cidade de Alma Humana que contraíram tal doença.

"Digo-lhes essas coisas porque amo seu bem-estar e sua honra. Assim sendo, observem, ó minha Alma Humana, a pontualidade em todas as coisas que lhes deleguei — não somente como uma corporação da cidade, como também a seus oficiais e vigias, e os conselheiros —, mas a vocês, uma vez que são um povo cujo bem-estar, como indivíduos, depende da observância das ordens e mandamentos de seu Senhor.

"Além disso, ó minha Alma Humana, advirto-os daquilo que, não obstante essa reforma que ocorre presentemente em seu meio, vocês têm necessidade de serem alertados; portanto ouçam-me com diligência. Tenho certeza, e vocês a terão daqui para frente, de que ainda há diabolinianos que permaneceram na cidade. Diabolinianos que são tenazes e implacáveis e que os estudam, tramam, maquinam, inventam e conjuntamente se esforçam por trazer-lhes à desolação muito pior do que aquela da escravidão no Egito, mesmo enquanto ainda estou entre vocês e ainda mais quando eu partir. Eles são aliados declarados de Diabolus; portanto, cuidem-se! Eles habitavam com seu príncipe no castelo, quando Incredulidade era o lorde alcaide desta cidade. No entanto, desde minha

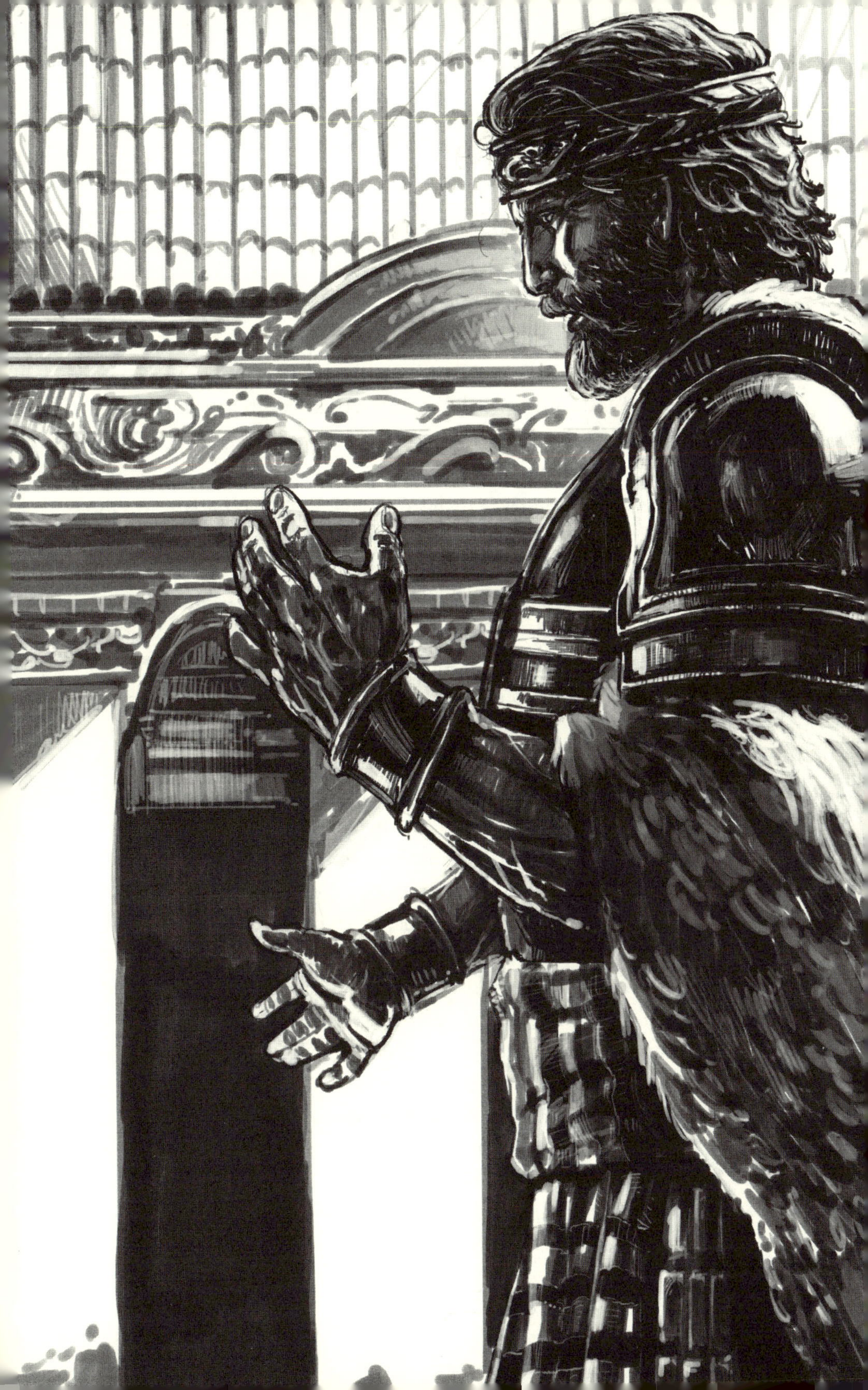

chegada, eles permanecem mais no exterior das muralhas e lá fizeram para si covis, cavernas, fossos e fortalezas.

"Desse modo, ó Alma Humana, seu trabalho quanto a isso será muito mais difícil e árduo, isto é, capturar, flagelar e condená-los à morte, de acordo com a vontade de meu Pai. Também não poderão livrar-se definitivamente deles, a menos que derrubem as muralhas dessa cidade, o que, por nenhum meio, estou disposto a permitir-lhes. Vocês me perguntam: 'O que faremos então?'. Ora, sejam diligentes, portem-se varonilmente. Observem seus covis, encontrem seus antros, ataquem-nos e não façam a pazes com eles. Onde quer que eles se encavernem, espreitem ou habitem, independentemente dos termos de paz que lhes ofereçam, desdenhem-no e tudo ficará bem entre mim e vocês.

"E para que os diferenciem melhor daqueles que são nativos de Alma Humana, vou lhes fornecer esta breve lista dos maiorais deles, que são os seguintes: o Lorde Fornicação, o Lorde Adultério, o Lorde Assassinato, o Lorde Ódio, o Lorde Lascívia, o Lorde Engano, o Lorde Olho Perverso, o Sr. Embriaguez, o Sr. Folião, o Sr. Idolatria, o Sr. Feitiçaria, o Sr. Variação, o Sr. Rivalidade, o Sr. Ira, o Sr. Contenda, o Sr. Sedição e o Sr. Heresia. Ó Alma Humana, esses são alguns dos principais daqueles que buscarão derrotá-la para sempre. Digo-lhes que esses são alguns dos que se ocultam na cidade. Vocês, porém, devem observar criteriosamente a lei de seu Rei e descobrirão a fisionomia deles, além de outras características que lhes são próprias, pelas quais eles poderão ser reconhecidos.

"Ó minha Alma Humana (e eu alegremente desejo que vocês o saibam com certeza), se eles forem permitidos correr e vaguear pela cidade, como eles desejam, logo devorarão suas entranhas como víboras. Sim, envenenarão seus capitães, cortarão os tendões de seus soldados, quebrarão as barras e ferrolhos de seus portões e transformarão sua agora florescente Alma Humana em um deserto estéril e desolado e uma pilha de ruínas. Portanto, para que vocês tenham coragem para capturar esses vilões onde quer que os encontrem, dou a vocês, meu Lorde Alcaide, meu Lorde Arbítrio e Sr. Arquivista, e a todos os habitantes da cidade, plenos poderes e a comissão de buscarem, prenderem e conduzirem à morte por cruz todos e todas as maneiras dos diabolinianos, quando e onde os encontrarem espreitando no interior de seus muros, ou vagando no exterior da cidade de Alma Humana.

"Eu lhes falei anteriormente que coloquei entre vocês um ministério permanente; não que vocês tenham apenas esses com vocês, visto que meus primeiros quatro capitães que vieram contra o mestre e senhor dos diabolinianos, que estava em Alma Humana, podem, caso necessário e se lhes for requerido, não apenas informá-los de forma individual, mas pregar publicamente à sociedade a boa e saudável doutrina e, dessa forma, orientá-los no caminho. Sim, eles marcarão semanalmente, ou, em se fazendo necessário, diariamente, uma leitura para vocês, ó Alma Humana, e lhes instruirão em tais lições proveitosas que, se frequentadas, far-lhes-ão bem ao final. E sejam criteriosos em não poupar os homens a quem têm a ordem de crucificar.

"Agora que já lhes descortinei os errantes e andarilhos por seus nomes, digo-lhes que alguns deles rastejarão sorrateiramente para dentro da cidade a fim de os enganar, parecendo-se muito com aqueles que são muito fervorosos e prolíferos na religião. E, caso vocês não vigiem, eles lhes trarão tamanho dano, que vocês então não conseguirão calcular.

"Por isso, digo-lhes que eles se mostrarão a vocês em matizes diferentes daqueles descritos anteriormente. Portanto, Alma Humana, vigiem, sejam sóbrios e não se permitam ser traídos."

CAPÍTULO 10

Quando o Príncipe havia desta forma remodelado a cidade de Alma Humana e instruído os cidadãos nos assuntos proveitosos para o conhecimento deles, Ele marcou outro dia para uma reunião dos cidadãos no qual pretendia conceder mais uma insígnia de honra sobre a cidade — uma condecoração que os distinguiria dentre todos os povos, de seus parentes e línguas que habitam o reino do Universo. Não demorou para que o dia designado chegasse, e o Príncipe e Seu pessoal se encontraram no Palácio do Rei, onde inicialmente Emanuel lhes deu um breve discurso e fez por eles o que havia dito, o que lhes prometera.

—Minha Alma Humana — disse Ele — o que estou prestes a lhes fazer é para os tornar conhecidos ao mundo como pertencendo a mim e para distingui-los, a seus próprios olhos, de todos os traidores que possam se infiltrar entre vocês.

Então, ordenou que aqueles que aguardavam por Seu sinal se retirassem e trouxessem de Seu tesouro as túnicas alvas e reluzentes que Ele afirmou haver provido e reservado para Alma Humana. Essas vestes alvas foram trazidas de Seu tesouro e exibidas aos olhos do povo. Além disso, foi-lhes outorgado que deveriam pegá-las e vesti-las de acordo com seu tamanho e estatura, conforme instrução do Príncipe. Assim, o povo se vestiu de branco, em linho fino, alvo e purificado.

Depois o Príncipe lhes disse:

—Alma Humana, essa é a minha farda e o distintivo pelos quais os que me pertencem são discernidos dos servos dos outros. Sim, é isso que eu outorgo a todos os que são meus e sem isso nenhum homem é permitido ver minha face. Portanto, usem-nos por amor a mim, que lhes concedi, e também se quiserem ser reconhecidos em todo o mundo como pertencentes a mim.

Vocês conseguem imaginar como Alma Humana reluzia? Era mais bela do que o Sol, clara como a Lua e terrível como um exército com estandartes. O Príncipe acrescentou:

—Nenhum principado, potestade ou poderoso do Universo concede essa farda além de mim. Por isso, vejam, como eu disse anteriormente, vocês serão reconhecidos como meus.

"E agora que lhes agracio com minha farda, deixem que eu também lhes dê um mandamento concernente a ela e acautelem-se de ouvir minhas palavras.

"Primeiro. Usem-na diariamente, todos os dias, para que, por vezes, vocês não pareçam aos outros como se não me pertencessem.

"Segundo. Mantenham-na sempre alva, pois se ficar suja, será desonra para mim.

"Terceiro. Portanto, cinjam-na de forma a afastá-la do chão e não permitam que toque a poeira ou a terra.

"Quarto. Acautelem-se de não a perder, para que não andem nus e sua vergonha seja exposta.

"Quinto. Porém, se vocês a mancharem ou contaminarem, o que veementemente não desejo que façam, e o príncipe Diabolus se alegrará se permitirem que aconteça, então, apressem-se em praticar o que está escrito em minha Lei, a fim de que possam permanecer de pé e não tombar diante de mim e de meu trono. Essa também é a maneira de evitar que eu me afaste ou os abandone enquanto estou aqui, mas que eu possa habitar em Alma Humana eternamente."

Agora Alma Humana e seus habitantes eram como o sinete na mão direita de Emanuel. Onde haveria então um vilarejo, uma cidade e uma sociedade que pudesse se comparar a Alma Humana? Uma cidade redimida das mãos e do poder de Diabolus; uma cidade amada pelo Rei Shaddai, que enviou Emanuel para libertá-la do domínio do príncipe do abismo infernal. Sim, uma cidade onde Emanuel amava habitar e que escolheu para Sua morada real; uma cidade que Ele fortalecera para si mesmo e tornara forte pelo poder de Seu exército. O que direi? Alma Humana tem agora o mais excelente Príncipe, capitães áureos e homens de guerra, armamento provado e trajes tão alvos quanto a neve. Nenhum desses benefícios deve ser menosprezado, mas valorizado. Poderá a cidade estimá-los a tal ponto e aperfeiçoá-los para o fim e o propósito por que lhes foram concedidos?

Quando o Príncipe havia assim completado o remodelamento da cidade, a fim de mostrar que Ele tinha grande satisfação na obra de Suas mãos e prazer no bem que havia concebido à célebre e próspera Alma Humana, Ele ordenou que colocassem Seus estandartes sobre as ameias[1] do castelo. Assim:

---

[1] Ameias são parapeitos separados regularmente por merlões — porção de parede entre duas ameias — na parte superior das muralhas de fortalezas e castelos (Houaiss, 2009).

Primeiro. Ele lhes oferecia visitas frequentes. Nenhum dia se passava sem que os anciãos da cidade devessem comparecer diante dele ou Ele diante deles em Seu palácio. Agora precisavam caminhar e conversar sobre as grandes coisas que Ele fizera e sobre as que prometera fazer a Alma Humana. Fazia-o assim com os Lordes Alcaide e Arbítrio, com o honesto pregador subordinado, o Sr. Consciência, e com o Sr. Arquivista. Contudo, com que graça, com que amabilidade, cortesia e ternura esse abençoado Príncipe tratava a cidade de Alma Humana! Em todas as ruas, todos os jardins, pomares e outros locais aonde Ele chegava, para assegurar-se de que os pobres tivessem Sua bênção, Ele os beijaria e, se estivessem enfermos, imporia Suas mãos sobre eles e os curaria. Também encorajava os capitães diariamente, às vezes a cada hora, com Sua presença e palavras santas. Vocês precisam saber que um sorriso de Emanuel para eles lhes renovaria o vigor, a vida e a intrepidez mais do que qualquer outra coisa debaixo do céu.

O Príncipe celebraria com eles e estaria com eles continuamente. Raramente passava uma semana sem que houvesse um banquete entre Ele e o povo. Vocês devem se lembrar que, algumas páginas antes, mencionei uma celebração que tiveram juntos. No entanto, essas festas agora eram algo mais comum: todos os dias, em Alma Humana, eram dias de celebrar. Tampouco Emanuel, quando os enviasse novamente a seus lares, os despediria de mãos vazias. Levavam ou um anel, ou uma corrente de ouro, um bracelete, uma pedra branca, ou qualquer coisa do gênero. Assim era Alma Humana tão querida a Ele agora e tão amável a Seus olhos!

Segundo. Quando os anciãos e os habitantes não fossem a Emanuel, Ele lhes enviaria abundante provisão: carne proveniente da corte, vinho e pão que eram preparados para a mesa de Seu Pai. Sim, tantas delícias lhes enviaria e com elas cobriria as mesas deles, de modo que quem o visse confessaria que nada semelhante poderia ser encontrado em reino algum.

Terceiro. Se Alma Humana não o visitasse com a frequência que Ele desejava, o Príncipe iria até eles, bateria em suas portas e desejaria entrar, para que a amizade entre os cidadãos e Ele fosse mantida. Se eles ouvissem e lhe abrissem entrada, como normalmente faziam, caso estivessem em casa, então, Ele renovaria Seu antigo amor e o confirmaria com novos lembretes e sinais de favor contínuo.

E não era surpreendente agora contemplar que, no mesmo lugar onde algumas vezes Diabolus habitara e entretivera seus diabolinianos quase que para total destruição de Alma Humana, o Príncipe dos príncipes se assentava, comendo e bebendo com o povo da cidade, enquanto Seus poderosos capitães, homens de guerra, corneteiros, juntamente com os cantores e cantoras de Seu Pai, ao Seu redor, esperavam que os habitantes viessem? Agora o cálice de Alma Humana transbordava, suas fontes escorriam com vinho doce, a cidade comia o melhor dos grãos e bebia leite e mel que brotavam da rocha! Agora declaravam: "Quão grande é a Sua bondade, pois encontrei favor a Seus olhos! Quão honrado eu tenho sido!".

O bendito Príncipe também ordenou um novo oficial na cidade, e este era uma pessoa piedosa, seu nome era Sr. Paz de Deus: ele foi colocado sobre os Lordes Arbítrio e Alcaide, sobre o Sr. Arquivista sobre o pregador subordinado, o Sr. Consciência, e sobre todos os nativos da cidade de Alma Humana. Ele mesmo não era natural da cidade, mas viera da corte com o Príncipe Emanuel. Era um grande amigo dos Capitães Confiança e Boa Esperança; alguns afirmavam que eles eram parentes, e tenho a mesma opinião. Esse homem, como eu disse, foi feito governador-geral da cidade, especialmente sobre o castelo. O Capitão Confiança deveria auxiliá-lo nisso.

Observei atentamente que, enquanto todas as coisas corriam na cidade, da forma como esse gentil cavalheiro a conduzia, a cidade ficava na mais feliz condição. Não havia tumultos, queixas, interferências ou obras infiéis em toda Alma Humana. Cada cidadão cuidava diligentemente de suas ocupações. Os nobres, os oficiais, os soldados e todos os demais em liderança cumpriam as ordens desses homens. E quanto às mulheres e crianças, elas seguiam suas tarefas com alegria; trabalhavam e cantavam, desde a manhã até a noite. Assim, por toda a cidade não se via nada além de harmonia, quietude, alegria e saúde. Isso durou todo aquele verão.

Contudo, havia um homem na cidade de Alma Humana cujo nome era Sr. Segurança Carnal que, após toda essa misericórdia ser concedida sobre essa sociedade, levou Alma Humana a um grande e lamentável estado de escravidão. Um breve relato sobre ele e seus feitos estão como a seguir...

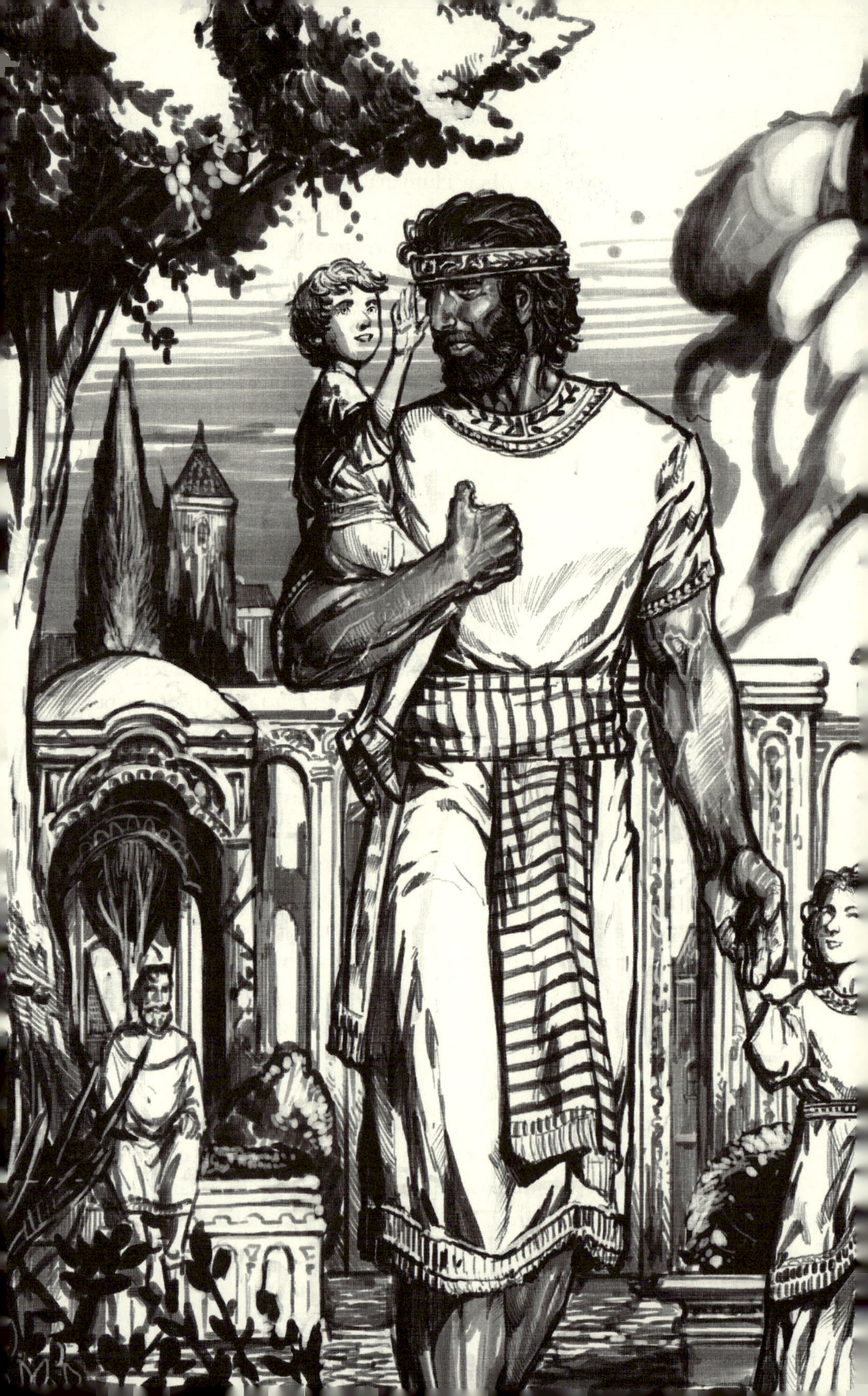

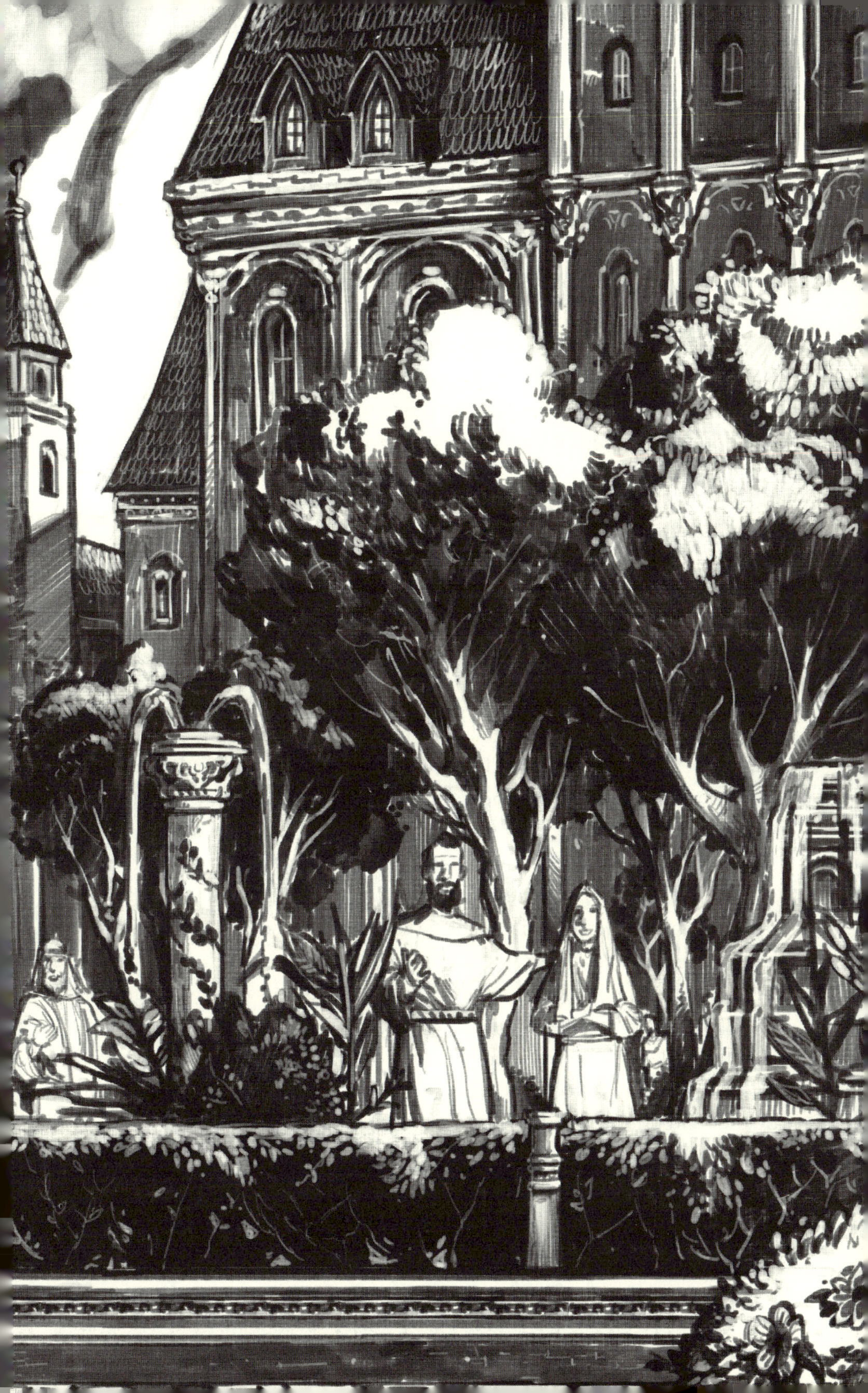

Quando inicialmente Diabolus tomou posse da cidade de Alma Humana, ele trouxe consigo um grande número de diabolinianos, homens que obedeciam às condições de Diabolus. Entre eles, havia um cujo nome era Sr. Autoengano que era um homem notavelmente vivaz, como todos os que, naquela época, possuíam a cidade de Alma Humana. Diabolus, então, percebendo que esse homem era muito ativo e ousado, enviou-o para muitos propósitos urgentes, os quais ele administrava melhor e ainda mais para o prazer de seu senhor, do que a maioria dos que vieram com ele de seus covis poderiam fazer. Assim sendo, achando-o tão adequado para seus propósitos, ele o preferiu e o tornou próximo ao grande Lorde Arbítrio, sobre quem já escrevemos bastante. O Lorde Arbítrio, naquele tempo, gostava muito desse homem e ficava contente com suas realizações e assim deu-lhe sua filha, a Senhorita Destemida, como esposa. Essa moça gerou, a partir de sua relação com o Sr. Autoengano, esse cavalheiro, o Sr. Segurança Carnal. Assim sendo, havendo tais estranhas mesclas de pessoas, tornou-se difícil para os cidadãos, em alguns casos, descobrir quem eram os nativos e quem não, pois o Sr. Segurança Carnal veio, por parte de mãe, da linhagem do Lorde Arbítrio, embora tivesse por pai um diaboliniano por natureza.

Bem, esse Segurança Carnal parecia-se muito com seus pais: era presunçoso e não temia nada. Ele também era um homem ocupadíssimo: nenhuma notícia, nada a respeito das doutrinas ou de alterações ou conversas sobre alterações poderia estar em progresso, a qualquer momento, em Alma Humana sem que esse cidadão estivesse encabeçando ou seguindo. Todavia, para assegurar-se em seus modos de agir, ele recusaria os que considerava os mais fracos e sempre ficava com os que supunha estarem no lado mais forte.

Quando o poderoso Shaddai e Emanuel, Seu Filho, guerrearam contra Alma Humana para conquistá-la, esse Sr. Segurança Carnal estava na cidade e era um grande realizador entre o povo, encorajando-os à rebelião, fazendo-os se endurecer em sua resistência aos exércitos do Rei. Porém, quando viu que a cidade fora tomada e convertida para o uso do glorioso Príncipe Emanuel, quando viu o que ocorrera com Diabolus e como ele mesmo foi desalojado e levado a deixar o castelo sob grande desonra e escárnio, e que a cidade de Alma Humana estava bem alinhada com os capitães, com os equipamentos de guerra, homens e provisões, o que ele fez foi astutamente alinhar-se também. Desse modo, assim como servia a Diabolus contra o bom Príncipe, fingiu que serviria o Príncipe contra seus inimigos.

E, no fim, tendo adquirido um pouco de conhecimento sobre as coisas de Emanuel, por ser ousado, ele se aventurou a se unir àquela sociedade e tentou conversar com os cidadãos. Segurança Carnal sabia que o poder e a força de Alma Humana eram grandes e que, se ele proclamasse o poder e a glória deles, isso só poderia agradar o povo. Desse modo, ele começou sua conversa sobre o poder e a força de Alma Humana e afirmava que eram impregnáveis. Magnificava os capitães e suas catapultas e aríetes, depois enaltecia suas fortificações e fortalezas e, por último, todas as garantias que o Príncipe lhes dera de que a cidade seria feliz para sempre. Quando ele percebeu que alguns cidadãos se agradavam e eram arrebatados pelos discursos dele, assumiu essa função e, saindo de rua em rua, de casa em casa e de homem em homem, convenceu a cidade a dançar conforme a sua música e a se tornar quase tão carnal quanto ele. Assim, de simples conversas eles passaram a festejos, e de festejos a aventurar-se e a algumas outras coisas.

Emanuel ainda estava na cidade de Alma Humana e sabiamente observou as obras deles. Os Lordes Alcaide e Arbítrio e o Sr. Arquivista também foram convencidos pelas palavras desse mexeriqueiro diaboliniano, esquecendo-se de que o Príncipe deles lhes dera anteriormente um alerta de que se acautelassem de não serem seduzidos por qualquer estratagema diaboliniano. Ademais lhes dissera que a segurança da agora próspera cidade de Alma Humana não repousava tanto em suas atuais fortificações ou exército, mas no uso que fariam do que possuíam e que levaria seu Emanuel a habitar dentro de seu castelo, visto que a correta doutrina de Emanuel era de que a cidade cuidasse de não esquecer o amor dele e de Seu Pai. E de que deveriam se humilhar a fim de continuar a manterem-se nesse estado. Contudo, a maneira de fazer isso, a saber, não era se apegando a um diaboliniano, como era esse Sr. Segurança Carnal, permitindo-se serem levados para cima e para baixo por ele. Deveriam ouvir seu Príncipe, temê-lo e o amar. Deveriam ter apedrejado esse perverso até a morte e cuidado em andar nos caminhos prescritos pelo Príncipe da cidade, pois a paz de Alma Humana seria como um rio quando a justiça de seus habitantes fosse como as vagas do mar.[2]

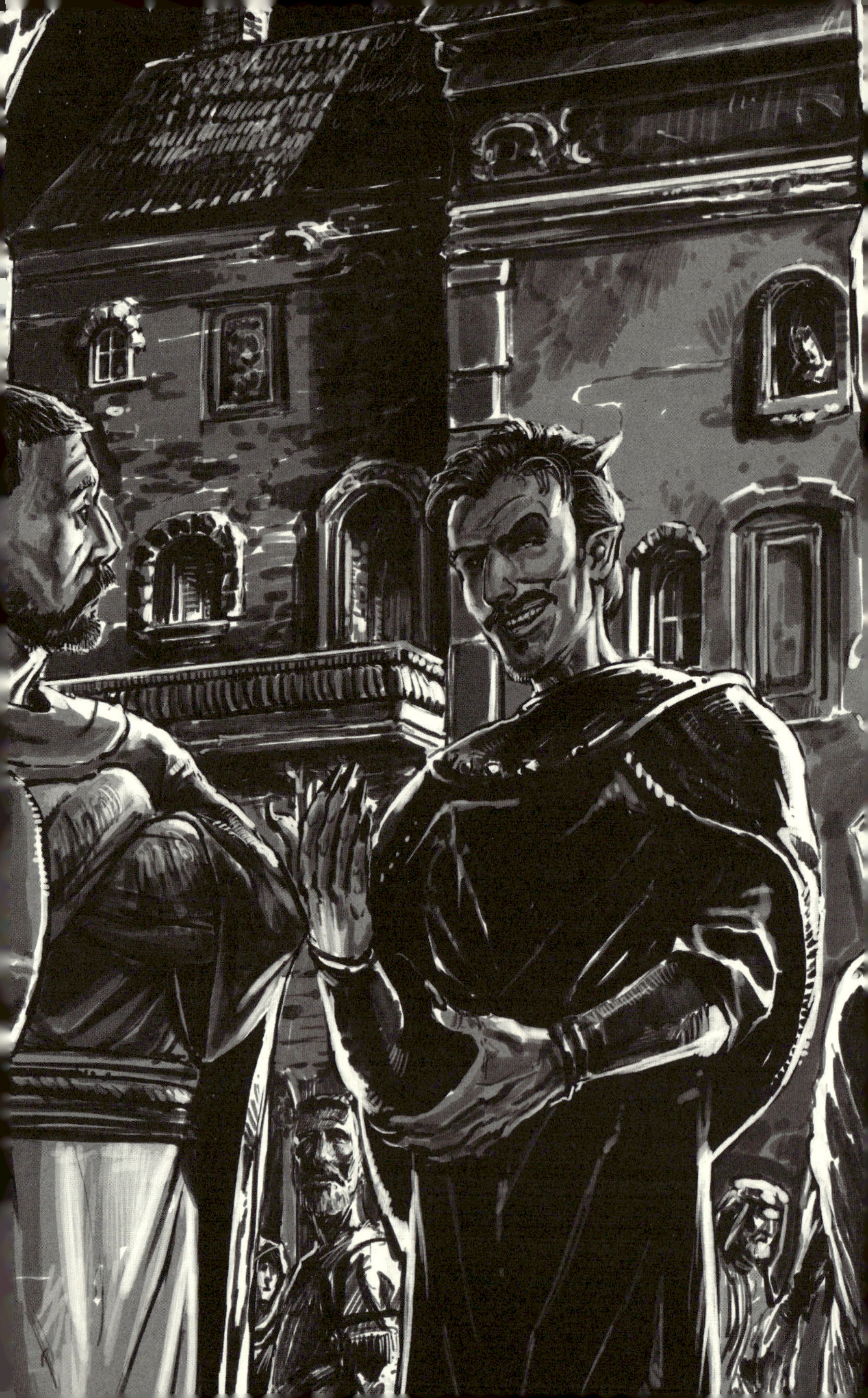

Quando o Príncipe percebeu que, por meio da política do Sr. Segurança Carnal, o coração dos homens de Alma Humana foi esfriado e mitigado em seu amor prático por Ele, Emanuel primeiramente lamentou e condenou esse estado deles com o Secretário, dizendo:

—Ó, se meu povo houvesse atentado a mim e se Alma Humana tivesse andado em meus caminhos! Eu os teria alimentado com o trigo mais fino e os teria sustentado com o mel que escorre da rocha.[3] — Depois disse ainda em Seu coração: —Retornarei à corte e irei ao meu lugar até que Alma Humana considere e reconheça sua ofensa.

E Emanuel assim o fez. A causa e a maneira de Sua partida do meio deles foi que Alma Humana o rejeitou, conforme manifesto nestes pormenores:

1. Deixaram seus antigos modos, pararam de visitá-lo e não iam mais ao Seu palácio real como antes;
2. Não consideravam, sequer percebiam, se Ele vinha ou não para estar com eles;
3. Os costumeiros banquetes de amor que havia entre o Príncipe e os cidadãos, embora Ele ainda os realizasse e convocasse a todos para comparecer, eles negligenciavam ir ou se deleitar neles;
4. Não aguardavam mais por Seus conselhos, mas tornaram-se obstinados e autoconfiantes, concluindo que agora eram fortes e invencíveis e que Alma Humana estava segura e longe do alcance do inimigo, crendo que esse estado deveria permanecer inalterado para sempre.

Conforme já foi dito, Emanuel, percebendo que pelos estratagemas do Sr. Segurança Carnal a cidade de Alma Humana fora afastada da dependência dele e de Seu Pai — por intermédio desse diaboliniano — e colocada sobre aquilo que lhes fora concedido, o Príncipe inicialmente, como eu disse antes, lamentou o estado deles e usou os meios para levá-los a compreender que o caminho que percorriam era arriscado: enviou-lhes o meu Lorde Secretário Executivo, a fim de proibir-lhes tais caminhos. Duas vezes o Secretário foi a eles e os encontrou jantando no salão do Sr. Segurança Carnal. Percebendo também que não estavam dispostos

---

[2] Isaías 48:18

[3] Salmo 81:16

a arrazoar sobre os assuntos referentes ao bem deles, Ele se entristeceu e se retirou, o que, quando contou ao Príncipe Emanuel, este se ofendeu e lamentou, fazendo assim as provisões para retornar à corte de Seu Pai.

Como eu dizia anteriormente, os métodos de Sua partida foram os seguintes:

1. Enquanto ainda estava em Alma Humana, Ele se manteve fechado e mais afastado do que previamente.
2. Se Emanuel se chegasse à sociedade deles, Seus discursos não eram mais tão agradáveis e familiares quanto antes.
3. Não enviava mais para Alma Humana, como nos tempos passados, aquelas iguarias de Sua mesa que Ele costumava lhes enviar.
4. Tampouco quando eles vinham visitá-lo, como faziam vez ou outra, já não era mais tão fácil falar com Ele quanto era no passado. O povo podia bater uma, sim, até duas vezes, contudo Ele não parecia prestar-lhes atenção de forma alguma. Ao passo que antes Ele logo se levantaria e correria para encontrá-los no meio do caminho, ao simples som dos passos deles, e os levaria aconchegando-os em Seu peito.

Porém, agora era assim que Emanuel se portava. Com isso, buscava fazê-los ponderar e voltar para Ele. Mas, infelizmente, eles não ponderaram, não reconheceram Seus modos, não se importaram, não foram tocados por isso, tampouco com a verdadeira lembrança dos favores passados. Assim sendo, Ele se retirou de maneira privada, primeiramente de Seu palácio, depois para o portão da cidade e, por fim, foi para longe de Alma Humana até que eles reconhecessem suas ofensas e buscassem Sua face com mais zelo. O Sr. Paz de Deus também entregou sua função e, por enquanto, não mais atuaria na cidade de Alma Humana.

Dessa maneira, eles andaram contrariamente ao Príncipe, e Ele novamente, como forma de retaliação, andaria contrário a eles. Porém, lamentavelmente, dessa vez eles estavam tão obstinados em seus caminhos e haviam sorvido de tal forma a doutrina do Sr. Segurança Carnal, que a partida de seu Príncipe não os tocou, sequer Ele foi lembrado por eles depois de Sua partida. Como consequência, Sua ausência não foi lastimada por eles.

Houve um dia em que esse velho cavalheiro, o Sr. Segurança Carnal, deu outra festa para a cidade de Alma Humana. Dessa vez, havia na cidade um Sr. Temor de Deus, que agora era pouco procurado, mas que antes era muito requisitado. Aquele homem, o velho Segurança Carnal, tinha em mente, se possível, enganá-lo, depravá-lo e abusar dele, como fizera com os demais, e, portanto, convidou-o para a festa com os seus amigos.

Chegado o dia, todos se prepararam, e o Sr. Temor de Deus dirigiu-se ao local com os demais convidados. Estando todos à mesa, comeram, beberam e se alegraram, todos menos esse homem, pois ele se sentou como um estranho e não comeu ou se alegrou. O que, quando percebido pelo Sr. Segurança Carnal, este se dirigiu ao homem com o seguinte discurso:

—Sr. Temor de Deus, o senhor não está bem? Parece estar enfermo do corpo ou da mente, ou ambos. Tenho um tônico feito pelo Sr. Esqueça o Bem, o qual, senhor, se quiser um gole, espero que o deixe bem afeiçoado e alegre, tornando-o assim mais parecido conosco, companheiros de celebração.

A isso, o bom cavalheiro replicou discretamente:

—Senhor, agradeço por todas as suas cortesias e agrados, mas não me inclino ao seu tônico. Porém, uma palavra aos nativos de Alma Humana: Vocês, anciãos e líderes da cidade, é-me estranho vê-los tão jocosos e felizes enquanto a cidade está em estado tão terrível!

Então, disse o Sr. Segurança Carnal:

—Você quer dormir, senhor? Duvido disso. Se quiser se deitar, por favor, e tirar um cochilo, enquanto isso nós festejaremos.

—Senhor, se você não fosse destituído de um coração honesto, não poderia fazer o que tem feito — disse o bom homem.

— Por quê? — questionou Segurança Carnal.

—Peço que não me interrompa — disse Temor de Deus. —É verdade que a cidade de Alma Humana era forte e, conforme as cláusulas, era impregnável. Contudo vocês, cidadãos, enfraqueceram-na e agora ela é detestável a seus inimigos. Este não é tempo de vanglória ou de permanecer calado. É você, Sr. Segurança Carnal, que astutamente despiu Alma Humana e afastou a glória dela. Você derrubou suas torres e quebrou seus portões, danificou suas trancas e ferrolhos.

"E agora, para que me explique melhor: a partir daquele momento em que vocês, meus senhores de Alma Humana e você, senhor, tornaram-se tão grandiosos, a Força de Alma Humana se ofendeu, levantou-se e partiu.

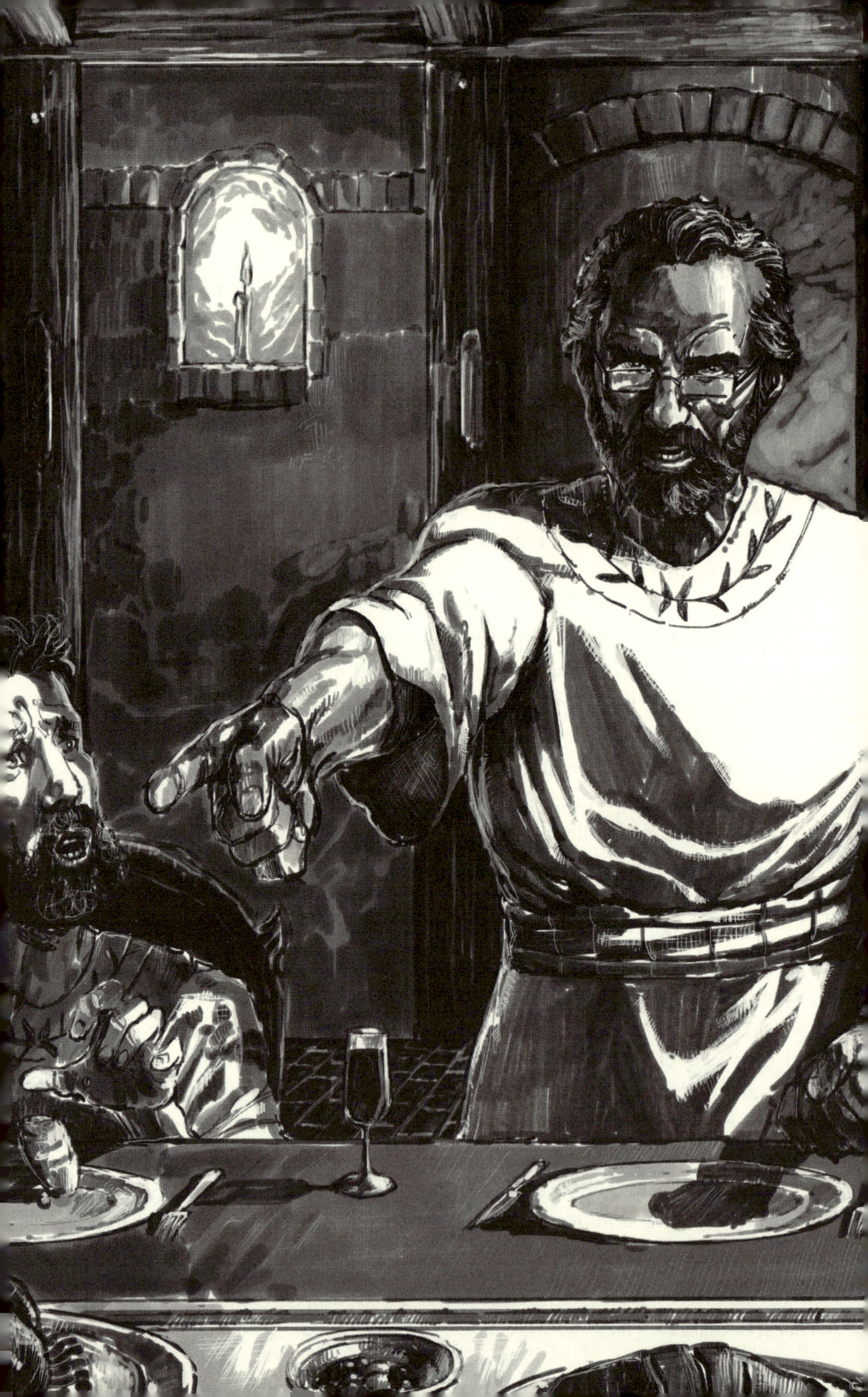

Se qualquer um questionar a verdade de minhas palavras, responder-lhe-ei com as seguintes perguntas: Onde está o Príncipe Emanuel? Quando foi a última vez que um homem ou mulher de Alma Humana o viu? Quando ouviram dele ou provaram de Suas iguarias? Vocês estão agora festejando com este monstro diaboliniano, mas ele não é seu Príncipe. Digo-lhes, portanto, embora os inimigos externos, por atenção de vocês, não conseguiram fazer de vocês presa, ainda assim por terem pecado contra seu Príncipe, seus inimigos internos foram muito difíceis de identificar.

A isso respondeu o Sr. Segurança Carnal:

—Que vergonha, Sr. Temor de Deus! Que disparate! Você nunca vai se livrar dessa sua timidez? Tem receio de ser vencido por um pardal? O que o feriu? Veja, estou a seu lado! Só você é a favor de gerar dúvidas; eu sou a favor de termos confiança. Além disso, esta é hora de ficar triste? Festas são feitas para alegria. Por que então você, para sua própria vergonha e tribulação, irrompe em tal linguagem passional e melancólica, quando deveria estar comendo, bebendo e se alegrando?

—Posso muito bem estar triste, uma vez que Emanuel partiu de Alma Humana — disse Temor de Deus. —Repito: Ele se foi, e você, senhor, é o homem que o afastou. Sim, Ele partiu sem sequer avisar os nobres de Alma Humana. E se isso não é um sinal de Sua ira, eu não estou familiarizado com os métodos da santidade.

"E agora, meus Lordes e cavalheiros, pois meu discurso ainda se dirige a vocês, sua rejeição gradual a Emanuel o provocou a gradualmente se afastar de vocês, o que Ele fez por algum tempo na esperança de que se sensibilizariam com isso e seriam renovados ao se humilharem. No entanto, quando Ele percebeu que nenhum de vocês se importaria ou traria esse princípio de Sua ira e julgamento para o coração, Ele partiu deste lugar. Testemunhei isso com meus próprios olhos. Portanto, enquanto se vangloriam, a glória de vocês se foi; são como o homem que perdeu os cachos que antes lhe pendiam sobre os ombros.[4] Pode ser que vocês, na companhia do senhor desta festa, agitem-se e concluam que tudo está como antes. Porém, uma vez que sem Emanuel, vocês nada podem fazer.[5]

---

[4] Referência a Sansão quando Dalila cortou os cabelos dele, entregando-o, enfraquecido, aos filisteus (Juízes 16:4-22).

[5] João 15:5

Diante do fato de que Ele os deixou, convertam suas festas em pranto e suas alegrias em lamentação."[6]

O pregador subordinado, o Sr. Consciência, — que outrora fora o Arquivista de Alma Humana — ficou atemorizado diante do que fora dito e começou a confirmá-lo.

—Sem dúvida, meus irmãos — disse ele —Receio que o que o Sr. Temor de Deus diz é verdadeiro. De minha parte, não tenho visto o Príncipe há um bom tempo. Não consigo lembrar o dia, nem responder à pergunta do Sr. Temor de Deus. Temo que tudo esteja perdido em Alma Humana.

—Agora, sei que não o encontrarão em Alma Humana, pois Ele partiu. Emanuel se foi por causa das falhas dos anciãos e porque eles recompensaram Sua graça com indiferença insuportável — disse Temor de Deus.

O pregador subordinado, então, parecia que cairia morto à mesa. Todos os demais presentes, com exceção do dono da casa, ficaram pálidos e abatidos. Contudo, após se recuperarem um pouco e conjuntamente concordarem em crer no Sr. Temor de Deus e naquilo que dissera, começaram a consultar qual seria o melhor a fazer, tanto ao dono da casa, por tê-los afastado para o mau caminho, como também para recuperar o amor de Emanuel. Nesse momento, o Sr. Segurança Carnal havia se retirado para seu cômodo particular, pois ele não apreciava tais atitudes deprimentes.

Com isso, o que o Príncipe lhes ordenara fazer quando se levantassem falsos profetas para iludir Alma Humana veio-lhes de forma muito viva à memória. Prenderam, então, o Sr. Segurança Carnal (concluindo que ele seria o falso profeta) e incendiaram a casa dele, pois era um diaboliniano por natureza.

Quando isso havia passado, eles se puseram a buscar Emanuel, seu Príncipe. Buscaram-no, mas não o encontraram. Ficaram ainda mais certos da verdade que dissera o Sr. Temor de Deus e começaram a ponderar sobre si mesmos, por seus feitos tão vis e impiedosos. Concluíram, assim, que foi por causa deles mesmos que seu Príncipe os deixara.

---

[6] Amós 8:10

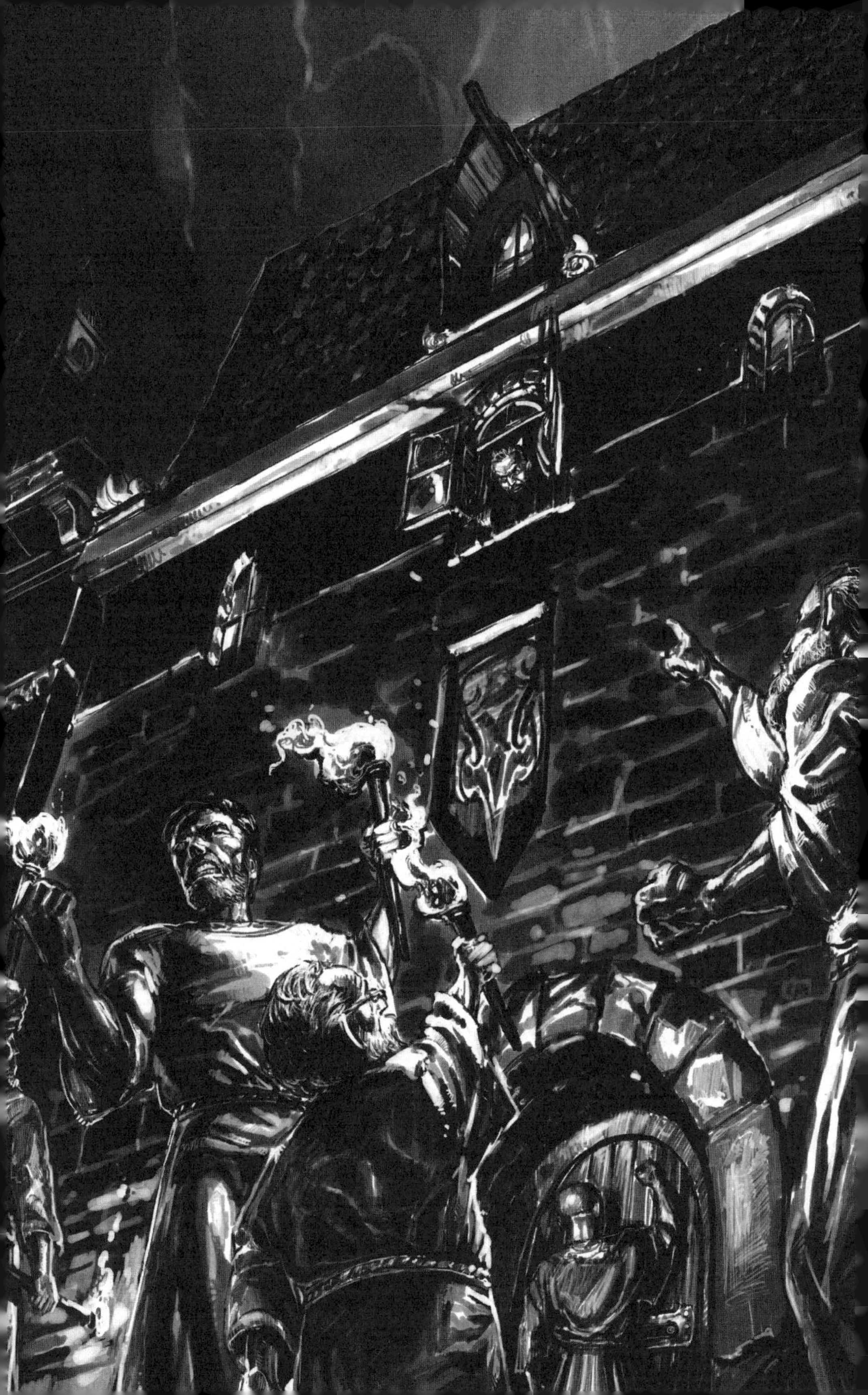

Concordaram em ir ao Lorde Secretário (Aquele a quem eles haviam se recusado ouvir e a quem entristeceram com seus atos), para saber, uma vez que Ele era um vidente, se Ele tinha conhecimento de onde estava Emanuel e como poderiam dirigir-lhe uma petição. Contudo, o Lorde Secretário não os admitiu para uma reunião sobre esse assunto, nem os aceitou em Seu régio local de habitação, tampouco saiu para lhes mostrar a Sua face ou sabedoria.

Aquele foi um dia soturno e sombrio, um dia nublado e de densas trevas sobre Alma Humana. Agora viam que tinham sido tolos e começaram a perceber o que a companhia e as tagarelices do Sr. Segurança Carnal haviam gerado, e que terrível prejuízo as suas bravatas trouxeram à cidade. Todavia ignoravam o que mais isso poderia lhes custar. Naquele momento, o Sr. Temor a Deus recuperou sua reputação com os habitantes da cidade, e eles estavam prontos a ver-lhe como um profeta.

CAPÍTULO 11

Quando o Dia do Descanso[1] chegou, eles foram ouvir seu pregador subordinado. Mas, ó, como ele soou como trovões e relâmpagos neste dia! O texto bíblico usado foi o do profeta Jonas: "Os que se entregam à idolatria vã abandonam aquele que lhes é misericordioso".[2] Havia tal poder e autoridade naquele sermão, e tal abatimento nas frontes do povo, como raramente são ouvidos ou vistos. Quando o sermão terminou, as pessoas mal conseguiam ir para suas casas ou lançar-se a seus afazeres na semana seguinte. Estavam tão afetadas pelo sermão e tão aflitas por terem sido abatidas, que ninguém sabia o que fazer.

O Sr. Consciência não apenas mostrou a Alma Humana o seu pecado, mas também tremia diante deles sob o senso de seu próprio pecado, lamentando por si mesmo à medida que pregava:

—Miserável homem que sou, que fiz coisas assim perversas! Que eu, um pregador a quem Emanuel delegou ensinar Sua lei à Alma Humana, pudesse viver insensível e embriagado aqui e ser um dos primeiros encontrados em transgressão, a qual também foi encontrada em meus recintos. Eu deveria ter bradado contra a maldade, mas permiti Alma Humana chafurdar nela, até que ela afastou Emanuel de suas fronteiras!

Com essas palavras, ele também acusava a todos os lordes e os habitantes da cidade, quase a ponto de os dispersar.

Nessa época, havia uma grave enfermidade em Alma Humana, e a maioria dos cidadãos estava gravemente aflita por ela. Sim, até mesmo os capitães e os homens de guerra foram levados a uma condição debilitada, e isso por muito tempo. De modo que, em caso de uma invasão, nada realmente efetivo poderia ser feito pelos cidadãos ou pelos oficiais de campo. Ó, quantas faces pálidas, mãos enfraquecidas, joelhos débeis e homens cambaleantes eram agora encontrados em Alma Humana! Aqui e ali se ouviam gemidos e suspiros; e um pouco mais adiante havia os que estavam prontos a desfalecer.

Também as vestimentas que Emanuel lhes outorgara estavam em estado lastimável. Algumas estavam rotas, outras rasgadas e todas em condições deploráveis. Outras ainda lhes estavam tão frouxas, que um arbusto qualquer poderia arrancá-las.

---

[1] Êxodo 34:21

[2] Jonas 2:8

Depois de algum tempo nessa triste e desoladora condição, o pregador subordinado convocou-os para um dia de jejum e humilhação por terem sido tão perversos contra o grande Shaddai e Seu Filho. E desejou que o Capitão Boanerges pregasse, o que ele consentiu em fazer. Chegado o dia, este era o versículo bíblico: "podes cortá-la; para que está ela ainda ocupando inutilmente a terra?"[3]. Aquele foi um sermão muito incisivo. Primeiramente, ele mostrou o contexto das palavras, a saber, que a figueira era estéril. Depois, explicou o que a frase continha: arrependimento ou destruição cabal. Explanou também por qual autoridade essa frase fora proferida: pelo próprio Shaddai. Por último, mostrou-lhes os motivos para sua argumentação e daí concluiu o sermão. Contudo, ele foi muito pertinente em sua aplicação, a ponto de levar a pobre Alma Humana a estremecer.

Esse sermão, tanto quanto o anterior, trabalhou o coração dos homens de Alma Humana. Ele ajudou a manter despertos aquele que foram avivados pelo sermão anterior. De modo que, por toda a cidade, havia pouco a ser visto ou ouvido senão tristeza, lamentos e pesar.

Depois do sermão, eles se reuniram e consultaram sobre o que seria o melhor a se fazer. Disse o pregador subordinado:

—No entanto, não farei nada de mim mesmo, sem me aconselhar com meu vizinho, o Sr. Temor a Deus. Se ele anteriormente tinha mais entendimento da mente de nosso Príncipe do que nós, creio que também tenha agora que estamos voltando à virtude.

Assim, eles enviaram alguém a convocar o Sr. Temor a Deus, e ele logo apareceu. Eles desejaram que ele lhes mostrasse mais da sua opinião sobre o que eles deveriam fazer. O velho cavalheiro respondeu-lhes assim:

—É minha opinião que a cidade de Alma Humana deva, agora em seu tempo de angústia, escrever e enviar uma humilde petição a seu ofendido Príncipe Emanuel, para que Ele, por Seu favor e graça, volte-se novamente a vocês e não mantenha a Sua ira para sempre.

Quando os habitantes da cidade ouviram esse discurso, consentiram unanimemente em concordar com seu conselho. Rapidamente esboçaram suas requisições e, a seguir, escolheriam quem levaria a petição. Por fim, concordaram em enviá-la pelas mãos do Lorde Alcaide. Ele aceitou

---

[3] Lucas 13:7

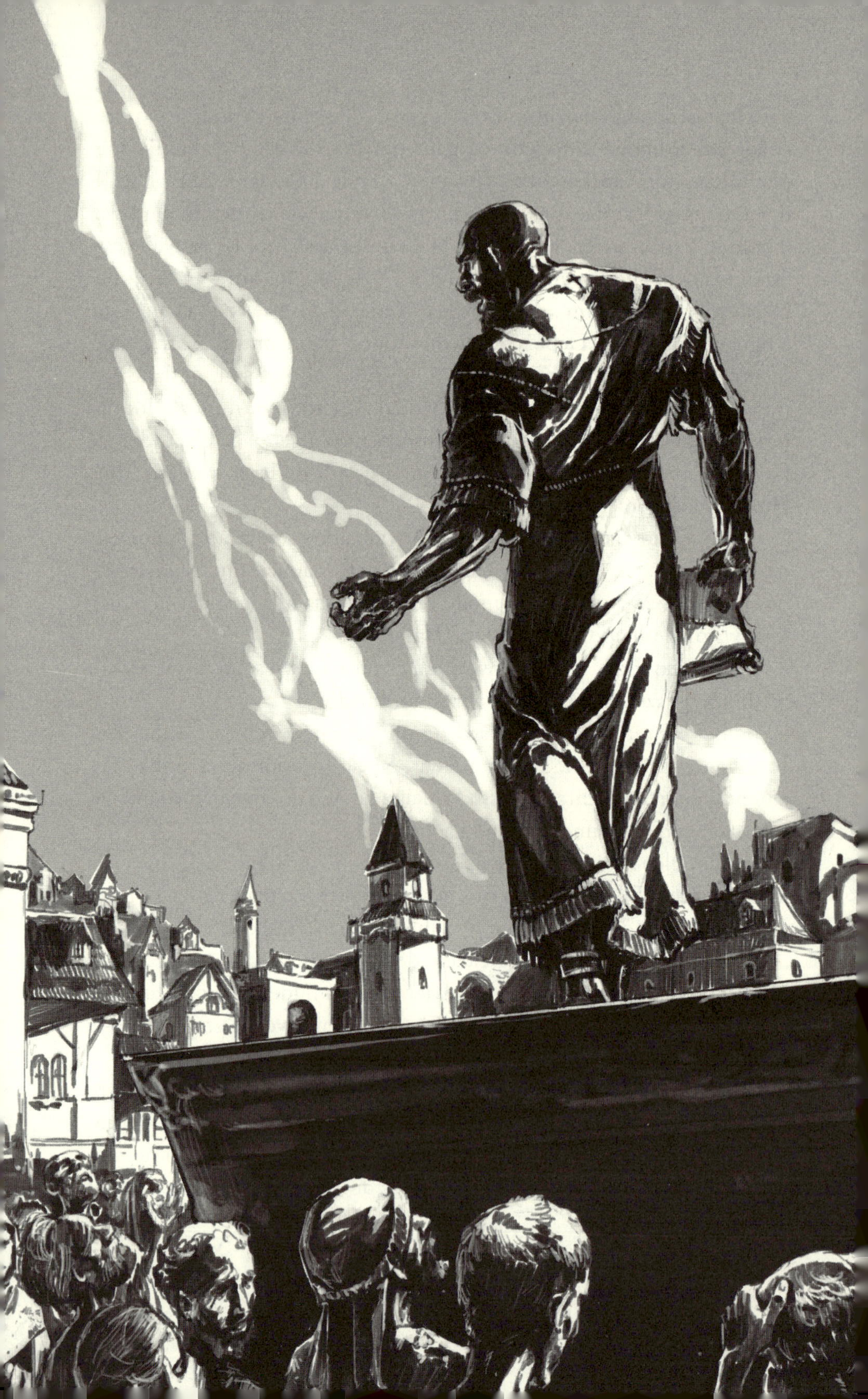

a incumbência e retirou-se para sua jornada. Chegou à corte de Shaddai, aonde Emanuel, o Príncipe de Alma Humana, havia ido. Contudo, o portão estava fechado e havia ali vigilância acirrada, de forma que o peticionário foi forçado a permanecer do lado de fora por bastante tempo. Ele, então, pediu que alguém fosse ao Príncipe e lhe dissesse quem estava ao portão e o assunto que viera tratar. Assim, uma pessoa foi até Shaddai e a Emanuel, Seu Filho, para lhes comunicar que o Lorde Alcaide, da cidade de Alma Humana, estava no exterior do portão da corte do Rei, desejando ser admitido à presença do Príncipe. Também lhes disse qual era a missão do Alcaide. Porém o Príncipe não foi ao encontro dele e tampouco autorizou que o portão lhe fosse aberto, mas enviou-lhe uma resposta para todos os efeitos: "Ao invés de se voltarem a mim, eles me deram as costas; agora, em tempo de aflição, dizem-me para me levantar e os salvar. Não podem ir ao Sr. Segurança Carnal, a quem se dirigiram quando se afastaram de mim, e fazer dele seu líder, seu senhor e protetor em seu momento de angústia? Por que me visitam agora, em tempo de sofrimento, uma vez que a prosperidade deles findou?

Tal resposta empalideceu o rosto do Lorde Alcaide, perturbou-o, deixou-o perplexo e lhe trouxe pesar. Nesse momento, começou a perceber o que era ser íntimo de diabolinianos como o Sr. Segurança Carnal. Quando viu que na corte havia pouca esperança de auxílio, quer para si próprio quer para seus amigos de Alma Humana, ele bateu no peito e retornou aos prantos por todo o caminho, lastimando o lamentável estado de sua cidade.

Quando ele já estava visível a Alma Humana, os anciãos e os líderes do povo foram ao portão para o encontrar e saudar e saber como fora na corte. Mas ele lhes contou a história de forma tão lúgubre que todos clamaram, lamentaram e prantearam. Por isso, todos lançaram cinzas e poeira sobre suas cabeças, colocaram panos de saco sobre seus lombos e choraram por toda a cidade, o que, quando testemunhado pelo restante dos habitantes, todos lamentaram e choraram. Aquele, portanto, foi um dia de repreensão, pesar, angústia e de grande aflição para Alma Humana.

Depois de algum tempo, quando todos já haviam se recomposto, reuniram-se novamente em consulta para confabular sobre o que lhes restava fazer. Pediram conselho, como anteriormente, ao Sr. Temor a Deus, que lhes disse não haver melhor maneira do que a que eles haviam empregado, mas que ele não queria que se sentissem desencorajados pela resposta que receberam da corte. Sim, embora muitos de seus pedidos fossem respondidos com nada, exceto silêncio ou repreensão.

—Pois — disse ele —, este é o método do sábio Shaddai: levar os homens a esperar e exercer paciência. Tal deve ser o anseio daqueles em necessidade e que se dispõem a repousar nele.

Eles recuperaram a coragem e enviaram mensageiros continuamente, de modo que não havia um único dia ou hora que Alma Humana sequer cogitasse a possibilidade de não haver um mensageiro visto nas estradas, ou por outros caminhos, soando a trombeta da cidade para a corte do Rei Shaddai, e todos iam com cartas de petição da parte deles rogando pelo retorno do Príncipe para eles. A estrada, nesse tempo, estava tomada de mensageiros indo e voltando, encontrando-se uns com os outros — alguns provenientes da corte, outros, de Alma Humana. Essa era a tarefa da miserável cidade todo aquele tempo, naquele rigoroso e tedioso inverno.

Vocês devem se recordar que eu lhes disse anteriormente que, mesmo depois de Emanuel tomar a cidade e remodelá-la, havia, em alguns lugares sombrios daquela sociedade, alguns diabolinianos que, ou tinham vindo com Diabolus por ocasião em que invadiu e conquistou Alma Humana, ou que haviam ali nascido, se reproduzido e sido educados por causa das misturas ilegais que aconteceram. Os covis, covas e locais de observação deles estavam dentro das muralhas da cidade, sob elas ou ao seu redor. Os nomes de alguns deles eram Lorde Fornicação, Lorde Adultério, Lorde Assassinato, Lorde Ódio, Lorde Lascívia, Lorde Engano, Lorde Olho Perverso, Lorde Blasfêmia e aquele terrível vilão: o velho e ameaçador Lorde Ganância. Como eu lhes disse, esses ainda habitavam a cidade de Alma Humana mesmo que Emanuel tivesse expelido o príncipe deles para fora do castelo.

O bom Príncipe havia dado uma comissão contra eles ao Lorde Arbítrio e aos demais, ou seja, a toda a cidade, de que procurassem, capturassem, prendessem e destruíssem qualquer deles em que pusessem as mãos, visto que eram diabolinianos por natureza, inimigos do Príncipe, e buscavam destruir a bem-aventurança de Alma Humana. Todavia, a cidade não atentou a esse alerta, negligenciando buscar, apreender, acorrentar e destruir tais diabolinianos. Por isso, esses vilões tomam coragem, vez ou outra, para colocarem suas cabeças para fora e se mostrarem aos habitantes da cidade. Disseram-me até que alguns de Alma Humana ficaram muito íntimos de alguns deles, para a infelicidade daquela sociedade, conforme vocês ouvirão no tempo e lugar certos.

Bem, quando os lordes diabolinianos que haviam permanecido perceberam que Alma Humana havia ofendido seu Príncipe Emanuel por terem pecado, e que Ele havia se retirado, eles tramaram a ruína da cidade. Por isso se reuniram e, sob a liderança de um tal Sr. Destruição, também um diaboliniano, deliberaram sobre como entregar Alma Humana nas mãos de Diabolus novamente. Alguns aconselharam de um jeito, outros, de forma diversa, cada um deles de acordo com suas preferências. Por fim, o Lorde Lascívia propôs, fosse ou não o melhor, que primeiramente alguns daqueles diabolinianos que estavam na cidade se arriscassem em se oferecer como servos de alguns nativos de Alma Humana. Disse ele:

—Pois, se eles assim fizerem e Alma Humana aceitá-los, eles poderão tornar a conquista da cidade mais fácil do que seria, tanto para nós quanto para Diabolus.

No entanto, o Lorde Assassinato se levantou e asseverou:

—Isso não pode ser feito agora, uma vez que a cidade está em um tipo de furor porque foram enredados por nosso amigo, o Sr. Segurança Carnal, e ofenderam o Príncipe deles. Como poderão se reconciliar com o nosso pai, o seu antigo senhor, senão por entregarem as cabeças desses homens? Ademais sabemos que os cidadãos têm a ordem de nos capturar e eliminar sempre que nos encontrarem. Portanto, sejamos sagazes como as raposas, pois se formos mortos não poderemos lhes causar dano; porém vivos, sim.

Assim, após debaterem o assunto, decidiram unanimemente que deveriam enviar uma carta para Diabolus em nome deles, pela qual lhe relatariam o estado da cidade de Alma Humana, e como ela estava sob o rigoroso olhar do seu Príncipe. Alguns afirmaram:

—Também podemos dar-lhe a conhecer nossas intenções e pedir o conselho dele nesse caso.

A carta, escrita e enviada, tinha o conteúdo a seguir:

"Para nosso grande senhor, o príncipe Diabolus, que habita no covil infernal,

"Ó grande pai e poderoso príncipe Diabolus, nós, os verdadeiros diabolinianos que permanecemos na rebelde cidade de Alma Humana e recebemos de suas mãos a nossa existência e acalento não podemos testemunhar, com alegria e calma, como fazemos hoje, a maneira como o senhor tem sido desdenhado, desprezado e rejeitado entre os habitantes desta cidade. Tampouco a sua longa ausência nos é deleitosa, uma vez que ela serve para nosso maior detrimento.

"O motivo pelo qual estamos escrevendo para o senhor é porque não estamos totalmente sem esperança de que essa cidade possa se tornar de novo a sua habitação, pois eles têm sido rejeitados pelo Príncipe Emanuel, que se levantou e partiu daqui. E, embora eles continuamente lhe enviem petições requisitando o Seu retorno, não têm sido bem-sucedidos ou conseguido ter dele boas palavras.

"Ultimamente também tem acontecido aqui uma enfermidade e um esmorecimento que permanecem até o momento. Essas coisas não se limitam apenas aos mais pobres da cidade, mas também atingem os lordes, os capitães e os demais nobres — somente nós, os diabolinianos, permanecemos bem, vívidos e fortes. Desse modo, julgamos que, por causa da grande transgressão do povo, por um lado, e por essa ameaçadora enfermidade, por outro, eles estejam vulneráveis à sua mão e poder. Por conseguinte, se estiver de acordo com seus terríveis ardis, e dos demais príncipes que estão com o senhor, vir e tentar conquistar Alma Humana novamente, informe-nos, pois faremos o melhor ao nosso alcance para nos aprontar a fim de entregá--la em suas mãos. Contudo, caso o que lhe dissemos não seja considerado o melhor e mais adequado a ser feito por nosso pai, envie-nos um pequeno bilhete visto que estamos dispostos a seguir o seu conselho mesmo que ele represente risco a nossa vida, ou a qualquer outra coisa que possuímos.

"Essa carta foi redigida por nossas mãos, no dia e data acima descritos, após meticulosa deliberação na casa do Sr. Destruição, que ainda está vivo e tem sua residência em nossa desejável cidade de Alma Humana."

Quando o Sr. Profano (pois foi ele que entregou a mensagem) chegou com essa carta à colina Portão do Inferno, bateu nos brônzeos portões de entrada. Cérbero,[4] o porteiro encarregado daquele acesso, abriu ao Sr. Profano, que lhe entregou a carta que trouxera dos diabolinianos de Alma Humana. Levando-a para dentro, apresentou-a a Diabolus, seu senhor, e disse:

---

[4] Na mitologia grega, esse era o cão de três cabeças que guardava os portões Hades — o mundo dos mortos ou, como outros classificam, o inferno.

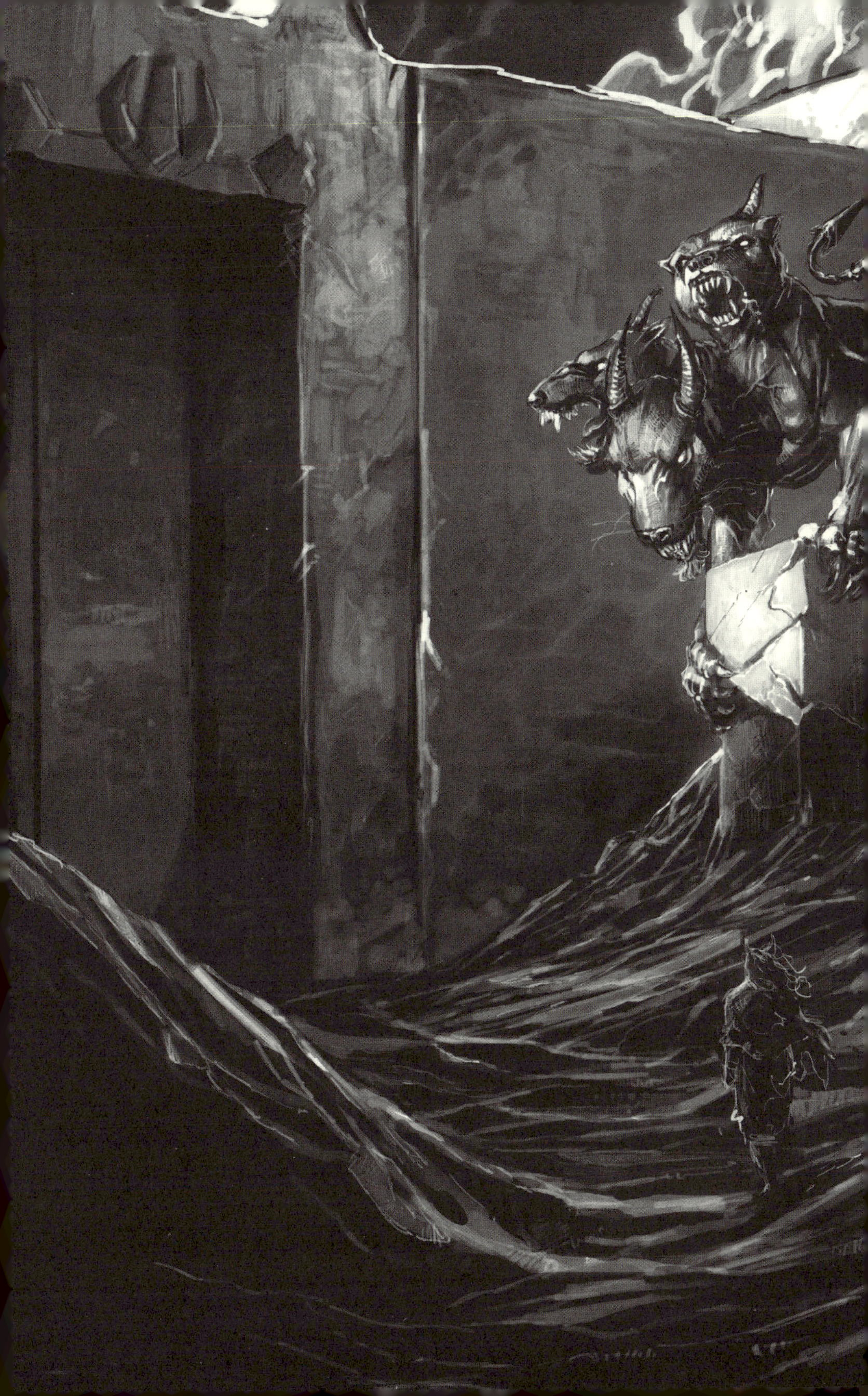

—Notícias de Alma Humana, meu senhor, que vieram de nossos leais amigos na cidade.

De todos os lugares daquele covil vieram Belzebu, Lúcifer e Apolião, com os demais libertinos, para ouvir as novidades sobre a cidade. O selo da carta foi rompido, e ela foi lida, enquanto Cérbero ficava por perto. O conteúdo espalhou-se por todos os cantos do covil, e foi dada uma ordem de que o sino do homem morto deveria soar em celebração. Soado o sino, os príncipes se regozijaram de que provavelmente Alma Humana estava fadada à ruína. O sineiro exultou:

—A cidade de Alma Humana está vindo habitar conosco! Arranjem-lhe espaço.

Essa era a mensagem que soava do sino, pois todos esperavam que recuperariam Alma Humana.

Depois dessa horrenda cerimônia, eles se reuniram uma vez mais para deliberar qual resposta deveriam enviar a seus amigos em Alma Humana. Uns diziam uma coisa e outros, outra; porém, no final, pelo fato de a missão exigir agilidade, deixaram tudo com o príncipe Diabolus, por julgarem que ele seria o melhor senhor para aquele lugar. Assim, ele esboçou uma carta em resposta à trazida pelo Sr. Profano conforme achou adequado. Enviou-a aos diabolinianos que habitavam Alma Humana por meio do mesmo emissário que a trouxera. Este era o conteúdo:

"Aos nossos filhos, os elevados e poderosos diabolinianos que ainda habitam na cidade de Alma Humana. Diabolus, o grande príncipe de Alma Humana, deseja a vocês prósperos início e conclusão de todos os empreendimentos, conspirações e desígnios que vocês, por estima e respeito à sua própria honra, têm em mente experimentar contra essa cidade!

"Filhos e prezados discípulos, Lordes Fornicação e Adultério e todos os demais, recebemos aqui, em nosso covil de desolação, por intermédio do Sr. Profano, a sua carta, que nos trouxe a maior alegria e satisfação. A fim de demonstrar o quanto as suas notícias foram aceitáveis, tocamos nosso sino por alegria, pois nos regozijamos tanto quanto possível quando percebemos que ainda temos amigos em Alma Humana e tais que buscam nossa honra e vingança pela ruína da cidade. Também nos alegramos em ouvir que os cidadãos estão em condição degenerada e que ofenderam ao Príncipe deles a ponto de Ele os deixar. Trouxe-nos satisfação saber sobre a enfermidade deles, bem como a saúde, poder e força de vocês. Igualmente, nos alegraria muito, meus horríveis queridos, se pudéssemos ter a cidade em nossas garras novamente. Não pouparemos o uso de nossa inteligência, astúcia, habilidades ou invenções infernais para trazer a bom termo esse seu início tão corajoso.

"E consolem-se com estas palavras, estimados filhos: novamente a surpreenderemos e a tomaremos. Buscaremos passar todos os nossos inimigos à espada e faremos de vocês grandes lordes e capitães dessa cidade. Caso a retomemos, não há necessidade de vocês temerem que, depois de tudo, sejamos novamente expulsos, uma vez que viremos com mais força e a agarraremos ainda mais rapidamente do que fizemos da primeira vez. Além disso, é lei do Príncipe que, se nós retomarmos Alma Humana uma segunda vez, ela será nossa eternamente.

"À vista disso, nossos confiáveis diabolinianos, espreitem ainda mais e empenhem-se em espionar as fraquezas da cidade. Semelhantemente, desejamos que busquem enfraquecer os cidadãos dela mais e mais. Enviem-nos mensagem sobre quais meios pensam ser os melhores para tentar recuperá-la. Ou seja, quer por persuasão a uma vida vã e permissiva, quer por tentá-los à dúvida e desespero, ou explodindo-a com a pólvora do orgulho ou presunção. Ó, bravos diabolinianos e filhos do inferno, estejam sempre em prontidão para atacá-los da forma mais horrenda no interior das muralhas porque estaremos preparados para vir contra eles do lado de fora. Agora, apressem-se em seu projeto, e nós em nossos desejos, como o maior poderio de nossos portões, o que é o plano de nosso grande Diabolus, o inimigo de Alma Humana, que treme quando pensa no julgamento porvir. Todas as bênçãos do inferno sejam sobre vocês. Assim encerramos nossa carta, entregue da boca do abismo, pelo consentimento de todos os príncipes das trevas, a ser enviada ao exército e poder que ainda nos resta em Alma Humana, pelas mãos do Sr. Profano, por mim, Diabolus."

Como dito, essa carta foi enviada para os diabolinianos que ainda viviam em Alma Humana e habitavam a muralha, partindo da sombria masmorra de Diabolus, por intermédio do Sr. Profano, o mesmo que trouxera a correspondência deles ao abismo. Quando o Sr. Profano retornou e chegou à cidade, foi direto para a residência do Sr. Destruição porque lá se encontrava o conclave e era o local onde os idealizadores se encontravam. Quando perceberam que seu mensageiro havia voltado são e salvo, ficaram muito alegres. Ele, então, apresentou-lhes a carta que trouxera de Diabolus, a qual, depois de lida e ponderada, aumentou ainda mais a satisfação deles. Perguntaram-lhe sobre o bem-estar de seus comparsas, como estavam o lorde deles, Diabolus, Lúcifer, Belzebu e os demais daquele covil, ao que respondeu o Sr. Profano:

—Bem, bem, meus senhores, todos estão bem, tão bem quanto possível naquele lugar. Eles também soaram o sino de alegria após terem lido a sua mensagem, como vocês puderam perceber pela leitura dessa carta em suas mãos.

Assim sendo, depois de terem lido a correspondência e percebido que ela os incentivava em seu trabalho, voltaram às suas maquinações, isto é, como poderiam completar seu plano diabólico sobre Alma Humana. A primeira coisa sobre a qual concordaram foi em manter tudo em segredo, tanto quanto possível, de Alma Humana. Pensavam: "Que não seja conhecido por Alma Humana o que estamos planejando contra ela". Depois disso, confabularam sobre como e por qual meio poderiam trazer a ruína da cidade e como causariam a sua derrocada. Não havia muito acordo sobre isso até que o Sr. Engano, pondo-se de pé, disse:

—Meus caros amigos diabolinianos, lordes e os nobres provenientes do profundo calabouço, proponhamos a nós mesmos estes três caminhos:

"1. Se devemos buscar a ruína de Alma Humana, fazendo-a permissiva e vaidosa.

"2. Ou se conduzindo-a à dúvida e ao desespero.

"3. Ou se esforçando-nos por explodi-la com a pólvora do orgulho e autoengano.

"Bem, penso que se nós os tentarmos ao orgulho, isso pode ter algum efeito; e se os tentarmos à devassidão, pode ser que isso ajude. Porém, tenho em mente que, se pudermos levá-los ao desespero, atingiríamos o centro do alvo, pois assim os teríamos, inicialmente, questionando a verdade do amor no coração do Príncipe deles — e isso o desagradaria imensamente. Caso isso funcione, faria que eles rapidamente abandonassem o envio de petições a Emanuel, e dissessem adeus às suas desveladas solicitações por auxílio e suprimento. Concluiriam naturalmente que de nada vale o esforço, nada estão conseguindo com ele."

Todos consentiram unanimemente com o Sr. Engano. A próxima questão era: Como colocariam esse projeto em ação? O mesmo cavalheiro afirmou-lhes:

—Deixemos ir tantos de nossos amigos quantos quiserem se aventurar em promover a causa de nosso príncipe e disfarçarem-se com outras vestimentas, mudarem de nome e irem à praça do mercado como se fossem homens do campo. Eles se oferecerão como servos da célebre Alma Humana e dissimularão estar fazendo por seus senhores todo o bem possível. Se os cidadãos os contratarem, eles poderão, em pouco tempo, corromper e profanar a sociedade, e o agora Príncipe deles não ficará apenas mais ofendido com eles, mas os vomitará de Sua boca. E quando isso for feito, nosso príncipe Diabolus os devorará com facilidade. Sim, eles mesmos se lançarão na boca do devorador.

Assim que tal plano foi apresentado, foi logo amplamente aprovado, e os diabolinianos se dispuseram a empreender essa missão tão delicada. Contudo acharam não ser adequado que todos o fizessem. Por isso escolheram entre dois ou três nomes, a saber: os Lordes Ganância, Lascívia e Ódio. O Lorde Ganância chamou a si mesmo de Economia Prudente; o Lorde Lascívia, de Prazer Inofensivo; o Lorde Ódio, de Bom Zelo.

Chegado o dia da feira, eles entraram na praça do mercado, todos com aparência atraente e aparamentados com pele de ovelha, que era tão alva quanto a vestes dos habitantes de Alma Humana. Os três falavam bem o idioma da cidade e, quando entraram na praça e ofereceram seus serviços aos cidadãos, foram logo admitidos, visto que pediam baixos salários e prometiam prestar um excelente serviço a seus senhores.

O Sr. Mente contratou Economia Prudente, e o Sr. Temor a Deus, o Bom Zelo. É verdade que Prazer Inofensivo permaneceu por um pouco de tempo aguardando e não conseguiu prontamente um mestre para si como os demais, porque Alma Humana estava na Quaresma nesse tempo. No entanto, como esse período estava chegando ao seu fim, o Lorde Arbítrio contratou Prazer Inofensivo como seu servo pessoal e lacaio. Assim, todos conseguiram senhores para si.

Tendo tal acesso às casas dos homens de Alma Humana, logo iniciaram sua destruição. Por serem imundos, maliciosos e astutos, logo corromperam as famílias onde estavam. Sim, contaminaram muito a seus senhores, especialmente o Economia Prudente e o Prazer Inofensivo. Aquele que

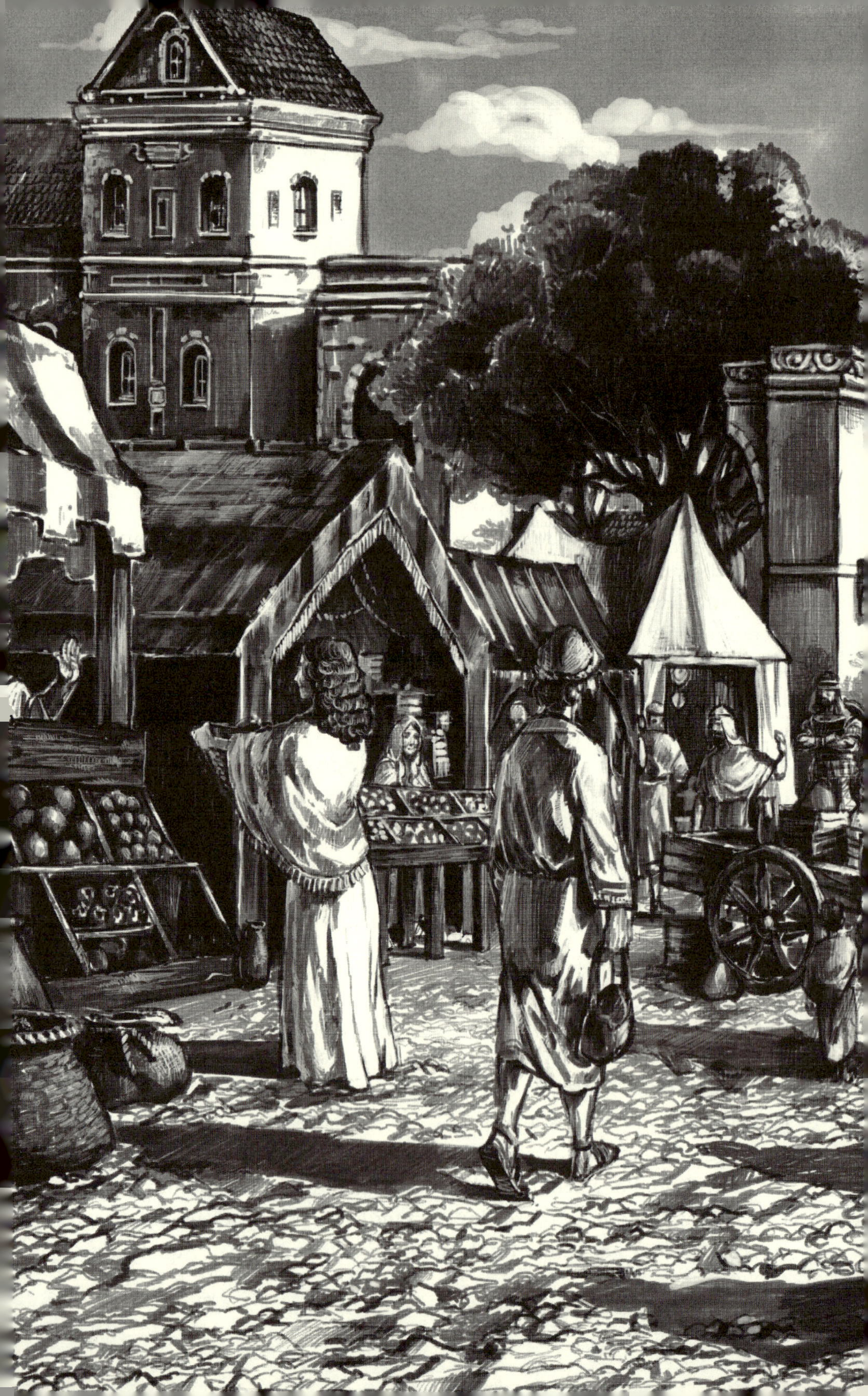

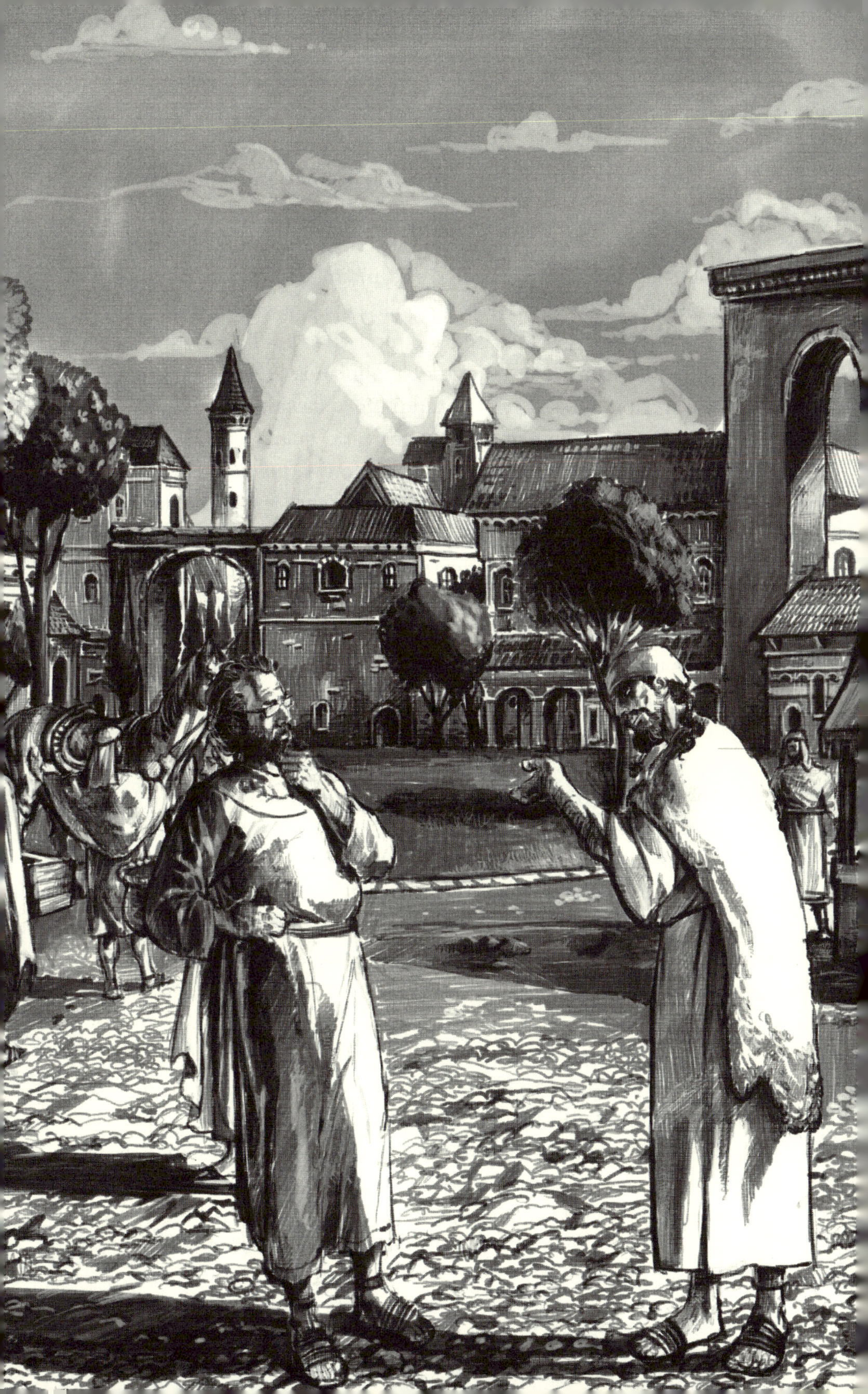

tinha a alcunha de Bom Zelo não foi apreciado por seu senhor, visto que este rapidamente identificou que ele era falso e um canalha. Quando percebido, Bom Zelo fugiu com urgência daquela casa ou, não duvido, seu senhor o teria levado à forca.

Logo depois que esses vadios haviam implementado seus planos e corrompido a cidade tanto quanto conseguiram, começaram a pensar em que momento o príncipe deles, Diabolus, que estava do lado de fora, e eles mesmos, por dentro da cidade, poderiam realizar a tentativa de tomada de Alma Humana. Todos os diabolinianos concordaram que isso seria melhor em um dia de feira porque o povo da cidade estaria ocupado com seus afazeres. E tomem isto como regra: quando as pessoas estão mais atarefadas no mundo, é nesse momento que menos temem o inesperado. Eles igualmente pensavam: "Também conseguiremos nos reunir sem levantar muita suspeita para o serviço de nossos amigos e lordes. Isso mesmo! Em dias como esse, se tentarmos colocar em prática nosso plano e falharmos, se eles nos causarem tumulto, conseguiremos nos esconder mais facilmente entre a multidão e fugir".

Após concordarem com tais desígnios, escreveram outra carta para Diabolus e a enviaram por meio do Sr. Profano, sendo o conteúdo dela o seguinte:

"Nós, os lordes da Devassidão, de nossos covis, cavernas, fossos e fortalezas dentro e ao redor da cidade de Alma Humana, saudamos o grande e elevado Diabolus!

"Nosso grande senhor e sustentador de nossa vida, Diabolus, como ficamos alegres quando ouvimos falar da prontidão de nosso pai em consentir conosco e nos ajudar a levar adiante nosso plano de tentar arruinar Alma Humana! Ninguém sabe o quanto, senão aqueles que, como nós, voltam-se contra toda a aparência do bem, sempre e onde quer que a encontrem.

"Não estamos apreensivos com relação ao incentivo que agradou a Vossa Alteza em nos conceder para continuar a engendrar, maquinar e examinar a total desolação de Alma Humana. Sabemos bem que não pode ser senão agradável e proveitoso vermos nossos inimigos e todos os que nos perseguem morrerem aos nossos pés, ou fugirem diante de nós. Portanto, ainda estamos arquitetando, e isso com o melhor de nossa sagacidade, como tornar essa missão mais fácil e suave para nossos mestres e para nós.

"Primeiramente, consideramos aquele ardil infernal, o projeto triplo que nos foi proposto por vocês em nossa última comunicação. Concluímos que, embora os explodir com a pólvora do orgulho seria muito bom e que tentá-los a serem permissivos e vaidosos nos ajudaria, achamos que trazê-los para o golfo da desolação seria o melhor de todos. Agora nós, que atuamos conforme o que vocês nos sinalizaram, maquinamos duas maneiras de fazer isso: inicialmente nós, de nossa parte, os tornaríamos tão vis quanto pudermos; e, depois, com vocês, no dia marcado, estaremos em prontidão para nos lançar sobre eles com força máxima. E de todas as nações que estão sob seu comando, achamos que um exército de Céticos poderá ser o mais promissor para atacar e vencer a cidade de Alma Humana. Desse modo, ou nós os dominaremos ou o abismo abrirá sua boca sobre eles e o desespero os tragará para si. Nós, para a eficácia desse projeto tão desejado, enviamos três de nossos confiáveis diabolinianos para o meio dos habitantes da cidade. Eles estão disfarçados com vestimentas diferentes, mudaram seus nomes e agora foram aceitos pelos habitantes de Alma Humana, a saber: Ganância, Lascívia e Ódio. O nome do primeiro foi mudado para Economia Prudente, e o Sr. Mente, que o contratou, já está quase tão mau quanto nosso amigo. Lascívia recebeu a alcunha de Prazer Inofensivo e foi contratado como lacaio do Lorde Arbítrio, que já está muito devasso. Ódio chamou-se de Bom Zelo e foi servir ao Sr. Temor a Deus. Contudo, esse obstinado velho cavalheiro o farejou de longe e colocou nosso companheiro para fora da sua casa. Na realidade, Ódio nos informou que, depois disso, ele fugiu dali, ou o seu senhor o levaria à forca por seus feitos.

"Esses homens nos ajudaram muito em adiantar nosso trabalho e plano sobre Alma Humana, pois, apesar do temperamento irado daquele velho cavalheiro mencionado por último, os outros dois estão fazendo bem o seu trabalho e, provavelmente, obterão bons resultados de seus esforços.

"Nosso próximo projeto é que levemos a cabo nosso empreendimento com vocês vindo sobre a cidade num dia de feira, quando eles estarão ocupadíssimos com seus negócios. Assim, estarão muito seguros, e a última coisa que pensarão é que está vindo um ataque sobre eles.

Semelhantemente, estarão menos capacitados a se defenderem e a ofenderem ao senhor, enquanto realizamos nosso plano. E nós, seus leais súditos — e temos certeza de seu apreço —, estaremos prontos a, quando o senhor fizer seu ataque furioso do lado de fora, apoiá-lo da parte de dentro das muralhas. Desse modo nós, muito provavelmente, conseguiremos levar Alma Humana à maior confusão e a devorá-los antes que os cidadãos possam recuperar o bom senso. Se nossos líderes ofídicos, mais sutis dragões e nossos altamente estimados senhores puderem encontrar um meio melhor do que esse, informem-nos do que têm em mente.

"Aos monstros do covil infernal, da residência do Sr. Destruição em Alma Humana, pelas mãos do Sr. Profano".

CAPÍTULO 12

Enquanto os encolerizados renegados e infernais diabolinianos estavam assim planejando a ruína de Alma Humana, a cidade caiu em um estado melancólico e lastimável. Em parte, por terem ofendido tão gravemente Shaddai e Seu Filho e, em parte, porque, desse modo, os seus inimigos havia ganhado força entre eles outra vez. Semelhantemente, porque, apesar de terem feito muitas petições por perdão e favor para o Príncipe Emanuel e a Seu Pai, Shaddai, até o momento não tinham recebido sequer um sorriso. Ao contrário, por meio da astúcia e sutileza dos diabolinianos domésticos, a nuvem que os cercava tornou-se cada vez mais densa e sombria, e Emanuel parecia ainda mais distante.

A enfermidade também se tornou mais feroz em Alma Humana, tanto entre seus líderes como entre o povo em geral. E seus inimigos estavam agora mais vivazes e fortes e possivelmente se tornariam cabeça ao passo que a cidade seria feita cauda.

Por este tempo, a última carta mencionada, escrita pelos diabolinianos que se emboscavam na cidade, foi transmitida a Diabolus no covil de trevas por intermédio do Sr. Profano. Este levou-a para a colina Portão do Inferno, como anteriormente, e entregou-a por meio de Cérbero a seu senhor.

No entanto, quando Cérbero e o Sr. Profano se encontraram, ambos tinham aparência tal qual de mendicantes e se puseram a conversar sobre Alma Humana e sobre o plano contra ela.

—Ah, velho amigo — disse Cérbero —, você voltou à colina Portão do Inferno? Céus! Estou muito feliz em revê-lo!

—Sim, meu senhor. Voltei por causa das questões relacionadas a Alma Humana.

—Por favor, conte-me qual a condição em que a cidade está neste momento.

—Acredito que esteja em excelente condição, meu senhor, para nós, para meus senhores e para os senhores deste lugar, pois estão em grande decadência quanto à piedade, e isso é o melhor que nosso coração pode desejar. O Senhor daquele lugar se apartou deles consideravelmente, e isso também nos agrada muito. Já colocamos o pé na casa deles, uma vez que nossos amigos diabolinianos foram acolhidos no seio de seus lares. E o que mais precisamos senão de sermos senhores daquela cidade? Além disso, nossos fiéis amigos em Alma Humana estão tramando diariamente como traí-la e entregá-la aos senhores deste lugar. Também a enfermidade se alastra contra eles, e esperamos que, com todas essas coisas somadas, venhamos a prevalecer.

Disse então o cão do Portão do Inferno:

—Não há tempo melhor que esse para os atacar. Desejo que esse empreendimento seja seguido de perto e que o sucesso desejado possa ser alcançado em breve. Desejo-o para o bem dos diabolinianos que vivem em contínuo temor de sua vida naquela traidora cidade!

—Esse ardil está quase terminado. Os senhores em Alma Humana que são diabolinianos trabalham nisso dia e noite. Os habitantes da cidade estão como pombas tontas, falta-lhes ânimo para se preocuparem com seu estado e considerarem que a ruína está próxima. Ademais, você deve achar que, quando colocado tudo junto, há muitas razões para crer que Diabolus rapidamente prevalecerá.

—Você tem razão! Estou feliz que as coisas estejam nesse ritmo. Entre e vá até meus senhores, meu corajoso Profano. Eles lhe oferecerão, como boas-vindas, uma dança tão bela quanto possível para este reino. Já enviei sua carta para eles.

O Sr. Profano adentrou o covil, e seu senhor Diabolus encontrou-o, saudando-o:

—Bem-vindo, meu fiel servo! Fiquei muito alegre com esta carta!

Todos os demais senhores do abismo o saudaram também. Após uma breve reverência a todos eles, Profano lhes disse:

—Que Alma Humana seja entregue a meu senhor, Diabolus, e que ele seja seu rei para sempre!

E com isso as ocas estranhas do inferno e a sua garganta escancarada produziram um horripilante gemido (pois essa é a música daquele lugar) que estremeceu as montanhas ao redor como se elas fossem se desintegrar.

Depois de lerem e ponderarem sobre a correspondência, deliberaram qual resposta dariam. O primeiro a falar foi Lúcifer:

—O primeiro projeto dos diabolinianos de Alma Humana provavelmente vai ser bem-sucedido, a saber: que tornarão, com todos os meios que eles puderem, a cidade mais vil e impura. Não há modo melhor de destruir uma alma do que esse. Muitos anos atrás, nosso velho amigo Balaão[1] seguiu esse método e prosperou. Que isso se torne entre nós uma máxima e uma regra geral para os diabolinianos em todas as eras. Nada

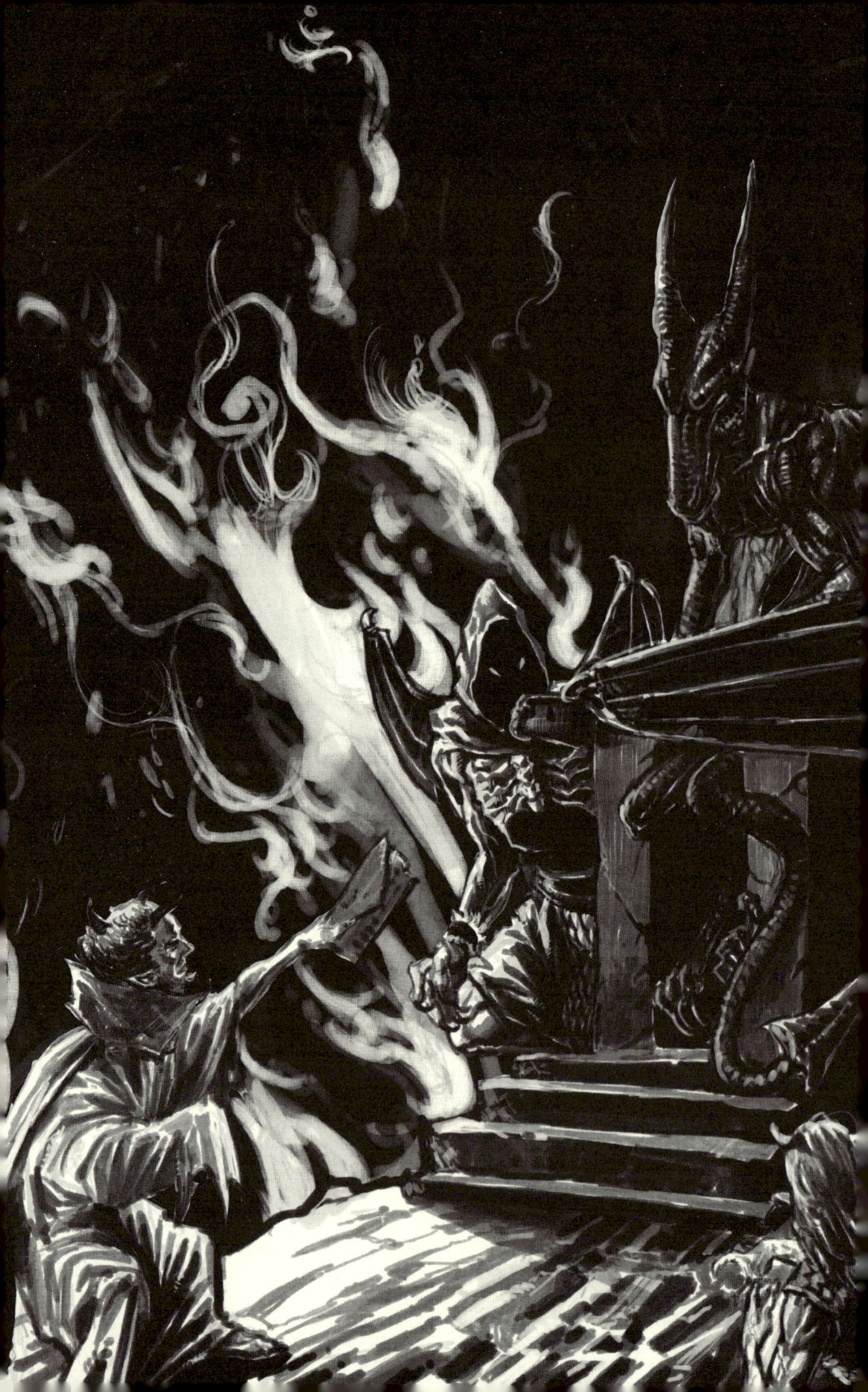

poderia fazer esse plano falhar senão a graça, na qual, esperamos, essa cidade não terá parte. Porém, quanto a ir a eles em dia de feira, porque eles estariam distraídos com seus negócios, eu gostaria que debatêssemos. Há mais de um motivo por que esse assunto deve ser mais considerado do que os demais, pois pesa sobre isso todo o restante que tentaremos. Se não o cronometrarmos bem, todo nosso plano falhará. Nossos amigos, os diabolinianos, dizem que o dia de feira é o melhor, visto que Alma Humana estará mais atarefada e pensará pouco quanto ao inusitado. Mas e se eles dobrarem seus guardas nesse dia (e acho que a natureza e a razão deveriam ensinar-lhes a fazê-lo)? E se mantiverem tal vigilância nesse período já que é isso que requer seu atual estado? Sim, e se os homens deles estiverem sempre armados? Então vocês, meus senhores, poderão se decepcionar em suas tentativas e trazer nossos amigos na cidade ao perigo extremo de ruína inevitável.

—Há sentido no que o senhor falou — disse o grande Belzebu —, porém suas conjecturas podem ou não se confirmar. Tampouco Lúcifer o falou como algo de que não se possa discordar, mas sei que ele apenas o disse para provocar um debate acalorado entre nós. Portanto devemos entender, caso possamos, se Alma Humana tem tal conhecimento de seu estado decaído e dos planos que temos em andamento contra ela a ponto de levá-la a estabelecer vigilância e proteção aos seus portões e de dobrar o número de guardas em dias de feira. No entanto, após feita a investigação, eles serão encontrados mais letárgicos do que em qualquer outro dia, por isso esse é o melhor tempo. Essa é a minha opinião nesse caso.

—Como o saberemos? — perguntou Diabolus.

Disseram-lhe:

—Pergunte-o ao Sr. Profano.

Profano foi convocado a comparecer no debate e lhe fizeram a pergunta de Diabolus, à qual ele respondeu:

—Meus senhores, tanto quanto posso entender, este é o atual estado da cidade: decaíram de sua fé e amor. Emanuel, o Príncipe deles, voltou-lhes as costas. Com frequência eles lhe enviam petições para trazê-lo de

---

[1] Números 25 e 31:16. Quando Balaão percebeu que Deus não permitiria que ele amaldiçoasse os israelitas, sugeriu ao rei Balaque que prostituísse o povo de Deus com as mulheres midianitas e com a idolatria a Baal-Peor.

volta, mas Ele não se apressa em responder suas solicitações. Sequer tem havido muitas reformas entre eles.

Diabolus respondeu:

—Alegro-me com o fato de estarem negligentes em suas reformas, mas, ainda assim, temo essas petições constantes. Todavia, a vida permissiva deles é um sinal de que não há muita determinação no que fazem, e sem determinação as coisas não acontecem. Mas vão em frente, meus senhores, não vou mais atrasá-los.

—Se Alma Humana está no estado descrito pelo Sr. Profano, não fará muita diferença o dia do ataque. Nem as orações deles nem seu poderio conseguirão fazer muita coisa — falou Belzebu.

Assim que Belzebu terminou seu discurso, Apolião tomou a palavra:

—Minha opinião quanto a esse assunto é que devemos ir devagar e com suavidade, sem fazer as coisas precipitadamente. Deixemos que nossos amigos em Alma Humana continuem a poluí-la e a corrompê-la, atraindo-a ainda mais ao pecado (não há nada como o pecado para consumir a cidade). Se isso for feito, e caso tenha efeito, a própria Alma Humana deixará de lado a vigilância, as petições ou qualquer coisa que a ajude em sua segurança, pois se esquecerá de Emanuel e não desejará Sua companhia. Se ela for levada a viver de tal modo, Seu Príncipe não virá a ela sem demora. Nosso confiável amigo, o Sr. Segurança Carnal, conseguiu afastá-lo da cidade com um de seus truques. Por que, então, meus Lordes Ganância e Lascívia não poderiam, por meio do que estão fazendo, manter Emanuel fora da cidade? E vou lhes dizer o seguinte, não porque vocês não saibam: dois ou três diabolinianos, se acolhidos e apoiados pela cidade, farão mais para manter Emanuel distante deles e no sentido de torná-los nossos do que todo um exército de uma legião enviados por nós para resistir a Ele. Permitamos, assim, que esse primeiro projeto iniciado por nossos amigos de Alma Humana seja levado adiante com força e diligência, com toda a sagacidade e astúcia imagináveis. E que eles enviem continuamente, sob um disfarce ou outro, mais de seus homens para ludibriar o povo da cidade. Daí, talvez, não precisemos guerrear contra eles. Ou, se ela realmente for necessária, quanto mais imersos no pecado eles estiverem, mais incapazes serão de nos resistir e, desta forma, nós os venceremos com maior facilidade. Além disso, suponham (e esse é o pior cenário) que Emanuel venha a eles novamente, por que os mesmos meios, ou meios semelhantes a esses, não o afastariam novamente? Sim, será que Emanuel não poderia, por eles caírem em pecado novamente, ser afastado deles para sempre, por aquilo que Ele foi, inicialmente, afastado deles por um tempo? E, se isso acontecer, com Ele se vão Seus aríetes, catapultas, Seus capitães e soldados, o que deixará Alma Humana exposta e suscetível. Essa cidade, quando se vir finalmente abandonada por seu Príncipe, não abrirá, por vontade própria, seus portões para vocês e os tornarão aquilo que eram em dias passados? Contudo, isso deve ser feito com tempo. Poucos dias não surtirão efeito tão formidável para uma missão como essa.

Tão logo Apolião terminou seu discurso, Diabolus arquejou sua própria malícia e começou a defender sua causa:

—Meus lordes e líderes desse antro, meus amigos verdadeiros e fiéis, tenho ouvido seus longos e tediosos discursos com muita impaciência. Porém minha impetuosa garganta e minhas desguarnecidas entranhas anseiam tanto pela reconquista da célebre cidade de Alma Humana que, independentemente dos resultados, não consigo mais ver a possibilidade de protelar projetos. Preciso, e isso sem mais delongas, buscar por todos os meios preencher o vazio insaciável de minha alma e meu corpo por essa cidade. Portanto, amigos, disponham a mim suas cabeças, seus corações e seu auxílio, porque vou agora recuperar minha Alma Humana.

Quando os lordes e príncipes do abismo viram o desejo ardente que havia em Diabolus por devorar a miserável cidade de Alma Humana, deixaram de levantar mais objeções e consentiram em ceder-lhe o exército que pudessem, embora eles teriam causado angústia muito maior em Alma Humana se o conselho de Apolião tivesse sido seguido. Mas digo-lhes que eles estavam dispostos a lhe emprestar o poderio que estivesse a seu alcance, pois não sabiam se poderiam precisar dele em suas futuras batalhas, como ele precisava deles agora.

Assim sendo, começaram a aconselhar-se sobre a próxima proposta, isto é, quais soldados deveriam enviar, quantos e com quem Diabolus deveria partir contra Alma Humana para tomá-la. Após algum debate, concluíram que, de acordo com o sugerido pela carta dos diabolinianos, os mais adequados para essa expedição era o exército dos terríveis e vigorosos Céticos; e assim eles os enviaram. Acharam que a quantidade necessária para esse serviço seria entre 20 e 30 mil soldados.

Consequentemente, o resultado daquele grande concílio dos nobres e poderosos senhores foi que Diabolus deveria tocar, com suas próprias mãos, seus tambores convocando os homens da terra do Pirronismo, que fica nos confins do lugar chamado colina Portão do Inferno, para serem empregados por ele contra a miserável cidade de Alma Humana. Também inferiram que esses mesmos lordes deveriam auxiliá-lo na guerra e que para isso comandariam e liderariam esses soldados. Assim, esboçaram uma carta e a enviaram aos diabolinianos que estavam à espreita na cidade e que aguardavam pelo retorno do Sr. Profano para lhes dizer o método a ser empregado a fim de levar a cabo seu plano.

"Do sombrio e execrável calabouço do inferno, Diabolus, juntamente com toda a sociedade dos príncipes das trevas, envia aos nossos leais amigos habitantes do interior e das cercanias da cidade de Alma Humana, que pacientemente aguardam por nossa resposta mais infernal ao seu peçonhento e malévolo plano contra essa cidade.

"Compatriotas nossos, em quem diariamente nos gloriamos e em cujas ações grandemente nos deleitamos o ano todo, recebemos sua bem-vinda e altamente estimada carta pelas mãos de nosso fiel e muito estimado Sr. Profano, esse velho cavalheiro. Damos-lhes a entender que, quando lhe rompemos o selo e lemos seu conteúdo, que fique registrado em sua memória, as escancaradas e ocas entranhas do lugar onde estamos bradou tão alto de alegria, que as montanhas que cercam a colina Portão do Inferno ficaram como se fossem se desintegrar ao som que emitimos.

"Não poderíamos deixar de admirar sua fidelidade a nós pela grande sutileza que agora se evidenciou em seus pensamentos em nos servir contrariamente à cidade de Alma Humana. Vocês inventaram um método tão excelente para nosso procedimento contra aquele povo rebelde, que outro tão eficaz não pode ser engendrado pela argúcia do inferno. Assim sendo, fizemos poucos acréscimos às propostas que vocês nos enviaram por último e amplamente as aprovamos e admiramos.

"A fim de incentivá-los na profundidade de sua astúcia, informamos-lhes que, em uma assembleia e um conclave completos de nossos principados e potestades deste lugar, o seu projeto foi discutido e debatido pela nobreza de uma extremidade à outra deste antro. Contudo um plano melhor e, conforme julgaram eles, mais apropriado não poderia ser formulado com o propósito de surpreender, capturar e tornar nossa a rebelde Alma Humana.

"Portanto, tudo aquilo que foi dito que se distanciou do que vocês propuseram foi lançado no chão e somente a sua sugestão foi aprovada por Diabolus, o príncipe. Sim, sua impetuosa garganta e desguarnecidas entranhas ardiam no anseio de colocar seu estratagema em execução.

"Desse modo, nós lhes informamos que nosso intrépido, furioso e implacável Diabolus está levantando, para seu alívio e para a ruína dessa cidade rebelde, mais de 20 mil Céticos para irem contra aquele povo. Todos eles são homens valentes, tenazes, há muito acostumados à guerra e que, portanto, podem resistir bem aos golpes. Diabolus os está reunindo com a maior urgência possível porque o coração e o espírito dele estão empenhados nisso. Desejamos que, da mesma maneira com que, até o momento, vocês têm se mantido conosco e nos trazido conselho e encorajamento, que prossigam em seu desígnio. Vocês não perderão, mas ganharão com isso visto que pretendemos fazer de vocês os lordes de Alma Humana.

"Não podemos deixar de falar apenas mais uma coisa: todos nós desejamos que cada um de vocês, que estão na cidade, continuem a usar todo o seu poder, astúcia e habilidades, com persuasões ilusórias, para arrastar Alma Humana a mais pecado e perversidade, ainda que esse pecado possa ser consumado e trazer morte a eles.

"Concluímos que, quanto mais vil, pecaminosa e depravada a cidade se tornar, mais distante Emanuel ficará de vir ao auxílio deles, quer com Sua presença ou outra forma de alívio. Quanto mais pecaminosos, mais fracos e, assim, menos capazes serão de nos oferecer resistência quando os atacarmos com o objetivo de tragá-los. Pode até ser que o Shaddai deles os expulse de Sua proteção e envie Seus capitães e soldados de volta para casa, juntamente com suas catapultas e aríetes, deixando-os desprotegidos e expostos. Como consequência, a cidade se abrirá a nós e cairá como o figo na boca do devorador. Isso assegurará que com grande facilidade iremos contra ela e a conquistaremos.

"Com relação à nossa chegada a Alma Humana, ainda não tomamos uma decisão quanto a isso, embora, presentemente, alguns de nós concordem com vocês que um dia ou uma noite de feira seria realmente o melhor. No entanto, fiquem de prontidão e quando ouvirem o rufar dos tambores no exterior da muralha, ocupem-se em trazer a pior confusão sobre o povo da cidade. Assim, Alma Humana ficará certamente perturbada por diante e por trás e não saberá qual caminho tomar para pedir ajuda. Os lordes Lúcifer, Belzebu, Apolião e Legião, com todo o restante, como também Diabolus, os saúdam. Desejamos a vocês, em tudo o que fizerem ou conquistarem, o mesmo fruto e sucesso por seus feitos que nós mesmos desfrutamos.

"Dos medonhos confins do mais temível abismo, saudamos vocês e assim o fazem as muitas legiões que estão conosco, desejando que sejam tão infernalmente prósperos quanto nós mesmos desejamos ser. Por intermédio do emissário, o Sr. Profano."

O Sr. Profano então tomou seu caminho de regresso a Alma Humana em cumprimento a tarefa que lhe fora designada pelo terrível abismo aos diabolinianos que habitavam na cidade. Quando ele subiu as escadas da profunda garganta do covil, Cérbero o viu e foi logo perguntado acerca das coisas lá embaixo, sobre e contra a cidade de Alma Humana.

—As coisas foram tão bem quanto esperávamos. A correspondência que eu trouxe foi altamente aprovada e apreciada por meus senhores. Agora estou retornando para dizer isso aos diabolinianos. A resposta que trago atada ao meu peito, tenho certeza, deixará feliz os senhores que me enviaram, pois a mensagem é de encorajamento a que eles prossigam com o plano até o fim e que estejam prontos para atacar por dentro das muralhas quando virem meu lorde Diabolus cercando a cidade.

—Mas ele pretende ir ele mesmo contra a cidade? — perguntou Cérbero.

—Exatamente! E levará consigo mais de 20 mil valentes Céticos, homens de guerra selecionados da terra de Pirronismo, para servi-lo nessa expedição.

Cérbero se alegrou e disse:

—Então, eles estão fazendo tais ousadas preparações para partir contra Alma Humana? Eu gostaria de ser colocado como líder de mil desses homens para que também pudesse demonstrar meu valor contra a célebre cidade.

—Pode ser que seu desejo se realize. Você parece ter coragem suficiente, e meu senhor desejará ter consigo aqueles que são valentes e fortes. Mas, minha missão agora exige pressa.

—Certamente que sim. Apresse-se para a cidade de Alma Humana com todas as maiores perversidades que este lugar pode lhe dar. E quando você chegar à casa do Sr. Destruição, o local onde os diabolinianos se reúnem para planejar, diga-lhes que Cérbero lhes oferece seus serviços e que, se ele puder, irá contra a célebre cidade com um exército.

—Vou transmitir-lhes o seu recado e sei que meus lordes de lá ficarão felizes em ouvir e em vê-lo também.

Assim, após alguns elogios mútuos a mais, o Sr. Profano deixou seu amigo Cérbero, que — com muitos desejos de boa sorte —, ordenou-lhe que fosse rapidamente, com toda a velocidade, a seus mestres. Ouvindo isso, ele fez uma leve reverência e começou a reunir suas forças para correr.

Quando Profano adentrou Alma Humana foi, como antes, à casa do Sr. Destruição onde encontrou reunidos os diabolininanos, que aguardavam sua chegada. Assim que chegou e se apresentou a eles, entregou-lhes a carta e a seguinte saudação:

—Meus lordes, dos confins do abismo, os mais elevados e poderosos principados e poderes daquele covil saúdam os verdadeiros diabolinianos de Alma Humana. Desejam-lhes sempre as mais apropriadas de suas bendições pelo grande serviço, maravilhosas tentativas e corajosas realizações que vocês se colocaram a fazer a fim de restaurar esta cidade a nosso príncipe.

Naquele momento, este era o estado de Alma Humana: eles haviam ofendido seu Príncipe, e Ele partira. Por sua tolice, haviam também incentivado os poderes infernais a virem contra ela e buscar sua destruição cabal.

É verdade que a cidade estava, de certa forma, sensível a seu pecado, mas os diabolinianos foram admitidos em seu âmago. Os cidadãos clamaram, mas Emanuel havia partido, e os clamores deles não o trouxeram de volta. Ademais não sabiam sequer se Ele retornaria para Sua Alma Humana. Tampouco conheciam o poder e a astúcia do inimigo nem o quão avançados estavam em colocar em execução o plano infernal que haviam armado contra a cidade.

De fato, eles ainda enviavam petições ao Príncipe, mas Ele lhes respondia com silêncio. O povo negligenciou a reforma, e isso estava como Diabolus gostava, pois ele sabia que, se eles contemplassem a iniquidade no coração deles, seu Rei não ouviria as suas orações.[2] Portanto, eles

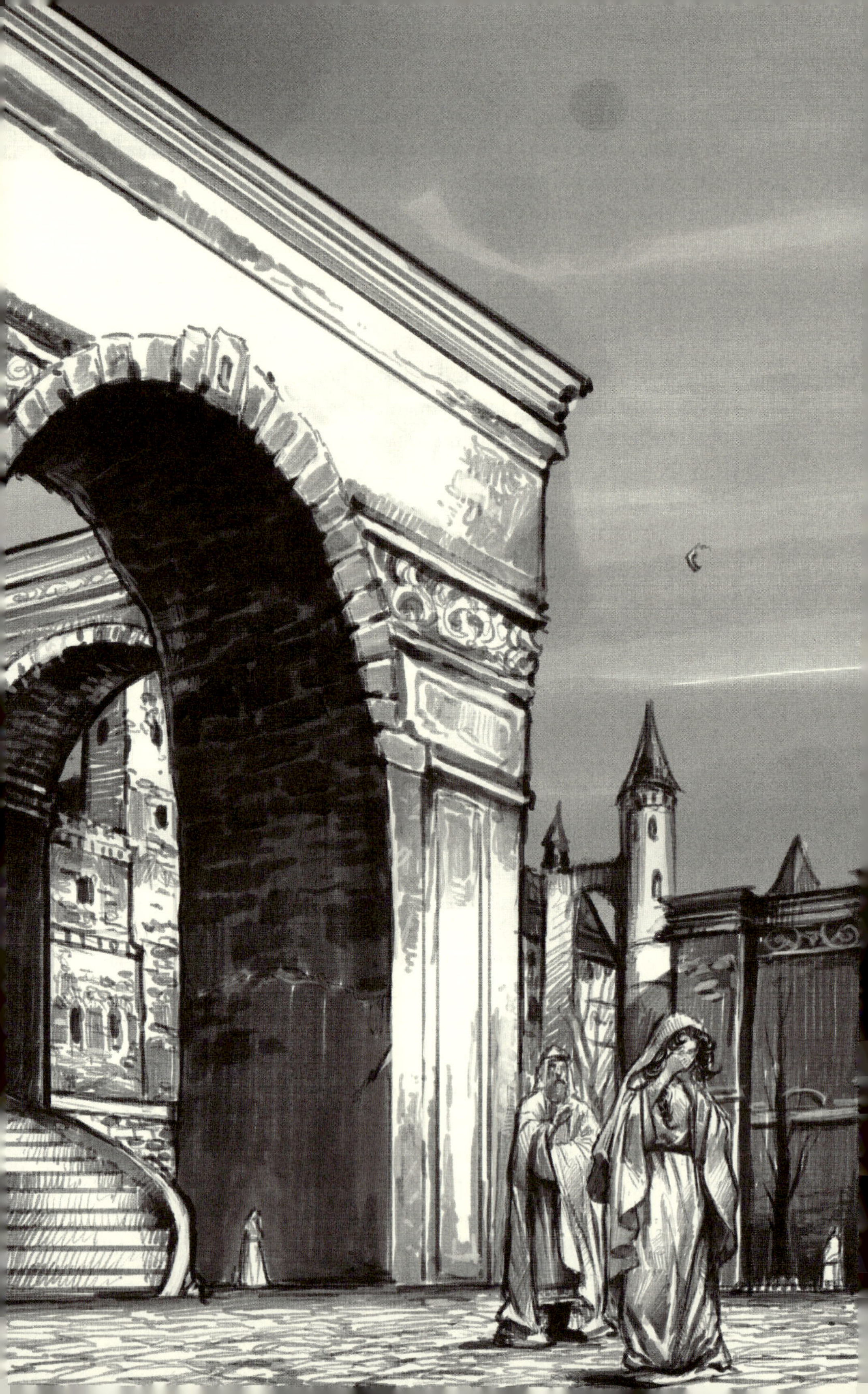

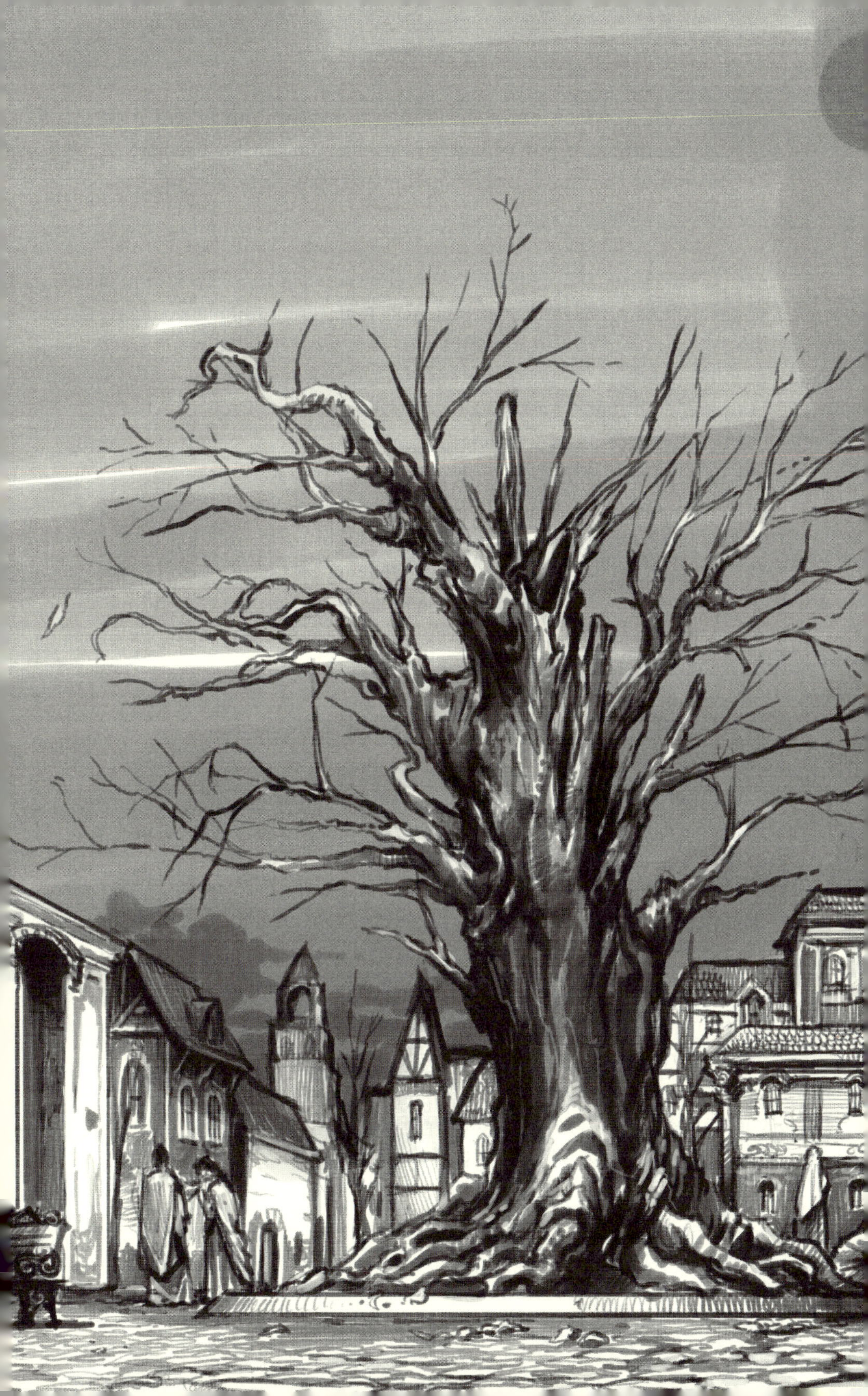

ficavam cada vez mais enfraquecidos e eram como um objeto que rola em um redemoinho. Alma Humana clamava por auxílio a seu Rei, e, ao mesmo tempo, acalentava diabolinianos em seu peito. O que, então, o Rei poderia fazer por ela?

Agora parecia haver uma mescla na cidade: os diabolinianos e os nativos de Alma Humana andavam juntos pelas ruas. Buscavam fazer as pazes, pois pensavam que, uma vez que a enfermidade deles era tão mortal, seria em vão lutar contra seus inimigos. Além disso, a fraqueza de Alma Humana era a força de seus adversários, e os pecados de Alma Humana eram vantagem para os diabolinianos. Os inimigos da cidade também começaram a prometer a si mesmos que a possuiriam porque não havia grande diferença entre eles e os nativos: ambos pareciam dominar Alma Humana. Os diabolinianos cresceram, mas a população de cidadãos diminuiu muito. Mais de 11 mil homens, mulheres e crianças haviam morrido por causa da enfermidade na cidade.

No entanto, para a alegria de Shaddai, havia um homem cujo nome era Soerguimento, que amava profundamente o povo de Alma Humana. E, conforme era de seu feitio, sempre que podia, ele ia pelas ruas da cidade com ouvidos atentos para ver ou ouvir se havia algum plano contra Alma Humana. Ele era um homem zeloso e temia que algum dano viria quer dos diabolinianos que ali viviam quer de algum poder externo. Certa noite, numa dessas vigílias, aconteceu que ele avistou em Alma Humana um lugar chamado colina Vileza, onde os diabolinianos costumavam se reunir. Ao ouvir um murmúrio, aproximou-se devagar para escutar melhor. Não havia permanecido por muito tempo perto da casa no fim da rua (sim, havia uma casa lá), quando ouviu alguém afirmar com confiança que não faltava muito para que Diabolus possuísse a cidade novamente. Também que, quando isso acontecesse, os diabolinianos pretendiam passar à espada todos os nativos da cidade e que matariam e destruiriam os capitães do Rei, expulsando dali todos os soldados deles. Disseram mais ainda: que sabiam que havia mais de 20 mil homens de guerra preparados por Diabolus para a execução desse plano e que não faltavam muitos meses para que isso acontecesse.

---

[2] Salmo 66:18

Tão logo o Sr. Soerguimento ouviu essa história, creu que ela era verdadeira e foi diretamente à casa do Lorde Alcaide para informar-lhe sobre isso. Este convocou o pregador subordinado, o Lorde Consciência, e deu-lhe a notícia. Como ele agora era o principal pregador de Alma Humana — visto que o Lorde Secretário ainda não estava à vontade entre eles —, imediatamente soou o alarme, ao tocar o sino do sermão, o que reuniu as pessoas. Exortou-os brevemente à vigilância, fazendo das notícias trazidas pelo Sr. Soerguimento a base do argumento para tal providência. Disse ele:

—Há um terrível plano sendo maquinado contra Alma Humana. Pretendem massacrar todos nós em um dia. Não menosprezem essa notícia porque seu portador é o Sr. Soerguimento, alguém que sempre amou nossa cidade. Um homem sóbrio e sensato, alguém que não é dado a tagarelices ou a espalhar notícias falsas, mas alguém que ama observar as coisas a fundo e não fala a menos que tenha sólidos argumentos. Vou chamá-lo, e vocês ouvirão dele mesmo.

Quando ele veio à frente, contou sua história tão prontamente e afirmando sua veracidade com forte embasamento, que Alma Humana sentiu-se sob a convicção da fidelidade do que ele dizia. O pregador também o apoiou afirmando:

—Senhores, não é irracional que creiamos no que foi dito, pois provocamos a Shaddai à ira e pecamos contra Emanuel, levando-o a nos deixar. Temos nos relacionado muito com os diabolinianos e abandonamos nossas misericórdias passadas. Portanto, não surpreende que nossos inimigos internos e externos desenvolvam um plano para nossa ruína. E que tempo melhor do que este para esse intento? Há enfermidade na cidade e nos tornamos fracos. Muitos bons cidadãos morreram, e os últimos diabolinianos ficaram mais e mais fortes.

"Além disso, ainda recebi desse homem fiel mais uma suspeita que ele entendeu do que ouviu: que muitas correspondências foram trocadas entre os diabolinianos e aqueles furiosos visando a nossa destruição."

Quando Alma Humana ouviu tudo isso, não sendo capazes de o contradizer, levantaram sua voz e prantearam. O Sr. Soerguimento também confirmou, na presença de todos os cidadãos, aquilo que o pregador subordinado dissera. Assim, eles renovaram a lamentação por sua insensatez e dobraram o número de petições a Shaddai e Seu Filho. Também

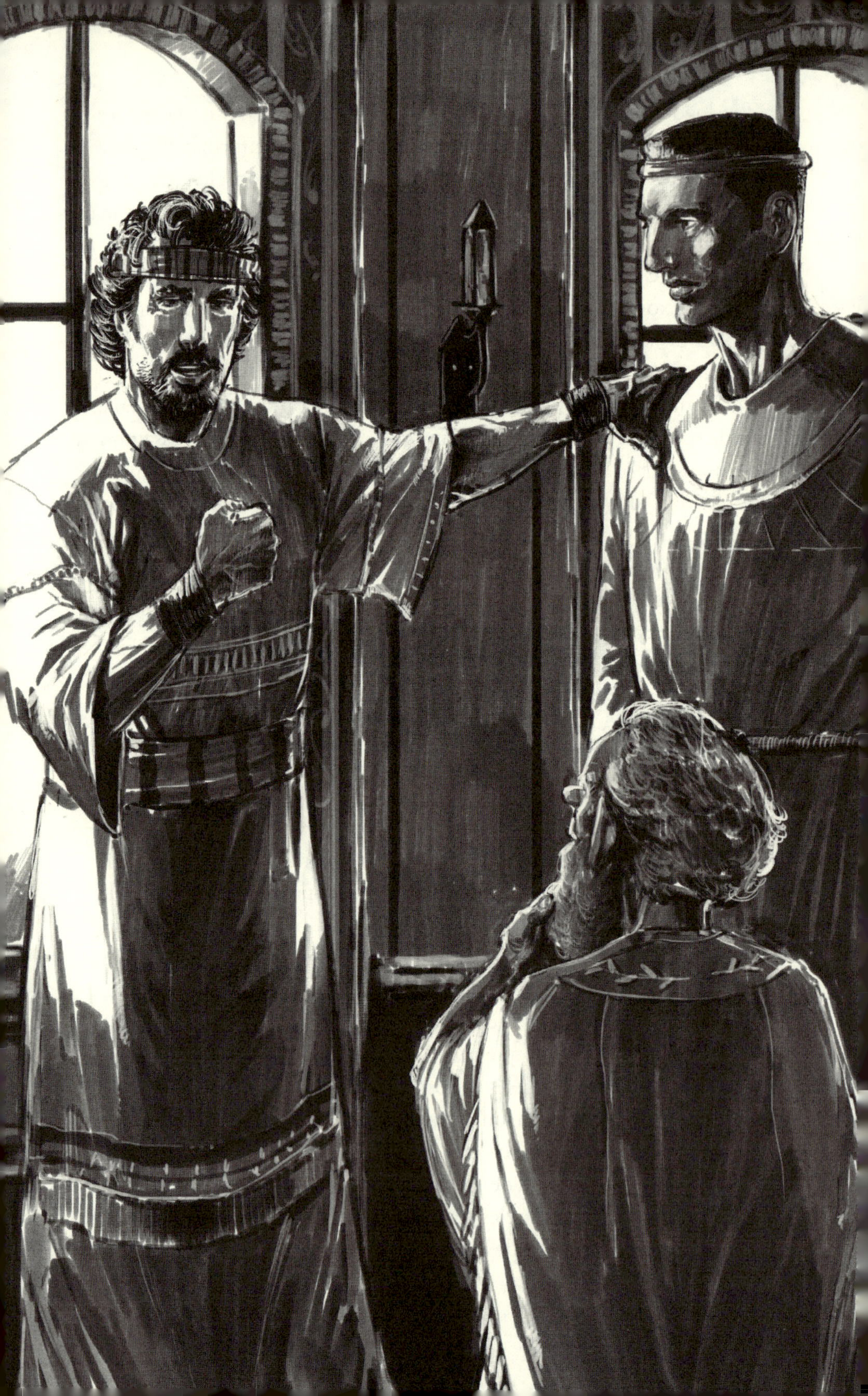

reportaram a situação para os capitães, altos comandantes e homens de guerra na cidade de Alma Humana, suplicando que eles fossem fortes e corajosos. Que se paramentassem com suas armaduras e estivessem prontos para oferecer resistência a Diabolus dia e noite, caso ele viesse a sitiar a cidade conforme eles foram informados.

Os capitães, que sempre amaram verdadeiramente Alma Humana, ao ouvirem isso, ficaram atônitos e não poderiam fazer outra coisa senão, como muitos Sansões, se reunirem para deliberar e planejar como derrotar esses ousados e infernais artifícios que eram iminentes, por meio de Diabolus e seus amigos, contra a agora enferma, enfraquecida e muito empobrecida cidade de Alma Humana. Diante disso, eles concordaram com os seguintes termos:

1. Os portões da cidade deveriam permanecer trancados e ser reforçados com barras e cadeados. Todas as pessoas que saíssem ou entrassem deveriam ser rigorosamente revistadas pelos capitães da guarda com o propósito de que aqueles que eram os líderes da conspiração contra eles pudessem ser pegos, quer indo ou vindo, e que eles também pudessem descobrir quem eram os grandes arquitetos da ruína deles que estavam em seu meio.
2. A próxima providência era uma busca rigorosa por todos os tipos de diabolinianos em toda a cidade. Todas as casas deveriam ser revistadas de cima a baixo, casa por casa, para que, se possível, pudessem descobrir mais dos tais que tinham participação nesse plano contra a cidade.
3. Concluiu-se ainda que onde quer que os tais diabolinianos fossem encontrados e com quem quer que os descobrissem, mesmo que fossem os nativos da cidade, qualquer um que lhes tivesse dado guarida e abrigo deveria ser punido em local público, para sua própria vergonha.
4. Ademais, foi resolvido pela célebre cidade de Alma Humana que deveriam observar um jejum público e um dia de humilhação em toda a sociedade, para demonstrar que consideravam o seu Príncipe justo e para se humilharem diante dele por suas transgressões contra Ele e contra Shaddai, Seu Pai. Resolveu-se, igualmente, que todos os habitantes da cidade que não se esforçassem para observar tal jejum e não se humilhassem por seus pecados,

mas que continuassem a se ocupar com suas tarefas seculares ou fossem encontrados vagando pelas ruas, deveriam ser considerados diabolinianos e sofrer como tais por seus feitos perversos.

5. Semelhantemente concluíram que deveriam renovar sua humilhação por seus pecados e suas petições por auxílio a Shaddai com o máximo de rapidez e zelo mental que pudessem. Resolveram também enviar à corte as notícias que lhes trouxera o Sr. Soerguimento.

6. Determinaram, igualmente, que a cidade deveria agradecer ao Sr. Soerguimento por sua busca diligente pelo bem-estar de sua cidade. Então, por ele ser tão naturalmente inclinado a desejar o bem deles e o enfraquecimento de seus inimigos, eles o comissionaram como Chefe de inteligência do exército, pelo bem de Alma Humana.

Quando toda a sociedade e seus capitães haviam assim concluído, colocaram em prática o que tinham dito. Trancaram seus portões, fizeram buscas rigorosas pelos diabolinianos, puniram em praça pública aqueles com quem eles foram encontrados. Observaram o jejum, renovaram suas petições ao Príncipe, e o Sr. Soerguimento cumpriu seu dever e a responsabilidade que Alma Humana lhe confiara com grande consciência e fidelidade, pois ele entregou-se completamente à sua função e não apenas no interior da cidade, mas também foi ao exterior dela para espreitar, ver e ouvir.

CAPÍTULO 13

Não muitos dias depois, o Sr. Soerguimento fez as provisões para a sua viagem e dirigiu-se a colina Portão do Inferno e dali para o país onde estavam os Céticos. Lá ouviu sobre tudo o que se falara em Alma Humana e percebeu que Diabolus estava quase preparado para sua marcha. Desse modo, voltou rapidamente para a cidade e, convocando os capitães e anciãos da cidade, contou-lhes onde estivera e o que ouvira e vira. Disse-lhes especialmente que Diabolus estava quase pronto para sua investida contra a cidade e que fizera do Sr. Incredulidade, aquele que fugira da prisão em Alma Humana, o general de seu exército dos Céticos, e que tinham mais de 20 mil soldados. Semelhantemente, falou-lhes que Diabolus pretendia trazer contra eles os principais príncipes do abismo infernal e que faria de cada um deles capitães sobre os Céticos. Além disso, afirmou-lhes ser verdade que muitos do sombrio antro seriam voluntários para subjugar a cidade de Alma Humana à obediência a Diabolus, príncipe deles.

De entre as fileiras dos Céticos, o Sr. Soerguimento disse que entendera a razão por que o velho Incredulidade fora colocado como general sobre todo o exército: ninguém era mais fiel ao tirano do que ele, pois guardava um rancor implacável contra o bem-estar de Alma Humana. Ademais, ele mantinha a memória das afrontas que recebera dos cidadãos da cidade e estava determinado a vingar-se. Disse-lhes:

— Contudo os sinistros príncipes se tornarão altos comandantes e somente Incredulidade terá autoridade sobre todos eles. Porque — e quase esqueci-me de mencionar isto — ele tem mais facilidade e destreza para sitiar nossa cidade do que todos os demais príncipes.

Quando os capitães de Alma Humana e os anciãos da cidade ouviram as notícias que o Sr. Soerguimento lhes trouxera, acharam ser oportuno, sem mais delongas, colocar em vigor as leis que o Príncipe lhes dera contra os diabolinianos e sobre como tratar com esses adversários. Assim sendo, uma busca diligente e imparcial foi imediatamente realizada em todas as casas de Alma Humana, procurando todos os indícios de diabolinianos. Na casa do Sr. Mente e na do grande Lorde Arbítrio encontraram-se dois desses inimigos. Na casa do Sr. Mente achava-se o lorde Ganância, aquele que mudara seu nome para Economia Prudente. Na residência do Lorde Arbítrio, estava o Lascívia, que agora se chamava Prazer Inofensivo. Ambos os homens foram apreendidos pelos capitães

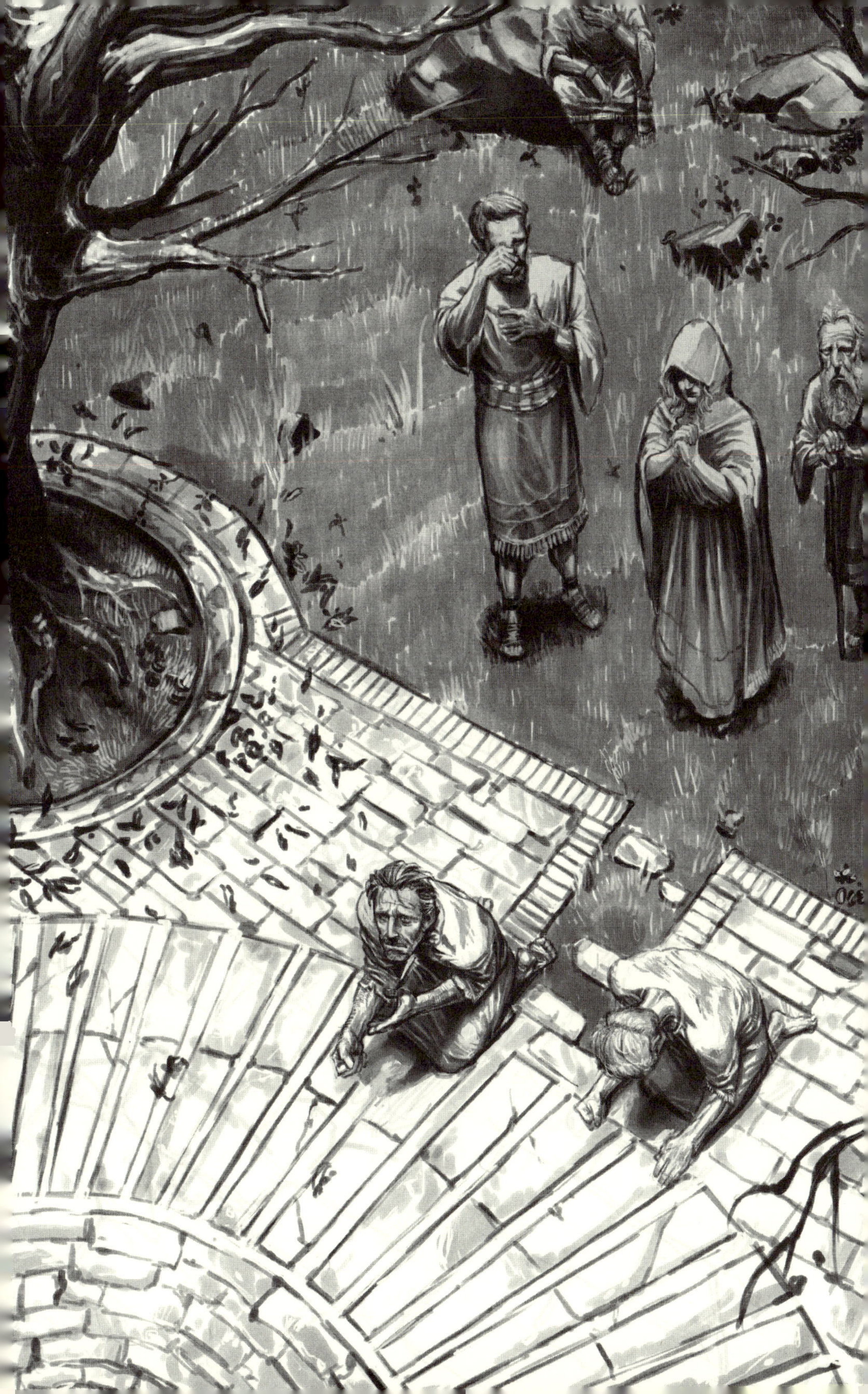

e anciãos da cidade e designados à custódia do Sr. Fiel, o carcereiro. Ele os tratou com tal severidade e prendeu-os tão fortemente com grilhões, que, com o tempo, ambos caíram em um profundo estado de exaustão e morreram no cárcere. Os mestres deles foram levados à punição em praça pública para serem envergonhados e para advertência ao restante da cidade, conforme acordado anteriormente entre os líderes da cidade. Esta era a forma da penalidade naqueles dias: os ofensores, sensibilizados por seus maus atos, eram intimados à confissão pública de seus erros e a uma rigorosa retificação de sua vida.

Depois disso, os capitães e anciãos de Alma Humana ainda buscaram encontrar mais diabolinianos onde quer que eles pudessem se emboscar, quer em covis, cavernas, covas, jazigos ou onde pudessem se esconder. Fizeram isso no interior e ao redor da muralha da cidade. No entanto, embora pudessem ver tão claramente as pegadas dos diabolinianos e assim segui-los por seu rastro e odor até mesmo às bocas das cavernas e covis, não puderam pegá-los, aprisioná-los ou fazer-lhes justiça, pois seus caminhos eram muito tortuosos, seus esconderijos extremamente reforçados, e eles, ágeis em abrigar-se nesses lugares.

Porém, Alma Humana regia com mão tão pesada sobre os diabolinianos que ficaram para trás, que aqueles em seu exterior ficaram contentes em se encolher em suas cavernas. Ficara no passado o tempo em que eles atrevidamente caminhavam de forma desvelada à luz do dia. Agora estavam forçados a adotar a privacidade da noite. Também já se fora o tempo em que os cidadãos de Alma Humana eram seus companheiros, pois agora os consideravam como inimigos mortais. Esse bem foi realizado pela inteligência do Sr. Soerguimento na reconhecida cidade.

Por este tempo, Diabolus havia concluído o exército que ele pretendia levar consigo para a ruína de Alma Humana e já colocara os capitães e outros oficiais dentre aqueles que mais admiravam a sua fúria. Ele era o líder acima de todos, e Incredulidade, o general. Daremos os nomes de seus principais capitães mais adiante. Agora falaremos de seus oficiais, das cores e dos brasões deles:

1. O primeiro capitão era o Capitão Cólera, que liderava os Céticos quanto à Eleição. A cor de sua companhia era o vermelho, e seu porta-estandarte chamava-se Sr. Extermínio. Como brasão, portavam um grande dragão vermelho.

2. O segundo chamava-se Capitão Furor, que comandava os Céticos quanto à Vocação. Seu porta-estandarte era o Sr. Trevas. As cores que os representavam eram as pálidas, e como brasão tinham uma feroz serpente voadora.
3. O terceiro era o Capitão Condenação, liderando os Céticos quanto à Graça, que também tinham a bandeira vermelha e cujo brasão era o antro de trevas, carregado pelo Sr. Sem Vida.
4. O quarto capitão tinha por nome Insaciável, chefiando os Céticos quanto à Fé. Seu estandarte vermelho com o brasão de presas escancaradas era portado pelo Sr. Devorador.
5. O quinto chamava-se Capitão Enxofre, que comandava os Céticos quanto à Perseverança. Também portava uma bandeira vermelha cujo brasão era uma chama azul carregada pelo Sr. Inflamado.
6. O sexto capitão, o Capitão Tormento, liderava os Céticos quanto à Ressurreição. Suas cores também eram as pálidas, e seu porta-estandarte chamava-se Sr. Atormentador, que levava como brasão um verme preto.
7. O sétimo era conhecido como Capitão Sem Descanso, que chefiava os Céticos quanto à Salvação. Também tinha bandeiras vermelhas com o brasão de uma figura sinistra da morte, carregada pelo Sr. Inquietude.
8. O oitavo capitão, chamado de Capitão Sepulcro, foi colocado sobre os Céticos quanto à Glória, que também portava bandeiras de cor pálida. O Sr. Corrupção era seu porta-estandarte, e seu brasão era um crânio e os ossos de homens mortos.
9. O nono chamava-se Capitão Sem Esperança, que comandava o exército dos Céticos quanto à Alegria. Seu porta-estandarte chamava-se Sr. Desespero, também marchavam sob a cor vermelha e o seu brasão era um ferro incandescente e um coração empedernido.

Esses eram os capitães e suas companhias, com seus estandartes, cores e brasões. Sobre eles o grande Diabolus colocou sete superiores, a saber: o lorde Belzebu, o lorde Lúcifer, o lorde Legião, o lorde Apolião, o lorde Píton[1], o lorde Cérbero e o lorde Belial. Estes foram colocados acima dos capitães, Incredulidade liderava a todos como general, e Diabolus era seu

---

[1] Um espírito de adivinhação.

rei. Os voluntários também foram colocados como centuriões e alguns deles como comandantes de mais soldados. Desse modo estava completo o exército de Incredulidade.

Eles então partiram da colina Portão do Inferno, pois fora lá onde se reuniram e de onde saíram diretamente em marcha para Alma Humana. Contudo, conforme eu disse antes, pela vontade de Shaddai, a cidade havia recebido o alerta quanto à vinda deles por intermédio do Sr. Soerguimento. Assim, estabeleceram uma rigorosa vigilância nos portões e também dobraram o número de guardas. Igualmente, haviam montado suas catapultas em locais estratégicos de onde, convenientemente, poderiam atirar suas grandes pedras para a tristeza de seus furiosos adversários.

Tampouco os diabolinianos que haviam permanecido na cidade podiam causar-lhes prejuízo como o planejado, visto que Alma Humana estava agora desperta. Porém, pobre povo! Eles ficaram extremamente assustados com a primeira aparição de seus inimigos e com seu acampamento diante da cidade, especialmente quando ouviram o ressoar de seus tambores. Para falar a verdade, esse era um som medonho de se ouvir. Ele sobressaltaria todos os homens em um raio de dez quilômetros, caso estivessem acordados e o ouvissem. A visão de suas cores também era algo terrível e desanimador.

Quando Diabolus lançou-se contra a cidade, aproximou-se primeiramente do Portão Audição e deu contra ele em um ataque furioso, supondo, como pareceu, que seus amigos em Alma Humana estivessem prontos para fazer sua parte no interior. No entanto, a vigilância dos capitães cuidou disso. Portanto, Diabolus, sentindo falta da ajuda que esperava e vendo seu exército sob intenso ataque das pedras das catapultas, foi forçado a recuar da cidade e se entrincheirar com seus soldados no campo que ficava distante do alcance das catapultas. Preciso dizer-lhes, em favor dos capitães, que eles se portaram com muita valentia, tendo em vista a fraqueza que ainda se abatia sobre a cidade em virtude da longa enfermidade que os atormentava.

Diabolus, tendo assim se entrincheirado, levantou quatro montes contra a cidade. Chamou ao primeiro com seu próprio nome, ou seja, monte Diabolus, para assustar ainda mais a cidade. Os outros três chamou de montes Alecto, Megera e Tisífone, pois esses são os nomes das temíveis

Fúrias[2] do inferno. Dessa maneira, ele começou seus jogos contra Alma Humana, como um leão faz com sua presa, para fazê-la sucumbir ante seu terror. Todavia, como eu disse, os capitães e soldados resistiram tão bravamente, e executavam seus inimigos com suas pedras de tal maneira, que o levaram a agir contra sua vontade e recuar. Desse modo, a cidade recuperou a coragem.

Sobre o monte Diabolus, que foi levantado no lado Norte da cidade, o tirano estabeleceu seu estandarte, que era terrível de se olhar, uma vez que trabalhou, com artifício demoníaco, em seu brasão uma horrenda fogueira abrasada com a figura de Alma Humana queimando em seu interior.

Feito isso, Diabolus ordenou que seu tocador de tambores deveria se aproximar cada noite das muralhas da cidade e assim ressoasse uma convocação para uma negociação. O comando era de que fizesse isso à noite, pois de dia os nativos de Alma Humana o aborreciam com suas catapultas. O tirano dizia com isso que agora tinha desejo de negociar com a agora trêmula cidade. Ordenava que os tambores tocassem todas as noites para que, pelo cansaço eles pudessem, pelo menos, se possível (embora tenha a princípio, rejeitado), serem forçados a fazê-lo.

O tocador de tambor fez conforme ordenado. E ao retinir seu tambor, se alguém olhasse para a cidade de Alma Humana, "eis que só havia trevas e angústia, e a luz se escurecia em densas nuvens".[3] Nenhum barulho já ouvido sobre a Terra era mais terrível, com exceção da voz de Shaddai quando Ele fala. Como tremia a cidade! E não esperava nada senão ser imediatamente tragada.

Quando esse tocador de tambor convocou uma negociação, fez o seguinte discurso a Alma Humana:

---

[2] As Fúrias (como eram conhecidas entre os romanos) ou Erínias (para os gregos) eram personagens da mitologia grega que habitavam no Hades (mundo dos mortos) e eram encarregadas de punir os mortais. As três Fúrias mencionadas aqui por Bunyan como demônios torturavam as almas pecadoras que chegavam ao submundo após o veredicto de Hades (deus do submundo). Cada uma delas era encarregada de torturar certos tipos de pecados. Alecto, a personificação da ira, era responsável por castigar os culpados por crimes de ira e soberba. Megera, a que representava o rancor, inveja e ciúme, castigava os crimes de infidelidade no casamento. Tisífone vingava os assassinatos e homicídios.

[3] Isaías 5:30

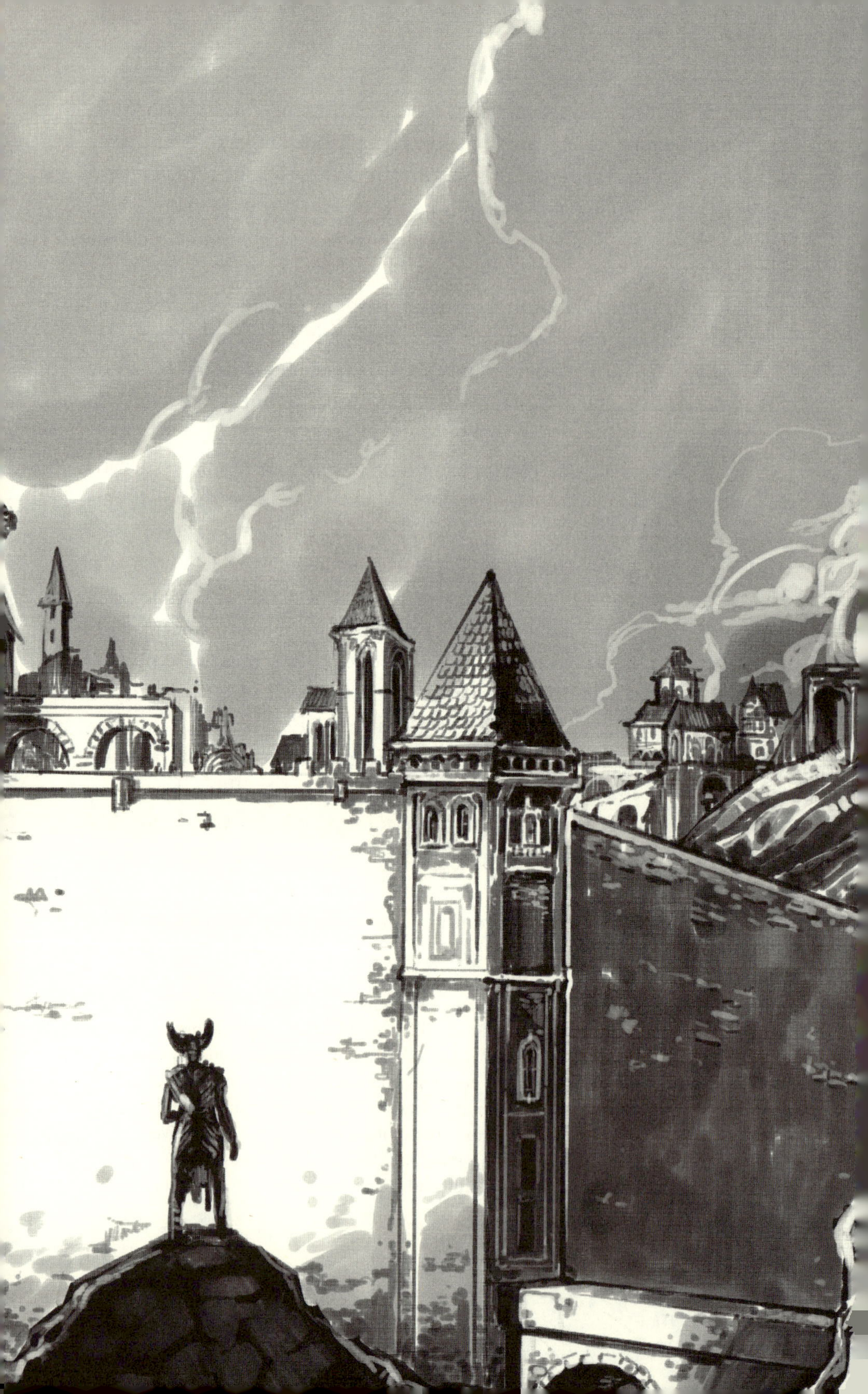

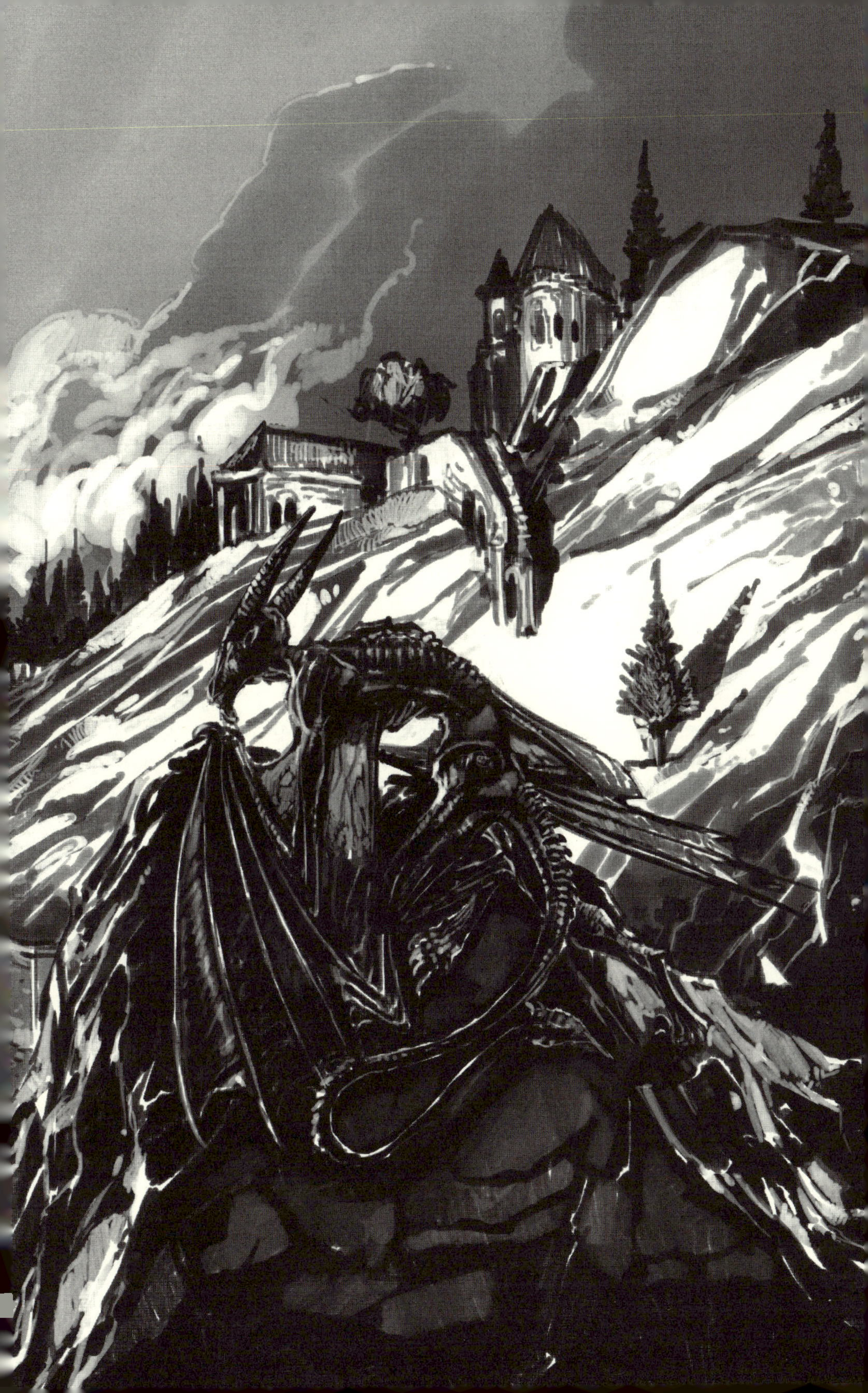

—Meu mestre me ordenou lhes dizer que, se vocês se submeterem voluntariamente, terão o melhor da terra. Mas, se forem teimosos, ele está decidido a tomá-los pela força.

Quando ele terminou de tocar seu tambor, as pessoas da cidade dirigiram-se aos capitães, que estavam no castelo, de forma que não havia quem houvesse considerado o que o tocador de tambor dissera ou lhe dera uma resposta. Assim, ele encerrou sua atividade aquela noite e retornou ao acampamento de seu mestre.

Diabolus, ao perceber que pelos tambores não poderia pender Alma Humana à sua vontade, enviou na noite seguinte o tocador de tambor, mas sem o tambor, contudo ainda para informar aos habitantes da cidade que ele tinha intenção de negociar com eles. Porém, no fim das contas, sua negociação acabou por se tornar em uma convocação para que a cidade livrasse a si própria. No entanto, eles não lhe deram atenção ou ouvidos, pois ainda se recordavam do quanto lhes custara tê-lo ouvido da primeira vez.

Na noite seguinte ele lhes enviou novamente um mensageiro, mas, dessa vez, quem melhor do que o terrível Capitão Sepulcro para a tarefa? Quando ele se aproximou das muralhas de Alma Humana, entregou-lhes o seguinte discurso:

—Ó vocês, habitantes da rebelde cidade de Alma Humana! Convoco-os em nome do príncipe Diabolus para que abram, sem mais detença, os portões da cidade e permitam que o grande lorde adentre. Porém, se continuarem em sua rebeldia, quando tomarmos a cidade pela força, nós os tragaremos como uma sepultura. Portanto, informem-me se atentarão ou não à minha convocação.

"O motivo dessa convocação é porque meu senhor é seu inquestionável príncipe e senhor, como vocês já admitiram no passado. Também para que não prevaleça aquele ataque que sofreu quando Emanuel o tratou com tanta desonra, de forma que ele perca seu direito ou se digne a tentar recuperar o que já lhe pertence. Por isso, pondere, ó Alma Humana, você será pacífica ou não? Se vocês calmamente se dobrarem, a nossa velha amizade será renovada. Contudo, se ainda assim recusarem e se rebelarem, não esperem nada senão fogo e espada."

Quando a débil cidade ouviu esse convocador e sua mensagem, ficaram ainda mais desanimados, mas não responderam ao capitão. Portanto, ele se foi do mesmo modo que veio.

No entanto, após uma consulta entre eles mesmos e com os seus capitães, os habitantes de Alma Humana renovaram sua determinação a buscar o conselho do Lorde Secretário, pois ele, conforme já mencionei, era o principal pregador deles, mas estava desconfortável entre eles neste momento. Imploraram o Seu favor nestas duas ou três coisas:

1. Que o Lorde Secretário olhasse para eles em conforto e não se mantivesse tão afastado quanto anteriormente. Também que lhes concedesse uma audiência ao mesmo tempo em que eles confessassem a terrível condição em que se encontravam. Todavia, Ele lhes repetiu as palavras que dissera anteriormente: ainda se sentia desconfortável entre eles e que, portanto, não poderia agir com eles como no passado.

2. A segunda coisa que desejavam era que Ele pudesse lhes dar conselhos sobre os assuntos tão importantes daquele momento, uma vez que Diabolus havia vindo e se acampado diante da cidade com nada menos do que 20 mil Céticos. Disseram, ademais, que tanto Diabolus quanto os seus capitães eram cruéis, e que o povo da cidade os temia. A isso, o Lorde Secretário respondeu: "Vocês devem buscar na lei do Príncipe e lá verão o que está dito para fazerem".

3. Depois desejavam que Sua Alteza os auxiliasse a redigir uma petição a Shaddai e a Emanuel, Seu Filho, escrevendo-a de próprio punho como um sinal de que Ele estava unido ao povo. Pois diziam: "Meu Senhor, enviamos muitos mensageiros, porém não obtivemos resposta de paz. Mas, se tu unires a Tua mão à nossa, pode ser que isso traga o bem para Alma Humana".

Entretanto a resposta que receberam dele foi: "Vocês ofenderam seu Emanuel e me entristeceram grandemente, portanto, ainda precisam reconhecer seus próprios artifícios".

Essa resposta do Lorde Secretário caiu sobre eles como uma pedra de moinho. Esmagou-os a ponto de não saberem o que fazer. Mas, ainda assim, não se atreviam a obedecer às demandas de Diabolus ou de seu capitão. Então, esta era a difícil posição na qual estava Alma Humana quando o inimigo veio contra os cidadãos dela: seus adversários estavam prontos para devorá-los, e seus amigos não viriam em seu auxílio.

O Lorde Alcaide, cujo nome era Lorde Entendimento, levantou-se e começou fazer uma análise acurada, até que encontrou consolo naquela aparentemente amarga fala do Lorde Secretário. Discorreu assim sobre o assunto:

—Primeiramente, o que Ele disse segue inevitavelmente o que o nosso Senhor dissera. Ou seja, que ainda precisamos sofrer por nossos pecados. Depois, as palavras ainda soaram como se, no fim das contas, ainda seremos salvos de nossos inimigos, e que, após mais algum sofrimento, Emanuel virá e nos ajudará.

O Lorde Alcaide fora muito preciso em seu tratamento com as palavras do Secretário, porque ele era mais do que um profeta e porque suas palavras jamais deixaram de ter significado mais exato. Os habitantes de Alma Humana puderam, então, esquadrinhá-las e expô-las para seu próprio benefício.

Assim, eles deixaram o Lorde Entendimento e foram aos capitães a quem levaram todas as palavras do Lorde Alto Secretário. Ao ouvi-las, os capitães tiveram a mesma opinião que o Lorde Alcaide. Dessa maneira, os capitães começaram a recobrar a coragem e a se preparar para fazer um valente ataque ao acampamento adversário, a fim de destruir todos os diabolinianos, com todos os Céticos que o tirano trouxera consigo para destruir a pobre cidade de Alma Humana.

Após isso, todos se dirigiram às suas casas — os capitães, o Lorde Alcaide, o pregador subordinado e o Lorde Arbítrio. Os capitães ansiavam por prestar algum serviço a seu Príncipe, visto que se deleitavam em prodígios militares. Eles se reuniram no dia seguinte, deliberaram e resolveram reagir ao capitão de Diabolus com as catapultas; e assim o fizeram no despontar do sol do dia seguinte. Diabolus havia se aventurado a se aproximar novamente, mas as pedras foram de encontro a ele e aos seus como vespões. Da mesma maneira que não há nada tão terrível para Alma Humana quanto o ribombar dos tambores de Diabolus, para ele não há nada tão temível quando as catapultas de Emanuel em ação. Assim, o adversário foi forçado a recuar novamente, desta vez para ainda mais distante da célebre cidade. À vista disso, o Lorde Alcaide mandou que tocassem os sinos e que um agradecimento fosse enviado ao Lorde Alto Secretário, por intermédio do pregador subordinado, porque, por Suas palavras, os capitães e anciãos de Alma Humana foram fortalecidos contra Diabolus.

A visão de seus capitães e soldados, seus lordes e de seus célebres amedrontados e derrotados pelas pedras que vinham das catapultas douradas do Príncipe de Alma Humana levou Diabolus a pensar consigo mesmo: "Vou tentar capturar a cidade pela adulação. Vou atraí-los para a minha rede por meio da lisonja".

Depois de algum tempo ele se reaproximou da muralha, agora sem seus tambores e sem o Capitão Sepulcro. Mas, tendo adoçado seus lábios, parecia ser um príncipe de palavras brandas e pacífico, que não desejava que eles se dobrassem a ele e tampouco ansiava por vingança pelos ferimentos que lhe foram causados pela cidade. Seu propósito agora, em suas palavras, era o bem-estar, o benefício e vantagem da cidade e das pessoas em seu interior. Desse modo, após solicitar uma audiência e desejar que os habitantes de Alma Humana a concedessem, Diabolus procedeu seu discurso, dizendo:

—Ó, célebre cidade de Alma Humana, desejo de meu coração! Quantas noites vigiei e quantos passos exaustivos tomei para que, se possível, pudesse lhes fazer o bem! Longe de mim querer fazer guerra contra vocês, caso se entreguem a mim de vontade própria e calmamente. Vocês sabem que já me pertenceram. Recordam também que, por todo tempo que se deleitaram em mim como seu senhor, e eu em vocês como meus súditos, vocês não tinham falta alguma dos prazeres da Terra que eu, seu lorde e príncipe, poderia trazer-lhes ou inventar para torná-los formosos e alegres ao mesmo tempo. Considerem isto: vocês não tinham tantas horas difíceis, perturbadoras e aflitivas enquanto eram meus como têm tido desde que se revoltaram contra mim. Tampouco terão paz novamente, até que vocês e eu nos tornemos um como antes. Pensem em me aceitar novamente, e eu lhes concederei, ou melhor, ampliarei seu contrato com abundância de privilégios. Assim sua licença e liberdade serão para conquistar, manter, desfrutar e tornar seus tudo o que é prazeroso desde o leste ao oeste. A indelicadeza com que me ofenderam não lhes será imputada como culpa por mim enquanto houver Sol e Lua. Nem os meus queridos amigos, que agora espreitam de suas covas, covis e cavernas por temor a vocês, tornarão a feri-los novamente. Pelo contrário, serão seus servos e ministrarão a vocês com as riquezas deles e de tudo aquilo que lhes vier à mão. Não preciso falar mais. Vocês os conhecem e já se deliciaram na companhia deles. Por que então deveríamos permanecer nessa situação? Que renovemos nossa intimidade e amizade.

"Suportem esse seu amigo, uma vez que tomo a liberdade de falar-lhes tão abertamente. O amor que tenho por vocês me leva a fazê-lo, bem como o zelo de meu coração por meus amigos. Portanto, não me coloquem em mais problemas nem a si próprios em ter de temer e se apavorar ainda mais. Eu os recuperarei, quer pela guerra ou pela paz. Não se vangloriem no poder ou exércitos de seus capitães, ou de que seu Emanuel logo virá em seu auxílio, pois tal força não causará o seu bem.

"Virei contra vocês com um exército intrépido e valente e todos os principais príncipes do abismo o encabeçarão. Ademais, meus capitães são mais velozes do que as águias, mais fortes do que o leão e mais ávidos pela presa do que os lobos da noite. Quem é Ogue de Basã?[4] Quem é Golias de Gate?[5] E o que são mais cem deles para apenas um de meus capitães? Como, então, pensa Alma Humana que pode escapar de minha mão e meu poder?"

Tendo Diabolus encerrado seu discurso lisonjeiro, adulador, ardiloso e fraudulento à famosa cidade de Alma Humana, o Lorde Alcaide lhe respondeu:

—Ó Diabolus, príncipe das trevas e mestre de todo engano, já provamos o suficiente de tuas enganosas bajulações e já sorvemos profundamente desse cálice destruidor. Se uma vez mais atentássemos a você e assim quebrássemos os mandamentos de nosso grande Shaddai para nos unir em afinidade com você, não nos rejeitaria o nosso Príncipe e nos lançaria fora para sempre? E sendo assim descartados por Ele, pode o lugar que Ele preparou para você ser um local de descanso para nós?[6] Além disso, você, inimigo vazio e desprovido de toda a verdade, preferimos morrer por suas mãos do que cair em suas adulações e enganos fraudulentos.

---

[4] Deuteronômio 3. A descrição do tamanho de Ogue encontra-se no versículo 11. Transformando as medidas bíblicas em medidas atuais, a cama dele teria 4 metros de comprimento e 1,80 m de largura.

[5] 1 Samuel 17. Pelas medidas fornecidas no versículo 4, Golias tinha 2,90 m de altura.

[6] Mateus 25:41

Tão logo o tirano viu que havia pouco a ser conquistado da negociação com o Lorde Alcaide, ele teve um acesso de ira infernal e resolveu que atacaria mais uma vez a cidade com seu exército de Céticos.

Convocou seu tocador de tambor, que ressoava seu instrumento — e quando ele o tocou, Alma Humana realmente tremeu — a fim de que seus homens estivessem em prontidão para batalhar conta aquela sociedade. Diabolus então, aproximou seu exército e o dispôs da seguinte maneira: os capitães Cruel e Tormento foram colocados perto do portão Sentimento e foi-lhes ordenado que ficassem lá para a guerra. Também disse que, se necessário, o Capitão Sem Descanso viria em seu socorro. No portão Olfato, ele colocou os capitães Enxofre e Sepulcro, dizendo-lhes que cuidassem bem de sua companhia daquele lado da cidade. No Portão Visão posicionou o Capitão Sem Esperança, com suas feições sinistras, e lá também colocou seu terrível estandarte.

O Capitão Insaciável deveria cuidar das carruagens de guerra de Diabolus e também foi designado a levar em custódia qualquer pessoa ou coisa que pudesse, a qualquer tempo, ser tomada como presa de entre os inimigos.

Os habitantes de Alma Humana fizeram do Portão Paladar uma posterna e a mantiveram fortificada, pois era desse lugar que eles enviavam suas petições para Emanuel, seu Príncipe. Também era por esse portão que os capitães operavam suas catapultas lançando suas pedras sobre o inimigo. Uma vez que ele ficava em um lugar elevado, posicionar as máquinas de guerra ali e lançar suas pedras daquele ponto causava dano maior ao exército do tirano. Por esse motivo, além de outros, Diabolus buscava vedar, se possível, esse portão com imundícies.

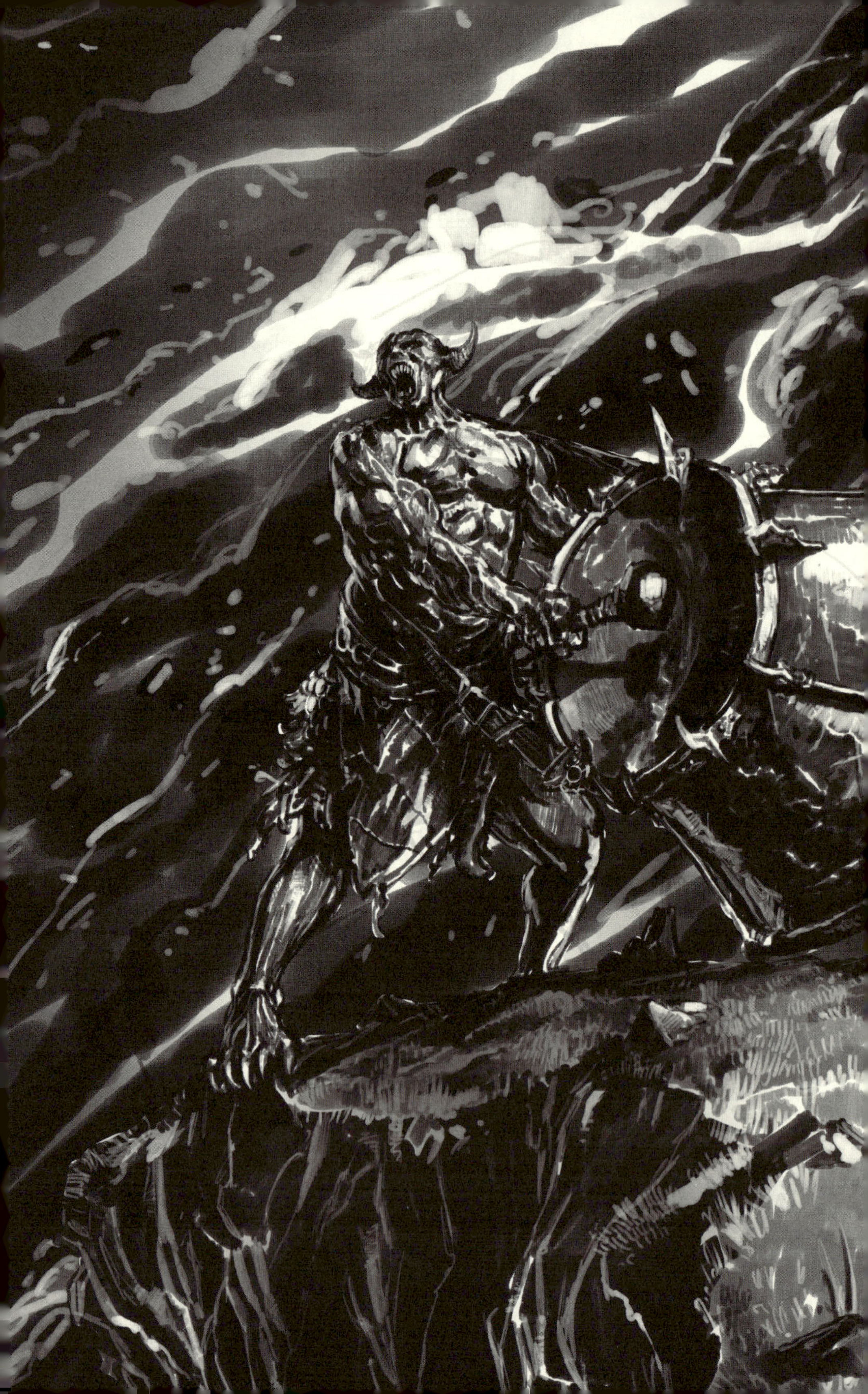

CAPÍTULO 14

Da mesma forma que Diabolus estava ocupado e aplicado em sua preparação para fazer seu ataque externo sobre a cidade de Alma Humana, os capitães e seus soldados na sociedade estavam diligentes em se preparar pelo lado de dentro. Montaram suas catapultas e hastearam suas bandeiras, soaram suas trombetas, colocando-se em tal ordenação que foi julgada como mais incômoda pelo adversário e mais vantajosa para a cidade. Também deram ordens aos soldados que aguardassem em prontidão ao toque de guerra das trombetas. O Lorde Arbítrio ocupou-se em vigiar contra rebeldes no interior das muralhas e em fazer o que estivesse a seu alcance para capturá-los enquanto estivessem do lado de fora ou para os reprimir para dentro das cavernas, covas e covis nas muralhas da cidade. E, para ser sincero sobre ele, desde que foi punido por sua falha, ele passou a demonstrar muito mais honestidade e bravura de espírito do que qualquer outro em Alma Humana. Ele levou um certo Jocoso e seu irmão Galhofeiro — os dois filhos de seu servo Prazer Inofensivo — e, com suas próprias mãos, pregou-os à cruz, pois, até aquele dia, embora o pai deles tivesse sido levado sob custódia, os dois rapazes ainda habitavam com Arbítrio. A razão pela qual ele os crucificou foi porque, depois que o pai deles foi entregue nas mãos do Sr. Fiel, o carcereiro, os filhos começaram a lhe pregar peças e a folgar-se com as filhas de seu mestre. Na realidade, conforme o que foi trazido aos ouvidos de Arbítrio, suspeitava-se que eles estivessem familiarizados demais com as moças. Esse Lorde, estando indisposto a, imprudentemente, levar qualquer homem à morte, não se lançou inicialmente contra eles, mas colocou vigias e espiões para ver se a informação procedia. Logo foi informado da verdade, visto que dois de seus servos cujos nomes eram Descobrir e Reportar Tudo, pegou-os juntos portando-se sem pudor mais de uma ou duas vezes e contaram tudo a seu senhor. Assim que Lorde Arbítrio tinha razões suficientes para crer que a acusação era verdadeira, pegou os dois diabolinianos (pois era isso o que eram, uma vez que seu pai nascera dessa natureza) e os levou ao Portão Visão, onde levantou uma cruz alta diante de Diabolus e seu exército e lá pendurou os dois jovens vilões, em provocação ao Capitão Sem Esperança e ao horrível estandarte do tirano.

Esse ato cristão do valente Lorde Arbítrio desconcertou grandemente o Capitão Sem Esperança, desanimou o exército de Diabolus, infundiu

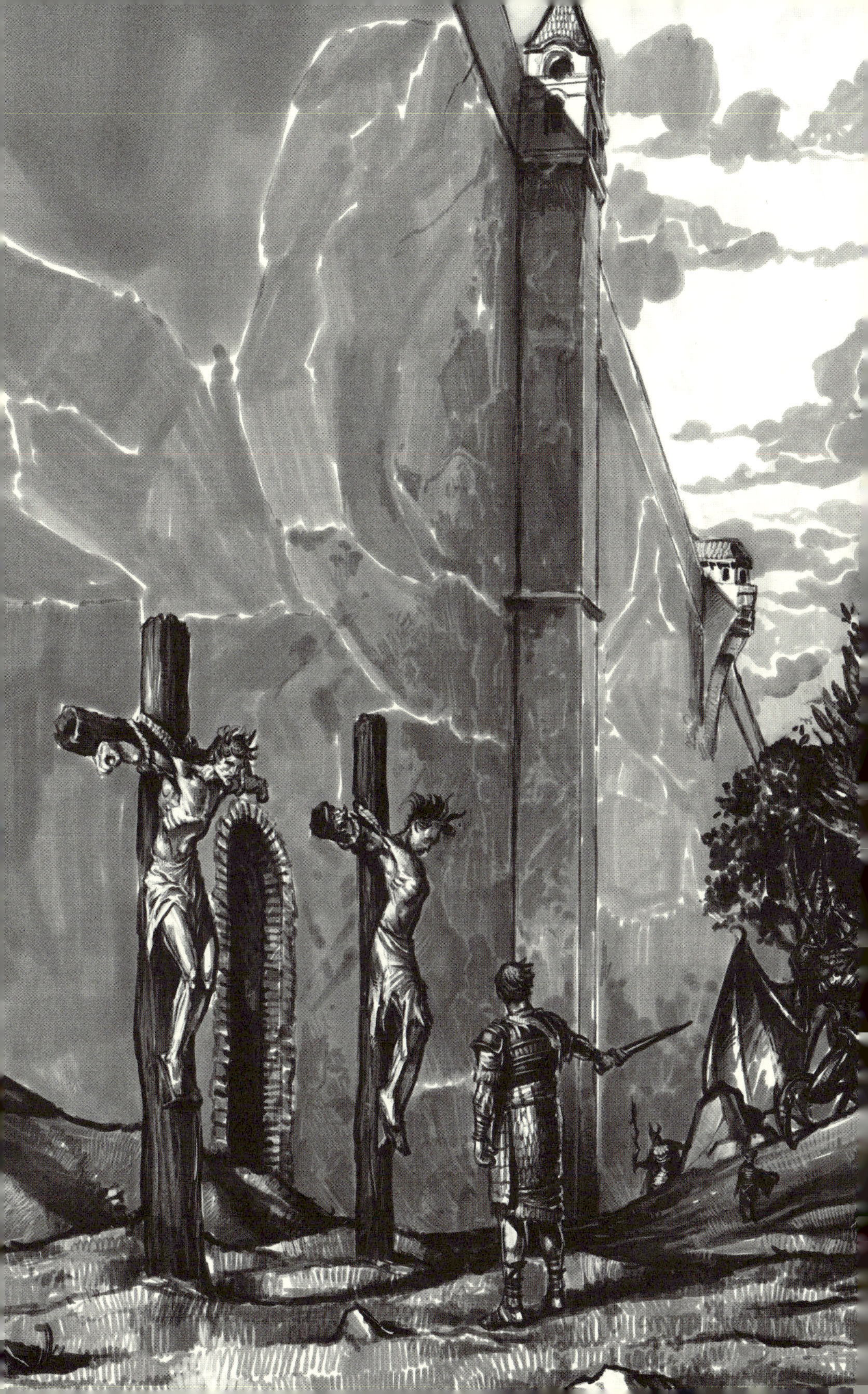

medo nos renegados diabolinianos de Alma Humana e fortaleceu e encorajou os capitães que pertenciam a Emanuel, o Príncipe. Aqueles que estavam no exterior das muralhas concluíram, por esse ato do Lorde, que a cidade estava decidida a lutar e que os diabolinianos que ainda restavam em seu interior não poderiam realizar as coisas que Diabolus esperava que fizessem. No entanto, essa não foi a única prova da honestidade do destemido Lorde Arbítrio à cidade, tampouco de sua lealdade, como ficará demonstrado mais adiante.

Os filhos de Economia Prudente, que habitavam com o Sr. Mente e cujos nomes eram Avareza e Acumulador — gerados de seu relacionamento com a filha bastarda do Sr. Mente, Agarrar-se Firmemente —, foram deixados com esse senhor quando Economia Prudente foi levado à prisão. Quando esses rapazes perceberam como o Lorde Arbítrio tratara os que habitavam com ele, a fim de evitar ter de beber do mesmo cálice, esforçaram-se para fugir. Contudo, o Sr. Mente, estando atento a isso, tomou-os, aprisionando-os em sua própria casa até a manhã seguinte (o que aconteceu à noite). Semelhantemente, lembrando-se de que, pela lei de Alma Humana, todos os diabolinianos deveriam morrer (e eles certamente o eram por parte de pai; alguns dizem que até por parte de mãe), acorrentou-os, os levou ao mesmo lugar onde Lorde Arbítrio crucificara os seus dois servos e lá fez o mesmo.

Os habitantes da cidade ficaram deveras encorajados por esse ato do Sr. Mente e fizeram o possível para aprisionar mais desses perturbadores diabolinianos em Alma Humana. Porém, naquele momento, esses adversários estavam tão encolhidos e encerrados em seus cantos que não puderam ser apreendidos. Assim, foi estabelecida diligente vigilância, e cada homem voltou ao seu lar.

Eu já lhes disse um pouco antes que Diabolus e seu exército estavam de alguma forma envergonhados e desanimados à vista do que fizera o Lorde Arbítrio, quando este crucificou aqueles dois jovens diabolinianos. Todavia, o desencorajamento dele logo se transformou em fúria e ódio frenéticos contra a cidade, e decidiu lutar. Todos os cidadãos de Alma Humana e seus capitães tinham as suas esperança e expectação elevadas, crendo que, no fim das contas, venceriam a batalha, por isso temeram menos seus inimigos. O pregador subordinado fez um sermão sobre isso cujo tema baseou-se no texto bíblico "Quanto a Gade, uma tropa o acometerá; mas ele a acometerá por fim".[1] De onde lhes expôs que, embora Alma Humana tivesse sido violentamente derrotada inicialmente, ainda assim a vitória seria certamente de seus habitantes por fim.

Então, Diabolus ordenou que seu tocador de tambor ressoasse o ataque contra a cidade. Também os capitães que estavam dentro das muralhas, a despeito de não terem tambores, retribuíram o toque de guerra com suas trombetas de prata. Aqueles que eram do acampamento de Diabolus vieram contra a cidade para tomá-la, e os capitães do castelo lançaram-se violentamente em combate com suas catapultas instaladas no Portão Paladar. Tudo o que se ouvia no acampamento adversário eram terríveis sons enfurecidos e blasfêmias, ao passo que em Alma Humana havia boas palavras, oração e entoação de salmos. O inimigo retrucava com pavorosas objeções e a terribilidade de seus tambores, ao que a cidade respondia acionando suas catapultas e com as melodias de suas trombetas. Desse modo, a batalha durou por vários dias seguidos, havendo apenas uma interrupção aqui e ali na qual os habitantes de Alma Humana se renovavam, e os capitães se preparavam para outro ataque.

Os capitães de Emanuel trajavam armaduras de prata, e os soldados vestiam-se com outros materiais resistentes. Por sua vez, os soldados de Diabolus vestiam-se com ferro, que acabou cedendo ao aparato de Emanuel. Na cidade havia feridos, alguns gravemente. Agora, o pior de tudo, é que havia poucos cirurgiões em Alma Humana porque Emanuel estava ausente naquele momento. No entanto os feridos eram livrados da morte por meio das folhas de uma árvore; mas, ainda assim, seus ferimentos putrefaziam rapidamente e outros exalavam forte mau cheiro. Dentre os cidadãos, a lista de feridos incluía: o Lorde Razão, atingido na cabeça; o valente Lorde Alcaide, atingido nos olhos; o Sr. Mente, que foi ferido no estômago, e o honesto pregador subordinado, que foi atingido por uma flecha em uma região não longe do coração. Mas nenhuma dessas feridas era mortal. Muitos das fileiras subalternas foram não apenas feridos, mas mortos.

No acampamento de Diabolus um considerável número de soldados fora ferido e morto. Por exemplo, foram atingidos o Capitão Cólera e o Capitão Cruel. O Capitão Condenação foi levado a recuar e se

---

[1] Gênesis 49:19 (ARC)

entrincheirar longe de Alma Humana. O estandarte de Diabolus também fora derrubado, e o seu portador, o Capitão Grande Ferida, teve seu cérebro esmagado por uma pedra da catapulta. Tudo isso para profundo pesar e vergonha de seu príncipe Diabolus.

Igualmente muitos dos Céticos foram totalmente abatidos, apesar de que ainda foram deixados vivos o suficiente deles para fazer Alma Humana temer e tremer. Mas a vitória daquele dia, sendo a favor da cidade, trouxe muita bravura aos habitantes e aos capitães e cobriu o acampamento de Diabolus com uma espessa nuvem, o que os deixou ainda mais furiosos. No dia seguinte, Alma Humana descansou e ordenou que os sinos fossem tocados, também ressoaram as trombetas com alegria, e os capitães celebravam por todo o lugar.

O Lorde Arbítrio também não estava ocioso, mas prestou um serviço notável no interior das muralhas contra os domésticos, os diabolinianos que estavam na cidade, não apenas mantendo-os aterrorizados, porque por último queimou na fogueira um deles cujo nome era Sr. Qualquer Coisa, um camarada de quem já falamos antes. Se vocês lembram, foi ele quem levou três homens tirados da companhia do Capitão Boanerges para o lado de Diabolus. Ele os persuadiu a se alistarem sob o tirano e lutarem contra o exército de Shaddai. O Lorde Arbítrio igualmente aprisionou um notável diaboliniano que tinha por nome Pés Dissolutos. Ele era um espião para os patifes que estavam em Alma Humana e carregava as notícias do interior da cidade para o acampamento e dali de volta para os inimigos no interior da cidade. A esses dois o Lorde Arbítrio enviou a salvo para o Sr. Fiel, o carcereiro, com a ordem de que os mantivesse sob grilhões, pois também pretendia crucificá-los quando fosse melhor para a sociedade e mais eficiente para desencorajar o acampamento de seus oponentes.

O Lorde Alcaide também, mesmo sem poder se mover como antigamente em virtude do ferimento que recebera recentemente, deu ordens a todos os nativos de Alma Humana que observassem sua vigilância e permanecessem atentos para provar sua hombridade quando a ocasião oportuna necessitasse.

O pregador, o Sr. Consciência, também fez o seu máximo para manter todos os seus textos vivos no coração do povo da cidade.

Bem, depois de algum tempo, os capitães e os intrépidos de Alma Humana chegaram a um acordo e decidiram, em certo momento, arremeter-se sobre o acampamento de Diabolus, e que o fariam à noite. No entanto, isso foi tolice da cidade, visto que a noite é sempre melhor para o inimigo e pior para que a cidade lutasse. Mas estavam determinados a fazê-lo uma vez que estavam muito animados, com a lembrança da última vitória ainda recente em sua memória.

Então, chegada a noite marcada, os valentes capitães do Príncipe lançaram a sorte para ver quem deveria liderar o comboio nessa nova e precipitada expedição contra Diabolus e seu exército. Ficou determinado que deveriam liderar essa vã esperança os Capitães Confiança, Boa Esperança e Experiência. Este último fora colocado na posição capitão pelo Príncipe quando Ele ainda residia na cidade. Portanto, como eu disse, eles fizeram seu ataque contra o exército que os sitiava. Sua missão era atacar a principal companhia de seus inimigos. Contudo, Diabolus e seus homens sendo especialmente acostumados ao trabalho noturno, perceberam logo o alarme e estavam prontos a batalhar contra eles, como se houvessem lhes enviado notícia da vinda dos homens de Alma Humana. Assim sendo, lançaram-se ao combate rapidamente, e os golpes foram fortes em cada um dos lados. Os tambores do inferno tocavam mais freneticamente, ao passo que as trombetas do Príncipe soavam com ainda mais doçura. Desse modo, teve início a batalha, e o Capitão Insaciável observou as carruagens do inimigo e aguardou quando deveria fazer deles as suas presas.

Os capitães do Príncipe lutaram com intrepidez, muito além do que se poderia esperar deles. Feriram a muitos, levaram todo o exército de Diabolus a recuar. Porém não sei dizer-lhes como, mas, à medida que os valentes Capitães Confiança, Boa Esperança e Experiência avançavam na perseguição, reduzindo o adversário e os seguindo de perto pela retaguarda, o Capitão Confiança tropeçou e caiu e ficou ferido tão seriamente que não conseguiu se levantar até que o Capitão Experiência o ajudasse. Quando isso aconteceu, os soldados de ambos entraram em confusão. O próprio capitão estava tão cheio de dores que não conseguia reprimir seus altos urros. À vista disso, os outros dois capitães combaliram supondo que o Capitão Confiança recebera um ferimento mortal. Os soldados deles também entraram em desordem e não possuíam mais prontidão para a batalha.

Embora Diabolus ainda enfrentasse o pior neste momento, sendo observador, percebeu que houve uma interrupção entre os que seguiam

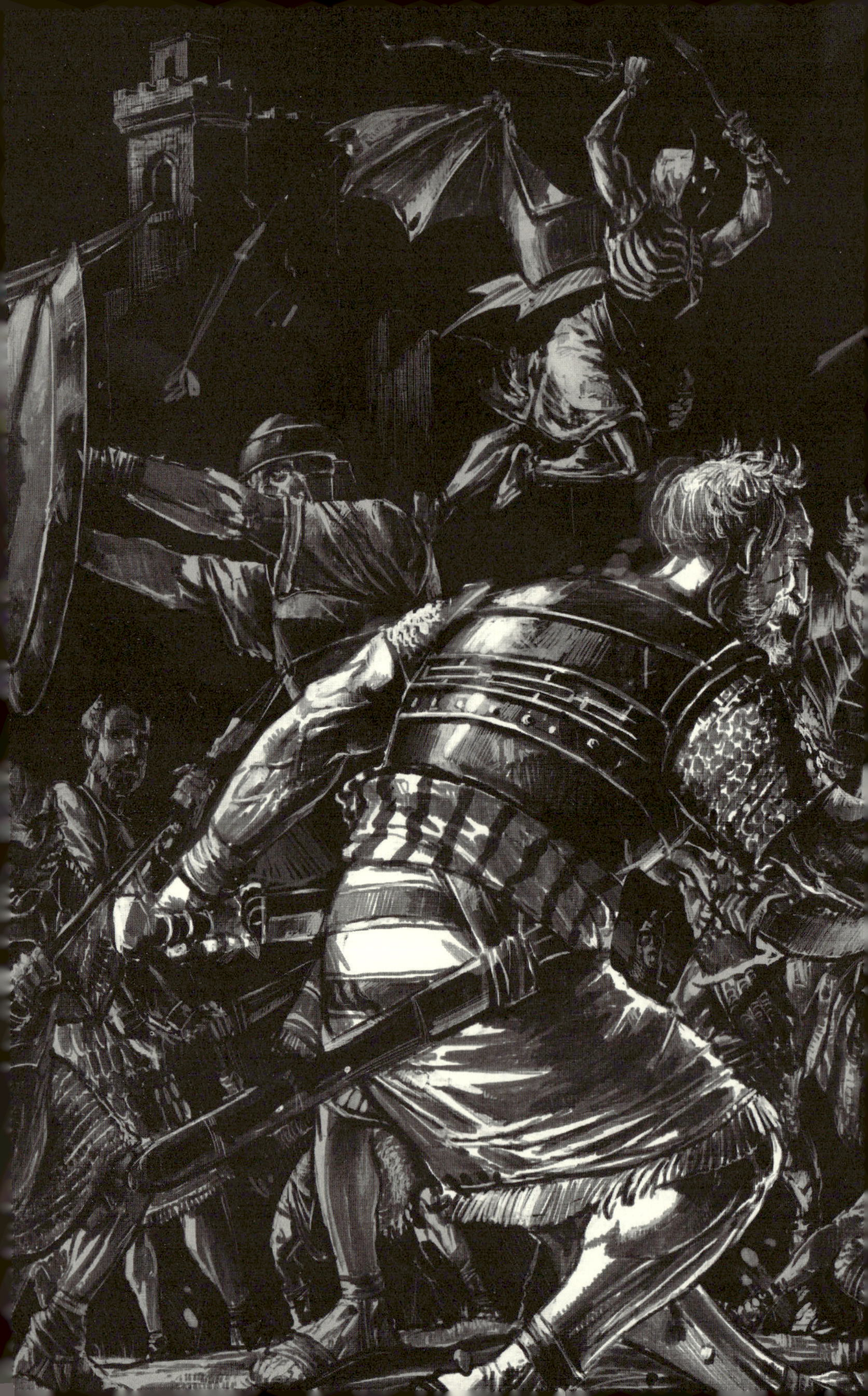

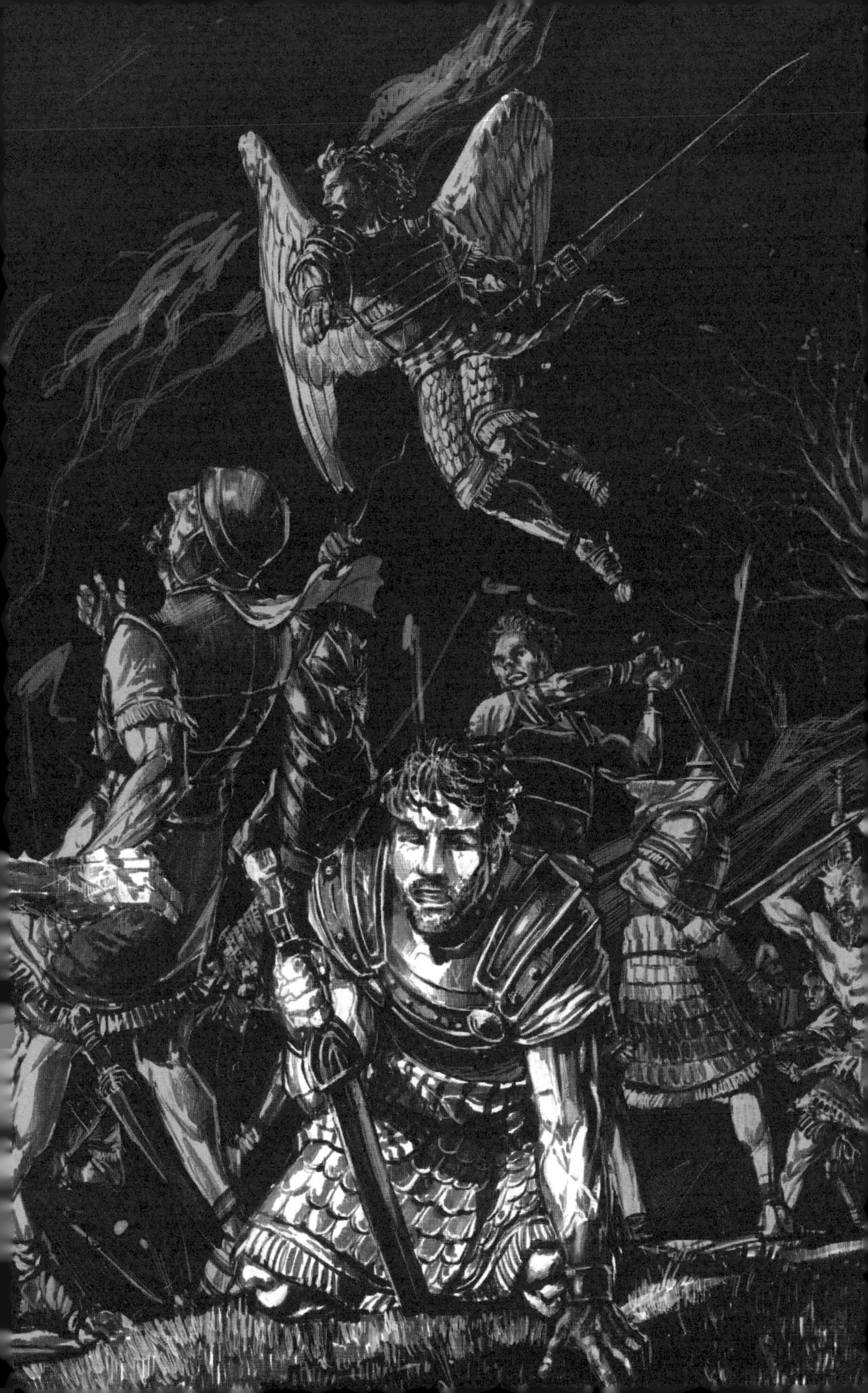

em seu encalço. Tomando por certo que os capitães estavam ou feridos ou mortos, levantou-se pela primeira vez para enfrentar e sair contra o exército do Príncipe com o máximo de furor que pôde reunir do inferno para o auxiliar. Sua estratégia era acabar exatamente entre os três capitães — Confiança, Boa Esperança e Experiência — para os cortar, ferir e transpassá-los tão terrivelmente, que, por meio do desencorajamento, ou pela desordem ou ferimentos que haviam recebido, além da perda de muito sangue, eles dificilmente conseguiriam se colocar a salvo novamente, apesar de terem em seu poderio as melhores mãos da cidade de Alma Humana.

Quando as fileiras do exército do Príncipe viram que esses três homens estavam no pior estado, acharam sábio fazer uma recuada tão segura quanto possível e retornaram ao seu porto de sally novamente. Assim encerrou-se essa ação. Porém Diabolus estava tão entusiasmado com o ocorrido nesta noite, que prometeu a si mesmo uma conquista fácil e definitiva sobre a cidade em poucos dias. Assim, no dia seguinte, ele se aproximou dos flancos da cidade com grande ousadia, exigindo entrada e que os habitantes se entregassem a seu governo. Igualmente os diabolinianos que estavam no interior da cidade começaram a se animar, de alguma forma, conforme mostraremos depois.

No entanto, o intrépido Lorde Alcaide replicou que o que Diabolus conseguisse deveria ser pela força, pois, enquanto Emanuel, o Príncipe deles, estivesse vivo — embora agora não estivesse tanto com eles quanto desejavam —, eles jamais consentiriam em render Alma Humana a qualquer outro. Com isso, o Lorde Arbítrio se levantou e disse:

—Diabolus, senhor do abismo, inimigo de tudo o que é bom, nós, os pobres habitantes da cidade de Alma Humana, estamos bem familiarizados com a suas regras e governo, e com o fim daquelas coisas que certamente seguirão o submeter-se a você, para que o façamos. Portanto, embora, enquanto não tínhamos entendimento, tenhamos permitido que você nos conquistasse — como o pássaro que não vê a armadilha cai nas mãos do passarinheiro —, desde que nos voltamos das trevas para a luz, também nos desviamos do poder de Satanás para Deus. E apesar de, por sua sutileza e da sutileza dos diabolinianos em nosso interior, tenhamos sofrido muitas baixas e nos afundado em perplexidade, não baixaremos nossas armas e nos submeteremos a um tirano tão horrendo quanto você. Preferimos morrer em combate a nos render. Ademais, temos esperança de que, com o tempo, virá a nós a libertação procedente da corte. Assim sendo, continuaremos em guerra contra você.

A ousadia de Diabolus foi abatida pelos corajosos discursos dos Lordes Arbítrio e Alcaide, mas acendeu a fúria de seu ódio. Esses discursos também auxiliaram os habitantes da cidade e os capitães, pois foi como um curativo sobre a ferida do valente Capitão Confiança. Vocês precisam saber que eram oportunos e benéficos tais intrépidos discursos agora que os capitães da cidade e seus homens de guerra haviam voltado para casa derrotados, e quando o adversário tomara coragem e ousadia, pelo sucesso obtido, de se aproximar das muralhas e exigir entrada.

O Lorde Arbítrio também demonstrou hombridade de dentro da cidade, pois, enquanto os capitães e soldados estavam no campo, ele estava armado com os cidadãos e, onde quer que ele encontrasse um diaboliniano, estes eram forçados a sentir o peso de sua mão e a lâmina de sua espada penetrante. Foram muitos diabolinianos que ele feriu, como o Lorde Sarcasmo, o Lorde Perspicácia, o Lorde Pragmatismo e o Lorde Murmuração. Também aleijou muitos de estirpe inferior. Mas não conseguiremos, neste momento, dar-lhes um relato detalhado de quantos ele matou rapidamente. O motivo pelo qual, ou melhor, a vantagem que o Lorde Arbítrio teve naquele tempo para fazer o que fez foi porque os capitães haviam saído para batalhar no campo. Com isso, os diabolinianos de dentro da cidade pensaram: "É hora de nos agitarmos e criarmos um alvoroço aqui dentro". Logo se reuniram como um corpo e se lançaram sobre Alma Humana como um furacão, de modo que só se via redemoinhos e tempestades na cidade. Por conseguinte, como eu disse, Arbítrio se aproveitou dessa oportunidade para colocar-se entre eles com os seus soldados, golpeando seus inimigos e os ferindo com impávida bravura. Diante disso, os diabolinianos se dispersaram com urgência para seus esconderijos, e o Lorde voltou ao seu lugar.

Esse ato de coragem, de alguma forma, vingou o mal que fora feito por Diabolus aos capitães e lhes informou que Alma Humana não se desmantelaria por causa da perda de uma ou outra batalha. Por esse motivo, as asas do tirano foram cortadas novamente, no que tange a sua vanglória. Quero dizer, em comparação com o que teria feito se os diabolinianos tivessem conseguido colocar a cidade na mesma condição que ele colocara os capitães.

Contudo Diabolus, mesmo assim, resolveu que assaltaria a cidade uma vez mais. Pensava: "Já que os derrotei uma vez, posso fazê-lo uma segunda vez". Por isso, ordenou que seus homens estivessem prontos em determinada hora da noite para empreender um novo ataque à cidade. Ordenou que seus soldados voltassem toda sua força especialmente contra o Portão Sentimento, em uma tentativa de tomar a cidade por ali. A palavra de ordem que deu a seus soldados e oficiais foi "fogo do inferno", dizendo:

—Se conseguirmos invadi-los, como eu desejo, quer com parte ou a totalidade de nosso exército, que aqueles que tiverem êxito se acautelem de não se esquecer dessa palavra. E que nada mais seja ouvido na cidade exceto "Fogo do inferno! Fogo do inferno! Fogo do inferno!".

O tocador de tambor deveria retinir seu instrumento incessantemente, e os portadores dos estandartes deveriam exibir suas cores. Semelhantemente, os soldados deveriam se revestir de toda a coragem que conseguissem e cumprir suas funções com hombridade contra a cidade.

Chegada a noite e preparadas todas as coisas pelo tirano para essa tarefa, ele, repentinamente, fez seu ataque contra o Portão Sentimento e, após lutar por algum tempo ali, conseguiu escancarar essa passagem, uma vez que ela era fraca e a mais suscetível a ceder. Quando ele estava nesse ponto de sua tentativa, lá colocou seus capitães Tormento e Sem Descanso. Buscou avançar, mas os capitães do Príncipe foram contra ele e tornaram o seu acesso mais difícil do que ele desejara. Para falar a verdade, os capitães ofereceram toda resistência que puderam. Porém, três de seus melhores e mais valentes oficiais foram feridos e, por isso, incapacitados de prestar o seu serviço à cidade. Os demais estavam extremamente ocupados, lidando com Céticos e os capitães que seguiam Diabolus. Eles foram superados e não conseguiram afastá-los para fora da cidade. Dessa maneira, os soldados do Príncipe e seus capitães bateram em retirada para o castelo e para a fortaleza de Alma Humana. Fizeram isso, em parte, por sua própria segurança e, em parte, pela segurança da cidade; mas, principalmente, para preservar a prerrogativa real de Emanuel sobre Alma Humana, que era o castelo.

Portanto, com os capitães refugiados no castelo, o inimigo tomou posse do restante da cidade, sem muita resistência. Espalhando-se por cada esquina, de acordo com a ordem do tirano, clamavam enquanto marchavam: "Fogo do inferno! Fogo do inferno! Fogo do inferno!". Assim, por algum tempo, nada podia ser ouvido por toda a cidade senão esses gritos medonhos e o ressoar dos tambores. Nuvens negras pairavam sobre Alma Humana. Nem mesmo a própria razão conseguia fazer algo, exceto contemplar sua ruína. Diabolus também aquartelou seus soldados nas casas dos habitantes da cidade. A casa do pregador subordinado estava tão repleta quanto possível desses Céticos estrangeiros assim como as casas do Lorde Alcaide e do Lorde Arbítrio. Onde havia uma esquina, um chalé, um celeiro ou uma casa que não estivesse agora cheia desses vermes? Expulsaram os homens da cidade de seus lares e agora deitavam-se em suas camas e se assentavam às suas mesas.

Ah, pobre Alma Humana! Agora você sente o fruto do pecado, que veneno havia nas palavras lisonjeiras de Segurança Carnal! Os inimigos devastavam tudo em que colocavam as mãos; incendiaram a cidade em vários lugares e despedaçaram muitas crianças. Também mataram os bebês nos ventres de suas mães. Vocês não deveriam pensar que poderia ser diferente; que consciência, que piedade, que compaixão profunda se poderia esperar dos Céticos? Muitas mulheres em Alma Humana, tanto idosas quanto jovens, foram forçadas, violentadas, abusadas como animais, de modo que elas desmaiavam, sofriam aborto e muitas morriam. Assim eram expostas em cada rua e em todos os lugares da cidade.

Agora Alma Humana não se assemelhava a nada senão a um covil de dragões, um emblema do inferno e um lugar de completas trevas. Parecia como o deserto estéril: nada além de urtigas, sarças, espinhos, ervas daninhas e coisas fétidas pareciam então cobrir a face da cidade. Eu lhes disse anteriormente como esses Céticos diabolinianos expulsaram os homens de Alma Humana de suas camas e agora acrescentarei que os feriram, maltrataram e quase mataram muitos deles a pancadas. Eu disse muitos, sim, quase todos eles. Também feriram o Sr. Consciência, e as feridas dele infeccionaram de tal forma que ele não conseguia alívio dia ou noite. Deitava-se continuamente sobre grades. Se Shaddai não controlasse tudo, eles certamente o haveriam exterminado cabalmente. Abusaram tanto do Lorde Alcaide também que quase lhe vazaram os olhos; e, se o Lorde Arbítrio não tivesse se retirado para o castelo, eles o teriam cortado em pedaços, uma vez que, por causa do estado do coração dele, eles o viam como um dos piores em Alma Humana contra Diabolus e seu grupo. Arbítrio, sem dúvida, havia se mostrado valoroso. E vocês, em breve, saberão mais das realizações dele.

Uma pessoa poderia agora andar por dias seguidos por Alma Humana e raramente ver alguém na cidade que parecesse piedoso. Como estava pavoroso o estado da cidade! Cada canto pululava Céticos. Homens de fardas pretas e de fardas vermelhas caminhavam aos montes pelas ruas e enchiam as casas com seus ruídos temíveis, canções vãs, lorotas e linguagem blasfema contra Shaddai e Seu Filho. Por esse tempo, todos aqueles diabolinianos que espreitavam nas muralhas, covis e covas que havia no interior da cidade vinham para fora e se exibiam. Eles andavam de cara deslavada na companhia dos Céticos que havia em Alma Humana. Tinham mais ousadia para percorrer a cidade, assombrar as casas e se mostrar do que qualquer um dos honestos habitantes de Alma Humana.

Contudo, Diabolus e seus estrangeiros não estavam em paz na cidade, pois não eram acolhidos como os capitães e os exércitos de Emanuel. Os nativos da cidade os intimidavam tanto quando podiam. Tampouco conseguiram destruir as coisas indispensáveis na cidade, apenas algumas que apreenderam contra a vontade dos cidadãos. Estes escondiam de seus inimigos o que podiam e o que não conseguiam ocultar eles cediam de má vontade. Pobres corações! Preferiam ter de volta seu território a ter a companhia de seus adversários; mas, no momento, eram seus cativos e eram forçados a se manter assim. Porém, digo-lhes que esses cidadãos os desencorajavam tanto quanto conseguiam e lhes demonstravam tanto desagrado quanto possível.

Os capitães, que estavam no castelo, restringiam os diabolinianos por continuamente atirar contra eles com as catapultas, para a completa irritação e fúria da mente dos adversários. É verdade que Diabolus tentou muitas vezes quebrar os portões do castelo; contudo o Sr. Temor a Deus era o guarda naquele lugar. Como ele era um homem de muita coragem, boa conduta e valor, era vã a ideia de imaginar ser bem-sucedido naquela tarefa, enquanto houvesse vida nesse homem, por mais que o inimigo o desejasse. Assim sendo, todas as investidas que Diabolus fazia contra ele eram infrutíferas. Muitas vezes, eu desejei que esse homem tivesse o controle de toda Alma Humana.

Essa foi a condição de Alma Humana por cerca de dois anos e meio. O corpo da cidade era um território de guerra; os nativos foram levados a habitar em buracos, e a sua glória fora lançada no pó. Qual descanso, qual paz poderia haver para os habitantes, como poderia o Sol brilhar sobre eles? Se o inimigo tivesse ficado por tanto tempo assim nas planícies em oposição à cidade, isso seria o suficiente para levar seus habitantes à inanição. Mas era terrível agora, com eles em seu interior, com a cidade sendo o abrigo deles, suas trincheiras e fortes contra o castelo que ali havia; quando a cidade se voltava contra si mesma e servia como uma defesa aos inimigos de sua força e vida, digo-lhes, quando conseguiam usar os fortes e as fortalezas para se assegurar de permanecer no interior das muralhas, até que pudessem tomar, deteriorar e demolir o castelo. Esse era, pelo momento, o estado da cidade de Alma Humana.

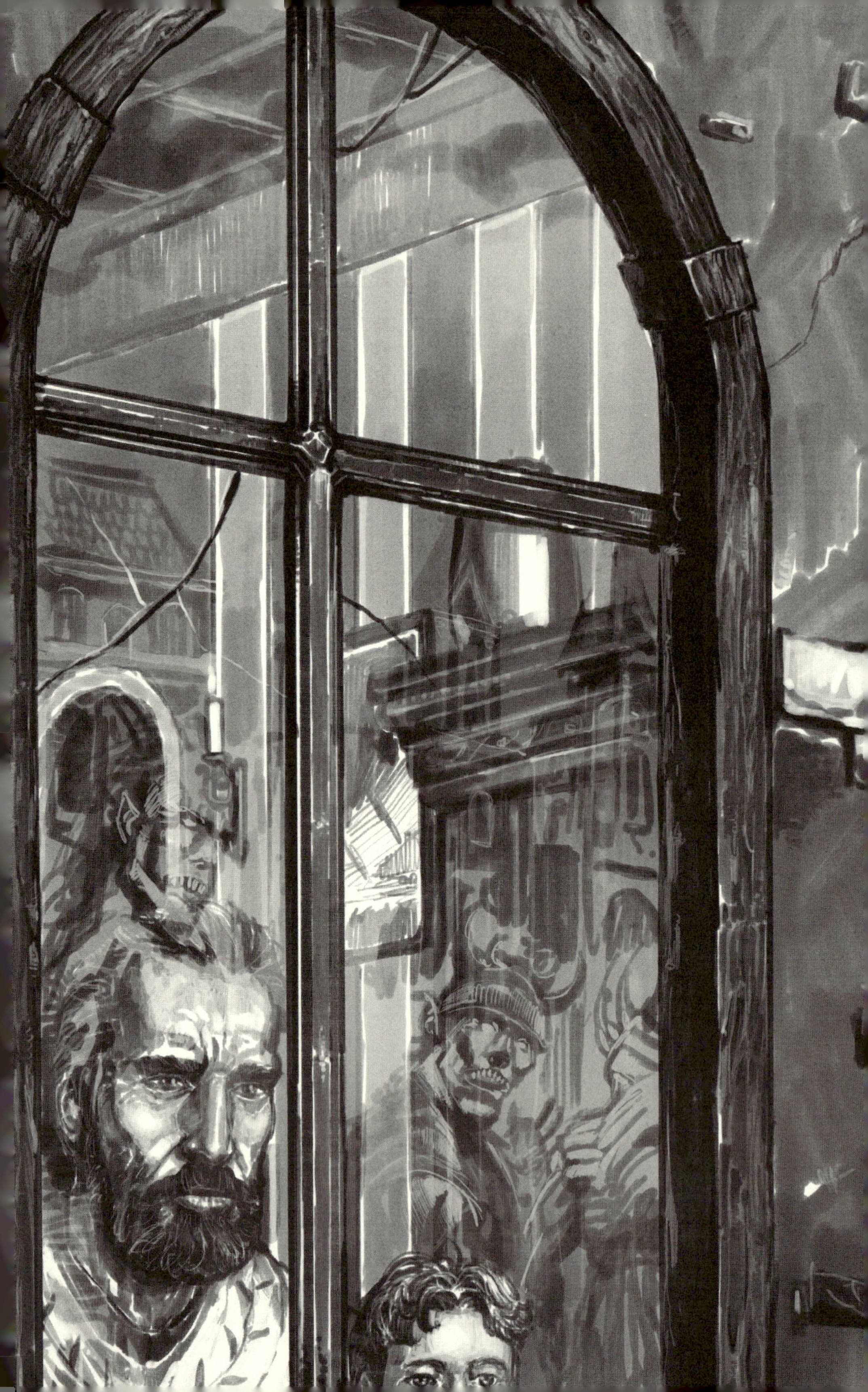

CAPÍTULO 15

Depois de a cidade de Alma Humana estar nessa condição lamentável por muito tempo, como eu lhes contei, e de nenhuma das petições enviadas ao Príncipe terem prevalecido nesse ínterim, os anciãos e líderes da cidade se reuniram e, depois de lastimarem, por um tempo, seu miserável estado e o julgamento que lhes era dispensado, concordaram em esboçar outra petição e enviá-la a Emanuel, solicitando socorro. Porém o Sr. Temor a Deus se levantou e lhes disse que eles sabiam que o Príncipe, o senhor deles, jamais recebeu ou receberia uma petição nesses termos da mão de qualquer outro, a menos que o Lorde Secretário a assinasse. Acrescentou ainda que esse era o motivo por que não haviam prevalecido até agora. Eles então disseram que esboçariam uma petição e pediriam que o Lorde Secretário a firmasse. Contudo o Sr. Temor a Deus lhes respondeu que ele sabia que o Lorde Secretário não assinaria qualquer petição que Ele mesmo não houvesse composto e redigido.

—Além disso, — continuou — o Príncipe reconhece a caligrafia do Lorde Secretário entre todas as caligrafias do mundo. Desse modo, Ele não poderá ser enganado por qualquer dissimulação. Portanto, aconselho-os a ir ao Lorde Secretário e implorar a Ele que possa lhes conceder o Seu auxílio.

Naquele tempo, o Lorde Secretário ainda habitava no castelo onde estavam os capitães e todos os homens de guerra. Eles agradeceram sinceramente ao Sr. Temor a Deus, acolheram seu conselho e fizeram como ele lhes dissera. Foram, então, ao Lorde e declararam-lhe o motivo de sua vinda à Sua presença, a saber: que, uma vez que Alma Humana estava em condição tão deplorável, se Sua Alteza se contentaria em assumir a redação de uma petição em favor deles a Emanuel, o Filho do poderoso Shaddai, e ao Rei deles, Seu Pai.

Disse-lhes o Lorde Secretário:

—Que petição é essa que vocês querem que eu redija em nome de vocês?

Responderam-lhe, então:

—Sabes melhor o estado e a condição de Alma Humana e como estamos desviados do Príncipe e degenerados. Também sabes quem veio para a guerra contra nós e como a cidade é agora um território de conflitos. Ademais, conheces os tratamentos bárbaros que nossos homens, mulheres e crianças têm sofrido nas mãos deles e como os diabolinianos que habitavam na cidade agora caminham pelas ruas com mais ousadia do que se arriscam os próprios cidadãos. Que tu, nosso Lorde, de acordo com a sabedoria de Deus que há em ti, redijas a petição em favor de Teus pobres servos a nosso Príncipe Emanuel.

—Bem, — disse o Lorde Secretário — escreverei a petição, em nome de vocês, e a assinarei.

—Mas quando a teremos das mãos de nosso Lorde?

—Vocês mesmos devem estar presentes enquanto a escrevo. Sim, precisam manifestar nela o seu desejo. É bem verdade que a mão que a escreve e a caneta serão minhas, mas a tinta e o papel devem ser seus. Senão, como poderão dizer que é uma petição de vocês? Eu não tenho necessidade de apelar por mim, pois não causei ofensa. — E acrescentou: —Nenhuma petição parte de mim, em meu nome, ao Príncipe, e nem ao Pai dele por intermédio do Filho, a não ser quando os principais envolvidos no caso se unem em coração e alma, pois essa disposição deve estar presente na petição.

Eles concordaram com a sentença do Lorde, e desse modo a petição foi redigida em favor deles. No entanto, quem deveria levá-la? Esse era o passo seguinte. O Secretário os aconselhou que o Capitão Confiança deveria portá-la, visto que ele era um homem eloquente. Eles o chamaram e lhe propuseram a missão, ao que Confiança respondeu:

—Aceito alegremente a proposta. E, embora eu esteja manquejando, cumprirei esse propósito para vocês tão velozmente quanto eu puder.

Este era o conteúdo da petição para essa causa:

"Ó nosso Senhor e Soberano Príncipe Emanuel, o poderoso e longânimo Príncipe! A graça é extravasada de Teus lábios[1] e a ti pertence a misericórdia e o perdão, apesar de termos pecado contra ti. Nós, que somos indignos de sermos chamados de Tua Alma Humana e de participar de Teus benefícios naturais, imploramos a ti e a Teu Pai, por Teu intermédio, que afastem de nós as nossas transgressões. Confessamos que tu poderias nos expulsar de Tua presença por causa delas, mas não faças isso por amor de Teu nome. Que, ao contrário, uses dessa oportunidade para, diante de nossa miserável condição, demonstrares Tuas entranhas de compaixão para conosco. Estamos cercados por todos os

---

[1] Salmo 45:2

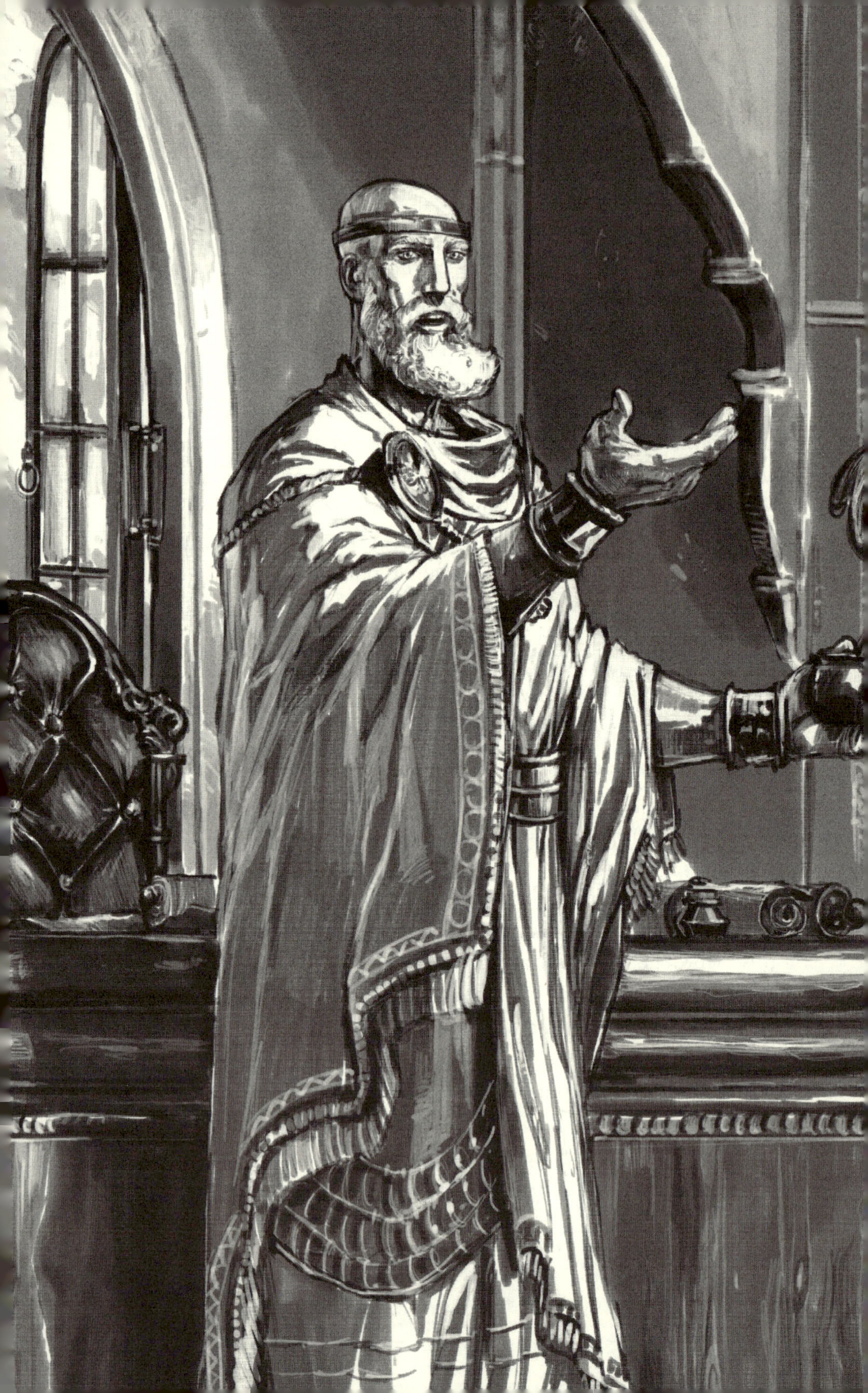

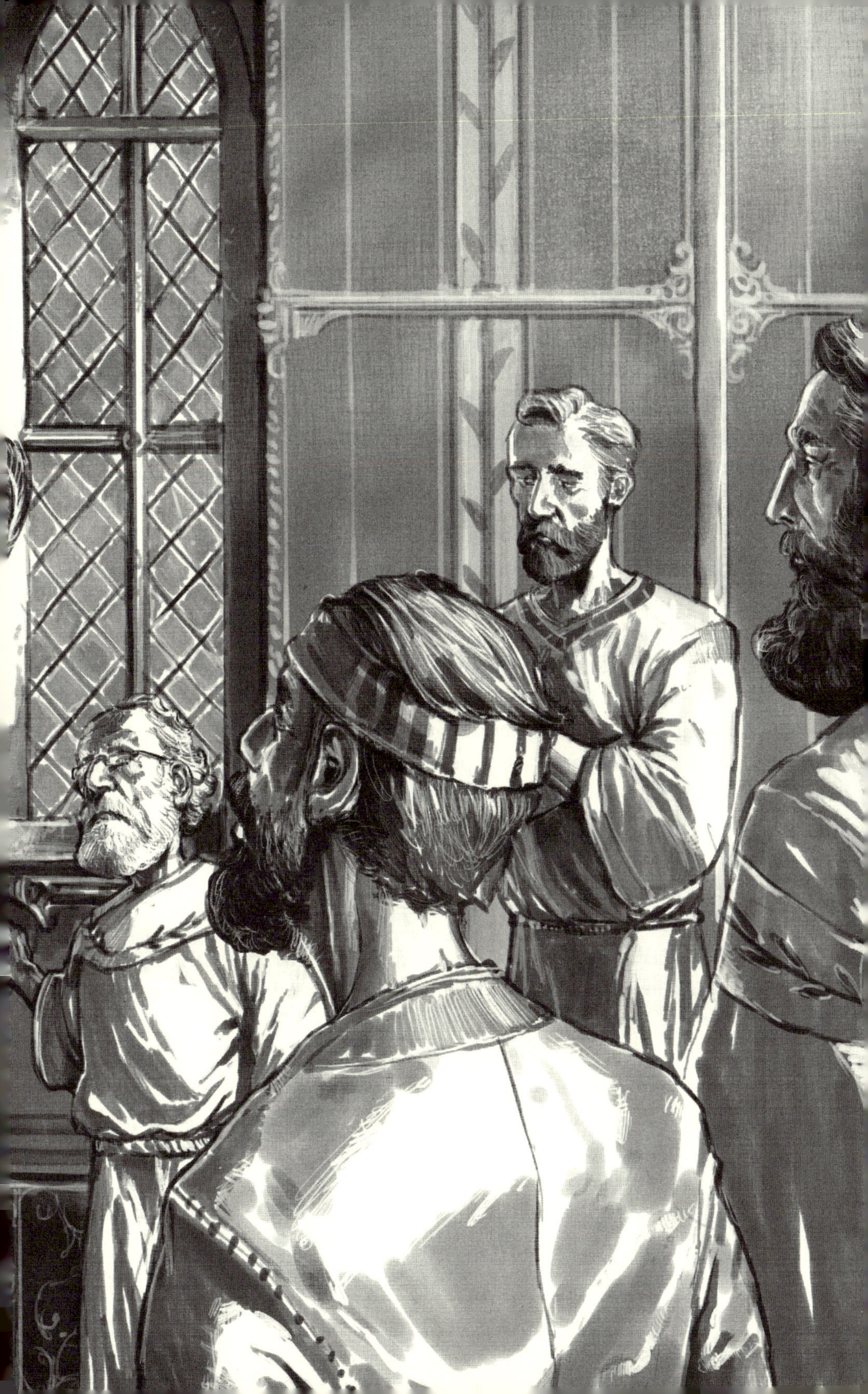

lados, Senhor, nossos desvios nos reprovam, os diabolinianos de nossa cidade nos aterrorizam e o exército do anjo do abismo nos angustia. Somente Tua graça pode ser nossa salvação. Não sabemos para quem mais ir além de ti.

"Outrossim, ó Príncipe cheio de graça, enfraquecemos nossos capitães, e eles estão desencorajados, enfermos e, recentemente, alguns deles foram lamentavelmente derrotados e abatidos no campo de batalha pelo poder e força do tirano. Sim, até mesmo aqueles capitães em cuja bravura costumávamos colocar muito de nossa confiança estão como homens feridos. Além disso, Senhor, nossos inimigos estão vivazes e fortes, eles alardeiam e se vangloriam de si mesmos, ameaçando-nos de repartir-nos como despojo. Lançaram-se sobre nós, Senhor, com muitos milhares de Céticos, com os quais não sabemos o que fazer. Todos têm aparência sinistra e não são misericordiosos. E desafiam a nós e a ti.

"Não temos mais sabedoria ou poder porque tu partiste de nosso meio. Não temos outra coisa para considerar nossa, exceto nosso pecado, vergonha e confusão por causa do pecado. Tem piedade de nós, Senhor, tem piedade de nós, Tua miserável cidade de Alma Humana, e salva-nos das mãos de nosso inimigo. Amém."

Essa petição, como mencionado antes, foi entregue pelo Lorde Secretário e levada para a corte pelo intrépido e mais destemido Capitão Confiança. Ele a levou através do Portão Paladar — pois este, como eu disse anteriormente, era o porto de saída da cidade — e chegou com ela diante de Emanuel. Mas não sei como aconteceu de essa notícia chegar aos ouvidos de Diabolus. Concluo isso porque o tirano, no final, a usou para desafiar Alma Humana com ela, dizendo:

—Vocês, Alma Humana, cidade rebelde e obstinada, eu os forçarei a abandonar essas petições. Ainda estão apelando? Eu os farei parar com isso!

Ele sabia, inclusive, quem era o mensageiro que a levara ao Príncipe, e isso o fez temer e enfurecer-se. Assim, ordenou que seu tambor deveria retinir novamente, algo que a cidade não suportava ouvir. Contudo, quando Diabolus fizer seus tambores ressoarem, Alma Humana terá de suportar. Ao seu ressoar, os diabolinianos se reuniram. Disse-lhes o tirano:

—Ó vocês, corajosos diabolinianos, que seja sabido entre vocês que há uma traição em andamento contra nós na rebelde cidade de Alma

Humana. Pois, não obstante a cidade estar em nossa posse, como vocês o veem, ainda assim esses miseráveis ousaram tentar e têm sido tão destemidos a ponto de enviar alguém pedindo socorro à corte de Emanuel. Dou-lhes a conhecer esse fato, para que saibam como tratar com a desventurosa cidade. Desse modo, ó fiéis diabolinianos, ordeno que aflijamos mais e mais a cidade e a molestemos com nossos ardis e violência às suas mulheres, que defloremos suas virgens, assassinemos suas crianças, matemos a pancadas os seus idosos, incendiemos a cidade e qualquer outra perversidade que vocês possam fazer. Que essa seja a recompensa de Alma Humana por sua desesperada rebelião contra mim.

Esse foi o desafio, mas algo aconteceu entre a sua declaração e a execução. Pois, até este momento, o inimigo não fez muita coisa além de se enfurecer.

Ademais, tendo Diabolus assim falado, dirigiu-se aos portões do castelo e exigiu que, sob risco de morte, eles lhes fossem abertos e fosse concedida entrada a ele e a seus soldados que o seguiam. A isso, o Sr. Temor a Deus, responsável por essa passagem, replicou dizendo que não abririam os portões a ele nem aos seus seguidores. Acrescentou que, além do mais, Alma Humana, após sofrer por um tempo, seria aperfeiçoada, fortalecida e firmada.

Disse-lhes Diabolus:

—Entreguem-me, então, os homens que fizeram a petição contra mim, especialmente o Capitão Confiança, que a levou para o seu Príncipe. Entreguem esse traiçoeiro em minhas mãos e partirei da cidade.

Certo diaboliniano conhecido como Sr. Trapaceiro falou:

—Meu senhor lhes ofereceu algo justo: é melhor que um homem pereça do que toda a cidade seja destruída.[2]

O Sr. Temor a Deus replicou:

—Por quanto tempo Alma Humana será mantida fora do calabouço depois que tiver cedido sua fé a Diabolus? Se perdermos o Capitão Confiança, a cidade terá perdido com ele o bem, pois, se ele se for, a cidade o seguirá.

Diante disso, o Sr. Trapaceiro guardou silêncio, e o Lorde Alcaide tomou a palavra:

---

[2] João 11:49-50

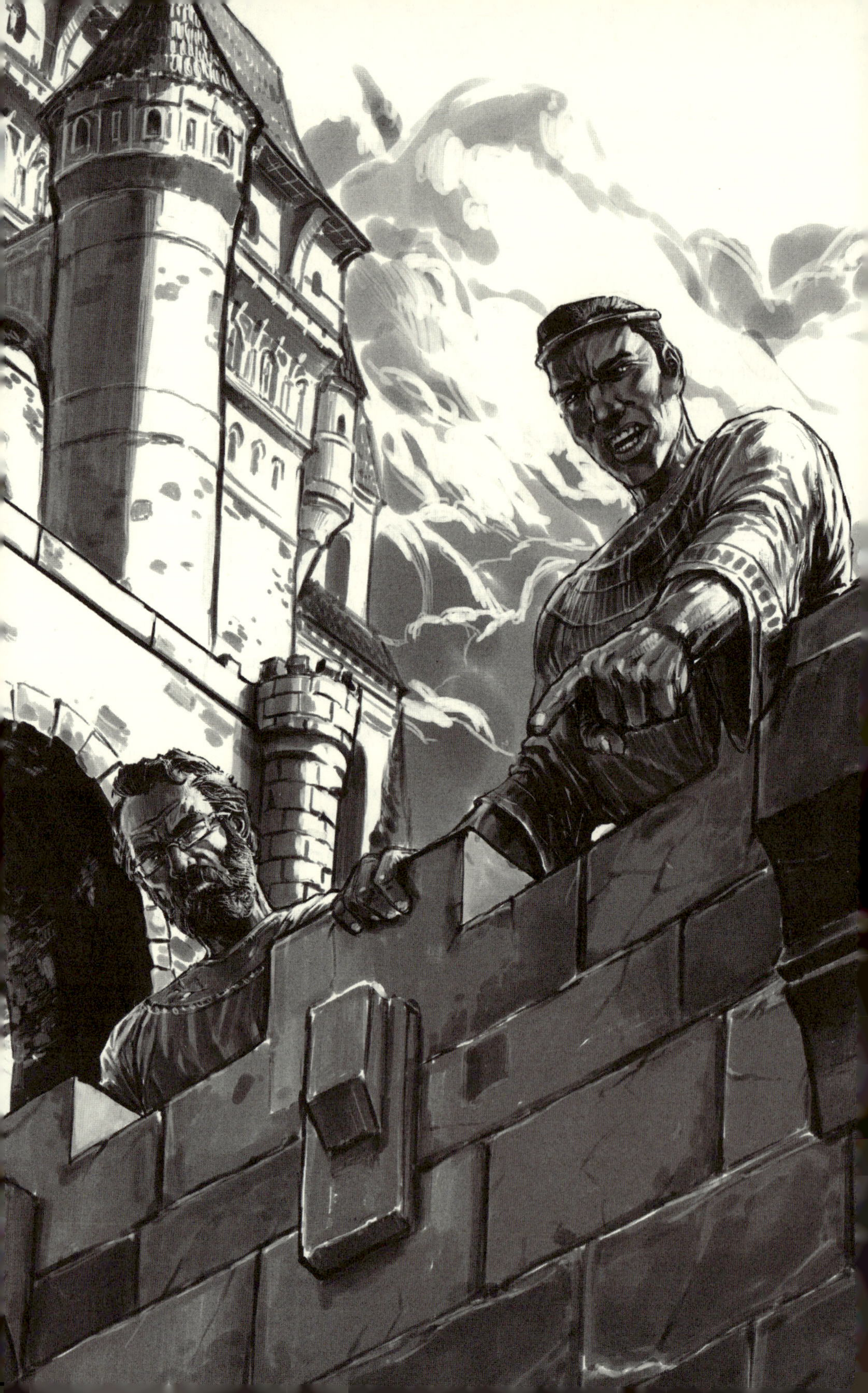

—Ó você, tirano devorador, que seja do seu conhecimento que não atentaremos a qualquer de suas palavras. Estamos decididos a lhe resistir enquanto houver em Alma Humana um capitão, um homem, uma catapulta e uma pedra a ser lançada contra você.

—Vocês têm esperança, aguardam e buscam auxílio e libertação? — disse Diabolus — Vocês invocaram Emanuel, mas a sua maldade está muito próxima a vocês para permitir que orações inocentes lhes saiam dos lábios. Vocês acham que serão vencedores e prosperarão nesse desígnio? Falharão em seu anseio e em suas tentativas, uma vez que não apenas eu, mas o seu Emanuel também está contra vocês. Sim, foi Ele quem me enviou para subjugá-los. Em que, então, está a sua esperança? Ou por qual meio escaparão?

—Nós realmente pecamos, — disse o Lorde Alcaide — mas isso não será a seu favor, tirano, porque o nosso Emanuel nos disse em grande fidelidade: "o que vem a mim, de modo algum o lançarei fora".[3] Além disso, Ele também nos falou: "tudo será perdoado aos filhos dos homens: os pecados e as blasfêmias que proferirem".[4] Portanto, não nos desesperaremos, mas ainda buscaremos libertação e teremos esperança de que ela virá.

Por essa ocasião, o Capitão Confiança já havia voltado da corte de Emanuel ao castelo de Alma Humana e trouxera consigo um pacote. O Lorde Alcaide, sabendo que o Capitão Confiança chegara, abandonou o barulho dos bramidos do tirano rugidor e o deixou gritando próximo à muralha da cidade ou dos portões do castelo. Chegou no alojamento do capitão e, saudando-o, perguntou sobre seu bem-estar e sobre quais eram as notícias da corte. Porém, quando o inquiriu ao capitão, lágrimas lhe escorriam dos olhos. Disse-lhe, então, o capitão:

—Anime-se, meu senhor, porque tudo ficará bem no devido tempo!

Com isso, ele apresentou seu pacote e colocou-o de lado. Contudo, isso foi visto como sinal de boas-novas pelo Lorde Alcaide e pelos demais capitães. Parecia-lhes que um tempo de graça havia chegado. O Lorde Alcaide informou a todos os capitães e anciãos da cidade, que estavam distribuídos em seus alojamentos no castelo ou em suas guardas,

---

[3] João 6:37

[4] Marcos 3:28

comunicando-lhes que o Capitão Confiança voltara da corte e que ele tinha algo genérico e algo específico para lhes dizer. Todos vieram ao encontro dele e o saudaram perguntando-lhe sobre sua viagem e qual era a boa-nova da corte. Ele lhes respondeu da mesma forma como fizera primeiro ao Lorde Alcaide, isto é, que tudo ficaria bem no fim das contas. Agora, depois de haver assim os saudado, Confiança abriu o pacote e dele retirou várias cartas para aqueles a quem elas se destinavam.

A primeira delas era para o Lorde Alcaide. Nela, Emanuel dizia que aprovara que o Lorde Alcaide tivesse sido tão fiel e confiável em sua função e em todas as responsabilidades que foram colocadas sobre ele quanto às pessoas e à cidade de Alma Humana. Também esperava que ele soubesse que Emanuel vira com bons olhos que o Alcaide tivesse sido tão ousado em favor de seu Príncipe e se envolvido tão fielmente em Sua causa contra Diabolus. Semelhantemente, mais para o final da carta, dizia que ele em breve receberia a sua recompensa.

A segunda carta era para o nobre Lorde Arbítrio, na qual se lia que seu Príncipe Emanuel entendia bem o quão valente e corajoso Arbítrio fora para a honra de seu Senhor, agora em Sua ausência e quando Seu nome sofria desdém por Diabolus. A carta também dizia que seu Príncipe aprovara que ele tivesse sido tão fiel sobre a cidade de Alma Humana ao manter olhos e mãos rigorosos, bem como rédeas curtas sobre o pescoço dos diabolinianos que ainda espreitavam em seus muitos covis na célebre cidade. Ademais dizia que sabia que Arbítrio havia executado, com suas próprias mãos, alguns dos principais dos rebeldes que lá havia, para o desânimo do partido adversário e para o bom exemplo para toda Alma Humana. E que ele logo receberia sua recompensa.

A terceira carta veio para o pregador subordinado e ela dizia que seu Príncipe apreciara o fato de ele ter exercido seu papel com tanta honestidade e fidelidade e praticado a incumbência que lhe fora delegada por seu Senhor enquanto exortava, repreendia e alertava Alma Humana de acordo com as leis da cidade. Ademais, Emanuel dizia que julgara bom que o pregador os tivesse convocado para o jejum, para se vestirem em pano de saco e a cobrir-se de cinzas enquanto a cidade estava sob revolta. Igualmente, quando ele solicitara a ajuda do Capitão Boanerges em trabalho tão pesaroso. Sua recompensa também lhe foi prometida.

A quarta carta veio para o Sr. Temor a Deus e nela estava escrito que seu Senhor observara que ele fora o primeiro, dentre todos os demais de Alma Humana, a detectar o Sr. Segurança Carnal como o único que, por meio de suas sutileza e astúcia, obtivera para Diabolus uma decadência na piedade na abençoada cidade. Além disso, seu Senhor lhe deu a conhecer que Ele ainda se lembrava de suas lágrimas e de seu pesar por causa do estado de Alma Humana. Também observara, pela mesma carta, que seu Senhor percebera como ele identificara o Sr. Segurança Carnal enquanto na mesa desse mesmo inimigo, entre seus convidados, na casa dele, e isso em meio a uma celebração, enquanto esse inimigo buscava aperfeiçoar sua vilania contra a cidade. Emanuel também vira que essa pessoa reverente, o Sr. Temor a Deus, permanecera ousadamente junto aos portões do castelo em oposição a todas as ameaças e tentativas do tirano. Igualmente, que ele colocara os habitantes da cidade em condições de fazer sua petição a seu Príncipe a fim de que Ele a aceitasse e que eles obtivessem uma resposta de paz. Por todas essas coisas, esse bravo homem receberia, em breve, a sua recompensa.

Após tudo isso, havia ainda uma carta endereçada a toda a cidade. Nela, lia-se que seu Senhor observara as constantes petições que lhe enviaram, e que eles veriam o fruto disso em tempos vindouros. Seu Príncipe também lhes afirmara que vira com bons olhos o fato de o coração e a mente deles estarem, finalmente, fixos nele e em Seus caminhos, embora Diabolus tivesse feito tantas incursões contra a cidade. E que nem as lisonjas ou as dificuldades fizeram com que eles cedessem em servir aos cruéis desígnios do adversário. Ao final, essa correspondência dizia que seu Senhor deixava Alma Humana sob a incumbência do Lorde Secretário e sob a conduta do Capitão Confiança, dizendo: "Atentem para que ainda permaneçam sob o governo deles e, no tempo devido, receberão seu galardão".

Assim, após o valente Capitão Confiança entregar suas cartas aos respectivos destinatários, ele se retirou para o alojamento do Lorde Secretário e lá os dois passaram tempo conversando. Um avaliava o outro em grande estima, e sabiam mais sobre como andariam as coisas em Alma Humana do que todos os seus habitantes. O Lorde Secretário também amava profundamente o Capitão Confiança, enviava-lhe muitas delícias da mesa do Senhor e para ele mostrava Sua face enquanto o restante de Alma Humana permanecia envolto em nuvens. Depois de um tempo

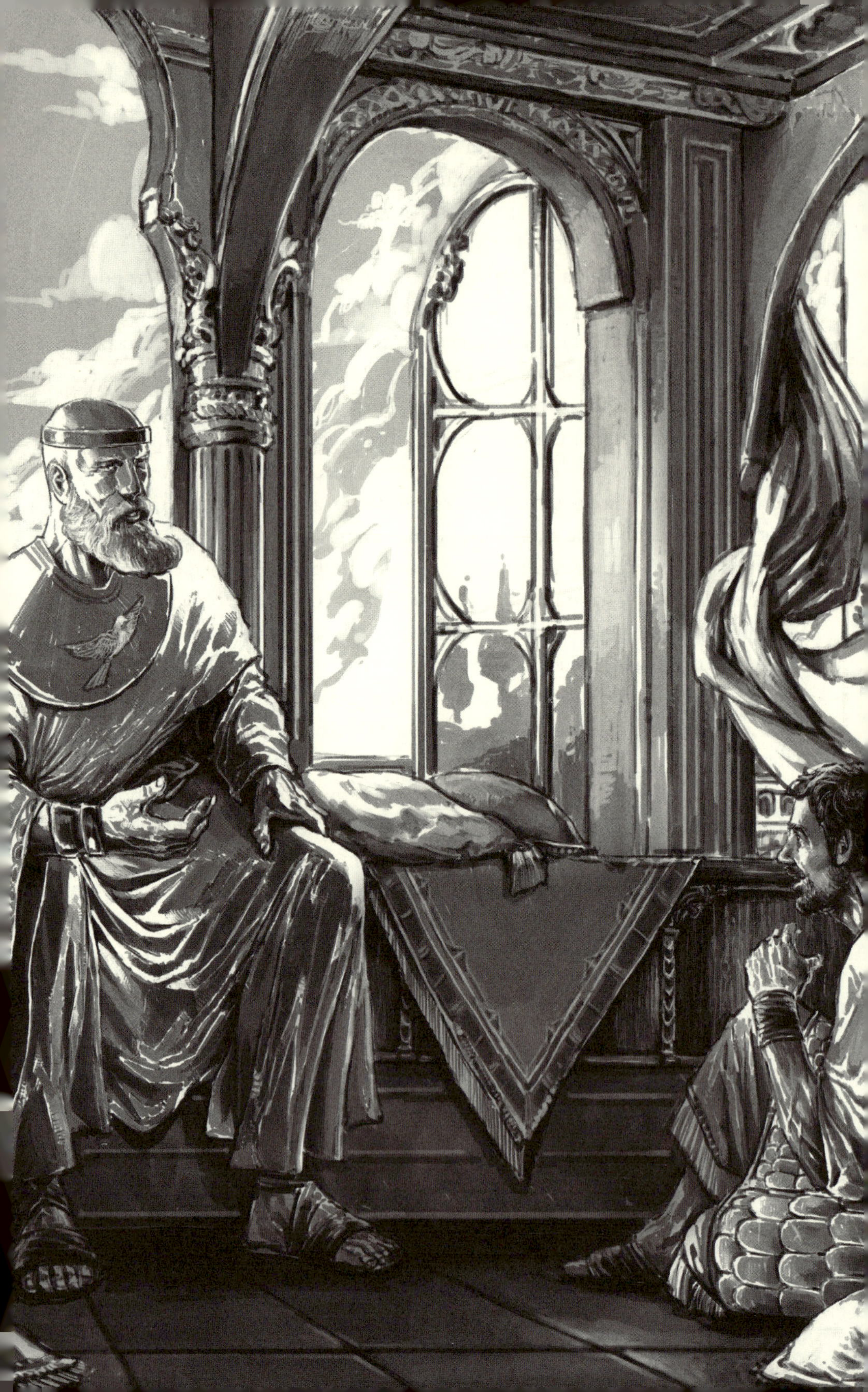

de conversa, o capitão dirigiu-se a seus próprios aposentos. No entanto, não muito depois, o Senhor chamou-o novamente. Tendo chegado à sua presença e após as saudações usuais, disse o capitão ao Lorde Secretário:

—O que meu Senhor tem a dizer a seu servo?

O Lorde Secretário o separou dos demais, demonstrou-lhe mais um ou dois sinais de favor e lhe falou:

—Fiz de você o Tenente-Coronel sobre todo o exército de Alma Humana. Assim sendo, deste dia em diante, todos os soldados da cidade estarão sob seu comando, e você será aquele que liderará a cidade para dentro e para fora das muralhas. Será quem comandará, de acordo com a sua patente, a guerra por seu Príncipe e por Alma Humana contra a força e o poder de Diabolus, e todos os capitães estarão sob suas ordens.

CAPÍTULO 16

Os habitantes de Alma Humana começaram a perceber a simpatia que o Capitão Confiança tinha tanto da corte como do Lorde Secretário, pois nenhum homem antes dele conseguiu ser tão veloz, quando enviado, e tampouco trouxe consigo tais boas-novas de Emanuel. Assim, o que mais poderiam fazer senão lamentar não o terem usado mais vezes quando estavam em angústia e enviar o pregador subordinado ao Lorde Secretário expressando seu desejo de que, com tudo o que eles eram e tinham, pudessem ser colocados debaixo do governo, cuidado, custódia e conduta desse capitão?

Ao sair para cumprir sua tarefa, o pregador recebeu a seguinte resposta do seu Senhor: que o Capitão Confiança seria o grande realizador no exército do Rei, contra Seus inimigos e para o benefício da cidade. Desse modo, o pregador se prostrou e agradeceu seu Senhor, retornando em seguida para dar essas notícias para os cidadãos de Alma Humana. Contudo, tudo isso foi feito sob máximo sigilo visto que os adversários ainda possuíam grande força dentro da cidade.

Retornando à nossa história...

Quando Diabolus se viu confrontado com tanta ousadia pelo Lorde Alcaide e percebeu a valentia do Sr. Temor a Deus, irou-se muito e convocou um conselho de guerra, para que pudesse ser vingado na cidade. Assim, todos os príncipes do abismo se reuniram com todos os capitães do seu exército, e com o velho Incredulidade liderando-os. Eles deliberaram o que fazer. O resultado e a conclusão do conselho foi sobre como poderiam conquistar o castelo, pois não poderiam firmar-se como os novos senhores da cidade enquanto este permanecesse na posse de seus inimigos.

Um aconselhava de uma forma, outro, de outra, mas, quando não conseguiram chegar a um consenso em seu veredito, Apolião, o presidente do conselho, levantou-se e disse:

—Minha irmandade, tenho duas coisas a lhes propor. A primeira é que nos retiremos da cidade e retornemos às planícies, pois nossa presença aqui não nos ajudará, uma vez que o castelo ainda está nas mãos de nosso inimigo. Também não é possível que o tomemos enquanto houver tantos intrépidos capitães em seu interior e enquanto esse ousado Temor a Deus for o guarda de seus portões. Agora, quando sairmos da cidade para os campos, eles, por sua própria vontade, ficarão alegres em poder relaxar um pouco. E poderá ser que comecem a ser negligentes e, quando assim estiverem, pode ser que isso lhes traga um ataque ainda mais potente do que nós mesmos conseguiríamos. Todavia, se isso falhar, a nossa aproximação da cidade pode atrair os capitães para que venham atrás de nós, e vocês sabem o quanto lhes custou quando os combatemos no campo anteriormente. Além disso, se conseguirmos atraí-los para os campos, podemos armar tocaia na parte de trás da cidade e, quando eles saírem, os nossos poderão correr para dentro e tomar posse do castelo.

Mas Belzebu ergueu-se e respondeu:

—É impossível atrair todos eles para fora do castelo. Vocês podem ter certeza de que alguns, de fato, permanecerão lá para o guardar. Por isso, será em vão tentarmos algo assim, a menos que estejamos seguros de que todos sairão.

Portanto, ele concluiu que o que precisava ser feito deveria ser feito de outro modo. E a melhor maneira que os líderes deles conseguiram encontrar foi o que Apolião lhes aconselhara, a saber, que levassem os cidadãos novamente ao pecado. Disse mais Belzebu:

—Não é nossa permanência na cidade ou nas planícies, ou nossa luta, ou matança dos soldados deles que poderá nos tornar os senhores de Alma Humana. Pois, enquanto existir uma única pessoa na cidade que consiga levantar o dedo contra nós, Emanuel tomará o partido deles. E se Ele o fizer, sabemos que momento esse será para nós. Assim sendo, não há, julgo eu, outra forma de trazê-los em escravidão a nós, exceto criarmos um meio de os levar a pecar. Se tivéssemos deixado todos os nossos Céticos em casa, teríamos o mesmo resultado que agora, a menos que façamos deles os senhores e governantes do castelo. Céticos deixados a distância são apenas objeções refutadas com argumentos. Certamente, se conseguirmos colocá-los dentro da fortaleza e fazer deles os proprietários dela, esse será o nosso dia. Dessa maneira, recuemos para as planícies, sem esperar sermos seguidos pelos capitães de Alma Humana. Porém, ainda assim façamos desse modo. Mas, antes de o fazermos, aconselhemos nossos fiéis diabolinianos que permanecem na cidade, colocando-os para trabalhar para nós traindo a cidade. São eles que devem fazê-lo, ou jamais será feito.

Por meio dessa fala de Belzebu (creio que foi ele que aconselhou nesses termos), todo o conclave foi forçado a concordar com a opinião dele, isto é, de que o meio de conquistar o castelo era levar a cidade ao pecado. Lançaram-se, então, à tarefa de criar o que pudessem para colocar esse plano em ação.

Lúcifer se levantou e asseverou:

—O conselho de Belzebu é pertinente. Agora, o meio de implementá-lo é, em minha opinião, este: vamos recuar nossas tropas de Alma Humana. Façamos isso e não mais os aterrorizemos, quer com convocações ou ameaças ou o ribombar dos tambores. Não usemos qualquer meio de os despertar. Apenas permaneçamos no campo, a distância, e fingindo que não os consideramos, pois o pavor só faz despertá-los e torná-los mais apegados às suas armas. Tenho ainda outro estratagema em minha mente: vocês sabem que Alma Humana é um centro comercial e que ela se deleita no comércio. E se alguns de nossos diabolinianos se disfarçarem de homens do interior longínquo e levarem para dentro do mercado da cidade alguns de nossos produtos para colocar à venda? E o que importa por quanto venderão nossas manufaturas, mesmo que seja pela metade do preço? Agora, que aqueles que negociarão no mercado deles sejam os que são jocosos e leais a nós. Aposto a minha própria coroa que isso funcionará! Tenho dois deles em mente, os quais acho que serão astutos para esse trabalho. São eles o Sr. Poupa Tostões e Desperdiça Fortunas e o Sr. Conquista o Pouco e Perde o Muito. Esse último homem não é em nada inferior ao primeiro. E se acrescentarmos a eles os senhores Doce Mundo e Dádiva Presente? Ambos são homens corteses e hábeis, mas nossos grandes amigos e auxiliadores. Que esses, com outros tan palavra'tos, realizem essa tarefa para nós e que Alma Humana seja tão envolvida em negociações, com seus habitantes ficando tão ricos, que esse será nosso meio de derrotá-los. Vocês não se lembram de que foi assim que prevalecemos contra Laodiceia,[1] e quantos temos envolvidos nessa cilada atualmente?[2] Quando começarem a se tornar abastados, eles esquecerão suas misérias e, se não os alarmarmos, eles poderão cair em sono profundo,

---

[1] Apocalipse 3:14-21

[2] Provérbios 30:7-9 afirma que tanto a abundância quanto a escassez podem ser ciladas para os servos de Deus. A primeira pode trazer um senso de autossuficiência; a segunda pode levar à murmuração.

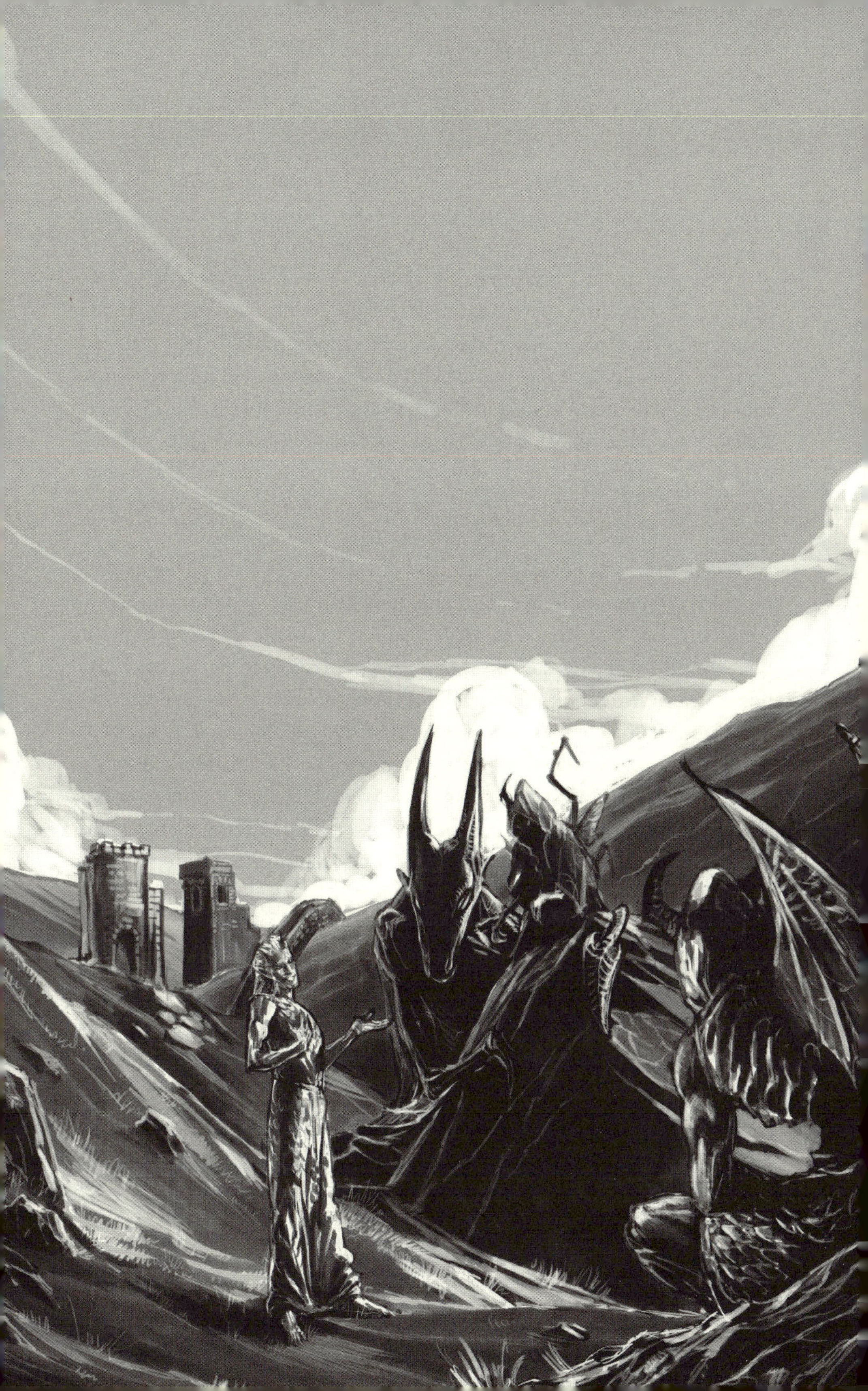

desse modo sendo levados a abaixar a guarda da cidade e do castelo, bem como a dos portões.

"Sim, por esses meios não poderíamos nós entulhar Alma Humana com tanta abundância a ponto de eles serem forçados a transformar o castelo em um armazém em vez de uma guarnição fortificada contra nós e um receptáculo para homens de guerra? Se conseguirmos levar nossos bens e comodities para dentro do castelo, considero que conquistaremos mais da metade dele. Ademais, se o dispusermos de tal forma que fique acumulado com tais manufaturas e fizermos um ataque repentino sobre eles, será difícil para os capitães encontrarem abrigo ali. Vocês não se lembram da parábola que dizia que 'a fascinação da riqueza sufoca a palavra'?[3] E daquele alerta de que, quando o coração fica 'sobrecarregado com as consequências da orgia, da embriaguez e das preocupações deste mundo',[4] todos os perigos vêm sobre aqueles que não vigiam?

"Mais ainda, vocês sabem muito bem que não é fácil para um povo ser cheio com nossos bens e não ter alguns de nossos diabolinianos como atendentes em suas casas e serviços. Qual o habitante de Alma Humana que, estando atulhado das coisas desse mundo, não tem por servos e criados o Sr. Profuso ou o Sr. Prodigalidade, ou qualquer outro de nossa gangue diaboliniana como o Sr. Volúpia, o Sr. Pragmático, o Sr. Ostentação e outros? Esses homens podem tomar o castelo da cidade e explodi-lo ou torná-lo impróprio para uma guarnição de Emanuel. E qualquer dessas duas coisas é válida. Sim, esses homens, pelo que sei, podem realizar isso por nós mais rapidamente do que um exército de 20 mil homens. Portanto, concluindo, meu conselho é que saiamos da cidade, não usemos mais nossas tropas ou tentativas forçadas sobre o castelo, pelo menos por agora. Coloquemos em ação nosso novo projeto e vejamos se não os faremos destruírem-se a si mesmos."

Esse conselho foi extremamente aplaudido por todos e foi considerado uma obra-prima do inferno, isto é, sufocar Alma Humana com toda a plenitude deste mundo e saciar o coração da cidade com as boas coisas daqui. Mas, vejam a coincidência: ao mesmo tempo em que esse concílio diaboliniano se desfez, o Capitão Confiança recebeu uma carta de

---

[3] Marcos 4:19

[4] Lucas 21:34

Emanuel cujo conteúdo dizia que, dentro de três dias, ele deveria encontrar Emanuel no campo da planície próximo a Alma Humana.

"Encontre-me no campo" — leu o capitão. —O que meu Senhor quer dizer com isso? Não sei o que Ele quer dizer com "encontre-me no campo".

Confiança levou essa carta para o Lorde Secretário a fim de lhe perguntar o que Ele achava disso, pois esse Lorde era um profeta em todos os assuntos concernentes ao Rei e para o benefício e consolo de Alma Humana. Assim, mostrou-lhe a correspondência e aguardava a Sua opinião a respeito.

—De minha parte, não entendo o significado disso — falou o Capitão Confiança.

Após lê-la e dar uma pequena pausa, o Lorde Secretário afirmou:

—Os diabolinianos tiveram um grande concílio contra Alma Humana hoje. Planejaram a total destruição da cidade, e o resultado dessa deliberação foi de colocá-la em condição tal que, se implementada, certamente a levará a se autodestruir. Para alcançar esse objetivo, estão se preparando para sair da cidade com a intenção de se alocarem novamente no campo e, de lá, observarem se seu projeto funcionará ou não. Esteja em prontidão com todos os soldados de seu Senhor (pois, em três dias eles estarão nas planícies), para se lançarem sobre os diabolinianos. Nesse dia, o Príncipe estará no campo no despontar do dia, ao nascer do sol, ou antes ainda, com um grande exército contra Seu adversário. Ele se colocará na vanguarda deles, e você, na retaguarda; o exército deles, estando entre vocês, será destruído.

Ao ouvir tal instrução, o Capitão Confiança foi ao encontro dos demais capitães e lhes explicou sobre a carta de Emanuel que há pouco recebera.

—O que estava obscuro me foi exposto pelo Lorde Secretário.

Continuou dizendo-lhes como ele e os demais deveriam responder à vontade do seu Senhor. Os capitães se alegraram muito à vista disso. O Capitão Confiança ordenou, então, que os trombeteiros do Rei deveriam subir às ameias do castelo e de lá, de forma audível a Diabolus e a toda a cidade, produzir a melhor música que o coração pudesse entoar. Logo foi obedecido, pois eles subiram ao alto do castelo e de lá soaram suas canções. Ao ouvi-los, Diabolus vociferou:

—O que significa isso? Eles não estão tocando músicas convocando a montaria, tampouco uma ordem de atacar. O que querem dizer esses doidos, que ainda estão tão festivos e alegres?

Respondeu-lhe um de seus correligionários:

—Isso é por alegria, pois o Príncipe Emanuel está vindo para socorrer a cidade de Alma Humana. Com esse fim, Ele está liderando um grande exército e o auxílio está próximo.

Essa agradável melodia também trouxe preocupação aos habitantes da cidade, que diziam uns aos outros:

—Isso não representa perigo para nós, certo? Certamente isso não é perigoso!

Enquanto isso, os diabolinianos falavam entre si:

—Qual o melhor a se fazer?

—Seria melhor sairmos da cidade — respondeu alguém.

—E faríamos isso objetivando o acordado em nosso último concílio. E, assim fazendo, poderemos oferecer batalha mais acirrada ao inimigo, caso um exército estrangeiro venha contra nós — disse outro.

Desse modo, no segundo dia, eles abandonaram Alma Humana e se estabeleceram nas planícies externas. Contudo, acamparam diante do Portão Visão da maneira mais ameaçadora que conseguiram. O motivo pelo qual não permaneceram na cidade (além daqueles debatidos em seu recente conclave) era porque não tinham posse da fortaleza e porque teriam mais conveniência para combater e fugir, caso necessário, se estivessem acomodados nas planícies abertas. Além disso, a cidade seria para eles como uma cova em vez de um local de defesa no caso de o Príncipe de Alma Humana chegar e rapidamente os encerrar ali. Assim sendo, saíram para o campo para também ficar fora do alcance das catapultas da cidade, com as quais ficavam muito incomodados enquanto ainda dentro das muralhas da cidade.

Chegado o tempo em que os capitães deveriam se lançar contra os diabolinianos, eles se prepararam avidamente para a ação, visto que o Capitão Confiança lhes dissera, durante a noite, que o Príncipe os encontraria no campo no dia seguinte. Isso os deixou ainda mais desejosos de combater os adversários. A afirmação de que veriam o Príncipe na manhã seguinte foi para eles como óleo jogado em chamas incandescentes, visto que por muito tempo ficaram longe dele. Isso os deixou ainda mais ansiosos e desejosos de fazer seu trabalho.

Como eu dissera, chegada a hora, o Capitão Confiança e os demais homens de guerra lideraram suas companhias, antes do amanhecer, através do porto de sally da cidade. Estando todos preparados, o Capitão Confiança foi para a dianteira do exército e deu aos outros capitães a ordem que foi retransmitida aos suboficiais e aos soldados. A palavra de ordem era: "Pela espada do Príncipe e pelo escudo do Capitão Confiança!", o que no idioma local significava: "Pela Palavra de Deus e pela fé!". Os capitães partiram à batalha cercando o acampamento de Diabolus pela vanguarda, pelos flancos e pela retaguarda.

Eles deixaram o Capitão Experiência na cidade, uma vez que ele ainda estava debilitado por causa de seus ferimentos infligidos pelos diabolinianos durante a última batalha. No entanto, quando ele percebeu que os capitães haviam partido, solicitou que lhe trouxessem suas muletas rapidamente e partiu para a guerra, pois pensava: "Permanecerei aqui enquanto meus irmãos lutam e enquanto Emanuel, o Príncipe, se mostrará a Seus servos no campo?". Porém, quando os adversários o viram chegando com suas muletas, ficaram ainda mais assombrados ruminando que espírito era esse que agora possuía os habitantes da cidade a ponto de lutarem contra eles ainda que em muletas.

Bem, como eu lhes contei antes, os capitães lançaram-se à batalha e manejavam suas armas com extrema bravura, enquanto gritavam repetidamente: "Pela espada do Príncipe Emanuel e pelo escudo do Capitão Confiança!". Quando Diabolus avistou os capitães fora da cidade e cercando seus soldados com tanta intrepidez, ele concluiu que, nesse momento, não havia qualquer coisa a esperar deles senão golpes e ferimentos feitos por suas "espadas de dois gumes".[5]

Assim, Diabolus arremessou-se sobre o exército do Príncipe com todo o seu exército mortal, e a batalha teve início. Os primeiros que ele encontrou no combate foram o Capitão Confiança, de um lado, e o Lorde Arbítrio, de outro. Os golpes desse último eram como de um gigante, pois ele tinha braços fortes e combatia os Céticos quanto à Eleição, uma vez que esses eram os guarda-costas de Diabolus, que os manteve em ação

---

[5] Hebreus 4:12

por bom tempo, talhando e golpeando com astúcia. Quando o Capitão Confiança viu Lorde Arbítrio combatendo-os, ele, com ousadia, lançou-se sobre a mesma companhia, mas do lado oposto. Assim, ambos levaram seu inimigo a se desorganizar grandemente.

O Capitão Boa Esperança combatia os tenazes Céticos quanto à Vocação, mas esse capitão era um valente. O Capitão Experiência veio-lhe em auxílio e fez esse grupo de adversários recuar. As demais companhias seguiam em acalorado combate por todos os lados, e os diabolinianos lutavam resolutamente. O Lorde Secretário ordenou que as catapultas do castelo entrassem em ação, e seus soldados lançaram pedras a curta distância. Contudo, depois de algum tempo, aqueles que foram forçados a fugir de diante dos capitães do Príncipe começaram a se reagrupar e vieram com ousadia contra a retaguarda do exército de Emanuel, o que levou esses últimos a começar a desfalecer. Todavia, lembrando-se de que em breve veriam a face de seu Príncipe, eles retomaram a coragem e uma dura batalha se sucedeu.

Os capitães gritaram: "Pela espada do Príncipe Emanuel e pelo escudo do Capitão Confiança!", e com isso Diabolus recuou pensando que havia chegado mais socorro. Porém, Emanuel ainda não aparecera. Ademais a batalha seguia incerta, com ambos os lados recuando um pouco. Durante a pausa para descanso, o Capitão Confiança bravamente encorajou seus homens a permanecerem firmes. Diabolus deu seu melhor para fazer o mesmo com suas tropas. Mas o discurso do Capitão Confiança era de muita ousadia:

—Cavaleiros soldados e meus irmãos neste propósito, neste dia muito me alegrou ver um exército tão audaz e valente e pessoas tão apegadas a Alma Humana no campo de nosso Príncipe. Até aqui, vocês se demonstraram homens fiéis e corajosos contra os exércitos diabolinianos, de forma que, por mais que eles costumem se vangloriar, até o momento não têm conquistas a celebrar. Agora armem-se de sua habitual intrepidez e demonstrem hombridade uma vez mais, pois, em poucos minutos após o próximo combate, vocês verão seu Príncipe se mostrar no campo. Devemos fazer um segundo ataque sobre esse tirano Diabolus, e, então, Emanuel virá.

Tão logo o capitão terminou esse discurso a seus soldados, um certo Sr. Célere lhe trouxe uma carta do Príncipe, dizendo que Emanuel estava próximo. Confiança comunicou a notícia recebida aos demais oficiais de campo, que a retransmitiram a seus soldados e homens de guerra. Essa boa-nova levantou os capitães, como homens que ressurgem da morte, e eles foram contra o inimigo com seu grito de guerra: "Pela espada do Príncipe Emanuel, e pelo escudo do Capitão Confiança!".

Os diabolinianos também se animaram e ofereceram sua melhor resistência, mas, nessa última batalha, eles perderam a valentia e muitos dos Céticos caíram mortos. Depois de pouco mais de uma hora no calor do combate, o Capitão Confiança levantou seus olhos e contemplou Emanuel chegando com Seus coloridos estandartes esvoaçantes e Suas trombetas soando. Viu, igualmente, que os pés de Seus soldados mal tocavam o chão tamanha era a velocidade que empreendiam em direção aos capitães. Confiança retirou-se com seus homens em direção à cidade, deixando o campo de batalha para Diabolus. Enquanto isso, Emanuel vinha contra ele pelo lado oposto, o que deixou o exército adversário entre ambas as tropas, que se lançaram novamente contra eles. Não demorou muito para que Emanuel e o Capitão Confiança se encontrassem, ainda pisoteando entre os abatidos.

Assim que os capitães viram que o Príncipe chegara e que Ele se lançara contra os diabolinianos pelo lado oposto e que Ele e o Capitão Confiança encurralaram o adversário entre suas tropas, eles gritaram com tal força que o solo tremeu: "Pela espada de Emanuel e pelo escudo do Capitão Confiança!". Quando Diabolus percebeu que ele e suas tropas estavam tão cercados pelo Príncipe e Seu exército, ele e os senhores do abismo, que estavam com ele, fugiram abandonando o exército para ser abatido pelas mãos de Emanuel e de Seu nobre Capitão Confiança. E, assim, todos eles caíram totalmente derrotados diante do Príncipe e Seu exército real. Nem sequer um Cético foi deixado vivo, todos jaziam espalhados pelo chão, como se esparrama adubo sobre a terra.

Quando a batalha findou, todas as coisas foram colocadas em ordem no acampamento. Os capitães e anciãos de Alma Humana se reuniram para saudar Emanuel, enquanto ainda estavam fora da cidade. Saudaram-no e o receberam com muitas boas-vindas por Ele ter vindo às fronteiras de

---

[6] João 20:21

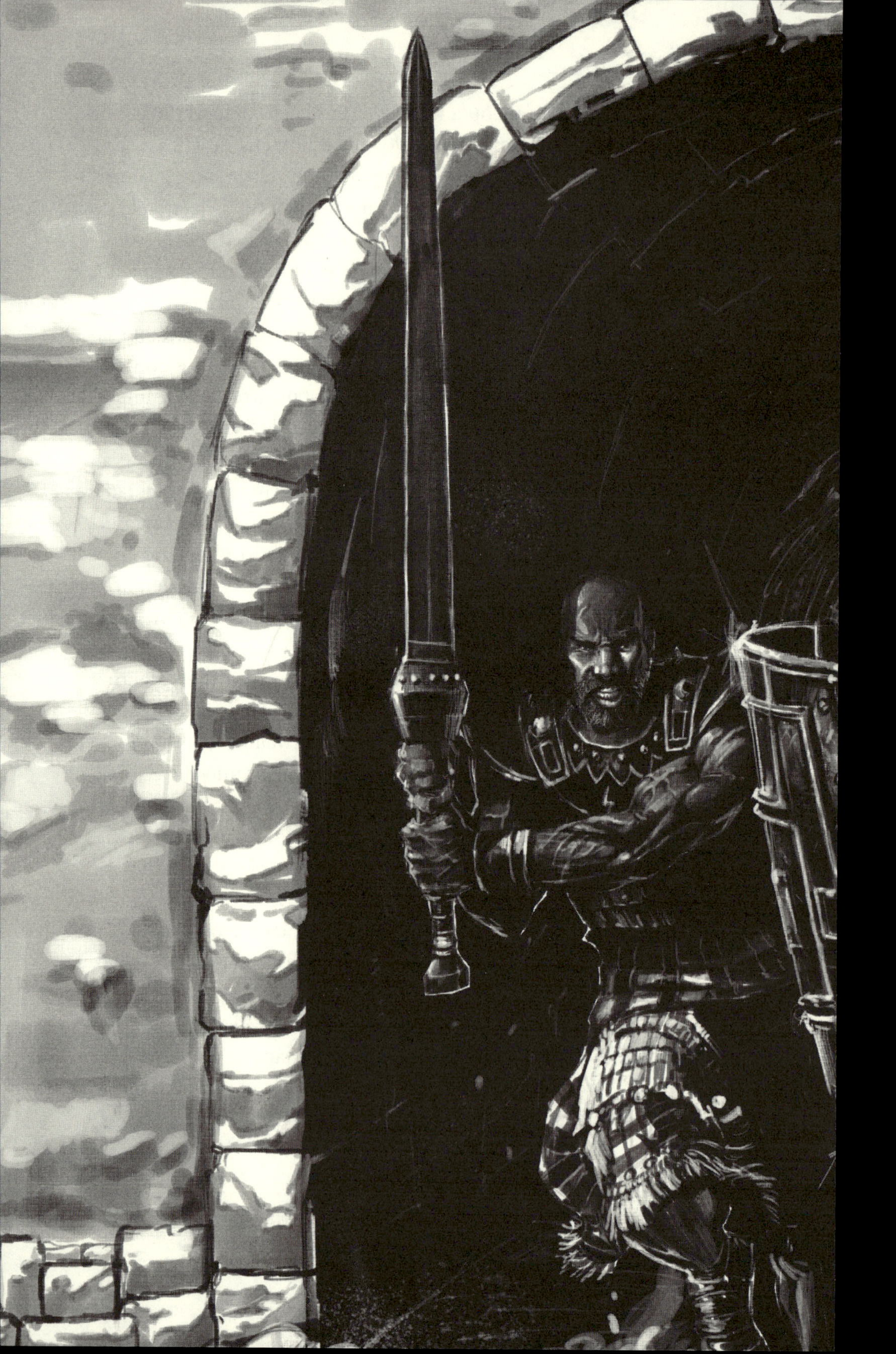

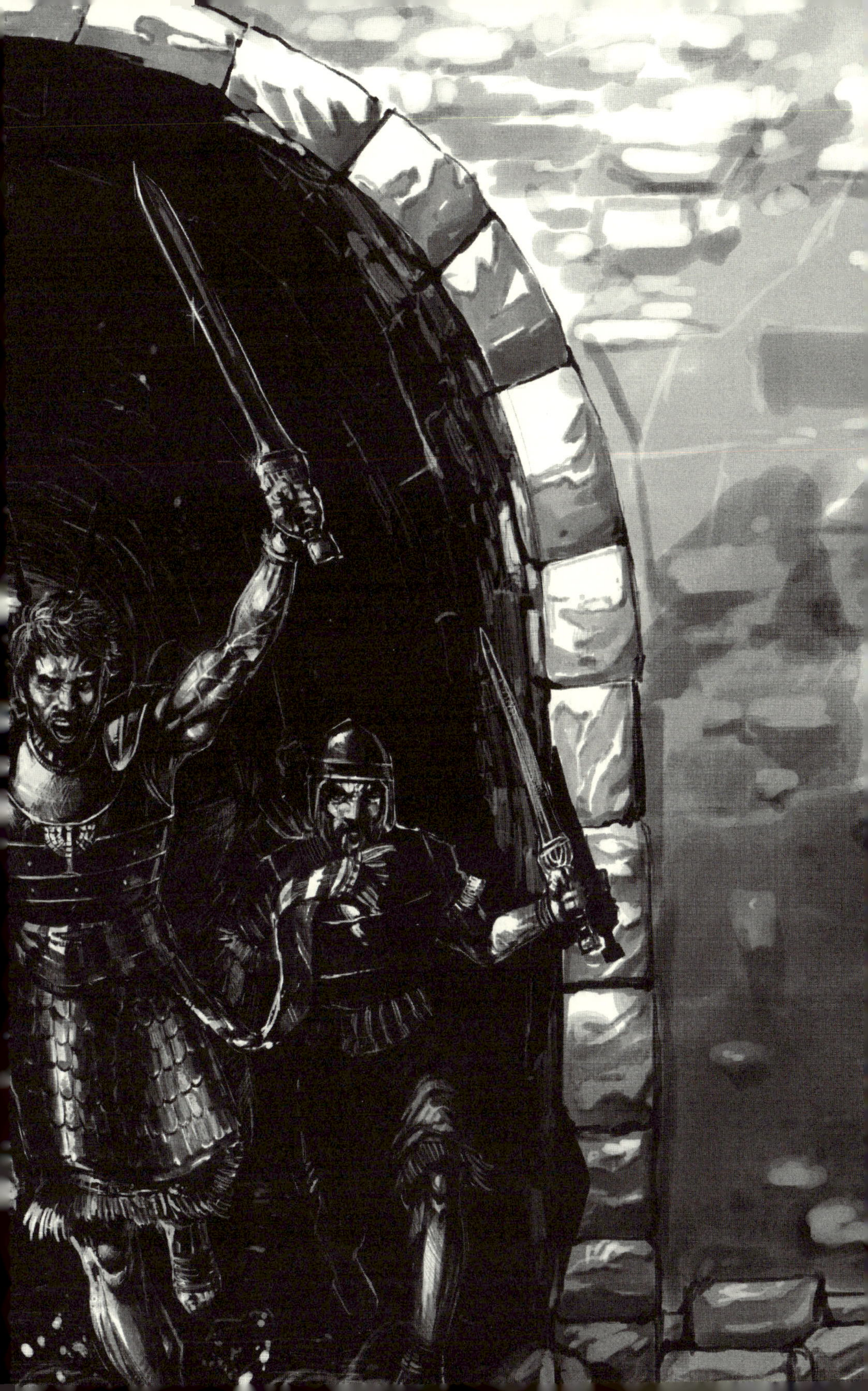

Alma Humana novamente. O Príncipe sorriu para eles e lhes disse: "Paz seja convosco!".⁶ Todos se dirigiram para a cidade de Alma Humana, juntamente com seu Príncipe e todas as tropas que Ele trouxera consigo para a guerra. Todos os portões da cidade foram abertos para recepcioná-lo, por causa da imensa alegria que tinham por Seu bendito retorno. E foi conforme descrito a seguir que eles o receberam:

Primeiro. Como eu disse, todos os portões da cidade foram abertos, bem como os portões do castelo. Os anciãos de Alma Humana se puseram aos portões da cidade para o saudar à Sua entrada. Conforme Ele se aproximava desses acessos, eles repetiam: "Levantai, ó portas, as vossas cabeças; levantai-vos, ó portais eternos, para que entre o Rei da Glória". E inquiriam: "Quem é o Rei da glória?", respondendo a seguir: "O SENHOR, forte e poderoso, o SENHOR, poderoso nas batalhas. Levantai, ó portas, as vossas cabeças; levantai-vos, ó portais eternos, para que entre o Rei da Glória. Quem é esse Rei da Glória? O SENHOR dos Exércitos, ele é o Rei da Glória".⁷

Segundo. Foi ordenado, pelos habitantes de Alma Humana, que, em toda a extensão do caminho, desde os portões da cidade até os do castelo, a bendita Majestade deveria ser celebrada com canções por todos os mais hábeis músicos da cidade. Então, por todo esse trajeto, os anciãos e o restante da população entoavam antífonas enquanto Emanuel adentrava na cidade até chegar aos portões do castelo. Faziam-nos com o sonido das trombetas e canções, que diziam: "Viu-se, ó Deus, o teu cortejo, o cortejo do meu Deus, do meu Rei, no santuário".⁸ Os cantores iam à frente seguidos pelos músicos e seus instrumentos e entre eles iam as donzelas tocando seus tamborins.

Terceiro. É preciso que eu fale dos capitães. Eles, conforme a sua formação original, aguardavam o Príncipe enquanto Ele entrava pelos portões de Alma Humana. Adiante estava o Capitão Confiança na companhia do Capitão Boa Esperança. O Capitão Caridade vinha logo atrás com alguns de seus companheiros e, por último, vinha o Capitão Paciência; os demais capitães, alguns pelo lado direito e outros pelo esquerdo, acompanhavam Emanuel para dentro da cidade. Durante todo esse tempo, os estandartes coloridos eram exibidos, as trombetas soavam e havia brados contínuos

---

⁷ Salmo 24:7-10

⁸ Salmo 68:24

entre os soldados. O Príncipe trajava Sua armadura de ouro batido e dirigia Sua carruagem cujos pilares eram de prata; o piso, de ouro; a cobertura, cor púrpura, e o centro pavimentado com o Seu amor pelas filhas da cidade de Alma Humana.

Quarto. Quando o Príncipe se aproximou da entrada de Alma Humana, encontrou todas as ruas espargidas com lírios e outras flores e curiosamente decoradas com pequenos ramos e galhos das árvores verdejantes que circundavam a cidade. Em cada porta também havia pessoas que enfeitaram a fachada de suas casas com itens de variedade e excelência singular, a fim de alegrá-lo à medida que Ele passava pelas ruas. Também o saudavam com brados e aclamações de alegria, dizendo: "Bendito é o Príncipe que vem em nome de Seu Pai, Shaddai!".

Quinto. Próximo aos portões do castelo, Emanuel foi saudado pelos anciãos de Alma Humana, a saber, o Lorde Alcaide, o Lorde Arbítrio, o pregador subordinado, o Sr. Entendimento e o Sr. Mente e outros nobres da cidade. Todos se prostraram diante do Príncipe, beijaram o chão aos Seus pés, agradeceram-lhe, bendisseram-no e o louvaram por não ter tirado vantagem deles por causa de seu pecado. Ao contrário, teve piedade deles em sua miséria e retornou para eles com misericórdias e para estabelecer a cidade para sempre. Assim, Ele se dirigiu ao castelo sem delongas, visto que esse era o palácio real e o local onde Sua honra deveria habitar. O lugar fora totalmente preparado para Sua Alteza pela presença do Lorde Secretário e do trabalho do Capitão Confiança.

Sexto. Após Emanuel entrar no castelo, o povo e toda a plebe de Alma Humana vieram a Ele para prantear, chorar e lamentar pela maldade que cometeram, pela qual eles o haviam forçado para fora da cidade. Quando chegaram à Sua presença, eles se prostraram sete vezes até o chão, também choraram em alta voz e pediram o perdão do Príncipe. Rogaram que Ele confirmasse novamente, como fizera antes, o Seu amor por Alma Humana. A isso Emanuel replicou:

—Não chorem, mas "vão, comam carnes gordas, tomem bebidas doces e enviem porções aos que não têm nada preparado para si, porque a alegria do Senhor é a sua força".[9] Retornei a Alma Humana com misericórdias, e meu nome será estabelecido, exaltado e magnificado por isso.

---

[9] Neemias 8:10

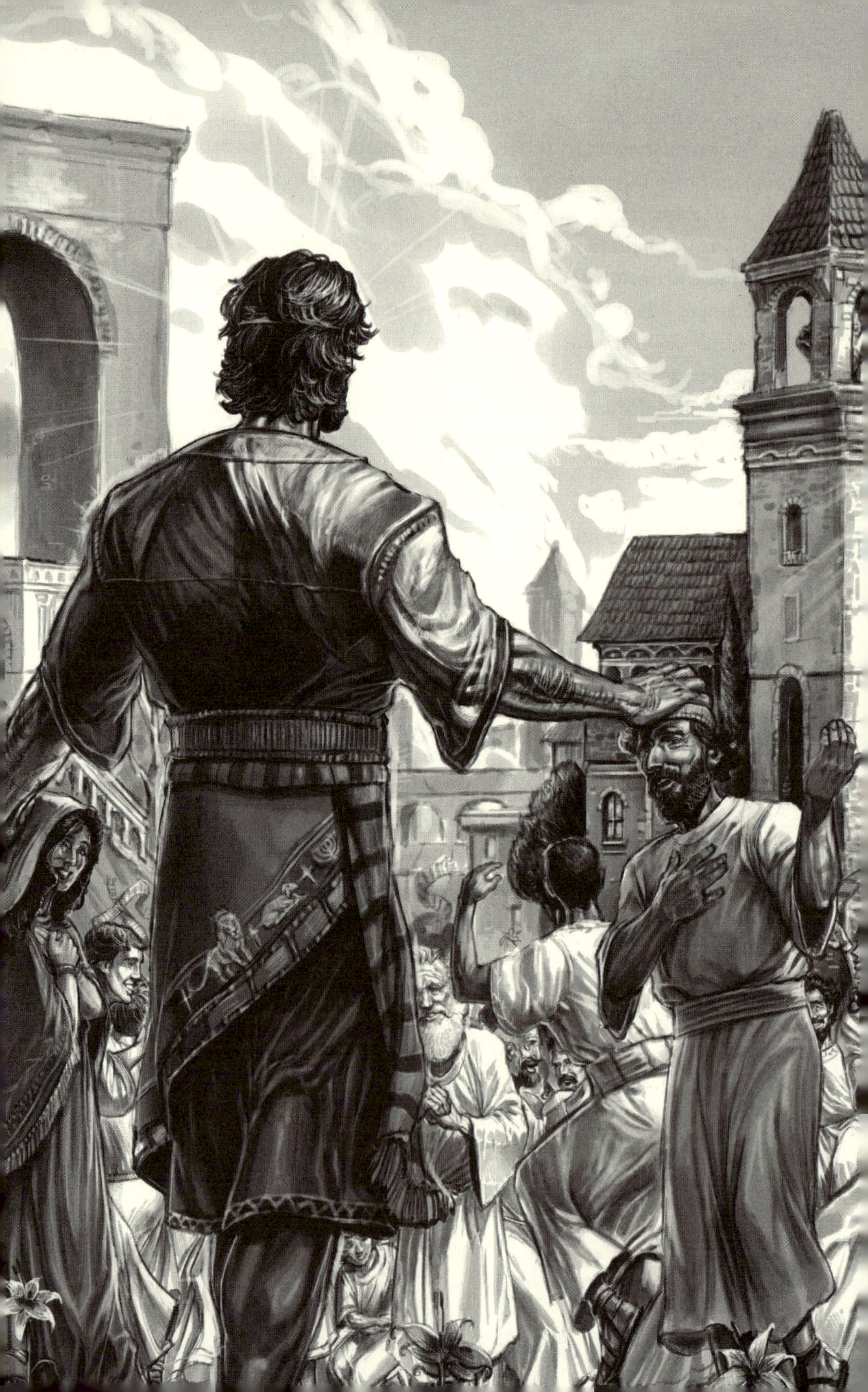

Após dizer essas palavras, Ele os beijou e os acomodou em Seu peito. Além disso, Emanuel deu aos anciãos da cidade e a cada oficial um cordão de ouro e um sinete. Enviou para as esposas deles brincos, joias e braceletes e outros presentes. Semelhantemente concedeu aos verdadeiros nativos de Alma Humana muitos itens preciosos. Quando o Príncipe Emanuel terminou essas cerimônias para a célebre cidade de Alma Humana, Ele lhes disse:

—Lavem suas vestimentas, coloquem seus ornamentos e depois venham ao castelo.

Todos, então, foram à fonte que fora aberta para Judá e Jerusalém para se lavar. Lá se purificaram e tornaram suas vestes alvas, voltaram ao Príncipe no castelo e se colocaram diante dele.

Havia, agora, música e danças por todas as ruas de Alma Humana porque o Príncipe lhes concedera Sua presença e a luz da Sua face. Os sinos tocaram e o sol brilhou agradavelmente sobre eles por bastante tempo.

A partir desse momento, todo o povo buscava mais avidamente a destruição e a ruína de todos os diabolinianos que habitavam dentro das muralhas e nos covis que eles tinham na cidade, pois ainda havia alguns deles que escaparam com vida e inteiros das mãos de seus supressores de Alma Humana.

Contudo, o Lorde Arbítrio era um grande terror para eles, mais ainda do que fora antes, uma vez que o coração dele estava ainda mais inclinado a buscar, planejar e persegui-los até a morte. Ele os perseguia dia e noite e colocou-os em grande angústia, como vocês verão mais adiante.

Depois de tudo estar assim organizado na famosa Alma Humana, foi tomado o cuidado e uma ordem partiu do bendito Príncipe Emanuel para que os cidadãos, sem detença, indicassem algumas pessoas para irem às planícies enterrar os corpos daqueles que lá jaziam — aqueles que caíram pela espada de Emanuel, ou pelo escudo do Capitão Confiança. O objetivo era evitar que os vapores e os odores que exalavam deles infectassem o ar e perturbassem a cidade. Outra razão para essa ordem era que, enquanto Alma Humana permanecesse, eles deveriam apagar o nome, o ser e a lembrança daqueles adversários da memória da célebre cidade e de seus habitantes.

CAPÍTULO 17

O Lorde Arbítrio, esse sábio e leal amigo da cidade de Alma Humana, emitiu uma ordem para que fossem selecionadas algumas pessoas para o serviço de enterrar os corpos dos diabolinianos mortos em batalha. O Sr. Temor a Deus e o Sr. Justo foram nomeados supervisores dessa tarefa sobre aqueles que foram designados para esse serviço no campo e nas planícies. Assim foram divididos os trabalhos: alguns deviam abrir as covas, outros enterrar os mortos, e o terceiro grupo deveria vasculhar por toda a planície e as fronteiras da cidade para ver se encontrava uma ossada de crânio, um osso qualquer ou até mesmo fragmentos de ossos dos Céticos por sobre o solo, em qualquer região próxima a Alma Humana. Caso fossem descobertos, havia a ordem de que esses rastreadores marcassem e sinalizassem o local, para que aqueles que estavam encarregados de enterrar os restos mortais pudessem encontrá-los e fazer seu serviço, de forma que tudo ficasse fora de vista, e que a lembrança dos Céticos diabolinianos fosse eliminada de debaixo do céu. Outra razão era para que as crianças e aquelas que ainda nasceriam em Alma Humana não soubessem, se possível, que aquilo era um remanescente de um Cético. Assim, os coveiros e os rastreadores cumpriram sua tarefa: sepultaram os Céticos e seus crânios, ossadas e fragmentos de ossos onde quer que os encontrassem e, desse modo, limparam as planícies. Após isso o Sr. Temor a Deus voltou ao seu serviço de guarda do castelo, como antes.

Foram enterrados nas planícies, naquele dia: os Céticos quanto à Eleição, os Céticos quanto à Vocação, os Céticos quanto à Graça, os Céticos quanto à Perseverança, os Céticos quanto à Ressurreição, os Céticos quanto à Salvação e os Céticos quanto à Glória. Os capitães deles eram Cólera, Cruel, Condenação, Insaciável, Enxofre, Tormento, Sem Descanso, Sepulcro e Sem Esperança, cujo general era o velho Incredulidade, que estava em submissão a Diabolus. Os sete líderes do exército deles eram os lordes Belzebu, Lúcifer, Legião, Apolião, Píton,[1] Cérbero e Belial. Todos esses príncipes, capitães e seu general, Incredulidade, conseguiram escapar, mas os seus soldados caíram sob o poder das tropas do Príncipe e pelas mãos dos homens de Alma Humana. O enterro deles, conforme mencionado anteriormente, trouxe grande alegria à célebre cidade. Com

---

[1] Serpente gigantesca e monstruosa da mitologia grega, que habitava a ilha de Delfos. Ela teria nascido do lodo remanescente do dilúvio causado por Zeus.

eles, foram enterradas as suas armas — flechas, dardos, malhos, tições e coisas semelhantes —, que eram cruéis instrumentos de mortandade. Igualmente, foram sepultados suas armaduras, flâmulas, bandeiras e o estandarte de Diabolus e o que mais pudessem encontrar que tivesse o odor de um Cético diaboliniano.

Quando o tirano chegou à colina Portão do Inferno, com seu velho amigo Incredulidade, imediatamente desceram ao abismo e lá, depois de lamentarem seu infortúnio e grandes perdas sofridas contra a cidade de Alma Humana, caíram em grande cólera e promessas da vingança que haveria pela derrota que amargaram. Portanto, logo convocaram um concílio para maquinar o que mais ainda poderia ser feito contra a cidade, pois seus ventres insaciáveis não conseguiam aguardar para ver o resultado do conselho que fora dado pelos lordes Lúcifer e Apolião, e suas gorjas enfurecidas diariamente achavam que, mesmo que por curto espaço de tempo, tinham que ser empanzinadas com o corpo e a alma, com a carne e os ossos e todas as delícias de Alma Humana. Assim sendo, resolveram empreender outra tentativa contra a cidade e que deveriam fazê-lo com um exército composto parcialmente de Céticos e parcialmente por Sanguinários, que vou descrever mais minuciosamente a seguir.

Os Céticos podiam ter seu nome derivado de sua natureza, bem como da terra e reino onde nasceram. A natureza deles é duvidar de cada uma das doutrinas de Emanuel, e o país deles é chamado de Terra do Pirronismo, que fica distante, remotamente ao norte entre as Terras da Escuridão e aquela chamada de "Vale da sombra da morte". Embora essas duas terras sejam tidas, por vezes, como se fossem exatamente o mesmo lugar, elas, na realidade, são dois locais diferentes que ficam a pouca distância um do outro, e a Terra do Pirronismo conduz até elas e situa-se exatamente entre ambas. Alguns dessa terra foram com Diabolus para arruinar os nativos de Alma Humana.

Os Sanguinários são um povo que têm seu nome derivado da malignidade de sua natureza e da fúria que neles há para ser executada sobre Alma Humana. A terra deles fica abaixo da Estrela do Cão,[2] e são governados

---

[2] Também conhecida como *Sirius*, é a estrela mais brilhante do céu noturno: é duas vezes maior que o Sol e tem 20 vezes mais luminosidade que ele. Localiza-se na constelação Cão Maior e é chamada de Estrela do Cão porque, na mitologia grega,

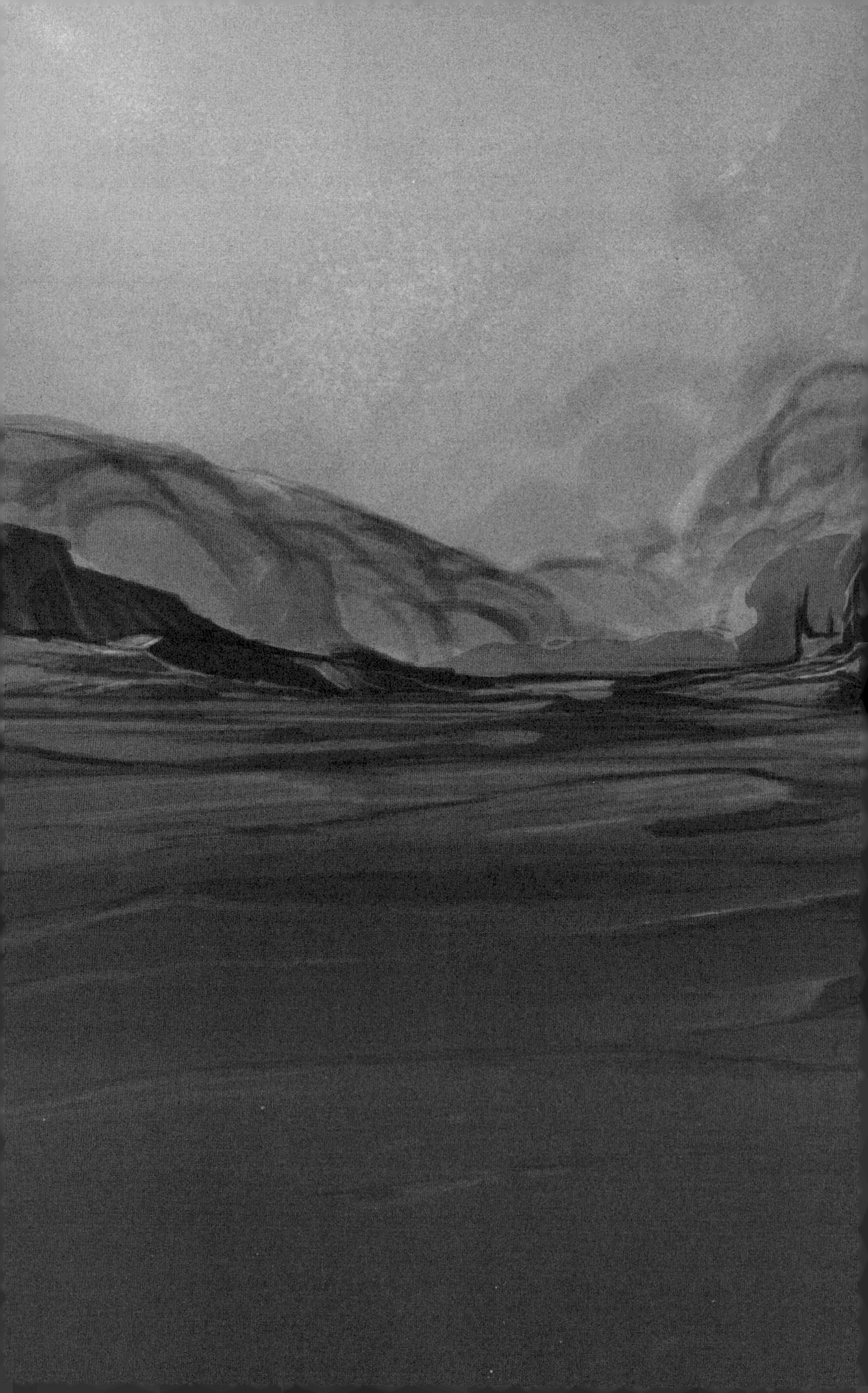

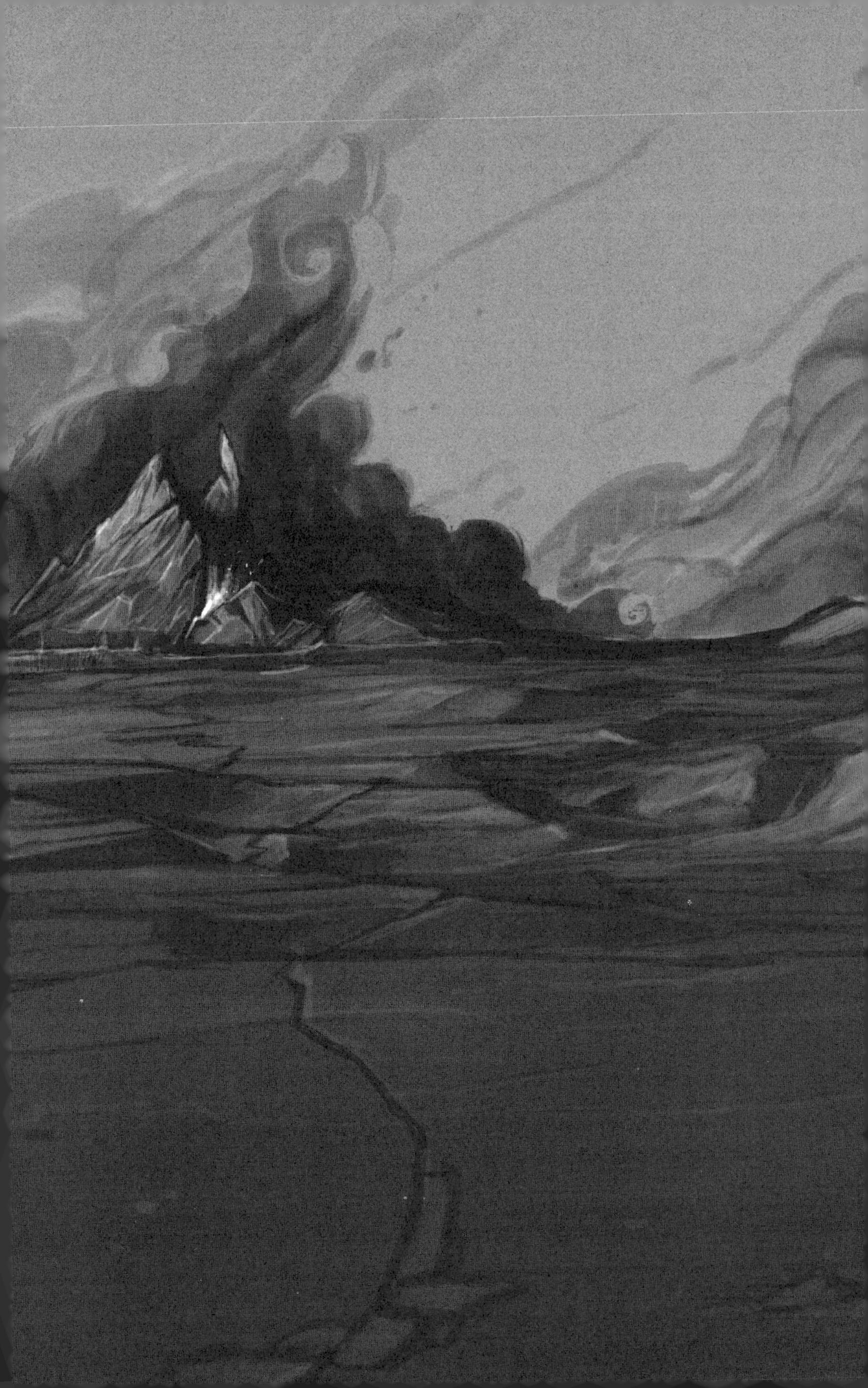

por ela em seu intelecto. O país deles é a província chamada de Detestável cujas partes mais remotas são bem distantes da Terra Pirronismo, embora as duas sejam limítrofes à colina Portões do Inferno. Eles estão sempre aliados com os Céticos porque, juntamente, eles questionam a fé e a fidelidade dos habitantes de Alma Humana e, assim, ambos são qualificados para o serviço de seu príncipe.

Desses dois países, Diabolus arregimentou, com o soar de seus tambores, outro exército com 25 mil fortes soldados para investir contra a cidade. Eram dez mil Céticos e 15 mil Sanguinários, que foram colocados sob o comando de vários capitães de guerra e com o velho Incredulidade novamente como seu general.

Os Céticos contavam com cinco dos sete capitães que encabeçaram o último exército de Diabolus. São estes os seus nomes: Capitães Belzebu, Lúcifer, Apolião, Legião e Cérbero. Alguns de seus capitães anteriores foram colocados como tenentes e outros como alferes das tropas.

Diabolus não contava que esses Céticos, em sua nova expedição, seriam seus principais guerreiros, visto que a hombridade deles fora testada, e o povo de Alma Humana dera a eles o fim mais terrível. Ele apenas os trouxe para fazer número e para ajudar, caso necessário, em pouca coisa. Diabolus colocou sua confiança nos Sanguinários, pois todos eles eram vilões rudes, e ele sabia que esses homens haviam praticado façanhas anteriormente. Pôs como comandantes sobre eles os seguintes capitães: Caim, Ninrode, Ismael, Esaú, Saul, Absalão, Judas e Papa.[3]

1. O capitão Caim comandava duas tropas: os Sanguinários zelosos e enfurecidos. Seu porta-estandarte levava flâmulas vermelhas, e seu brasão era um clube de assassinos.
2. O capitão Ninrode liderava outras duas tropas, a saber: os Sanguinários tirânicos e os usurpadores. Também era

---

era ajudante de Órion, o caçador gigante. Os gregos e os romanos criam que ela era a responsável pelo calor do verão, uma vez que se levantava imediatamente antes do nascer do Sol, durante essa estação. A provável ligação que Bunyan quis fazer entre os Sanguinários e essa constelação seria justamente o despertar antes do Sol, para fazer o mal, conforme descrito em Jó 24:13-14.

[3] Todos eles considerados homens desviados dos propósitos divinos. Ao contrário dos demais capitães, esses eram de natureza humana, demonstrando que também somos tentados pelas peripécias dos homens.

representado pelo vermelho, e seu brasão era um enorme cão caçador ensanguentado.

3. O capitão Ismael estava sobre outras duas tropas: os Sanguinários zombadores e os desdenhadores. Seu porta-estandarte levava flâmulas vermelhas, e seu brasão era alguém zombando do filho de Abraão, Isaque.
4. O capitão Esaú igualmente comandava duas tropas: os Sanguinários, rancorosos pelo fato de que outro fosse o abençoado; os Sanguinários, motivados por vingança pessoal sobre os outros. Suas flâmulas também eram vermelhas, e seu brasão era alguém espreitando à surdina para assassinar Jacó.
5. O capitão Saul liderava duas tropas: os Sanguinários invejosos sem fundamento e os diabolicamente furiosos. Suas bandeiras eram vermelhas, e seu brasão eram três lanças atiradas contra Davi.
6. O capitão Absalão também estava sobre duas tropas, a saber: os Sanguinários que matam os pais ou amigos em troca da glória deste mundo e os que mantêm um justo aprisionado com palavras até que o atravessem com a espada. Seu porta-estandarte levava flâmulas vermelhas, e seu brasão era de um filho que buscava derramar o sangue de seu pai.
7. O capitão Judas era o comandante de outras duas tropas: Os Sanguinários que vendem a vida de um homem por dinheiro e aqueles que traem seu amigo com um beijo. Seu pavilhão também era vermelho, e seu brasão eram 30 moedas de prata e o laço da forca.
8. O capitão Papa era o líder sobre uma tropa, pois todos os espíritos estão unidos sob ele. Seu estandarte era vermelho, e seu brasão era a cruz, a chama e o bom homem a ela pregado.

O motivo pelo qual Diabolus levantou um novo exército tão imediatamente após ter sido derrotado no campo de batalha era que ele depositava grande confiança em seu exército de Sanguinários, muito mais do que colocara anteriormente sobre os Céticos, embora esses últimos sempre lhe tivessem prestado um bom serviço em fortalecer tanto ele quanto seu reino. Contudo, os Sanguinários, ele já provara muitas vezes antes e a espada deles raramente voltava vazia. Ademais, Diabolus sabia que eles, bem como os mastins, seriam velozes contra qualquer um: pai, mãe, irmão, irmã, príncipe ou governador. Sim, até mesmo contra o Príncipe dos príncipes. O que o encorajava ainda mais era que eles já haviam conseguido forçar Emanuel para fora do reino do Universo: "E por que", pensava ele, "não poderiam eles também expulsá-lo da cidade de Alma Humana?".

Esse exército de 25 mil homens fortes foi comandado por seu general, o grande lorde Incredulidade, contra a cidade. O chefe da inteligência de Alma Humana, o Sr. Soerguimento, havia saído em espionagem e trouxe para a cidade a notícia da vinda deles. Por isso, eles trancaram seus portões e se colocaram em uma postura de defesa contra esses novos diabolinianos que vinham atacá-los.

Diabolus e seu exército sitiaram a cidade; os Céticos foram colocados no Portão Sentimento e os Sanguinários, diante dos Portões Visão e Audição. Quando estavam assim acampados, Incredulidade enviou uma convocação tão abrasada quanto o ferro aquecido na fornalha, em seu nome, no nome de Diabolus, dos Sanguinários e dos demais que os acompanhavam. Diziam que os cidadãos deveriam ceder às demandas de seus adversários, ameaçando-os de que, se ainda resistissem, a cidade seria incendiada. Vocês precisam saber que aqueles Sanguinários não se interessavam tanto em que Alma Humana se rendesse, quanto em que ela fosse destruída e eliminada da terra dos viventes. É verdade que lhes enviaram o comunicado falando de rendição, mas, caso eles o fizessem, isso não aplacaria a sede daqueles homens. Eles precisavam de sangue, do sangue de Alma Humana, ou morreriam. É daí que lhes veio o nome. Por esse motivo Diabolus reservou esses Sanguinários enquanto pôde, até que todas as suas estratégias se provassem ineficazes, para que sua derradeira e certeira carta fosse jogada contra a cidade.

Quando os habitantes de Alma Humana receberam essa inflamada convocação, ela provocou neles alguns pensamentos conflitantes. No entanto, todos concordaram, em menos de 30 minutos, em levá-la ao Príncipe, o que fizeram logo após terem escrito em seu rodapé: "Senhor, salva-nos do homem sanguinário!".[4]

Emanuel a recebeu, leu-a e ponderou sobre seus dizeres. Também considerou a breve petição que os cidadãos haviam escrito no rodapé da

---

[4] Salmo 59:2

página. Chamou o nobre Capitão Confiança e ordenou-lhe que levasse consigo o Capitão Paciência para vigiarem o lado da cidade que estava sitiado pelos Sanguinários. Eles assim o fizeram, conforme comandados: ambos fizeram a segurança no lado de Alma Humana que estava cercado pelos sanguinolentos inimigos.

O Príncipe então ordenou que o Capitão Boa Esperança e o Capitão Caridade, além do Lorde Arbítrio, ficassem responsáveis pelo lado oposto da cidade. Disse-lhes Ele:

—Eu colocarei meu estandarte sobre as ameias de seu castelo, enquanto vocês vigiam contra os Céticos.

Também estipulou que o valente Capitão Experiência deveria levar seus soldados para a praça do mercado e que os treinasse diariamente diante do povo de Alma Humana. Esse cerco foi prolongado, e muitas tentativas vorazes foram feitas pelo inimigo, especialmente pelos Sanguinários. Muitos golpes penetrantes desses adversários foram sentidos pelos habitantes da cidade, especialmente pelo Capitão Autonegação, que, eu deveria ter lhes informado antes, foi ordenado vigiar os Portões Visão e Audição. Esse capitão era jovem, porém ousado, e um cidadão nativo, tanto quanto o Capitão Experiência. Emanuel, quando voltou pela segunda vez a Alma Humana, fez dele capitão sobre mil soldados, para o bem da sociedade. Portanto, esse rapaz, sendo austero, corajoso e desejoso de se aventurar em benefício da cidade, saiu do porto de sally em ataque aos Sanguinários, causando-lhes notável surpresa e entrou em rápidas escaramuças contra eles resultando na execução de alguns deles. Porém, como vocês devem pensar, isso não pôde ser feito facilmente. De fato, ele teve de enfrentar os golpes deles e assim carregava muitas cicatrizes em sua face e em outras partes de seu corpo.

Assim sendo, depois de passado algum tempo na provação da sua fé, esperança e amor, certo dia, o Príncipe convocou Seus capitães e soldados e os dividiu em duas companhias. Após isso, ordenou que, no tempo determinado, isto é, bem cedo pela manhã, eles deveriam sair e se lançar sobre o inimigo. Falou-lhes:

—Que metade de vocês se lance sobre os Céticos e a outra metade, sobre os Sanguinários. Aqueles que forem contra os Céticos massacrem--nos e levem à destruição com suas mãos tantos deles quantos tiverem o poder de fazê-lo. Todavia, os que atacarão os Sanguinários não os matem, mas tragam-nos vivos.

Chegada a hora marcada, os capitães partiram, conforme ordenado, contra seus inimigos. O Capitão Boa Esperança e o Capitão Caridade, com todos os que estavam em sua companhia, como o Capitão Inculpável e o Capitão Experiência, partiram de encontro aos Céticos. Os Capitães Confiança, Paciência e Autonegação e os demais que os seguiam foram de encontro aos Sanguinários.

Aqueles que partiram contra os Céticos se agruparam em uma tropa diante da planície e marcharam para intimá-los para a batalha. Contudo, os adversários, lembrando-se da última batalha bem-sucedida de seus oponentes, recuaram sem ousar suportar o choque, fugindo dos soldados do Príncipe. Estes os perseguiram e assim mataram muitos deles, porém não conseguiram abater todos. Alguns dos que escaparam voltaram para casa, e os demais vagueavam dispersos pela região em grupos de cinco, nove e dezessete, onde exercem muitas de suas ações diabolinianas contra os povos bárbaros, que não se armaram contra eles, mas acabaram sendo por eles escravizados. Depois disso, esses Céticos também apareciam, vez por outra, diante da cidade de Alma Humana, porém nunca mais a habitaram, pois sempre que os Capitães Confiança, Boa Esperança ou Experiência se mostravam, os covardes fugiam.

Aqueles que partiram contra os Sanguinários fizeram o que lhes fora ordenado: evitaram massacrá-los e buscaram cercá-los. Contudo, quando os Sanguinários viram que Emanuel não estava no campo de batalha, concluíram que Ele não estaria igualmente em Alma Humana. Assim sendo, quando perceberam que os capitães faziam o que eles chamavam de fruto da extravagância de suas imaginações selvagens e tolas, esses inimigos ao desprezarem mais do que os temeram. No entanto, os capitães, concentrando-se somente no que tinham de fazer, por fim os cercaram totalmente, bem como aos Céticos que haviam vindo em seu socorro. Então, após breve embate, os capitães os levaram até o Príncipe. Vale dizer que os Sanguinários também teriam fugido, só que agora era tarde demais; embora eles sejam maliciosos e cruéis, quando vencedores, são covardes ao se perceberem igualados a outros. Por isso, os capitães os levaram ao Príncipe.

Quando foram apresentados diante do Príncipe e examinados, Ele descobriu que esses adversários vinham de três condados diferentes, embora proviessem de um só país.
1. Alguns deles eram naturais do Condado da Cegueira — eram tais como o que ignorantemente fizeram o que fizeram .
2. Outros vieram do Condado Zelo Cego — fizeram supersticiosamente o que fizeram.
3. Os terceiros eram provenientes da Terra da Malícia, no Condado Inveja — suas práticas eram resultantes de seu rancor e intransigência.

Os primeiros deles, isto é, os do Condado Cegueira, quando se viram onde estavam e contra quem lutaram, estremeceram e choraram enquanto estavam diante do Príncipe. E tantos deles quantos lhe rogaram por misericórdia tiveram seus lábios tocados por Seu cetro dourado.

Aqueles que provinham do Zelo Cego não fizeram como seus companheiros, uma vez que argumentaram que tinham o direito de fazer o que fizeram porque Alma Humana era uma terra cujas leis e costumes eram diferentes de todos os demais. Poucos deles permitiram ser levados a ver o mal que havia em si mesmos; porém os que o perceberam e suplicaram por misericórdia também obtiveram favor.

Porém, os que vieram da Terra da Malícia, que fica no Condado Inveja, não pratearam, não discutiram, tampouco se arrependeram, mas mastigavam sua língua diante do Príncipe com angústia e tormento porque não podiam ou desejavam habitar Alma Humana. Esses e os demais dos outros dois grupos que não pediram perdão sinceramente por seus pecados foram levados a responder pelo que haviam praticado contra a cidade e seu Rei, na grande corte geral, para serem apreendidos pelo Senhor Rei em lugar que Ele mesmo selecionaria dentro do país e do reino do Universo. Assim, foram ordenados a comparecer, cada um por si, quando convocados, e a responder diante do Senhor, o Rei, pelo que haviam feito. E foi isso que aconteceu com esse segundo exército enviado por Diabolus para derrubar Alma Humana.

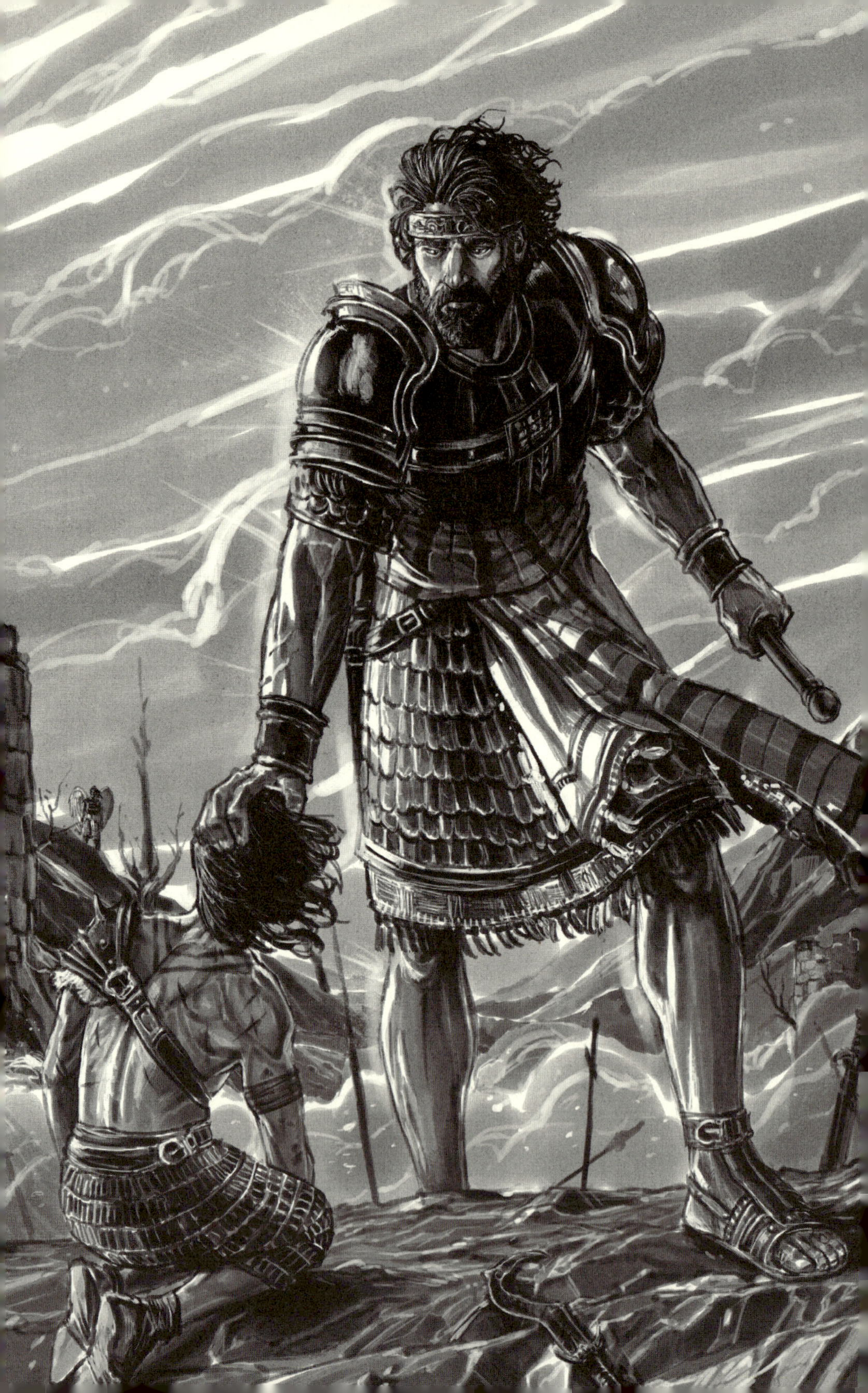

CAPÍTULO 18

Havia, entre aqueles que vieram da Terra do Pirronismo, três que, após vagarem e perambularem por um tempo pelo país e assim perceberem que haviam conseguido escapar, foram muito destemidos em se infiltrar na cidade de Alma Humana, sabendo que ainda havia diabolinianos no interior de suas muralhas. Eu disse três? Creio que eram quatro. A qual casa deveriam esses Céticos ir a não ser à daquele antigo diaboliniano cujo nome era Questionador Perverso, um grande inimigo da cidade e um grande realizador entre os diabolinianos que lá habitavam? Bem, esses diabolinianos dirigiram-se à residência desse homem por terem as direções sobre como encontrá-la. Lá ele os recepcionou, lamentou-se do infortúnio deles e os socorreu com o melhor que possuía. Após breve apresentações pessoais (e realmente foram breves), esse Questionador Perverso perguntou aos Céticos se eles provinham todos da mesma cidade, pois ele sabia que eles pertenciam a um único reino. A isso responderam:

—Não! Nem mesmo somos do mesmo distrito, uma vez que eu sou um Cético quanto à Eleição…

—Eu sou um Cético quanto à Vocação — disse o segundo.

—E eu sou um Cético quanto à Salvação — disse o terceiro.

—E eu, um Cético quanto à Graça — disse o último.

—Bem, — disse o velho cavalheiro — independentemente de qual distrito sejam, vocês são garotos do abismo. Seus pés têm o mesmo comprimento que o meu e seu coração é unido ao meu. Portanto, são muito bem-vindos à minha casa.

Os homens lhe agradeceram e ficaram contentes em ter encontrado um refúgio em Alma Humana. O velho lhes perguntou:

—Quantos de sua companhia pode haver dos que vieram para sitiar a cidade?

—Havia apenas dez mil Céticos ao todo, pois o restante do exército consistia em 15 mil Sanguinários. Esses homens — disseram eles — são vizinhos de nosso país. Mas, pobres deles, ouvimos dizer que foram todos capturados pelos exércitos de Emanuel.

—Dez mil! Afirmo-lhes que isso é uma companhia completa! Mas como aconteceu de vocês, visto serem tão numerosos, desfalecerem e não ousarem combater nossos inimigos? — indagou Questionador Perverso.

—Nosso general foi o primeiro a fugir deles — responderam os homens.

—Ora, — disse-lhes seu anfitrião — quem era esse seu general covarde?

—Houve um tempo em que ele era o lorde alcaide de Alma Humana. Porém não o chame de covarde, pois seria difícil responder quem, do oriente ao ocidente, prestou mais serviço a nosso príncipe Diabolus do que o lorde Incredulidade. Todavia, se eles o tivessem pegado, por certo o crucificariam, e, juramos a você, a crucificação é algo terrível!

A isso replicou o velho cavalheiro:

—Eu gostaria que todos os dez mil Céticos estivessem agora bem armados em Alma Humana e que eu fosse seu comandante! Vocês veriam o que eu faria.

—Sim, seria interessante que pudéssemos ver isso, mas, infelizmente, o que são os desejos? — falaram em alta voz.

—Bom, — disse o Questionador Perverso — acautelem-se de não falar alto. Vocês precisam ser discretos e cuidar de si próprios enquanto estão aqui. Do contrário, garanto-lhes, vocês serão destroçados.

—Por quê? — inquiriram os Céticos.

—Por quê? Porque tanto o Príncipe quando o Lorde Secretário, com Seus capitães e soldados, estão presentes em toda a cidade. Aqui está tão cheio deles quanto possível. Ademais, há um tal de Arbítrio, o mais cruel de nossos inimigos, que foi feito vigia dos portões pelo Príncipe e lhe foi ordenado que, com toda a sua diligência, buscasse, investigasse e destruísse toda e qualquer forma dos diabolinianos. E se ele os localizar, podem se considerar mortos, mesmo que suas cabeças sejam feitas de ouro.

Para que vocês saibam como aconteceu, durante todo esse tempo, um dos soldados mais fiéis do Lorde Arbítrio, cujo nome era Sr. Diligência, estava sob o beiral da casa do Questionador Perverso e ouvia toda a conversa que houvera entre ele e os Céticos que ele hospedava sob seu teto. Esse soldado era um homem em quem Arbítrio depositava muita confiança e a quem amava ternamente, e isso porque ele era um homem de bravura e também porque era incansável em buscar os diabolinianos para os apreender.

Como eu lhes disse, esse homem ouviu toda a conversa entre o Questionador Perverso e aqueles diabolinianos. Portanto, ele foi diretamente ao seu Lorde e lhe relatou tudo o que escutara.

—É isso que você está dizendo, meu fiel soldado? — disse o Lorde.

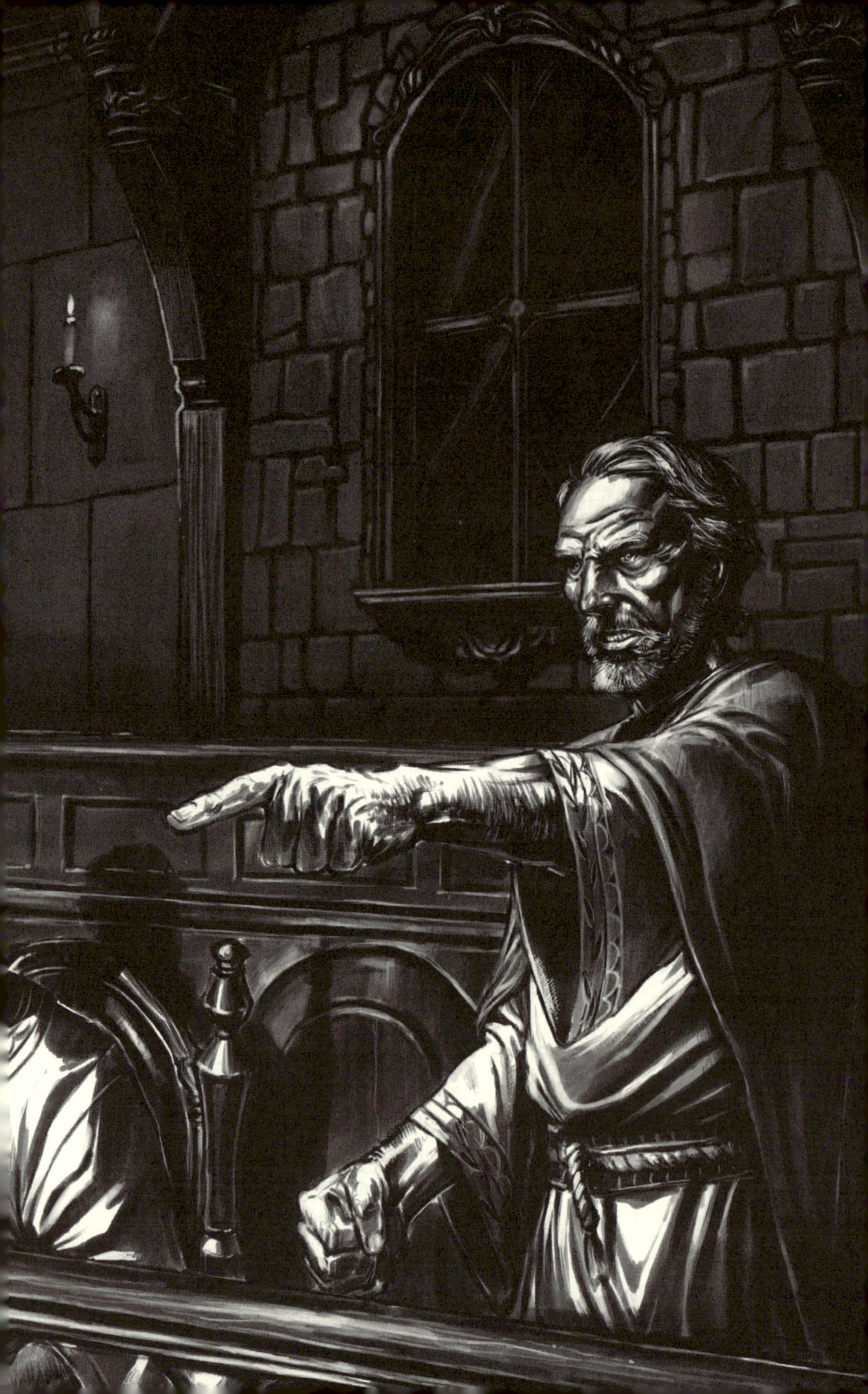

—Sim, e se agradar ao meu senhor acompanhar-me até lá, você descobrirá que as coisas são conforme eu lhe contei.

—Eles estão lá? Conheço bem esse Questionador Perverso porque nós éramos grandiosos no tempo da apostasia, mas agora não sei onde ele mora.

—Mas eu o sei — respondeu o jovem — e, se o senhor quiser ir, eu o levo até o covil dele.

—Vamos! — disse o Lorde Arbítrio — Eu o sigo. Vamos, meu caro Diligência, vamos encontrá-los!

Assim, ambos foram juntos diretamente para a casa do Questionador Perverso. Diligência ia adiante guiando seu senhor até chegarem perto dos muros daquele diaboliniano. Perguntou o rapaz ao Lorde Arbítrio:

—Ouça, meu senhor, você conhecerá o idioma desse velho cavalheiro se o ouvir?

—Sim, conheço muito bem. Mas não o tenho visto há muitos dias. Sei que ele é sagaz e espero que ele não escape de nós.

—Permita que eu vá sozinho para esse fim — replicou Diligência.

—Mas como encontraremos a entrada?

—Permita-me também que eu investigue sozinho — respondeu o rapaz.

Diligência manteve seu senhor por perto e lhe mostrou o caminho para a porta. Então, sem mais delongas, o Lorde Arbítrio arrombou a porta, correu para dentro da casa e pegou os cinco juntos, exatamente como lhe dissera seu soldado. Eles foram capturados, levados e colocados sob a responsabilidade do Sr. Fiel, o carcereiro, a quem foi ordenado que os mantivesse sob custódia.

Feito isso, o Lorde Alcaide foi informado pela manhã do que o Lorde Arbítrio fizera durante a noite e muito se alegrou com essas notícias, não apenas porque os Céticos foram aprisionados, mas porque o velho Questionador Perverso fora apreendido. Esse homem sempre fora um grande problema para Alma Humana e trouxera muita aflição ao próprio Lorde Alcaide. Foram muitas as buscas por ele, mas ninguém conseguira colocar suas mãos sobre esse homem até aquele momento.

A próxima ação era preparar o julgamento desses cinco homens que haviam sido aprisionados pelo Lorde Arbítrio e se encontravam sob os cuidados do Sr. Fiel, o carcereiro. O dia foi marcado, a corte convocada para se reunir, e os prisioneiros foram trazidos ao banco dos réus. O Lorde Arbítrio tinha o poder de eliminá-los assim que os apreendera e isso sem detença. Contudo ele achou que, no momento, seria melhor trazê-los a julgamento público, visando a honra do Príncipe, o consolo de Alma Humana e o desencorajamento do adversário.

O Sr. Fiel os trouxe acorrentados para o banco dos réus no tribunal de julgamento, que era a Corte Municipal. Assim, em resumo, o júri foi formado, as testemunhas fizeram seu juramento, e os prisioneiros foram julgados por sua vida. O júri era composto dos mesmos homens que haviam julgado o Sr. Não à Verdade, o Sr. Inclemente, o Sr. Pedantismo e os seus companheiros.

O primeiro a vir ao banco dos réus foi o velho Questionador, pois ele era quem recebera, hospedara e consolara esses Céticos, que eram estrangeiros. Ele foi obrigado a ouvir suas acusações e disseram-lhe que ele tinha a liberdade de fazer objeções caso desejasse falar em favor de si mesmo. Seu indiciamento foi lido e era o seguinte:

"Sr. Questionador, você é indiciado pelo nome de Questionador Perverso, um intruso na cidade de Alma Humana, uma vez que é um diaboliniano por natureza, também alguém que odeia o Príncipe Emanuel e que planejou a ruína desta cidade. Você é acusado de apoiar os inimigos do Rei, após leis integrais contrárias a isso serem promulgadas. 1. Você questionou a verdade da doutrina e da lei desse Estado; 2. Desejou que houvesse dez mil Céticos nela; 3. Recepcionou, hospedou e encorajou os inimigos desta cidade que vieram do exército adversário até você. O que tem a dizer sobre esse indiciamento? Você se declara culpado ou inocente?"

—Meu senhor, não compreendo esse indiciamento, pois não sou o homem mencionado nele. A pessoa que é indiciada por essas acusações diante desse tribunal chama-se Questionador Perverso, no que eu nego que seja meu. Eu me chamo Investigação Honesta. Um nome realmente se parece com o outro, mas imagino que Vossas Senhorias sabem que entre eles há uma enorme diferença. Espero que qualquer homem, mesmo nos piores tempos e até mesmo entre os piores homens, possa fazer uma investigação honesta das coisas, sem que corra o risco de morte.

Falou então o Lorde Arbítrio, visto que ele era uma das testemunhas:

—Meu senhor, honoráveis membros do júri e magistrados da cidade de Alma Humana, todos vocês ouviram que o prisioneiro no banco dos réus negou seu nome e assim pensa se afastar da acusação de seu indiciamento. Porém eu sei que ele é o homem a quem nos referimos e que seu nome é Questionador Perverso. Eu o conheço há mais de 30 anos porque ele e eu, e envergonho-me de o dizer, éramos grandes amigos quando Diabolus, aquele tirano, governava Alma Humana. Testifico que ele é um diaboliniano por natureza, um inimigo de nosso Príncipe e alguém que odeia nossa bendita cidade. Durante os tempos de rebelião, ele pernoitou em minha casa, meu senhor, não por poucas noites, mas por 20 delas seguidas. Costumávamos conversar, e o conteúdo de nossa conversa naquela época era o mesmo que ele recentemente teve com os Céticos. No entanto, há muito que eu não o via mais. Suponho que a vinda de Emanuel a Alma Humana o levou a mudar de residência, da mesma forma que esse indiciamento o levou a mudar seu nome. Mas confirmo que ele é o homem a quem nos referimos.

A corte disse então ao réu:

—Você tem algo mais a declarar?

—Sim, tenho, — disse aquele cavalheiro — pois tudo o que foi afirmado contra mim foi dito apenas pela boca de uma testemunha e não está no preceito da lei desta célebre cidade condenar um homem à morte pelo testemunho de apenas uma pessoa.

O Sr. Diligência se levantou e asseverou:

—Meu senhor, eu estava em meu plantão de vigia certa noite na entrada da rua da Maldade, nesta cidade, e, por acaso, ouvi um murmúrio vindo de dentro da casa deste senhor. Pensei então: O que devo fazer aqui? Aproximei-me muito sutilmente ao lado da casa para ouvir, pensando, como ficou confirmado, que eu poderia elucidar algum conventículo diaboliniano. Assim, como eu disse, fui me aproximando mais e mais, e, quando cheguei perto da parede, logo percebi que havia forasteiros na casa. Pude compreender o que falavam porque tenho sido um viajante. Ao ouvir tal idioma vindo de uma cabana tão abaladiça quanto essa onde habita este senhor, encostei meu ouvido a um orifício na janela e lá os ouvi dizer o que lhes relatarei. Este Sr. Questionador perguntava aos Céticos o que eles eram, de onde vieram e o que faziam nessas redondezas, eles lhes responderam todas essas questões, e ele, mesmo assim, manteve-os em casa. Também lhes inquiriu quantos deles havia, ao que lhe responderam que eram em dez mil. Então, ele lhes perguntou por

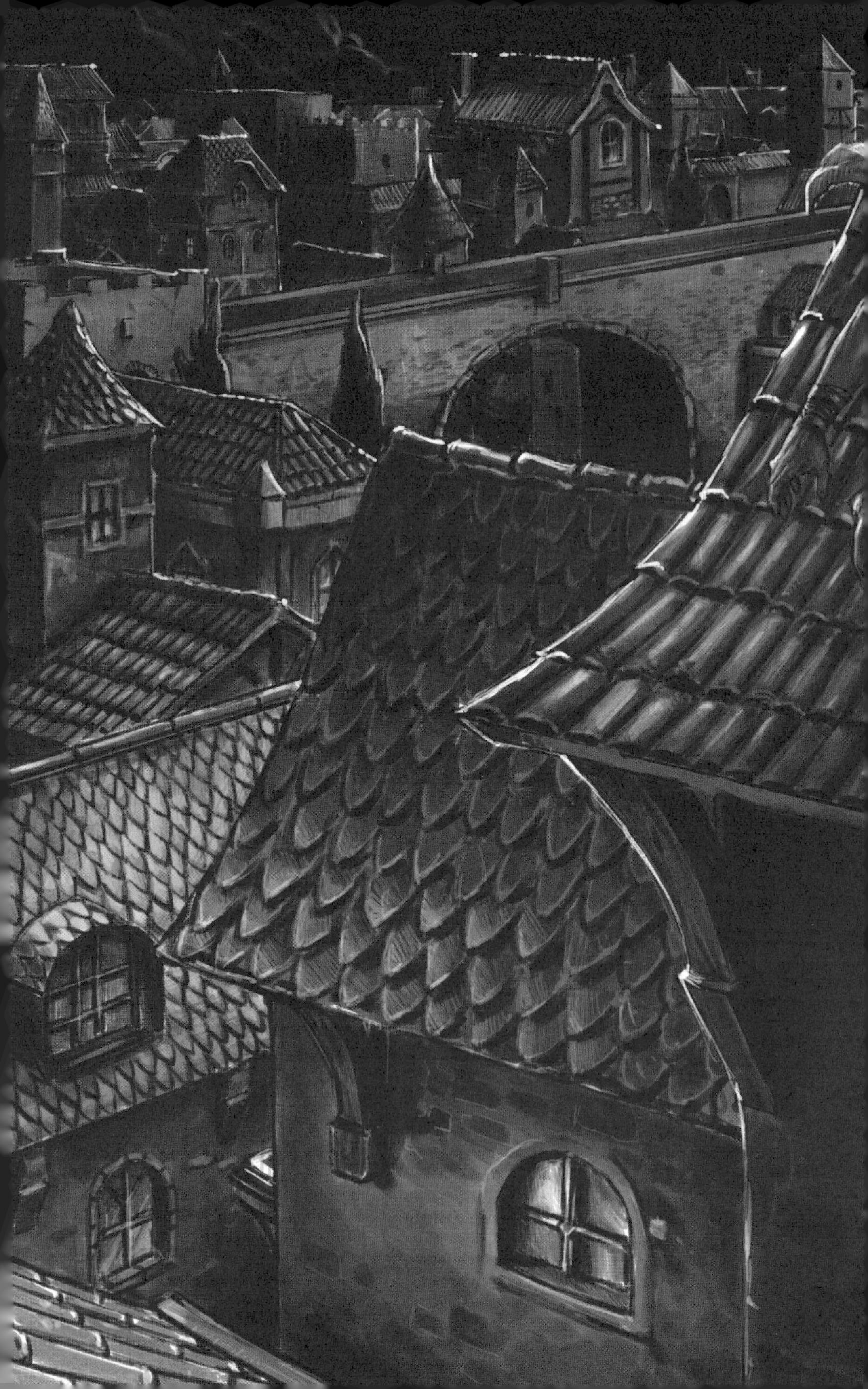

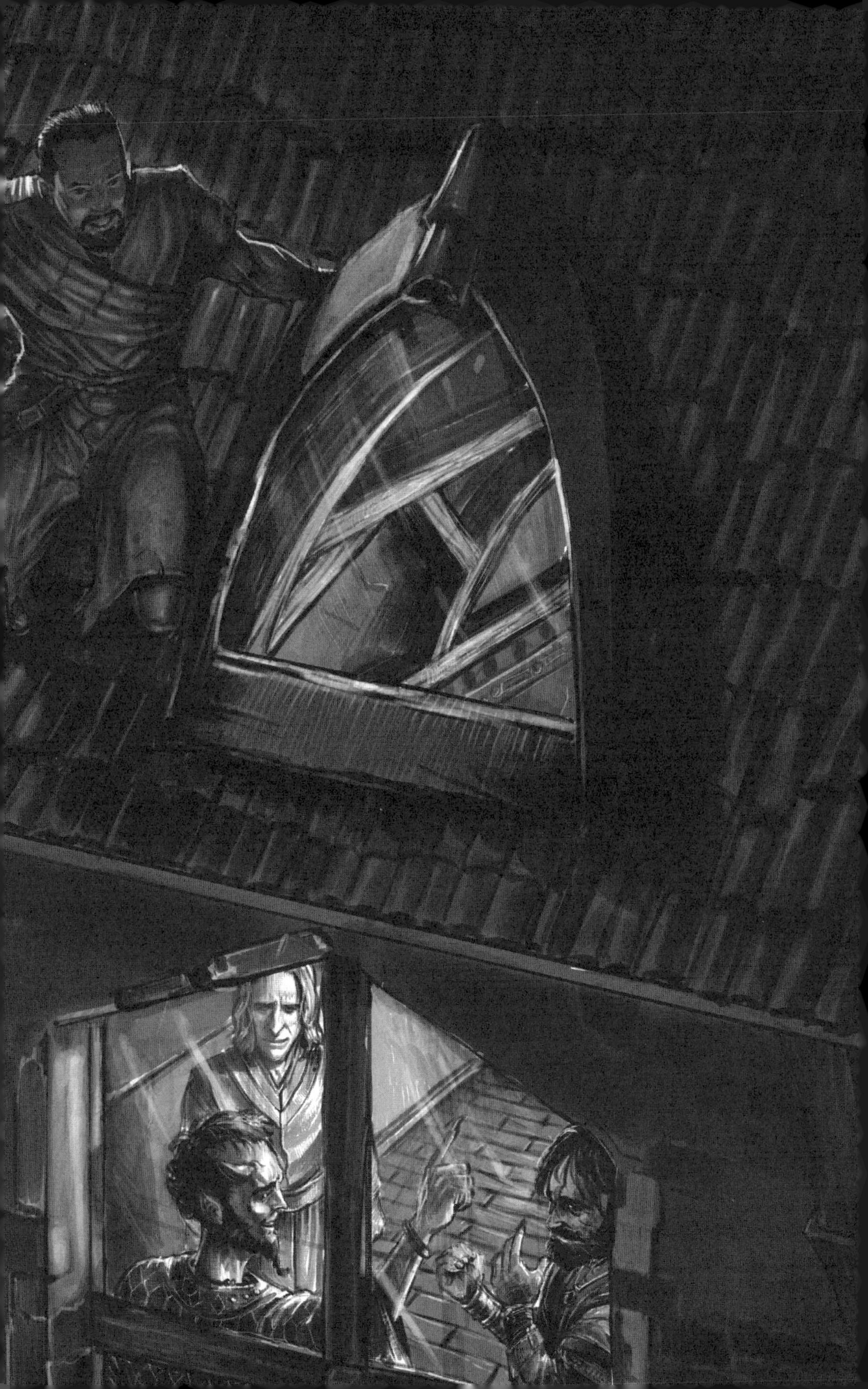

que não haviam feito mais ataques varonis sobre Alma Humana, e os Céticos lhe disseram o porquê. Este senhor chamou o general deles de covarde por ter fugido quando deveria ter lutado por seu príncipe. Além disso, ouvi este Questionador Perverso desejar que todos esses dez mil Céticos estivessem agora em nossa cidade e que ele pudesse ser o comandante deles. Ele também ordenou que aqueles diabolinianos se mantivessem discretos, pois, caso fossem apreendidos, seriam mortos, mesmo que a cabeça deles fosse de ouro.

A Corte então se dirigiu ao Sr. Questionador:

—Sr. Questionador Perverso, aqui está outra testemunha contra você, e o testemunho dele é completo: 1. Ele jura que você recebeu esses homens em sua casa e que cuidou deles, embora soubesse que eles são diabolinianos e inimigos do Rei. 2. Também afirmou que você desejou que houvesse dez mil Céticos em Alma Humana. 3. Jura que você os aconselhou a serem discretos, para que não fossem capturados pelos servos do Rei. Tudo isso manifesta que você é um diaboliniano. Se fosse amigo do Rei, você os teria prendido.

—À primeira acusação respondo — disse o Questionador — que os homens que vieram para minha casa eram estrangeiros quando eu os hospedei. Agora é crime em Alma Humana hospedar estrangeiros? Também é verdade que eu cuidei deles; por que deveria eu ser culpado por minha caridade? Quanto à razão por que eu quis dez mil deles na cidade, eu nunca o declarei à testemunha, tampouco a eles mesmos. Eu poderia ter desejado que eles fossem capturados e, assim, esse meu anseio significaria o bem de Alma Humana, uma vez que, por enquanto, ninguém o sabe com certeza. Eu também ordenei que eles se acautelassem de não cair nas mãos dos capitães. Porém isso poderia ser por eu não desejar que homem algum fosse morto e não porque eu desejasse que os inimigos do Rei pudessem assim escapar.

O Lorde Alcaide tomou a palavra:

—Embora seja uma virtude hospedar estrangeiros, é considerado traição acolher os adversários do Rei. Acerca das outras coisas que você falou, é apenas um jogo de palavra de alguém que está lutando para se evadir e se defender do julgamento de execução. Contudo, nada é mais evidente do que o fato de você ser um diaboliniano e que, de acordo com a lei, deve morrer pela acusação de ser um anfitrião, um acolhedor e um apoiador de outros forasteiros diabolinianos que vêm de longe com o propósito de desarraigar e destruir nossa Alma Humana. Isso não podemos tolerar!

—Estou vendo onde esse joguinho vai acabar: devo morrer por causa de meu nome e de minha caridade — respondeu Questionador e depois se calou.

Os Céticos forasteiros foram convocados ao banco dos réus. O primeiro acusado foi o Cético quanto à Eleição. Foi-lhe lido o seu indiciamento e, pelo fato de ser um estrangeiro, um intérprete traduziu para ele as palavras que diziam: "Você é acusado de ser um adversário de Emanuel, o Príncipe, alguém que odeia Alma Humana e um opositor à sua mais sã doutrina". O juiz lhe perguntou se ele litigaria, mas ele disse apenas que confessava ser um Cético quanto à Eleição e que essa era a religião na qual ele fora criado. Por fim afirmou:

—Se for preciso eu morrer por minha religião, acredito que morrerei como um mártir e, assim, não me importo minimamente!

O juiz lhe replicou:

—Questionar a eleição é derrubar uma grande doutrina do evangelho, a saber: a onisciência, o poder e a vontade de Deus. Igualmente significa retirar a liberdade divina para com Sua criatura, calcar a fé de nossa cidade e fazer a salvação depender de obras, e não da graça. Também questionar a Palavra e perturbar a mente dos habitantes de Alma Humana. Portanto, pelo bem da lei, este homem deve morrer.

Depois chamaram o Cético quando à Vocação, e ele se assentou no banco dos réus. O conteúdo do indiciamento dele era igual ao do anterior: apenas que ele foi especialmente acusado de negar a vocação de Alma Humana. O juiz lhe perguntou o que ele tinha a dizer a seu respeito.

—Eu jamais cri — disse o réu — que houvesse algo como um poderoso e distinto chamado de Deus a Alma Humana, nem pela voz geral da Palavra ou por intermédio dela, exceto que eles não devem tolerar o mal e fazer o que é bom. Ao agir assim, uma promessa de felicidade é incluída.

Respondeu o juiz:

—Você é um diaboliniano e negou grande parte de uma das verdades mais práticas do Príncipe desta cidade, visto que Ele a chamou, e ela ouviu um chamado distinto e poderoso de seu Emanuel. Por esse chamado, ela foi avivada, despertada e adquirida pela graça celestial para anelar ter comunhão com seu Príncipe, para servir a Ele, fazer a Sua vontade e para buscar sua felicidade apenas em o agradar. Por sua aversão a essa boa doutrina, você deve morrer!

Por fim, foi chamado o Cético quanto à Graça, e seu indiciamento foi lido. Ao que ele replicou:

—Embora eu seja proveniente da Terra do Pirronismo, meu pai é descendente dos fariseus e viveu de forma honesta entre seus vizinhos. Ele me ensinou a crer, e eu creio, creio e desejo que Alma Humana jamais seja salva gratuitamente pela graça.

—Bem, a lei do Príncipe é bem clara — disse o juiz. — Negativamente, não somos salvos por obras; positivamente, somos salvos pela graça. E sua religião se baseia nas obras da carne, pois as obras da lei são obras da carne. Ademais, ao afirmar o que você acabou de dizer, você rouba de Deus a Sua glória e a transfere ao homem pecador. Semelhantemente, rouba de Cristo a necessidade do que Ele realizou e a suficiência dessa obra e atribui ambas às obras da carne. Você desprezou a obra do Espírito Santo e tem engrandecido o desejo carnal e da mente legalista. Você é um diaboliniano, filho de um diaboliniano e por princípios como esses deve morrer.

Procedendo assim a corte com cada um deles, o júri deliberou e os encontrou culpados de morte. Então, o Lorde Arquivista se levantou e dirigiu-se aos prisioneiros:

—Vocês, prisioneiros no banco dos réus, foram aqui indiciados e achados culpados de graves crimes contra Emanuel, nosso Príncipe, e contra o bem-estar da célebre cidade de Alma Humana, crimes pelos quais devem ser condenados à morte.[1]

Desse modo, eles foram sentenciados à morte de cruz. O local determinado para a execução foi onde Diabolus trouxera seu último exército contra Alma Humana, com exceção do velho Questionador Perverso, que deveria ser crucificado no começo da rua da Maldade, de frente para a porta de sua própria casa.

---

[1] No original, não há menção do julgamento do Cético quanto à Salvação. Contudo, pode-se inferir que ele fora condenado, como seu próprio nome sugere, por duvidar e não crer na Salvação.

CAPÍTULO 19

Quando a cidade de Alma Humana havia se livrado de seus inimigos e dos perturbadores da paz, um rígido decreto foi emitido logo em seguida: que o Lorde Arbítrio e seu servo, Diligência, vasculhassem e fizessem o seu melhor para capturar os diabolinianos que ainda permaneciam vivos na cidade. Os nomes de alguns deles eram: Sr. Trapaceiro, Sr. Desprezo ao Bem, Sr. Medo Escravizante, Sr. Sem Afeição, Sr. Desconfiança, Sr. Carnal e Sr. Indolência. Semelhantemente, foi-lhes ordenado prender os filhos do Sr. Questionador Perverso, que tinham ficado para trás, e que a casa deles deveria ser demolida. Os filhos dele se chamavam: Sr. Dúvida, o mais velho, e os demais eram Sr. Legalismo, Sr. Descrença, Sr. Pensamentos Vis sobre Cristo, Sr. Empecilho à Promessa, Sr. Sentido Carnal, Sr. Vivendo pelas Emoções e Sr. Egocentrismo. Todos esses nasceram de uma mesma mãe cujo nome era Desesperançada, sobrinha do velho Incredulidade. Quando o pai dela, o Sr. Escuridão, morreu, Incredulidade a adotou e educou. Assim que Desesperançada chegou à idade de casar, seu tio a deu como esposa ao Questionador Perverso.

O Lorde Arbítrio executou sua comissão, com o soldado Diligência ao seu lado. Ele capturou o Sr. Trapaceiro nas ruas e o crucificou no beco chamado Falta de Sabedoria, diante da casa do próprio. Esse Trapaceiro era o que desejava que a cidade de Alma Humana entregasse o Capitão Confiança nas mãos de Diabolus, desde que ele, Diabolus, retirasse seu exército da cidade. Arbítrio também prendeu o Sr. Desprezo ao Bem, certo dia em que este estava muito atarefado no mercado, e o executou de acordo com a lei.

Havia na cidade um homem pobre e honesto em Alma Humana cujo nome era Meditação, alguém que não desfrutava de grande reputação nos dias da apostasia, mas que agora era reputado entre os melhores da cidade. Todos estavam desejosos de promover esse senhor. Aquele Sr. Desprezo ao Bem possuía muitas riquezas em Alma Humana; no entanto, quando Emanuel retornou à cidade, essas riquezas foram confiscadas para o uso do Príncipe. Esses bens foram doados ao Sr. Meditação, a fim de aumentar o bem-estar geral, e ao filho dele, o Sr. Bons Pensamentos, que era casado com a senhora Piedade, filha do Arquivista.

Após esses atos, o Lorde Arbítrio prendeu o Sr. Empecilho à Promessa, um notório vilão, visto que, por seus atos, as riquezas do Rei foram esbanjadas. Por isso, decidiu-se fazer dele um exemplo público. Ele foi acusado

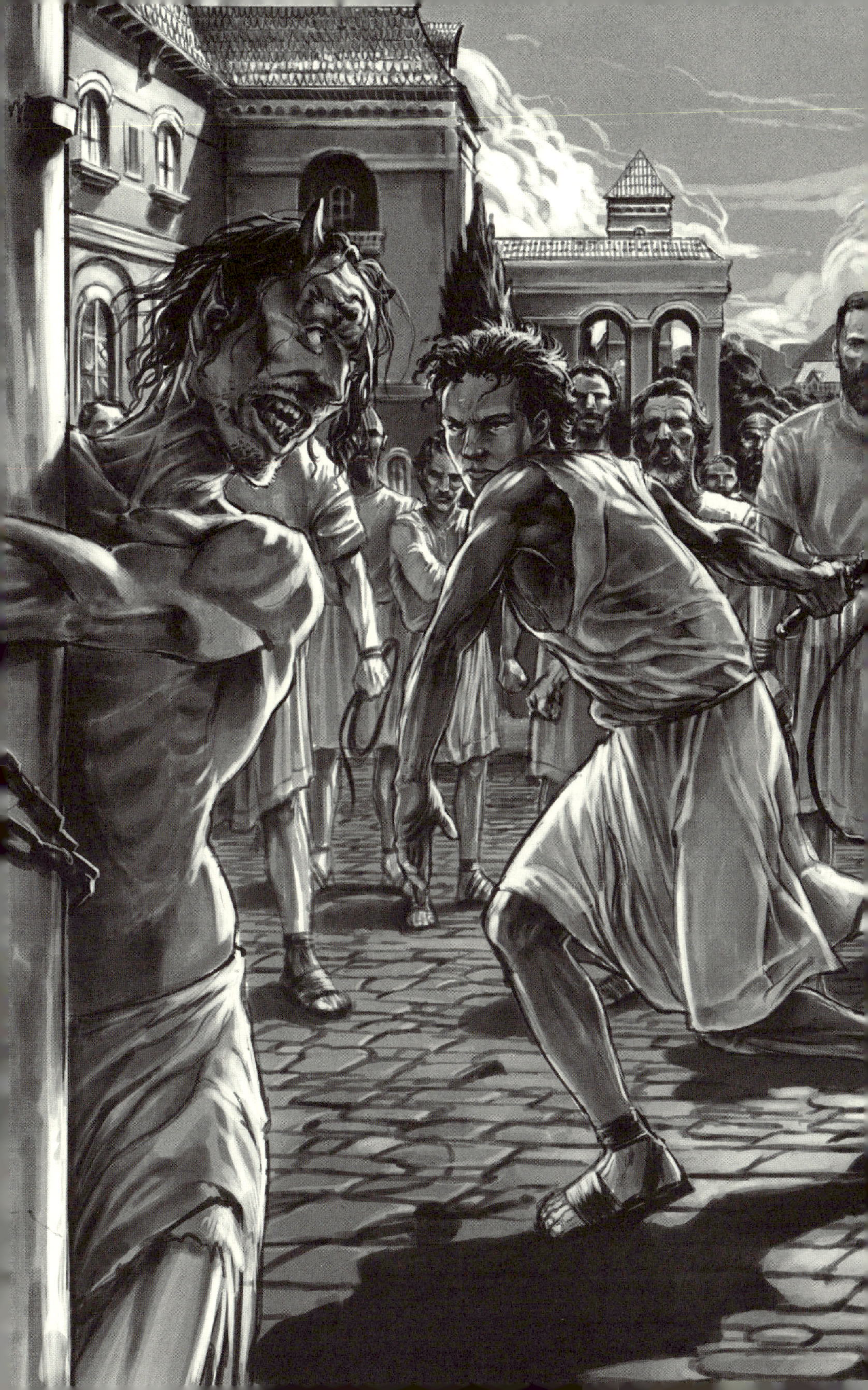

e julgado a ser o primeiro colocado no pelourinho e depois açoitado por todos os filhos e servos de Alma Humana. Por fim, deveria ser crucificado e permanecer assim até estar morto. Alguns podem questionar a severidade da punição a esse homem, mas aqueles que são comerciantes honestos na cidade são sensíveis ao grande prejuízo que um pequeno impedimento à promessa pode causar em Alma Humana em pouco tempo. E minha opinião é que todos os que têm esse tipo de nome e estilo de vida deveriam ser executados como ele.

O Sr. Sentido Carnal foi preso e mantido sob custódia. Contudo, não sei como aconteceu, mas ele conseguiu quebrar os grilhões e fugir da prisão. Sim, esse vilão petulante não abandonará a cidade, mas espreita dos covis diabolinianos todos os dias e, durante a noite, assombra como um espectro todos os homens honestos. Portanto, foi colocada uma proclamação na praça do mercado de que qualquer um que descobrisse o paradeiro de Sentido Carnal, e o aprendesse e executasse, seria diariamente admitido à mesa do Príncipe e colocado como o guardião do tesouro de Alma Humana. Assim sendo, muitas pessoas se empenharam nessa tarefa, mas não conseguiram prendê-lo e executá-lo, embora ele fosse encontrado com frequência.

O Lorde Arbítrio também capturou e prendeu o Sr. Pensamentos Vis sobre Cristo, e ele morreu na prisão. Porém foi uma morte lenta, pois ele feneceu de uma tuberculose persistente.

O Sr. Egocentrismo também foi apreendido e levado sob custódia, mas ele tinha muitos aliados em Alma Humana; então o julgamento desse homem foi postergado. Contudo, por fim, o Capitão Autonegação levantou-se e asseverou:

—Se Alma Humana começar a flertar com vilões como esse, abdicarei de minha comissão!

Então, tomou-o do meio da multidão, levou-o para entre os seus soldados e lá o Egocentrismo foi decapitado. No entanto, alguns cidadãos resmungaram acerca disso, embora ninguém ousasse falar abertamente por Emanuel estar na cidade. Esse ato de bravura do Capitão Autonegação chegou ao conhecimento do Príncipe, que o chamou e tornou-o um lorde em Alma Humana. Semelhantemente, o Lorde Arbítrio também obteve honrarias de Emanuel pelo que realizara pela cidade.

O Lorde Autonegação, então, tomou coragem de perseguir os diabolinianos na companhia do Lorde Arbítrio. Ambos prenderam o Sr. Vivendo pelas Emoções e o Sr. Legalismo e os colocaram no cárcere até que morreram. Mas eles nunca conseguiram colocar as mãos no Sr. Descrença porque ele era sorrateiro, embora tivessem, com frequência, tentado capturá-lo. Assim sendo, esse vilão e alguns outros dentre os mais sutis diabolinianos conseguiram permanecer em Alma Humana até o tempo em que essa cidade partiu para não mais habitar no reino do Universo. Todavia foram mantidos em seus covis e covas e, se algum deles aparecia ou era visto em qualquer das ruas da cidade, todos se armavam contra eles. Sim, até mesmo as crianças bradavam contra eles como se fossem ladrões e desejavam que fossem apedrejados até a morte.

Assim, Alma Humana atingiu um bom nível de paz e calmaria. O Príncipe também habitava dentro de suas fronteiras, os capitães e seus soldados cumpriam suas tarefas, e Alma Humana se ocupava com o comércio que tinha com o país distante e se atinha à sua manufatura.

Quando desse modo se livraram de tantos de seus inimigos e dos perturbadores da paz, o Príncipe lhes enviou uma mensagem na qual marcava uma data em que Ele encontraria o povo na praça do mercado e lá lhes daria uma incumbência acerca de alguns assuntos a mais que, se observados, promoveriam ainda mais a segurança e o consolo de Alma Humana e tenderiam a condenar e destruir os diabolinianos que haviam se criado na cidade. Chegado o dia, todos se reuniram no local determinado. Emanuel desceu de Sua carruagem e estava acompanhado de todos os capitães que o serviam, ladeando-o pela direita e esquerda. Foi dada uma ordem de silêncio e após algumas demonstrações de amor, o Príncipe começou Seu discurso:

—Vocês, minha Alma Humana, são meus amados do coração, são muitos os privilégios que lhes concedo. Eu os separei e os escolhi para mim mesmo, não por sua dignidade, mas por amor a mim. Também os redimi, não apenas do pavor da lei de meu Pai, mas das mãos de Diabolus. Fiz assim porque os amo e porque coloquei meu coração sobre vocês para lhes fazer o bem. E para que todas as coisas que possam impedir seu caminho para os prazeres do Paraíso pudessem ser removidas, formulei uma satisfação plenária por vocês e sua alma e os comprei para mim mesmo. O preço pago não foram coisas corruptíveis, como prata ou ouro, mas o meu próprio sangue, que derramei gratuitamente sobre o solo a fim de fazer de vocês minha posse.[1] Ó Alma Humana, desse modo eu os reconciliei com meu Pai e lhes confiei as mansões que estão com Ele na cidade real, onde estão as coisas que o olho ainda não viu e não penetrou no coração do homem.[2]

"Ademais, ó minha Alma Humana, vocês contemplam o que eu realizei e que os tirei das mãos de seus inimigos, por causa dos quais vocês se revoltaram grandemente contra meu Pai e por quem vocês se contentavam em serem dominados e destruídos. Cheguei a vocês primeiramente por meio de minha lei e depois de meu evangelho, para os despertar e lhes mostrar a minha glória. Vocês reconhecem o que eram, o que disseram e quantas vezes se rebelaram contra meu Pai e contra mim. Contudo, ainda assim, não os abandonei, como veem neste dia, mas vim a vocês; suportei sua conduta, esperei por vocês e, por fim, aceitei-os por pura graça e favor; não permiti que se perdessem, conforme vocês mesmos, de boa vontade, o teriam feito. Igualmente, circundei-os e os afligi por todos os lados, a fim de que se cansassem de seus caminhos e levassem seu coração, por meio de injúria, a um desejo de romper com o seu bem e felicidade. E quando eu os conquistei completamente, reorientei tudo isso para o seu benefício.

"Semelhantemente, vocês veem a companhia das hostes celestiais de meu Pai que eu alojei dentro de suas fronteiras: capitães e líderes, soldados e homens de guerra, máquinas e equipamentos excelentes para subjugar e derrotar seus adversários. Vocês sabem o que eu quero dizer, ó Alma Humana. E eles são meus servos e seus também. Sim, era meu desígnio possuí-los por meio deles, e cada um desses valentes tem o desejo de defendê-los, expurgá-los, fortalecê-los e torná-los agradáveis a mim e mais preparados para estar na presença, bênção e glória de meu Pai, pois para isso vocês foram criados, ó Alma Humana.

"Vocês veem, além disso, como eu desconsiderei seus desvios e os curei. De fato, eu estava furioso com vocês, mas desviei minha ira porque ainda os amo, e minha ira e indignação cessaram com a destruição de seus inimigos, ó Alma Humana. Não foi sua bondade que me atraiu

---

[1] 1 Pedro 1:18-20

[2] 1 Coríntios 2:9

novamente a vocês, uma vez que foi por suas transgressões que escondi a minha face de vocês e me retirei de sua presença. O caminho para o retrocesso é seu, mas o caminho e os meios para a restauração me pertencem. Criei o modo de seu retorno, fui eu que construí uma cerca e um muro quando vocês estavam começando a se voltar para coisas nas quais não tenho prazer. Eu transformei em amargo o que lhes era doce, seu dia em noite, o que era suave em espinhoso e confundi todos que buscavam a sua destruição. Coloquei o Sr. Temor a Deus para trabalhar em Alma Humana. Fui eu que despertei sua consciência e entendimento, sua vontade e afeições depois de sua grande e horrenda decadência. Derramei vida em vocês, ó Alma Humana, para que me buscassem e me encontrassem, e, ao encontrar-me, descobriram sua própria saúde, felicidade e salvação. Expulsei os diabolinianos de Alma Humana pela segunda vez; eu os venci e destruí diante de sua face.

"Agora retornei a vocês em paz, suas transgressões contra mim são como se nunca tivessem acontecido. Não será mais com vocês como foram os dias passados; far-lhes-ei melhor agora do que no início. Pois em breve, ó minha Alma Humana, após algum tempo ter decorrido sobre vocês — não se perturbem com o que lhes direi agora — eu demolirei essa célebre cidade, pedra por pedra, até o chão. Depois levarei suas pedras, madeiras, muros, a terra e os habitantes para meu próprio país, para o reino de meu Pai e lá a instituirei com tal poder e glória, como nunca se viu neste reino onde ela foi formada. Lá a estabelecerei para habitação de meu Pai, uma vez que foi para esse propósito que ela foi fundada no reino do Universo. Também lá a farei um espetáculo maravilhoso, um monumento de misericórdia e uma admiradora de sua própria misericórdia. Naquele lugar, os nativos de Alma Humana verão tudo o que não conseguem ver aqui, pois serão igualados àqueles a quem eram inferiores aqui. E lá, ó minha Alma Humana, vocês terão tal comunhão comigo, com meu Pai e com o Lorde Secretário como não é possível ser desfrutada, nem jamais poderia, mesmo que vivessem no Universo pelo espaço de mil anos.

"Também lá não mais temerão os seus assassinos, os diabolinianos e suas ameaças. Igualmente não haverá mais conspirações, artifícios ou propósitos contra vocês, ó Alma Humana. Não mais ouvirão más notícias ou o sonido dos tambores diabolinianos. Não mais verão os porta-estandartes desses vilões ou avistarão o pavilhão de Diabolus. Nem sequer um monte diaboliniano será lançado contra vocês, tampouco se hasteará a bandeira diaboliniana para atemorizá-los. Não mais precisarão de capitães, máquinas, soldados e homens de guerra. Não mais encontrarão tristezas ou pesar nem será possível que algum diaboliniano rasteje para dentro de suas orlas, entoque-se para dentro de suas muralhas e seja visto dentro de suas fronteiras por todos os dias da eternidade. A vida lá será mais longa do que vocês podem desejar que fosse e, ainda assim, será sempre agradável e renovada, tampouco haverá, em tempo algum, qualquer obstáculo para ela.

"Naquele país, ó Alma Humana, vocês encontrarão muitos que foram como vocês e que foram participantes em suas tristezas, pessoas que eu escolhi, redimi e separei, assim como vocês, para a corte e a cidade real de meu Pai. Todos se alegrarão em vocês, e quando os virem, vocês se alegrarão em seu coração.

"Há coisas, até mesmo entre as provisões de meu Pai e minhas, que jamais foram vistas desde o começo do mundo. E elas foram estabelecidas por meu Pai e seladas entres Seus tesouros destinados a vocês quando lá chegarem para as desfrutar. Eu lhes disse anteriormente que removerei Alma Humana de seu lugar e a fundarei em outro local; e onde eu a colocarei há aqueles que os amam e que exultam em vocês, mesmo agora, entretanto quanto mais se alegrarão em vê-la exaltada à honra! Meu Pai os enviará para buscar vocês, e eles os acolherão em seu peito e os colocarão em carruagens. E vocês cavalgarão sobre as asas do vento. Eles virão para os transportar, conduzir e trazê-los àquilo que, quando testemunhado por seus olhos, será seu desejado paraíso.

"E assim, ó minha Alma Humana, mostrei-lhes o que será feito a vocês no porvir, para que vocês possam ouvir e compreender. Agora lhes direi o que deverá ser sua tarefa e prática no presente, até que eu venha buscá-los para mim mesmo, de acordo com o que está relatado nas Escrituras da verdade.

"Primeiramente, eu lhes encarrego de, daqui para frente, manter mais alvas e limpas as vestes que lhes dei antes de minha recente partida de seu meio. Façam-no, aconselho-os, porque isso será sábio de sua parte. Elas são tecidas em linho fino, porém são vocês que devem mantê-las puras. Isso será sua sabedoria, honra e me engrandecerá sobremaneira. Enquanto mantiverem suas vestimentas assim alvas, o mundo conseguirá identificá-los como pertencendo a mim. Semelhantemente, quando elas estão limpas, eu me deleito em seus caminhos, pois suas entrada e saída serão como a do relâmpago, que são notadas por todos os presentes e os olhos deles ficarão ofuscados à sua presença. Portanto, ataviem-se conforme minha ordenança e façam para vocês mesmos caminhos retos para seus pés, de acordo com minha lei. Desse modo, seu Rei desejará com ardor a sua formosura, pois Ele é seu Senhor, e vocês o adorarão.

"A fim de que vocês possam cumprir o que lhes ordeno, eu lhes provi, como lhes disse em oportunidade anterior, com uma fonte aberta para que possam lavar suas vestiduras. Acautelem-se de lavá-las frequentemente em minha fonte e não estejam em vestes poluídas, visto que isso seria para mim desonra e vergonha e para vocês seria desconforto andar vestidos em imundícies. Desse modo, não permitam que minhas vestes, essas que lhes dei, sejam contaminadas ou manchadas pela carnalidade. Mantenham-nas sempre alvas e que não falte óleo sobre sua cabeça.[3]

"Minha Alma Humana, muitas vezes os livrei dos desígnios, tramas, tentativas e conspirações de Diabolus. Por causa disso, peço-lhes somente que não me paguem mal por bem, que mantenham em mente o meu amor e a minha contínua bondade para com minha amada cidade, de forma que isso os leve a andar dignamente de acordo com os benefícios que lhes foram concedidos. Antigamente os sacrifícios eram amarrados com cordas ao altar. Considerem o que lhes digo, ó minha bendita Alma Humana.

"Meus amados, vivi, morri, e agora vivo sem a necessidade de morrer novamente por vocês. Vivo para que vocês não morram. Porque eu vivo, vocês viverão. Reconciliei-os com meu Pai por meio de meu sangue na cruz, e, estando reconciliados, vocês viverão por meu intermédio. Intercederei e lutarei em seu favor, também lhes farei o bem.

"Apenas o pecado pode feri-los, e nada além do pecado pode me ofender. Também nada pode oferecer fundamento para seus inimigos senão o pecado. Atentem ao pecado, minha Alma Humana.

"Vocês sabem por que eu, inicialmente, e mesmo agora, me permito sofrer a presença dos diabolinianos dentro de suas muralhas? Para mantê-los despertos, para provar seu amor, torná-los vigilantes e levá-los

---

[3] Eclesiastes 9:8

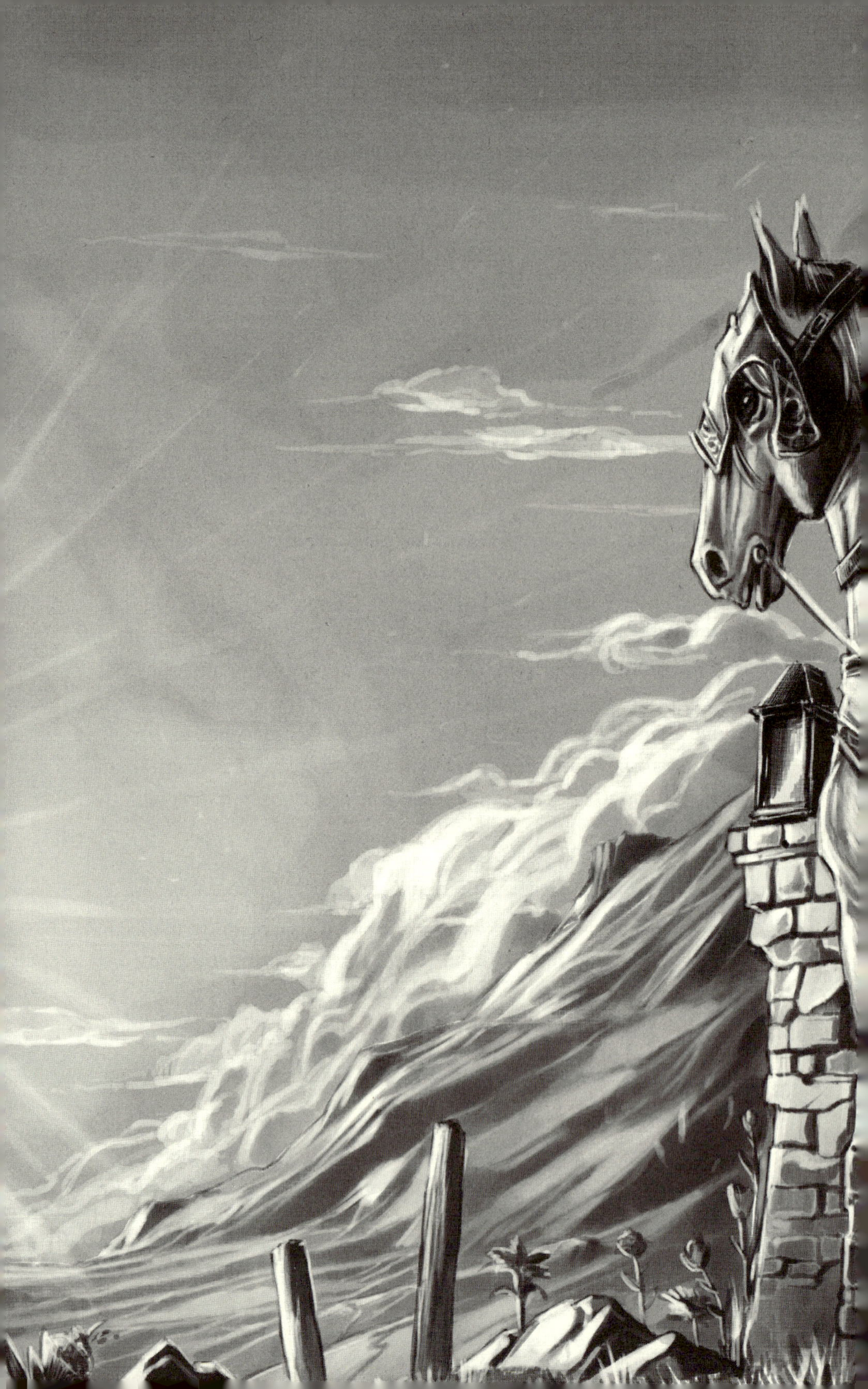

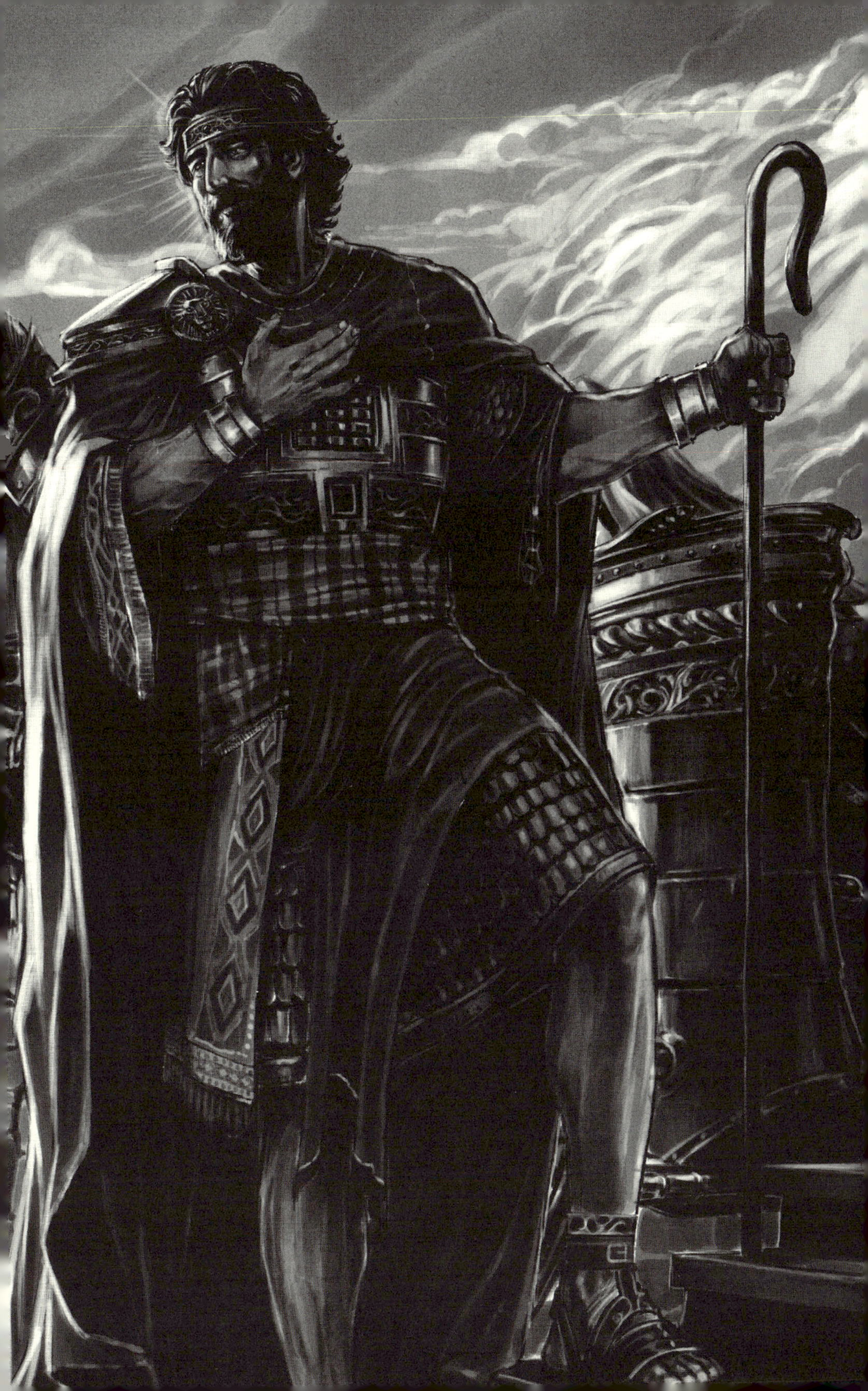

a valorizar meus nobres capitães, os soldados deles e minha misericórdia. Também é para que vocês possam ser levados a se lembrar da condição deplorável em que já estiveram. Quero dizer, quando não apenas alguns diabolinianos, mas todos, habitavam não apenas dentro de suas muralhas, mas ocupavam seu castelo e fortaleza.

"Se eu matasse a todos que estão no interior de sua cidade, haveria muitos no exterior que os levariam em escravidão, pois, caso os de dentro fossem todos eliminados, os de fora encontrariam vocês adormecidos e, assim, em um momento, eles tragariam toda a minha Alma Humana. Portanto, eu permito que eles permaneçam, não para ferir vocês — o que acontecerá se os ouvirem e servirem —, mas para fazer-lhes o bem, o que eles farão, no caso de vocês os combaterem. Desse modo, saibam que, seja o que for que eles usarem para os tentar, meu propósito é que isso os aproxime, ao invés de os afastar, de meu Pai. Também que vocês aprendam a guerrear, a fazer das súplicas algo desejável a vocês e transformá-los em pequenos a seus próprios olhos. Ouçam-me diligentemente, ó minha Alma Humana.

"Demonstrem-me seu amor e não permitam que esses que permanecem no interior de suas muralhas afastem suas afeições daquele que redimiu a sua alma. Sim, que a visão de um diaboliniano aumente seu amor por mim. Vim três vezes para os salvar do veneno daquelas flechas que teriam levado vocês à morte. Levantem-se ao meu lado, que sou seu Amigo, contra os diabolinianos, e eu me erguerei a seu favor diante de meu Pai e de toda a Sua corte. Amem-me na presença da tentação, e eu os amarei independentemente de suas enfermidades.

"Ó minha Alma Humana, lembrem-se de meus capitães, meus soldados e minhas máquinas que fiz para vocês. Eles combateram em seu favor e sofreram por vocês, já suportaram muito de suas mãos, a fim de lhes fazer o bem. Se vocês não os tivessem ao seu lado para os ajudar, Diabolus certamente teria colocado as mãos em vocês. Acolham-nos, portanto. Quando vocês estiverem bem, eles estarão bem; quando vocês estiverem enfermos, eles também estarão enfermos e enfraquecidos. Não permitam que eles adoeçam, pois, se isso acontecer, vocês estarão em má situação. Se meus capitães estiverem fracos, vocês não poderão estar fortes; se eles desfalecerem, vocês não poderão ser corajosos e valentes por seu Rei, ó Alma Humana. Jamais pensem que podem viver de acordo com seus sentidos;

vivam de acordo com a minha Palavra. Vocês precisam crer que, quando eu estou afastado de vocês, ainda assim os amo e os levo junto ao meu coração para sempre.

"Portanto, lembrem-se de que são meus amados. Da mesma forma que anteriormente eu os ensinei a vigiar, lutar, orar e combater meus inimigos, ordeno agora que creiam no meu amor constante por vocês. Ó minha Alma Humana, coloquei sobre vocês meu coração e meu amor! Vigiem! Vejam que não coloco sobre vocês qualquer outro fardo além do que já possuem. Fiquem firmes até eu voltar!"

"Portanto, lembrem-se
de que são meus amados.
Da mesma forma que
anteriormente eu os ensinei a
vigiar, lutar, orar e combater
meus inimigos, ordeno
agora que creiam no meu
amor constante por vocês. [...].

Fiquem firmes até eu voltar!"

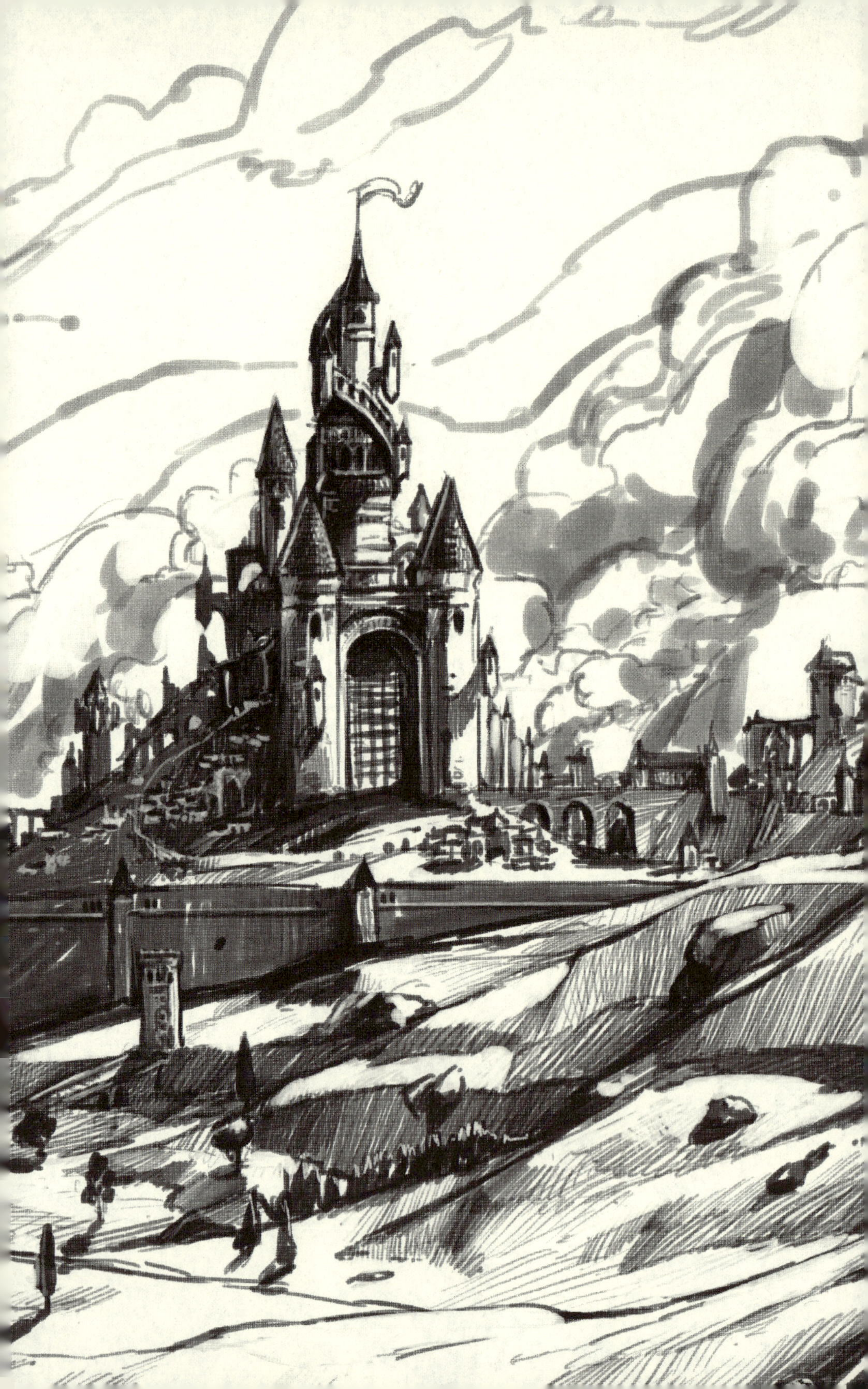